Rechtsfragen feindlicher Übernahmen

Frankfurter wirtschaftsrechtliche Studien

Herausgegeben von
Theodor Baums, Andreas Cahn, Friedrich Kübler,
Hans-Joachim Mertens, Eckard Rehbinder, Gunther Teubner

Band 56

PETER LANG
Frankfurt am Main · Berlin · Bern · Bruxelles · New York · Oxford · Wien

Anja Birkenkämper

Rechtsfragen feindlicher Übernahmen

Juristische Nachlese zum Fall Krupp/Thyssen

PETER LANG
Europäischer Verlag der Wissenschaften

Bibliografische Information Der Deutschen Bibliothek
Die Deutsche Bibliothek verzeichnet diese Publikation in der Deutschen Nationalbibliografie; detaillierte bibliografische Daten sind im Internet über <http://dnb.ddb.de> abrufbar.

Zugleich Dissertation des Fachbereichs Rechtswissenschaft der Universität Frankfurt am Main, 2003.

D 30
ISSN 0723-0427
ISBN 3-631-51174-4

www.peterlang.de

Vorwort

Die vorliegende Arbeit wurde im Sommersemester 2002 von der Juristischen Fakultät der Johann Wolfgang Goethe-Universität Frankfurt a. M. angenommen.
Da das Manuskript im Mai 2002 abgeschlossen wurde, konnten die rechtlichen Entwicklungen auf dem Gebiet der feindlichen Übernahmen nur bis zu diesem Zeitpunkt berücksichtigt werden. Die Änderungen durch das am 01.01.2002 in Kraft getretene Wertpapiererwerbs- und Übernahmegesetz finden Berücksichtigung.

Mein besonderer Dank gilt Herrn Prof. Dr. Dr. h.c. Theodor Baums, der die Arbeit betreut hat. Bei der Themenauswahl und bei der Erstellung der Arbeit waren seine wertvollen Anregungen und seine Bereitschaft zur Unterstützung eine große Hilfe.

Dank gebührt zudem Herrn Prof. Dr. Helmut Kohl für die zügige Erstellung des Zweitgutachtens.

All denjenigen, die mich durch die Höhen und Tiefen dieser Arbeit begleitet haben, danke ich von ganzem Herzen. Meine Eltern und mein Freund Adrian Meyer, die ich an dieser Stelle besonders hervorheben möchte, standen mir während der Erstellung der Arbeit zu jeder Zeit geduldig mit ihrem Rat beiseite. Ihnen sei diese Arbeit gewidmet.

Anja Birkenkämper
Düsseldorf, im Mai 2003

Inhaltsverzeichnis

Abkürzungsverzeichnis XVI

Einführung 1

1. Kapitel: Darstellung der Unternehmen und Chronologie der Übernahme 1

§ 1 Unternehmensgeschichte und ursprüngliche Konzernstruktur 1

I. Fried. Krupp AG Hoesch-Krupp 1
1. Geschichte und Entwicklung des Unternehmens 1
a) Entwicklung vom Stahlbetrieb zum Großkonzern 1
b) Moderatorenkonzept und Fusion mit der Hoesch AG 5
2. Konzernaufbau und Beteiligungen 6

II. Thyssen AG 8
1. Geschichte und Entwicklung des Unternehmens 8
2. Konzernaufbau und Beteiligungen 10

III. Wirtschaftliche und betriebliche Verhältnisse im Vergleich 12

§ 2 Chronologie der Übernahme 14

I. Vorbereitung des Takeover 14
II. Hauptversammlung der Thyssen AG am 14. März 1997 15
III. Bekanntwerden der Übernahmepläne am 17. März 1997 16
IV. Inhalt und Reaktionen auf das Übernahmeangebot am 18. März 1997 18
1. Geplanter Inhalt des Übernahmeangebots 18
2. Reaktionen auf das beabsichtigte Übernahmeangebot am 18.März 1997 20
V. Geschehnisse des 19. März 1997 24
VI. Aufnahme der Verhandlungsgespräche am 20. März 1997 25
VII. Verkündung des Scheiterns des Übernahmeangebots am 24. März 1997 26
1. Vorgänge während der Aussetzung des Übernahmeangebots 26
2. Scheitern des Übernahmeangebots 27
VIII. Reaktionen auf das gescheiterte Übernahmeangebot am 25. März 1997 28
1. Reaktionen an der Börse 28
2. Reaktionen aus dem Ausland 30
3. Reaktionen der Arbeitnehmer 30
IX. Unterzeichnung der Grundsatzvereinbarung am 26. März 1997 31

2. Kapitel: Der feindliche Übernahmeversuch Krupp/Thyssen aus juristischer Sicht 33

§ 1 Rechtsfragen einer feindlichen Übernahme aus der Sicht des Bieters 33

I. Motive und Strategien der Krupp-Hoesch AG 33
1. Fehlende Realisierbarkeit von Fusionsstrategien 33
a) Keine frei vereinbarte Verschmelzung 33
b) Verschmelzung auf Betreiben der Krupp-Hoesch AG als Minderheitsaktionär 34
aa) Kombination von § 122 I AktG i. V. m. § 83 I und II AktG 34
bb) Fehlende Realisierbarkeit der Verschmelzung auf Betreiben eines Minderheitsaktionärs 36
2. Modalitäten des Kontrollerwerbs 37
a) Sukzessiv- und Paketkäufe 37
b) Öffentliches Übernahmeangebot 39
aa) Vorteile für die Krupp-Hoesch AG 39
bb) Regelungen des Übernahmekodex der BSK 40
3. Motive des feindlichen Übernahmeversuchs 43
4. Strategien zur Durchführung der Gesamttransaktion 45
a) Direkte Abgabe des Angebots mit anschließender Verschmelzung über eine Tochtergesellschaft 45
aa) Folgen einer direkten Verschmelzung der Thyssen AG auf die Krupp-Hoesch AG 46
bb) Nutzung einer Tochtergesellschaft bei der Gesamttransaktion 49
(1) Zwischenerwerb durch Tochtergesellschaft von Krupp-Hoesch 49
(2) Kombination von Upstream- und Downstream Merger 50
(3) Frage des Gestaltungsmißbrauchs 51
b) Mittelbare Abgabe des Übernahmeangebots durch Großaktionäre der Bietergesellschaft 53
aa) Ablauf der Übernahmestrategie unter Einbeziehung der Großaktionäre 53
bb) Zulässigkeit der unternehmerischen Betätigung der Krupp-Stiftung 54
c) Zusammenfassung 55

II. Vorbereitung und Inhalt des Übernahmeangebots 56
1. Vorbereitung des Übernahmeangebots 56
a) Aktienkauf vor Angebotsabgabe durch einen Dritten 57
b) Zulässigkeit eines „Market Sweep“ 58
aa) WpHG 59
bb) Übernahmekodex und WpÜG 59

c) Ergebnis 61
2. Rechtliche Ausgestaltung des Übernahmeangebots 61
a) Verhaltensregeln bei öffentlichen Übernahmeangeboten 62
b) Gestaltung des Angebots 65
aa) Invitatio ad offerendum 66
(1) Verknüpfung einer invitatio ad offerendum mit einer Bedingung 67
(2) Vereinbarkeit mit Art. 10 Nr. 1 AGBG (§ 308 I Nr. 1 BGB n. F.) 69
(3) Nachteile einer invitatio ad offerendum 70
bb) Verknüpfung mit Bedingungen und Rücktrittsvorbehalten 71
c) Weiterer Angebotsinhalt 72
aa) Angebotspreis und Preiskontrolle 72
bb) Gegenstand des Angebots 74
(1) Gefahren bei Kapitalerhöhungsmaßnahmen 75
(2) Vertragliche Vorkehrungen zu Bezugsrechten 76
(3) Options- und Wandelanleihen 78
(4) Stimmrechtsausübungsermächtigung 78
d) Bekanntmachung und Annahme des Angebots 79

III. Konzernbildungskontrolle in der Bieter-AG 80
1. Statutarischer Unternehmensgegenstand von Bieter- und Zielgesellschaft 80
2. Erfordernis einer sog. Konzernbildungsklausel 82
3. Hauptversammlungszustimmung nach „Holzmüller"-Grundsätzen ? 83
a) Stand der Meinungen 85
aa) Generelle Konzernbildungskontrolle 85
(1) Gründe für die Annahme einer generellen Konzernbildungskontrolle 85
(a) Aufstellung einer richterrechtlichen Generalklausel 85
(b) Rechtliche Anknüpfungspunkte zur Begründung einer ungeschriebenen Hauptversammlungskompetenz bei der Konzernbildung 87
(c) Gleichsetzung von Ausgliederung und Beteiligungserwerb Mittels öffentlichen Übernahmeangebots 88
(2) Reichweite der Konzernbildungskontrolle durch die Hauptversammlung 91
(3) Mehrheitserfordernis 92
bb) Kein Mitwirkungserfordernis der Hauptversammlung bei der Konzernbildung 94
(1) Fehlerhafte Interpretation des § 119 II AktG 94
(2) Eingriff in Aktionärsrechte ? 96
(3) Fehlender Bedarf einer Ausweitung der Mitwirkungsbefugnisse der Hauptversammlung 97
b) Stellungnahme 99
aa) Kritik an der Lösung über § 119 II AktG 99
bb)Gesamtanalogie als rechtliche Grundlage der „Holzmüller"-Doktrin 100

cc) Zur Frage der Auslösung der ungeschriebenen Hauptversammlungskompetenz 102
dd) Erfordernis einer ungeschriebenen Hauptversammlungszustimmung im Krupp/ Thyssen-Fall 104
4. Hauptversammlungszustimmung bei Nutzung einer Tochtergesellschaft als Erwerbsinstrument ? 105
5. Rechtsfolgen bei Nichteinschaltung der Hauptversammlung 107
a) Keine Unwirksamkeit des Beteiligungserwerbs wegen § 82 I AktG 107
b) Ausformung des Rechtsschutzes der Aktionäre der Bieter-AG 109
aa) Allgemeine Aktionärsklage 109
bb) Umfang des Haftungsrisikos des Krupp-Hoesch-Vorstands 110
cc) Durchsetzbarkeit der Vorstandshaftung 112
6. Konsequenzen bei Anfechtung des Zustimmungsbeschlusses 114
7. Zulässigkeit und Folgen einer nachträglichen Hauptversammlungszustimmung 115
8. Zusammenfassung 116

IV. Die Finanzierung des Erwerbs der Thyssen-Aktien 118
1. Cash Offer 118
a) Finanzielle Strategie der Krupp-Hoesch AG 118
b) Gefahren der ausschließlichen Fremdfinanzierung der Akquisition 119
2. Cash und Paper Tender Offer 121
a) Ordentliche Kapitalerhöhung gem. §§ 182 ff. AktG 122
aa) Voraussetzungen 122
bb) Problematik des Bezugsrechtsausschlusses 123
cc) Bezugsrechtsverzicht der Großaktionäre der Krupp-Hoesch AG 125
dd) Ungewißheit des Zeichnungsumfangs 126
ee) Verknüpfung des Kapitalerhöhungsbeschlusses mit einer Bedingung 128
ff) Möglichkeit der Einschaltung einer Bank 128
b) Genehmigte Kapitalerhöhung gem. §§ 202 ff. AktG 130
c) Bedingte Kapitalerhöhung gem. §§ 192 ff. AktG 133
3. Ergebnis 134

V. Die Rolle der Banken bei der Planung der Übernahme 135
1. Interessenkonflikte von Bankvertretern in Aufsichtsräten 135
a) Personelle Verflechtungen zwischen Vorstand und Aufsichtsrat verschiedener Unternehmen 136
b) Mittel zur Bewältigung des Interessenkonflikts 138
aa) Einschränkung der geschäftlichen Tätigkeit der Bank ? 138
bb) Einsatz milderer Mittel zur Konfliktbewältigung 139
c) Keine Anerkennung ungeschriebener Inkompatibilitäten 143
2. Zusammenfassung 144

VI. Fusionskontrolle bei Unternehmensübernahmen 145
1. Entscheidung der EU-Kommission nach der FKVO 145
a) Ablauf und Zeitrahmen der europäischen Fusionskontrolle nach der FKVO 145
b) Konsequenzen des Vollzugsverbotes für die Durchführung öffentlicher Übernahmeangebote 149
aa) Vor- und Nachteile eines Vollzugs ohne Stimmrechtsausübungsermächtigung gem. Art. 7 III FKVO 150
bb) Voraussetzungen für eine Stimmrechtsausübung während des FKVO-Verfahrens gem. Art. 7 III, IV FKVO 151
2. Zusagepraxis der EU-Kommission nach der FKVO 152
a) Zusagen im Vorverfahren 153
aa) Sicherungsmöglichkeit von Zusagen im Vorverfahren 153
bb) Einordnung und Durchsetzung von Zusagen 154
b) Zusagen im Hauptverfahren 156

§ 2 Rechtsfragen einer feindlichen Übernahme aus der Sicht der Zielgesellschaft 157

I. Reichweite und Umfang der Neutralitätspflicht 157
1. Reaktionen der Thyssen AG nach dem vorzeitigen Bekanntwerden der Übernahmepläne 157
2. Kompetenzen des Vorstands der Zielgesellschaft 158
a) Umfang und Grenzen des Neutralitätsgebots 159
aa) Umfassende Neutralitätspflicht 160
bb) Aufweichung der strikten Neutralitätspflicht in Ausnahmefällen 163
cc) Nichtanerkennung eines Neutralitätsgebots 163
dd) Alternative einer qualifizierten Business Judgement Rule 165
ee) Stellungnahme 166
b) Vorverlagerung des Eingreifens der Neutralitätspflicht 169

II. Mögliche Maßnahmen des Thyssen-Vorstandes im Spiegel des Neutralitätsgebots 170
1. Präventive Abwehrstrategien 170
a) Einfluß der Geschäfts- und Dividendenpolitik der Thyssen AG 170
b) Erwerb eigener Aktien gem. §§ 71 ff. AktG 171
c) Wechselseitige Beteiligungen 173
d) Unzulässigkeit sog. „Poison Pills" 175
e) Stimmrechtsbeschränkung und Ausgabe vinkulierter Namensaktien 176
f) Einsatz genehmigten Kapitals unter Ausschluß des Bezugsrechts 177
aa) Genehmigtes Kapital I 178
bb) Genehmigtes Kapital II 179

cc) Liberalisierung des Bezugsrechts durch das „Siemens-Nold"-Urteil 183
(1) Das „Siemens-Nold"-Urteil 183
(2) Reaktionen auf die Wende der BGH-Rechtsprechung 186
dd) Ergebnis 187
g) Ausgabe von Wandel- und Optionsanleihen 188
h) Erschwerung der Neubesetzung von Aufsichtsrat und Vorstand 189
aa) „Staggered-Board"-Bestimmungen 190
bb) Vorzeitige Abberufung von Aufsichtsrats- und Vorstandsmitgliedern gem. §§ 103 I S. 1, 84 III S. 1 AktG 191
cc) Entsendungsrechte für Aufsichtsratsmitglieder gem. § 101 II AktG 193
dd) Festlegung besonderer Mehrheitserfordernisse gem. § 133 II AktG 193
ee) Steigerung der persönlichen Voraussetzungen bei Aufsichtsrats- und Vorstandswahlen 194
2. Aktuelle Abwehrstrategien 194
a) Information der Aktionäre der Zielgesellschaft durch den Vorstand 195
b) Einschaltung eines „White Knight" 197
c) Zulässigkeit weiterer Verteidigungsmaßnahmen nach deutschem Recht 199
aa) „Pac-man-Verteidigung" 199
bb) Verkauf der „Crown-jewels" 200
cc) „Golden Parachutes" 203
d) Standstill Agreement 204
e) Politische Ökonomie 205
aa) Ökonomische Theorie der Politik 206
bb) Bedeutung des wirtschaftspolitischen Einflusses im Krupp/Thyssen-Fall 209

3. Kapitel: Zusammenfassung der Ergebnisse der Arbeit 211

Anhang: Entstehung des Thyssen/Krupp-Konzerns nach dem Scheitern der feindlichen Übernahme 218

I. Rückwirkende Entstehung der Thyssen Krupp Stahl AG zum 1. April 1997 218
II. Entscheidung für die Gesamtfusion der Thyssen AG und der Krupp-Hoesch AG 219
III. Planung der Gesamtfusion der Thyssen AG und der Krupp-Hoesch AG 222
1. Geschehen bis zum 22. Januar 1998 – Uneinigkeit über Führungspositionen 222
2. Das industrielle Konzept der Thyssen Krupp AG 223
a) Strategie und Ziel der Fusion Thyssen Krupp AG 223
b) Konzernstruktur 225

c) Die Unternehmensbereiche des Thyssen-Krupp-Konzerns 225
d) Die Führungsstruktur des neuen Konzerns 227
e) Weiteres Procedere 228
3. Billigung des industriellen Konzepts durch die Aufsichtsräte 228
4. Hauptversammlung der Thyssen AG am 20. März 1998 231
5. Abschluß der Fusionsvorbereitungen bis zum August 1998 233
IV. Unterzeichnung des Verschmelzungsvertrages und Bekanntgabe des Umtauschverhältnisses am 11. September 1998 234
IV. Aufsichtsratssitzungen beider Konzerne zur Verschmelzung im Oktober 1998 236
VI. Verschmelzungshauptversammlungen bei Krupp und Thyssen im Dezember 1998 238
VII. Rechtliche Wirksamkeit der Ruhrfusion ab 17. März 1999 240

Entscheidungsregister 244
Literaturverzeichnis 246

Abkürzungsverzeichnis

a. A.	Anderer Ansicht
a.a.O.	Am angegebenen Ort
Abl. EG	Amtsblatt Europäische Gemeinschaften
Abs.	Absatz
AcP	Archiv für die civilistische Praxis
AG	Aktiengesellschaft
AGBG	Gesetz zur Regelung des Rechts der Allgemeinen Geschäftsbedingungen
a. E.	am Ende
a. F.	alter Fassung
AktG	Aktiengesetz
Anm.	Anmerkung
Art.	Artikel
Aufl.	Auflage
Bd.	Band
BB	Betriebs-Berater
BfH	Bundesfinanzhof
BGB	Bürgerliches Gesetzbuch
BGBl.	Bundesgesetzblatt
BGH	Bundesgerichtshof
BGHZ	Entscheidungen des Bundesgerichtshofs in Zivilsachen
BMF	Bundesfinanzministerium
Bsp.	Beispiel
BR-Drucks.	Bundesrat-Drucksache
BSK	Börsensachverständigenkommission
BT-Drucks.	Bundestag-Drucksache
BVerfG	Bundesverfassungsgericht
BZ	Börsenzeitung
bzgl.	bezüglich
bzw.	beziehungsweise
ca.	circa
c.i.c.	culpa in contrahendo
Corp.	corporation
DAX	Deutscher Aktienindex
DB	Der Betrieb
Def.	Definition
ders.	derselbe
DJT	Deutscher Juristentag
d.h.	das heißt
DM	Deutsche Mark

Diss.	Dissertation
DStR	Deutsches Steuerrecht
DSW	Deutsche Schutzvereinigung für Wertpapierbesitz
dt.	deutsch(en)
DZWir	Deutsche Zeitschrift für Wirtschaftsrecht
EG	Europäische Gemeinschaft
EGKS-Vertrag	Vertrag über die Gründung der Europäischen Gemeinschaft für Kohl und Stahl
etc.	et cetera
EU	Europäische Union
europ.	europäisch(en)
EuZW	Europäische Zeitschrift für Wirtschaftsrecht
EWG	Europäische Wirtschaftsgemeinschaft
EWiR	Entscheidungen zum Wirtschaftsrecht
EWS	Europäische Schriften zum Wirtschaftsrecht
f.	folgende(r)
FAZ	Frankfurter Allgemeine Zeitung
ff.	folgende
FKVO	Verordnung über die Kontrolle von Unternehmenszusammenschlüssen
Fn.	Fußnote
FS	Festschrift
gem.	gemäß
GmbH	Gesellschaft mit beschränkter Haftung
GmbHR	GmbH-Rundschau
Großkomm.	Großkommentar
HB	Handelsblatt
Harv. L. Rev.	Harvard Law Review
Hdb.	Handbuch
HFA	Hauptfachausschuß
HGB	Handelsgesetzbuch
h. M.	herrschende Meinung
Hrsg.	Herausgeber
HS	Halbsatz
HV	Hauptversammlung
i. d. F. v.	in der Fassung vom
i. E.	im Ergebnis
insbes.	insbesondere
i. S. v.	im Sinne von
IStR	Internationales Steuerrecht
i. V. m.	in Verbindung mit

JA	Juristische Arbeitsblätter
JZ	Juristenzeitung
Köln. Komm.	Kölner Kommentar
KOM	Kommission
KonTraG	Gesetz zur Kontrolle und Transparenz im Unternehmensbereich
LBO	Leveraged-Buy-Out
LG	Landgericht
M&A	Mergers and Acquisitions
Mio.	Millionen
MitbestG	Mitbestimmungsgesetz
Montan-MitbestG	Montan-Mitbestimmungsgesetz
Mrd.	Milliarden
MTF	Merger Task Force
m. w. N.	mit weiteren Nachweisen
NJW	Neue Juristische Wochenschrift
NJW-RR	Neue Juristische Wochenschrift – Recht-sprechungsreport
Nr.	Nummer
n.v.	nicht veröffentlicht
NZG	Neue Zeitschrift für Gesellschaftsrecht
OLG	Oberlandesgericht
o. V.	ohne Verfasser
plc.	public limited company
RabelsZ	Rabels Zeitschrift für ausländisches und internationales Privatrecht
Rdnr.	Randnummer
Rechtspr.	Rechtsprechung
RGZ	Entscheidungen des Reichsgerichts in Zi-vilsachen
RIW	Recht der internationalen Wirtschaft
S.	Siehe, Satz, Seite (n)
SAG	Die schweizerische Aktiengesellschaft
SEC	Securities and Exchange Commission
sog.	sogenannte(r/n)
SPD	Sozialdemokratische Partei Deutschland
StGB	Strafgesetzbuch
StiftGNW	Stiftungsgesetz Nordrhein-Westfalen
str.	streitig(en)
st. Rspr.	ständige Rechtsprechung
t	Tonnen
TKS	Thyssen Krupp Stahl
u. a.	und andere, unter anderem
UmwG	Umwandlungsgesetz

u. U.	unter Umständen
v.	vom
Vj.	Vorjahr
VG	Verwaltungsgericht
VGH	Verwaltungsgerichtshof
vgl.	vergleiche
VO	Verordnung
Vol.	Volume
Vorb.	Vorbemerkung
WiB	Wirtschaftsblätter
WiSt	Wirtschaftswissenschaftliches Studium
WM	Wertpapiermitteilungen
WpHG	Wertpapierhandelsgesetz
WpÜG	Wertpapiererwerbs- und Übernahmegesetz
WuW	Wirtschaft und Wettbewerb
WuR	Wirtschaft und Recht
Yale L. J.	Yale Law Journal
z.	zur/zum
z. B.	zum Beispiel
ZBB	Zeitschrift für Bankrecht und Bankwirtschaft
ZGR	Zeitschrift für Unternehmens- und Gesellschaftsrecht
ZIP	Zeitschrift für Wirtschaftsrecht
ZHR	Zeitschrift für das gesamte Handels – und Wirtschaftsrecht
ZKW	Zeitschrift für das gesamte Kreditwesen
ZRP	Zeitschrift für Rechtspolitik
ZVglRWiss	Zeitschrift für vergleichende Rechtswissenschaft

Einführung

Das Übernahmeangebot der Krupp-Hoesch AG an die Aktionäre der Thyssen AG beherrschte im Frühjahr 1997 die deutsche Wirtschaftspresse. Für dieses öffentliche Interesse gab es verschiedene Gründe.
Zum einen wäre diese Übernahme eine der bedeutsamsten in der deutschen Unternehmensgeschichte gewesen, da sie die beiden größten inländischen Stahlerzeuger zusammengeführt hätte. Zum anderen aber sorgte der Umstand für Diskussionen, daß sich die Krupp-Hoesch AG die Mehrheitsbeteiligung an dem weitaus größeren Thyssen-Konzern im Wege einer sog. feindlichen Übernahme verschaffen wollte.
Bei einer feindlichen Übernahme, zum Teil auch als unfreundliche Übernahme bezeichnet, beabsichtigt eine Gesellschaft eine Mehrheitsbeteiligung an einer anderen zu erwerben, ohne daß im Vorfeld der Transaktion mit dem Management der Zielgesellschaft eine Verständigung darüber erreicht worden wäre.
Im Gegensatz zu den Vereinigten Staaten, in denen diese Art von Übernahmen an der Tagesordnung ist, gab es zum Zeitpunkt des Krupp/Thyssen-Falles in Deutschland nur wenige vorangegangene Beispiele[1] und erhebliche Vorbehalte, so daß dieser Übernahmefall auch für politische Diskussionen Anlaß gab.

Die Ursachen für die hierzulande niedrige Zahl von feindlichen Übernahmen sind vielfältig. Die im internationalen Vergleich geringe Aktienstreuung, die festgefügten Aktionärsstrukturen und das hohe Maß an Konzernverflechtungen werden für diese Situation ebenso verantwortlich gemacht wie die Fusionskontrolle, das Depotstimmrecht der Banken, die aktienrechtlichen Kapitalerhaltungsvorschriften sowie die geltenden Mitbestimmungsregelungen.

In den Jahren nach der versuchten feindlichen Übernahme durch die Krupp-Hoesch AG stieg das Marktvolumen am gesamten deutschen Markt für Unternehmensübernahmen dennoch an; in dem durch die Übernahme der Mannesmann AG durch die Vodafone plc. geprägten Jahr 2000 auf 855 Milliarden DM. Obwohl das Volumen aller Mehrheitsübernahmen danach erheblich sank, wird für die kommenden Jahre gerade auch eine Zunahme unfreundlicher Übernahmen erwartet. Diese Erwartungen liegen in der Fortführung des Trends einer anhaltenden Europäisierung und Globalisierung begründet, der zu einem erhöhten Wettbewerbsdruck für die Unternehmen führt.

Die rechtlichen Rahmenbedingungen für Übernahmen haben sich in Deutschland mit Inkrafttreten des Übernahmegesetzes zum 01.01.2002 erheblich verändert. Zum Zeitpunkt der versuchten feindlichen Übernahme der Krupp-Hoesch AG im Jahr 1997 bestand lediglich eine freiwillige Regelung für Unternehmensübernahmen. Bei dem ab

[1] Vorherige feindliche Übernahmeversuche in Deutschland scheiterten wie bei Holzmann/Hochtief oder Kolbenschmidt/T&N an der Fusionskontrolle oder blieben wie bei Pirelli/Continental erfolglos.

dem 01.10.1995 geltenden Übernahmekodex handelte es sich um eine Empfehlung von Verhaltensregeln für die an freiwilligen öffentlichen Übernahmeangeboten beteiligten Parteien. Ziel der Regelung war es, die Transparenz derartiger Transaktionen zu erhöhen und die Gleichbehandlung aller an der Übernahme beteiligten Parteien sicherzustellen. Aufgrund der mangelnden Akzeptanz dieser freiwilligen Regelung bei den Unternehmen empfahl die Börsensachverständigenkommission im März 1999 den Erlaß einer gesetzlichen Regelung. Das Scheitern der langjährig geplanten EU-Übernahmerichtlinie im Jahr 2001 führte schließlich zu dem Inkrafttreten eines deutschen Wertpapiererwerbs- und Übernahmegesetzes.

Die vorliegende Arbeit bemüht sich um eine Analyse des Krupp/Thyssen-Falles. Zu deren Beginn und besserem Verständnis werden die Hintergründe der geschichtlich-wirtschaftlichen Einordnung der beteiligten Unternehmen sowie die Chronologie dargestellt.
Die daran anschließende rechtliche Untersuchung stellt auf die zum Zeitpunkt des Übernahmegeschehens herrschenden rechtlichen Rahmenbedingungen ab. Jedoch wurde bei den ausgewählten Rechtsfragen feindlicher Übernahmen auch auf die in der Folgezeit vorgenommenen rechtlichen Änderungen Bezug genommen.
Ziel der Arbeit ist es, herauszustellen, welche Rechtsfragen aus der Sicht der Bietergesellschaft, als auch der Zielgesellschaft im Vordergrund standen. In diesem Zusammenhang werden insbesondere die verschiedenen Strategien, die beiden beteiligten Unternehmen im Planungsstadium zur Verfügung standen, sowie deren Vor- und Nachteile dargestellt.
Wie die zu untersuchende Übernahmeauseinandersetzung gezeigt hat, beschränken sich die für Bieter- und Zielgesellschaft in der Praxis stellenden Probleme nicht ausschließlich auf gesellschaftsrechtliche Fragen. Vielmehr spielen auch kartellrechtliche sowie politisch-ökonomische Sachverhalte eine Rolle.

KAPITEL 1

Darstellung der Unternehmen und Chronologie der Übernahme

§ 1 Unternehmensgeschichte und ursprüngliche Konzernstruktur

I. Fried. Krupp AG Hoesch-Krupp

1. Geschichte und Entwicklung des Unternehmens

a) Entwicklung vom Stahlbetrieb zum Großkonzern

Am 20. November 1811 gründete Friedrich Krupp mit zwei Teilhabern eine Fabrik zur Herstellung von Gußstahl und den daraus angefertigten Produkten. Dies gilt als das Gründungsdatum des Unternehmens Krupp. Da die Teilhaber kurz darauf aus dem Unternehmen ausschieden, wurde es fortan als Einzelfirma geführt. Bis zu seinem Tod im Jahre 1826 leitete Alfred Krupp das Unternehmen, anschließend bis 1848 seine Witwe Therese Krupp. Darauf folgte ihr ältester Sohn Alfred Krupp, der schon zuvor die Leitung innehatte, und dessen Sohn Friedrich Alfred Krupp, der das Unternehmen von 1887 bis 1902 führte.[2]

Insbesondere unter Alfred Krupp entwickelte sich der anfangs kleine Betrieb zu einem Stahlunternehmen. Schwerpunkt der Produktion bildete Gußstahl und seine Verarbeitung zu verschiedenen Produkten, wie Münzstempel und Walzmaschinen. Im Zeitalter der Industriellen Revolution kamen seit 1840 Teile für den expandierenden Eisenbahnbereich hinzu. Die von Krupp entwickelten nahtlosen Eisenbahnradreifen führten dazu, daß Alfred Krupp im Jahre 1875 drei aufeinander gelegte Radreifen zum bekannten Firmenzeichen des Unternehmens machte.[3] Durch den Erwerb von Erzlagerstätten, Kohlezechen und Hüttenwerken wurde eine eigene Rohstoffbasis geschaffen. Zudem führte Alfred Krupp schon früh neue, wirtschaftliche Stahlgewinnungsverfahren sowie Sozialeinrichtungen für die Unternehmensangehörigen ein. Zur Absatzsicherung erschloß das Unternehmen Märkte in anderen Erdteilen durch die Einrichtung von Vertretungen und durch die gezielte Teilnahme an den seit 1851 stattfindenden Weltausstellungen. Im Todesjahr Alfred Krupps 1887 zählte das Unternehmen bereits 20 000 Beschäftigte.

Friedrich Alfred Krupp gliederte das Grusonwerk in Magdeburg und die Germaniawerft in Kiel an und baute den Betrieb zu einem horizontal und vertikal gegliederten Konzern aus. Als Friedrich Alfred Krupp im Jahre 1902 starb, beschäftigte das Unternehmen bereits 43 000 Mitarbeiter.

Nach dem Tod von Friedrich Alfred Krupp wandelte sich das Unternehmen gemäß seiner testamentarischen Empfehlung im Jahre 1903 in eine Aktiengesellschaft, die

---

[2] Unternehmensinformation zur Krupp-Historie „Ideen machen Geschichte“, S.1 ff.; Verschmelzungsbericht der Thyssen AG und der Krupp-Hoesch AG, S. 41 ff..

[3] Unternehmensinformation „Ideen machen Geschichte, S. 1; Der Spiegel Nr. 13/97, S. 98 ff..

Aktien wurden jedoch nicht an der Börse gehandelt. Hauptaktionärin war die älteste Tochter und Erbin Bertha Krupp. Lediglich vier Aktien befanden sich aufgrund der damaligen gesetzlichen Vorschriften in Fremdbesitz. 1906 heiratete Bertha Krupp Gustav von Bohlen und Halbach. Gustav Krupp von Bohlen und Halbach trieb ab 1909 als Vorsitzender des Aufsichtsrates der Fried. Krupp AG den Ausbau des Konzerns weiter voran. Insbesondere der 1. Weltkrieg führte durch die verstärkte Produktion von Rüstungsmaterial zur Ausweitung des Konzerns.
Aufgrund der mit dem Versailler Vertrag notwendig gewordenen Produktionsumstellung setzte nach dem Ende des 1. Weltkrieges eine rezessiven Phase ein. Der Rezession entgegnete das Unternehmen mit Sanierungsmaßnahmen. Der Aufschwung in den darauffolgenden Jahren beruhte primär auf dem Ausbau der Bereiche Weiterverarbeitung und Edelstahlerzeugung. Die allgemein einsetzende Wirtschaftskrise beendete 1929 den Aufschwung.
In den 30er Jahren führte unter der Lenkung des NS-Regimes das deutsche Streben nach Autarkie zum Ausbau der inländischen Erzbasis und zu einer erhöhten Nachfrage nach Walzwerkerzeugnissen. Ende 1943 wurde die Fried. Krupp AG wieder in eine Einzelfirma umgewandelt und auf Alfried Krupp von Bohlen und Halbach, den ältesten Sohn von Bertha und Gustav Krupp von Bohlen und Halbach, übertragen. Bei Kriegsende waren große Teile der Werksanlagen zerstört, andere wurden demontiert oder enteignet.
Im Rahmen der Entflechtungsmaßnahmen der Alliierten wurde die Abtrennung der Bergbau- und Hüttenbetriebe verfügt. Alfried Krupp von Bohlen und Halbach wurde von einem amerikanischen Militärgericht angeklagt und verurteilt. Nach der vorzeitigen Haftentlassung 1951 konnte er ab 1953 wieder die Leitung der zunächst unter alliierte Kontrolle gestellten Werke übernehmen.
Im November 1953 ernannte Alfried Krupp von Bohlen und Halbach Berthold Beitz zu seinem persönlichen Generalbevollmächtigten, der erheblich zur Gestaltung eines neustrukturierten Konzerns beitrug.[4]
1960 faßte Krupp die neben den Verarbeitungsbetrieben verbliebenen Montanbetriebe zusammen. 1965 wurde der Bochumer Verein für Gußstahlfabrikation, der auch Edelstahl herstellte, mit der Hütten- und Bergwerke Rheinhausen AG zur Fried. Krupp Hüttenwerke AG verschmolzen, die dann in Krupp Stahl AG umfirmiert wurde. Im Juli 1967 starb Alfried Krupp von Bohlen und Halbach, sein Sohn Arndt verzichtete auf das Erbe. Als Erbin des Unternehmens überführte daher die gemeinnützige Alfred Krupp von Bohlen und Halbach-Stiftung in Ausführung des Testaments das Unternehmen in die Fried. Krupp GmbH, deren Alleingesellschafterin sie zunächst war.[5]
1968 wurde die Fried. Krupp GmbH mit einem Stammkapital von 500 Mio. DM in das Handelsregister des Amtsgerichtes Essen eingetragen. Nachdem der Staat Iran bereits 1974 eine Beteiligung in Höhe von 25, 04 % am Grundkapital der Tochtergesellschaft Fried. Krupp Hüttenwerke AG erworben hatte, übernahm er 1977 zudem 25, 01 % der Geschäftsanteile der Fried. Krupp GmbH aus einer Kapitalerhöhung.
In den folgenden Jahren baute die Fried. Krupp GmbH alle Unternehmensbereiche gezielt aus. Zur Weiterentwicklung der Unternehmensstruktur trugen insbesondere die

[4] Dazu näher: Unternehmensinformation „Ideen machen Geschichte", S. 4.
[5] Der Volkswirt 1967, S. 526; 1969, S. 49; 1969, S. 58; Berndt, Stiftung und Unternehmen, Rdnr. 1508, 1593.

Abgabe des verlustreichen Schiffbaus und die Verstärkung und Verbreiterung der Geschäftsfelder (Diversifizierung) durch internes Wachstum und Akquisitionen bei. In der Zeit von 1980 – 1983 wurde das Unternehmen durch Ausgliederung aller operativen Aktivitäten zu einer reinen Management-Holding umstrukturiert.

b) Moderatorenkonzept und Fusion mit der Hoesch AG

Bereits im Dezember 1982 beauftragten verschiedene deutschen Stahlproduzenten und das Bundeswirtschaftsministerium Dr. Marcus Bierich (Mitglied des Vorstandes der Allianz AG), Dr. Alfred Herrhausen (Vorstandsvorsitzender der Deutschen Bank AG) und Dr. Günther Vogelsang (Vorsitzender des Aufsichtsrates der Thyssen AG) damit, Vorschläge für „unternehmensübergreifende Kooperationen und marktstabilisierende Maßnahmen" für die deutsche Stahlwirtschaft zu erarbeiten.[6]
Das nicht zustandengekommene Moderatorenkonzept von 1983 sah eine Fusion zwischen Thyssen und Krupp (ohne Edelstahl) zur Gruppe „Rhein" sowie die Gründung einer Gruppe „Ruhr", bestehend aus Hoesch, Klöckner und Preussag/Salzgitter vor.[7]
In den folgenden Jahren verhandelten die Krupp-Hoesch AG und die Thyssen AG wiederholt über einen Zusammenschluß der Stahlbereiche. So bot der Thyssen-Vorstand unter Vorsitz von Dr. Dieter Spethmann dem Vorstand der damaligen Fried. Krupp GmbH im November 1988 schriftlich den Zusammenschluß beider Unternehmen an. Verhandlungsgrundlage sollte ein Ablösepreis von 2 Mrd. DM plus 5 % Thyssen-Aktien sein. Den Vorschlag lehnte die Krupp GmbH ab.[8]
In der Absicht, einen Zusammenschluß im Wege der Verschmelzung herbeizuführen, erwarb Krupp ab 1991 Aktien des Dortmunder Stahl- und Maschinenbaukonzerns Hoesch.[9] Am 10.10.1991 gab die Krupp GmbH ihre Übernahmepläne bekannt, mit denen sie erhebliche Synergiepotentiale aktivieren wollten.[10] In den folgenden Wochen führten Befürworter und Gegner der Fusion kontroverse Diskussionen, die insbesondere die Sicherung der Arbeitsplätze, die Standorte und die Mitbestimmung zum Gegenstand hatten.[11]
Im November 1991 erklärte Krupp, bereits ein Aktienpaket von 55 % an der Hoesch AG zu kontrollieren, das ab Dezember noch weiter aufgestockt wurde. Der Hoesch-Vorstand lenkte im Februar 1992 ein, und in den strittigen Fragen wurde daraufhin Übereinstimmung erzielt. Am 23.03.1992 wurde die Fried. Krupp GmbH in eine Aktiengesellschaft – die Fried. Krupp AG – umgewandelt. Zwei Monate später hatten sich die Vorstände beider Unternehmen über den Verschmelzungsvertrag geeinigt. Die außenstehenden Hoesch-Aktionäre erhielten danach für 10 Hoesch-Aktien 13 Aktien der Fried. Krupp AG sowie 6 DM.[12] Nachdem die Hauptversammlung der Hoesch AG die Fusion mit 99, 73 % der vertretenen Stimmen genehmigt hatte, wurde die Verschmel-

---

6 Bierich/Herrhausen/Vogelsang, Bericht der Moderatoren, 1983, S. 1.
7 Vgl. Der Spiegel Nr. 13/1982, S. 55 ff.; Wirtschaftswoche, 18.10.1991, S. 170.
8 Vgl. Dieter Spethmann in: FAZ, 27.03.1997, S. 20.
9 Vgl. hierzu: Verschmelzungsbericht der Hoesch AG mit der Fried. Krupp AG, S. 33 ff.; Salecker, Kommunikationsauftrag von Unternehmen, Anhang, S. 347 ff..
10 Top Business 12/1992, S. 28.
11 Ausführlich Salecker, Kommunikationsauftrag von Unternehmen, S. 351 ff.; Der Spiegel. Nr. 44/91, S. 156 ff..
12 Verschmelzungsbericht der Hoesch AG mit der Fried. Krupp AG, S. 55.

zung der Hoesch AG auf die Fried. Krupp AG mit der Eintragung der „Fried. Krupp AG Hoesch-Krupp“ in die Handelsregister in Essen und Dortmund im Dezember 1992 vollzogen. Die Börseneinführung der Krupp-Hoesch Aktie erfolgte am 6. Januar 1993 mit einer Erstnotierung von 138 DM je 50 DM-Aktie. So entstand im Ruhrgebiet ein Konzern mit einem Umsatz von 28 Milliarden Mark und 111000 Beschäftigten und damit ein veritabler Konkurrent zum Duisburger Thyssen-Konzern.[13]
Die Verschmelzung der Hoesch AG auf die Fried. Krupp AG führte zu einer Neuordnung der Aktivitäten des erweiterten Krupp-Konzerns. Die Fusion trug primär zur Stärkung der Bereiche Stahl, Automotive, Industries und Handel bei. Nach der Zusammenlegung der Stahlbereiche in der Krupp Hoesch Stahl AG im Jahre 1993 versprachen Kooperationen mit der Thyssen AG nach Ausschöpfen der internen Möglichkeiten weiteres Potential. Trotz der zu Beginn der Neunziger Jahre einsetzenden Stahlkrise[14] führten Verhandlungen zwischen der Krupp AG und dem Thyssen-Konzern über einen Zusammenschluß auch in den Jahren 1991-1996 zu keinem Ergebnis.

2. Konzernaufbau und Beteiligungen

Der Krupp-Konzern erzielte vor Beginn des Übernahmeversuchs im Geschäftsjahr 1996 mit seinen über 270 in- und ausländischen konsolidierten Unternehmen einen Umsatz von 27,9 Mrd. DM und ein Ergebnis der gewöhnlichen Geschäftstätigkeit von 336 Mio. DM.[15] Regionale Schwerpunkte waren neben Deutschland mit 9,9 Mrd. DM die übrigen EU-Länder mit 6,96 Mrd. DM, Nordamerika mit 2,27 Mrd. DM und Asein/Pazifisches Becken mit 2,3 Mrd. DM.[16]
Der Krupp-Konzern verfügte über eine dreistufige Führungsstruktur. Das Unternehmen mit Sitz in Essen und Dortmund koordinierte und kontrollierte den Konzern insbesondere im Hinblick auf die strategische Ausrichtung des Konzerns, die aktive Portfoliogestaltung, die Wertsteigerung und den Ressourceneinsatz. Die einheitliche Leitung des Konzerns wurde im wesentlichen über Beherrschungs- und Gewinnabführungsverträge im Sinne der §§ 291 ff. AktG sichergestellt, so daß es sich um einen Vertragskonzern handelte.[17]

---

13 Vgl. Wirtschaftswoche, 18.10.1991, S. 170 ff. und 19.06.1992, S. 128 f..
14 Wirtschaftswoche, 18.10.1991, S. 170 ff..
15 Geschäftsbericht der Krupp-Hoesch AG 1996, S. 0.
16 Geschäftsbericht der Krupp-Hoesch AG 1996, S. 76 – Umsatzerlöse nach Märkten.
17 Verschmelzungsbericht, der Thyssen AG und der Krupp-Hoesch AG, S. 47 f.; Börsenzulassungsprospekt der Thyssen Krupp AG, S. 88.

Unterhalb der Fried. Krupp AG Hoesch-Krupp als konzernleitender Management-Holding waren die Aktivitäten organisatorisch in fünf branchenorientierte Sparten aufgegliedert. Die Sparten Industries, Anlagenbau, Automotive, Stahl und Trading wurden durch rechtlich selbständige Führungsgesellschaften geleitet. Den Führungsgesellschaften waren marktbezogene Konzernunternehmen zugeordnet, die das operative Geschäft eigenverantwortlich betrieben.[18]
Abbildung 1 stellt die Größe und Ertragskraft der einzelnen Sparten im Geschäftsjahr 1996 dar[19]:

Krupp-Hoesch AG

	Industries	Anlagen-bau	Automoti-ve	Stahl	Trading	Gesamt[20]
Umsatz	5755	2463	2973	10286	5576	27931
Ergebnis vor Ertrags-steuern	270	88	105	- 56	17	336
Mitarbeiter	18430	7999	14723	22615	4179	69608

Abbildung 1: Krupp-Konzern in Zahlen[21]
Quelle: Geschäftsbericht 1996 der Fried. Krupp AG Hoesch-Krupp

Neben den Dienstleistungsgesellschaften waren weitere Konzernunternehmen und Beteiligungen, die nicht zu den Geschäftsfeldern der Sparten gehörten, unmittelbar der Konzernleitung zugeordnet.
Die Krupp-Hoesch AG und ihre konsolidierten Konzernunternehmen beschäftigten Ende des Geschäftsjahres 1996 weltweit 69 608 Mitarbeiter. 33 146 Mitarbeiter hatten ihren Arbeitsplatz in Deutschland. 24 792 waren bei ausländischen Konzernunternehmen beschäftigt.[22] Die Krupp-Hoesch AG hatte als Konzernobergesellschaft, der sämtliche Arbeitnehmer mitbestimmungsrechtlich zugerechnet werden, einen nach dem Mitbestimmungsgesetz paritätisch zusammengesetzten Aufsichtsrat, dem 20 Mitglieder angehörten. Die Führungsgesellschaften der Sparten unterlagen keiner gesetzlichen Mitbestimmungsregelung. Gemäß § 52 GmbHG hatten sie jedoch Aufsichtsräte, die in Anlehnung an das Mitbestimmungsgesetz zusammengesetzt waren. In den verschiedenen Konzernunternehmen bestanden ebenfalls entsprechend den gesetzlichen Erfordernissen Aufsichtsräte.[23]

---

18 Verschmelzungsbericht der Thyssen AG und der Krupp-Hoesch AG, S. 47 f.; Börsenzulassungsprospekt der Thyssen Krupp AG, S. 88.
19 Geschäftsbericht der Krupp-Hoesch AG 1996, S. 0.
20 Einschließlich weiterer Konzernunternehmen und Holdinggesellschaften.
21 Angaben zu Umsatz und Ergebnis vor Ertragssteuern in Mio. DM.
22 Geschäftsbericht der Krupp-Hoesch AG, 1996, S. 0.
23 Verschmelzungsbericht der Thyssen AG und der Krupp-Hoesch AG, S. 46.

Die Zusammensetzung der Anteilseigner zeichnete sich durch zwei Großaktionäre aus, die zusammen ein Aktienpaket von über 70 % kontrollierten und dadurch den Streubesitzanteil gering hielten. Im Einzelnen hielt die Alfred Krupp von Bohlen und Halbach Stiftung einen Anteil von 50, 47 % am Grundkapital. Die Islamische Republik Iran hatte als zweiter Großaktionär einen Anteil von 22, 92 % und die Westdeutsche Landesbank Girozentrale einen Anteil von 5, 08 % am Grundkapital der Krupp-Hoesch AG.[24] Es verblieb somit zum Zeitpunkt des Übernahmeversuchs ein Streubesitz von 21, 53 %.[25] Das Grundkapital der Krupp-Hoesch AG betrug nominal 1.088.128.450 DM. Es war eingeteilt in 21.762.569 Inhaberaktien im Nennbetrag von je 50 DM.[26] Die Krupp-Aktie wurde an allen acht deutschen Wertpapierbörsen und an der Elektronischen Börse Schweiz gehandelt. Der Höchststand im Börsenjahr 1996 lag am 24. Mai 1996 bei 254 DM. Am 30. Dezember 1996 notierte die Krupp-Hoesch Aktie bei 250, 50 DM und am 11. März 1997 bereits bei 295, 80 DM.[27]

II. Thyssen AG

1. Geschichte und Entwicklung des Unternehmens

Als Gründungsdatum des Thyssen-Konzerns gilt der 29. September 1891. An diesem Tag gab August Thyssen bekannt, zusammen mit seinem Bruder Josef Thyssen im Besitz aller Anteile der Steinkohlen-Bergwerks Gewerkschaft Deutscher Kaiser zu sein.[28]

Ende 1891 nahm die Gewerkschaft Deutscher Kaiser ihr erstes Stahl- und Walzwerk in Betrieb. In den folgenden Jahren wurde das Unternehmen derart systematisch erweitert, daß sich die Produkte der neu erworbenen oder begründeten Firmen in einem vertikalen Verbund ergänzten.[29] Darüber hinaus modernisierte und erweiterte August Thyssen die Erzeugung und Verarbeitung von Eisen und Stahl und baute die Rohstoffbasis und Weiterverarbeitung in seinen Unternehmen aus. 1904 nahm die Thyssen AG unter den deutschen Stahlproduzenten bereits den ersten Rang ein und zählte zur Spitzengruppe der europäischen Stahlindustrie. 1906 wurden die Aktivitäten im Handel durch Gründung von Kohle- und Eisenbahnhandelsgesellschaften und einer eigenen Reederei aufgenommen. Die Anfang des 20. Jahrhunderts einsetzende Internationalisierung endete mit dem Beginn des 1. Weltkrieges, der eine kriegsbedingte Ausweitung der Produktion zur Folge hatte.

---

[24] Börsen-Zeitung, 19.3.1997, S. 5.

[25] Auf der Hauptversammlung der Krupp-Hoesch AG am 27. Juni 1997 waren etwa 5 % des gezeichneten Kapitals gem. § 135 AktG über das Depotstimmrecht der Banken vertreten worden; vgl. Scheule, Diplomarbeit, S. 6.

[26] Verschmelzungsbericht, S. 56.

[27] Vgl. Unternehmensinformation „Entwicklung Aktienkurs der Krupp-Hoesch AG ab 06.01.1993", S. 1; Unternehmensinformation „Eckdaten zur Krupp-Aktie", S. 1; Geschäftsbericht der Krupp-Hoesch AG, 1996, S. 22.

[28] Unternehmensinformation „Geschichte des Unternehmens Thyssen", S. 1 ff.; Verschmelzungsbericht der Thyssen AG und der Krupp-Hoesch AG, S. 41 ff..

[29] Näher dazu: Unternehmensinformation „Geschichte des Unternehmens Thyssen", S. 2 f..

Um die Bereiche Kohle und Stahl rechtlich zu trennen und den Sozialisierungsbestrebungen in der Montanindustrie entgegenzutreten, wurde die Gewerkschaft Deutscher Kaiser umfirmiert in August-Thyssen-Hütte, Gewerkschaft. Neugegründet wurde die Gewerkschaft Friedrich Thyssen, die die bisherige Abteilung Bergbau umfaßte. Ab 1920 wurde der Plan eines Stahlverbundes an der Ruhr vorangetrieben, um Überkapazitäten abzubauen und Rationalisierungspotentiale zu erschließen. 1926 entstand daraufhin die Vereinigte Stahlwerke AG, an der Thyssen zu 26 % beteiligt war. Fritz Thyssen, der Sohn des 1926 verstorbenen August Thyssen, wurde Aufsichtsratsvorsitzender der neuen Holding.
1934 wurde die August-Thyssen-Hütte-AG als rechtlich selbständige Betriebsgesellschaft für die fünf in Duisburg gelegenen Hüttenwerke innerhalb der Vereinigten Stahlwerke gegründet, um die Entscheidungswege zu verkürzen. Am Ende des 2. Weltkrieges wurden die Vereinigte Stahlwerke AG aufgelöst. Nach dem Demontagestopp der Thyssenhütte durch das Petersberger Abkommen im November 1949 wurde im Mai 1951 der erste Hochofen der Thyssenhütte wieder in Gang gesetzt. Am 2. Mai 1953 erfolgte die Neugründung der August Thyssen-Hütte AG, die sich auf die Flachstahlproduktion spezialisierte. In den der Neugründung folgenden Jahren fand der Ausbau der August Thyssen-Hütte zu einem Stahlkonzern statt, der anschließend horizontal diversifiziert wurde. Parallel zum durch den beginnenden europäischen Einigungsprozeß begünstigten Kapazitätsausbau prägten in den 50er und 60iger Jahren daher Unternehmenskäufe das Bild des Thyssen-Konzerns.[30]
Seit Anfang der 70er Jahre stand die Verbreiterung der Unternehmensbasis im Vordergrund, die der Schaffung eines Risikoausgleichs dienen sollte. 1973/74 wurde die Rheinstahl AG erworben, die 1976 in Thyssen Industrie AG umfirmiert wurde. Damit betrat die August Thyssen Hütte den Weg zum Mischkonzern. Die Aktivitäten von Rheinstahl wurden mit den entsprechenden Thyssen-Geschäftsfeldern in den vier neu formierten Unternehmensbereichen Investitionsgüter und Verarbeitung, Handel und Dienstleistungen, Edelstahl sowie Stahl zusammengefaßt. Um die breitere Unternehmensbasis und strategische Neuausrichtung nach außen hin kenntlich zu machen, änderte die August-Thyssen-Hütte 1977 ihren Namen in Thyssen-AG vorm. August Thyssen-Hütte. 1978 akquirierte Thyssen das amerikanische Unternehmen The Budd Company, einen der bedeutenden Zulieferer der US-Automobilindustrie, um die Abhängigkeit von der Stahlindustrie weiter zu reduzieren.[31]
Nachfrageeinbrüche und subventionierte Auslandskonkurrenz bei Stahl und Edelstahl führten in Deutschland in den Folgejahren zu Kapazitäts- und Arbeitsplatzabbau. In den 80er und 90er Jahren veränderte die Thyssen AG daraufhin ihre Organisationsstruktur. Ab 1983 konzentrierte sich die Thyssen AG, die bis dahin zugleich für den Stahlbereich verantwortlich war, auf die Führung des Konzerns. Die neu gegründete Thyssen Stahl AG bündelte die Qualitätsstahl-Aktivitäten des Konzerns, nachdem das Moderatorenkonzept gescheitert war.

[30] Unternehmensinformation, „Geschichte des Unternehmens Thyssen", S. 7 f.; Verschmelzungsbericht der Thyssen AG und der Krupp-Hoesch AG, S. 43.
[31] Verschmelzungsbericht der Thyssen AG und der Krupp-Hoesch AG, S. 26.

1992 wurden von den bis dahin vier Unternehmensbereichen Stahl und Edelstahl zum neuen Unternehmensbereich Stahl zusammengefaßt, und 1994 erfolgte die rechtliche Neuordnung der Immobilien- und Telekommunikationsinteressen des Konzerns. Um im Stahlbereich das Leistungspotential und die Marktaussichten zu verbessern, sollten Kooperationen weiteres Potential schöpfen. Deshalb wurden 1995 zwei Gemeinschaftsunternehmen mit dem Krupp-Konzern gebildet.[32]
Ab Mitte der 90er Jahre wurde die Portfolio-Neuordnung des Konzerns intensiviert, die insbesondere einen Ausbau der Kerngeschäfte und die Trennung von Nicht-Kernaktivitäten vorsah. Zu den Kerngeschäften des Unternehmens, das seit 1996 ausschließlich die Firma „Thyssen AG" trägt, gehörten seither die Geschäftsfelder Aufzüge, Automobilzulieferungen, Produktionssysteme, Werkstoffhandel und Flachstahlerzeugung.[33]

2. Konzernaufbau und Beteiligungen

Mit seinen über 330 in- und ausländischen konsolidierten Konzernunternehmen erzielte der Thyssen-Konzern im Geschäftsjahr 1995/96[34] vor Beginn der Übernahmeauseinandersetzung einen Umsatz von 38, 7 Mrd. DM und ein Ergebnis der gewöhnlichen Geschäftstätigkeit von 611 Mio. DM.[35] Regionale Absatzschwerpunkte waren neben Deutschland mit 20, 1 Mrd. DM die übrigen EU-Länder mit 7, 65 Mrd. DM und Nordamerika mit 5, 3 Mrd. DM.[36]
Die Konzernaktivitäten waren in die drei Unternehmensbereiche Investitionsgüter und Verarbeitung, Handel und Dienstleistungen sowie Stahl gegliedert. Die Thyssen AG verfügte über eine vierstufige Führungsstruktur. Als konzernleitende Management-Holding führte die Thyssen AG die drei Unternehmensbereiche, die ihrerseits von den Führungsgesellschaften Thyssen Industrie, Thyssen Handelsunion und Thyssen Stahl geleitet wurden. Die in den Unternehmensbereichen zusammengefaßten Geschäftsbereiche sollten die Aktivitäten der eigenverantwortlich operierenden Konzerngesellschaften optimieren.[37]
Die Abbildung 7 stellt die Größe und Ertragskraft der einzelnen Sparten im Geschäftsjahr 1995/96 dar[38]:

[32] Geschäftsbericht 1995/96 der Thyssen AG, S. 30 f..
[33] Geschäftsbericht der Thyssen AG 1995/96, S. 50 ff.
[34] Das Geschäftsjahr endete am 30.September 1996.
[35] Geschäftsbericht der Thyssen AG 1995/96, S. 0 und S. 95.
[36] Geschäftsbericht der Thyssen AG 1995/96, S. 95 – Umsatzerlöse nach Absatzgebieten.
[37] Verschmelzungsbericht der Thyssen AG und Krupp-Hoesch AG, S. 30; Börsenzulassungsprospekt der Thyssen Krupp AG, S. 22.
[38] Geschäftsbericht der Thyssen AG 1995/96, S. 50 f..

Thyssen AG

	Investitionsgüter und Verarbeitung	Stahl	Handel	Gesamt[39]
Umsatz	12741	10623	18180	38673
Ergebnis vor Ertragssteuern	499	242	1	654
Mitarbeiter	54119	35990	31658	123.746

Abbildung 2: Thyssen AG in Zahlen[40]
Quelle: Thyssen AG - Geschäftsbericht 1995/96

Obergesellschaft des Konzerns war die Thyssen AG in Duisburg. Als Management-Holding leitete die Thyssen-AG den Konzern im Rahmen der strategischen Gesamtplanung mit dem Ziel der Wertsteigerung des Gesamtkonzerns. Mit den Führungsgesellschaften Thyssen Handelsunion und Thyssen Industrie AG bestanden Beherrschungs- und Gewinnabführungsverträge.
Zum Unternehmensbereich Investitionsgüter und Verarbeitung gehörten im Geschäftsjahr 1995/96 Thyssen Industrie, Budd und die Rheinischen Kalksteinwerke, die ihrerseits wieder in verschiedene Geschäftsbereiche eingeteilt waren. Zum 31. Januar 1997 schieden die Rheinischen Kalksteinwerke nach Veräußerung der Mehrheitsbeteiligung aus und der Unternehmensbereich bestand nun aus Thyssen Industrie (ohne TBA) sowie Thyssen Budd Automotive (TBA).[41] Führungsgesellschaft war die Thyssen Industrie AG. Die Aktivitäten der Thyssen Budd Automotive, bestehend aus The Budd Company und Thyssen Umformtechnik und Guß, konzentrierten sich auf die drei Felder Karosserie, Fahrwerk und Antrieb während Thyssen Industrie die fünf Geschäftsbereiche Thyssen Production Systems, Thyssen Aufzüge, Thyssen Werften, Thyssen Polymer und Thyssen Anlagentechnik umfaßte.[42]
Der Unternehmensbereich Handel und Dienstleistungen war mit über 500 Gesellschaften und Niederlassungen in rund 70 Ländern vertreten. Führungsgesellschaft war die Thyssen Handelsunion.
Die Kernaktivitäten des Unternehmensbereichs Stahl lagen in der Erzeugung, Anarbeitung und Vertrieb von Flachstahl. Zu den weiteren Tätigkeiten zählten die Herstellung und der Vertrieb von Langprodukten sowie Stahlverarbeitung, Rohstoffversorgung und Transportleistungen.

[39] Einschließlich weiterer Konzernunternehmen und Holdinggesellschaften.
[40] Angaben zu Umsatz und Ergebnis vor Ertragssteuern in Mio. DM.
[41] Geschäftsbericht der Thyssen AG 1996/97, S. 68.
[42] Verschmelzungsbericht der Thyssen AG und der Krupp-Hoesch AG, S. 31 ff.; Börsenzulassungsprospekt der Thyssen Krupp AG, S. 22 ff..

Am 30. September 1996 beschäftigte die Thyssen AG 123.746 Mitarbeiter. Davon hatten 93.629 ihren Arbeitsplatz in Deutschland, 30.117 arbeiteten im Ausland.[43] Der Aufsichtsrat des Thyssen-Konzerns war nach dem Montan-Mitbestimmungsgesetz von 1951 zusammengesetzt. Er bestand aus 21 Mitgliedern, je 10 Vertreter der Anteilseigner und der Arbeitnehmer und einem sog. neutralen Mitglied.[44] In den Führungsgesellschaften und anderen Konzernunternehmen bestanden auf Basis der jeweils relevanten gesetzlichen Voraussetzungen Aufsichtsräte, in denen Arbeitnehmervertreter nach dem Mitbestimmungsgesetz, dem Montan-Mitbestimmungsgesetz oder dem Betriebsverfassungsgesetz von 1952 vertreten waren. Auf der Basis einer besonderen Konzernbetriebsvereinbarung war 1983 ein Konzernbetriebsrat gegründet worden, der aus 40 Mitgliedern bestand.[45]
Die Zusammensetzung des Aktionärskreises der Thyssen AG[46] unterschied sich erheblich von derjenigen der Krupp-Hoesch AG. Als größter Aktionär besaß die Fritz Thyssen Stiftung einen Anteil von 8,6 % am Grundkapital von 1,565 Mrd. DM, das in 31,3 Mio. Aktien eingeteilt war.[47] Die Commerzbank AG und die Allianz AG besaßen gleichermaßen einen Anteil von knapp 5,8 %[48]. Während sich bei der Thyssen AG lediglich 20,1 % der Aktien in Händen größerer Aktionäre befanden und somit 79,9 % in Streubesitz (ca. 140 000 Aktionäre), ergab sich bei der Krupp-Hoesch AG mit einem Streubesitz von lediglich 21,53 % ein etwa umgekehrtes Verhältnis. Bei der Hauptversammlung am 14. März 1997 wurden mindestens 14,1 % über das Depotstimmrecht vertreten.[49]
Im Vergleich zum Dax hatte sich der Börsenkurs der Thyssen-Aktie im Geschäftsjahr 1995/96 nur unbefriedigend entwickelt. Der Höchststand wurde am 9. Juli 1996 mit 299, 50 DM erreicht, am Ende des Geschäftsjahres schloß die Thyssen-Aktie mit einem Kurs von 281, 50 DM.[50] Während einer nur verhaltenen Kursentwicklung in den letzten drei Monaten des Jahres 1996 (Jahrestiefstand am 19. Dezember 1996 mit 263, 50 DM), stieg der Kurs der Thyssen-Aktie in den beiden ersten Monaten des Jahres 1997 kontinuierlich an und erreichte im Februar 1997 einen Höchststand von 360 DM.[51]

III. Wirtschaftliche und betriebliche Verhältnisse im Vergleich

Die Krupp-Hoesch AG hatte im Vergleich zur Thyssen AG im Geschäftsjahr 1996 einen um 10, 8 Mrd. DM geringeren Umsatz und beschäftigte etwa 40 % weniger Mitarbeiter. Die Mitbestimmung war bei beiden Konzernen unterschiedlich ausgestaltet, da der Aufsichtsrat der Thyssen AG nach dem arbeitnehmerfreundlicheren Montan-

43 Geschäftsbericht 1995/96 der Thyssen AG, S. 0.
44 Vgl. §§ 4, 9 II Montan-Mitbestimmungsgesetz.
45 Verschmelzungsbericht der Thyssen AG und der Krupp-Hoesch AG, S. 29.
46 Vgl. Börsen-Zeitung, 19.03.1997, S. 5; Geschäftsbericht 1995/96 der Thyssen AG, S. 40.
47 Geschäftsbericht 1995/96 der Thyssen AG, S. 39.
48 Jeweils über ihre Beteiligung von 50% an der Thyssen Beteiligungs- und Verwaltungsgesellschaft mbH, Düsseldorf.
49 Scheule, Diplomarbeit, S. 6 f..
50 Geschäftsbericht 1995/96 der Thyssen AG, S. 38 f..
51 Geschäftsbericht 1996/97 der Thyssen AG, S. 47.

Mitbestimmungsgesetz zusammengesetzt war, während der Aufsichtsrat der Krupp-Hoesch AG der Regelung des Mitbestimmungsgesetzes von 1976 unterfiel. Die regionalen Absatzschwerpunkte der beiden Konzerne überschnitten sich mit Deutschland, den übrigen EU-Ländern und Nordamerika überwiegend.
Beide Unternehmen unterhielten innerhalb ihrer konzerninternen Führungsstruktur eine konzernleitende Management-Holding, die die Unternehmensbereiche leitete, die ihrerseits von Führungsgesellschaften koordiniert und kontrolliert wurden. Die Thyssen AG hatte zusätzlich innerhalb der Unternehmensbereiche Geschäftsbereiche zusammengefaßt und verfügte daher über eine zusätzliche Führungsstufe.
Um die Geschäftsfelder der beiden Großkonzerne vergleichen zu können, muß berücksichtigt werden, daß in der Sparte Investitionsgüter und Verarbeitung der Thyssen AG Zulieferunternehmen der Automobilindustrie und Unternehmen des Anlagenbaus zusammengefaßt waren. Berücksichtigt man diese Aufschlüsselung, wird ersichtlich, daß die Geschäftsfelder der Thyssen AG denen der Krupp-Hoesch AG glichen, welche lediglich in ihrer Unternehmensstruktur durch die Trennung von Industries, Anlagenbau, Automotive, Stahl und Trading eine differenziertere Spartenaufteilung vorgenommen hatte. Nach Angaben der Krupp-Hoesch AG ergab sich sogar eine 70 %ige Ergänzung der Aktivitäten beider Konzerne.[52]
Aus diesem Grund kooperierten die Krupp-Hoesch AG und die Thyssen AG bereits seit einigen Jahren in mehreren gemeinsamen Unternehmen der Sparte Stahl. Eine gemeinsame Beteiligung bestand bereits bei der Krupp Thyssen Nirosta GmbH (60 % Krupp / 40 % Thyssen Beteiligung), der Rasselstein Hoesch GmbH (25,5 % Krupp / 74,5 % Thyssen Beteiligung), der EBG Elektoblech Bochum GmbH (21 % Krupp / 79 % Thyssen Beteiligung) und Ferteco Mineracao S.A. (42,3% Krupp / 57,7 % Thyssen Beteiligung).[53] Darüber hinaus verfügte die Thyssen AG in ihrem Konzernportefeuille über Gesellschaften, die unter keine der drei Sparten fielen. Hier waren insbesondere die Thyssen Immobilien GmbH und die Thyssen Telekom AG zu nennen.[54]
Die Ergebnisse der Sparten Stahl waren bei beiden Konzernen weit über ihren Anteil am Gesamtumsatz für die Ertragslage der Krupp Hoesch AG und der Thyssen AG verantwortlich.[55]
In der Vergangenheit waren die Erträge der Stahlproduktion sowohl bei der Krupp-Hoesch AG als auch bei der Thyssen AG großen konjunkturellen Schwankungen unterworfen. Als letztes Geschäftsjahr vor dem Übernahmeversuch durch die Krupp-Hoesch AG stellte sich 1996 als ein vergleichsweise schlechtes Ergebnisjahr in der europäischen Stahlindustrie dar.
Durch Lagerabbau verringerte sich die Nachfrage mit der Konsequenz, daß Umsatzmengen und Preise sanken.[56] Dieser Konjunkturabschwung in der Stahlindustrie wirkte sich in erhöhtem Maße auf die wirtschaftliche Lage des Krupp-Hoesch Konzerns aus. Das Ergebnis der gewöhnlichen Geschäftstätigkeit des Stahlbereichs der Krupp-Hoesch AG fiel im Geschäftsjahr 1996 auf 161,2 Mio. DM im Vergleich zu

---

52 Presseerklärung der Fried. Krupp AG Hoesch-Krupp, Essen vom 18. März 1997.
53 Verschmelzungsbericht der Thyssen AG und der Krupp-Hoesch AG, S. 45.
54 Thyssen AG, Geschäftsbericht 1995/96 der Thyssen AG, S. 102 – Wesentliche Unternehmen und Beteiligungen.
55 Commerzbank, Unternehmensstudie Thyssen, S. 25.
56 Vgl. Dresdener Kleinwort Benson Research, Stahlindustrie, Aussicht für die europäische Branche, S. 4 ff..

354,7 Mio. DM im Vorjahr, während die Thyssen AG in diesem Sektor einen Rückgang von 704,6 Mio. DM auf 383,9 Mio. DM zu verzeichnen hatte. Die Eigenkapitalrendite[57] der Krupp Stahl AG betrug im Geschäftsjahr 1996 – 0,131 im Vergleich zu der Eigenkapitalrendite der Thyssen Stahl AG von 0,068.[58]
Ursache der schlechten Ertragslage der Krupp Stahl AG waren die Produktionskosten für Flachstahl in ihren Produktionsstätten in Dortmund. Während eine Tonne Flachstahl in Dortmund für 395 DM produziert wurde, stellte die Thyssen Stahl AG in Duisburg eine Tonne Flachstahl für bis zu 360 DM her.[59]
Die Zusammensetzung der Aktionäre beider Publikumsgesellschaften unterschied sich erheblich dadurch, daß der Streubesitz bei der Thyssen AG bei fast 80 % lag, während der der Krupp-Hoesch AG nur etwa 20 % einnahm und über die Hälfte der Aktien von der Familienstiftung kontrolliert wurden. Die Entwicklung des Börsenkurses verlief für die Krupp-Hoesch AG im Jahre 1996 eher positiv, für die Thyssen AG hingegen bis zum Jahrestiefstand im Dezember 1996 unbefriedigend. In den ersten Monaten des Jahres 1997 verzeichnete der Thyssen-Konzern hingegen einen überdurchschnittlichen Kursanstieg.

§ 2 Chronologie der Übernahme

I. Vorbereitung des Takeover

Seit dem Herbst 1996 hatten zwischen dem Vorstandsvorsitzenden der Thyssen AG, Dr. Dieter H. Vogel, und dem Vorstandsvorsitzenden der Krupp-Hoesch AG, Dr. Cromme, Gespräche über eine Stahlfusion stattgefunden. Nach Aussagen des damaligen Vorstandsvorsitzenden der Thyssen AG habe es bereits teilweise eine Konkretisierung des industriellen Konzepts gegeben. Seiner Darstellung zufolge sei man zu dem Ergebnis gelangt, daß Thyssen bei einer Stahlfusion nicht schlechter gestellt werden dürfe als bei einer Stand-alone-Lösung, da die Thyssen Stahl AG im Gegensatz zu Krupp-Hoesch Stahl allein existieren könne.[60]
Anfang des Jahres 1997 brach der Vorstandsvorsitzende der Krupp-Hoesch AG die Gespräche vorläufig ab, um nach seinen Angaben ein Optimierungskonzept für die Stahlsparte der Krupp AG durch den Aufsichtsrat genehmigen zu lassen. Am 8. Februar stimmte der Aufsichtsrat der Krupp Hoesch AG einem 600 Mio. DM teuren Optimierungskonzept tatsächlich zu, um insbesondere die Nachteile der Produktionskosten des Standortes Dortmund zu mindern.
Da bereits zumindest seit dem Herbst 1996 bei der Krupp-Hoesch AG konkrete Überlegungen zu einem Übernahmeversuch angestellt worden waren, liegt darüber hinausgehend die Annahme nahe, daß spätestens mit Abbruch der Verhandlungen die engere Vorbereitungsphase für ein Übernahmeangebot begonnen hatte. Der Vorstandsvorsit-

[57] = Ergebnis nach Steuern/Eigenkapital.
[58] Scheule, Diplomarbeit, S. 4.
[59] Vgl. Commerzbank, Unternehmensstudie Thyssen, S. 34 ff.; Börsen-Zeitung, 26.03.1997, S. 1.
[60] Vogel, manager-magazin, Mai 1997, S. 46, 49.

zende der Thyssen AG zog hieraus rückblickend noch weitergehende Schlüsse. Durch den vorläufigen Abbruch der Gespräche habe die Krupp-Hoesch AG die Thyssen AG nach Ansicht von Dr. Vogel lediglich in Sicherheit wiegen und zusätzliche Zeit zur Vorbereitung der Übernahme gewinnen wollen, ohne daß der Duisburger Konzern in die Lage versetzt werden sollte, bereits vorbeugende Gegenmaßnahmen vorbereiten zu können.[61]

In Unkenntnis der Übernahmepläne der Krupp Hoesch AG führte die Thyssen AG im Winter 1996/97 eine Neuordnung des gesamtem Konzernportefeuille durch. Die unternehmerischen Tätigkeiten sollten auf die neu definierten Kerngeschäftsfelder Aufzüge, Automobilzulieferung, Produktionssysteme, Werkstoffe und Flachstahl konzentriert werden.[62]

II. Hauptversammlung der Thyssen AG am 14. März 1997

Noch auf der Hauptversammlung der Thyssen AG am 14. März 1997, auf der 58,48 % des Kapitals vertreten waren, erwartete der Konzern eine „deutlich verbesserte Ertragslage" in der zweiten Jahreshälfte des Geschäftsjahres 1996/97, nachdem alle Unternehmensbereiche in den ersten fünf Monaten Gewinne erzielt hatten.[63] Der Ergebnisaufschwung sollte insbesondere von einem Programm zum Umbau des Konzerns getragen werden, das für einen Zeitraum von zwei bis drei Jahren angesetzt war.

Auf Anfrage eines Aktionärs bekräftigte der Vorstandsvorsitzende der Thyssen AG aus diesem Anlaß, daß der Bereich Thyssen Stahl unverändert das Alleingangskonzept verfolge. Den Anstieg des Börsenkurses der Thyssen Aktie um etwa 30 % seit Jahresbeginn auf ein bis dahin historisches Hoch von 360 DM führte Dr. Vogel auf das systematische Portfolio-Management zurück.[64] Er äußerte die Überzeugung, daß hinter dem Anstieg des Kurses keine Paketbildung stehe. Alle Gerüchte um angebliche Verhandlungen mit Krupp-Hoesch über eine Fusion der Stahlaktivitäten entbehrten jeglicher sachlichen Grundlage.[65]

Der Aufsichtsratsvorsitzende der Thyssen AG, Dr. Heinz Kriwet, hatte am Tag nach der Hauptversammlung, dem 15.03.1999, einen Telefonanruf erhalten, bei dem er dem Anrufer zu Beginn des Telefonates die Zusicherung gegeben hatte, dessen Namen nicht preis zu geben. Der Anrufer hatte ihm mitgeteilt, daß er Kenntnis von einem angeblich vorbereiteten Übernahmeangebot seitens der Krupp-Hoesch AG erhalten habe.[66] Nach Angaben von Dr. Vogel sei er noch am selben Tag von Heinz Kriwet, über - für zunächst für unwahr gehaltene - Gerüchte informiert worden, Krupp-Hoesch wolle unter Mitwirkung der Deutschen Bank die Thyssen AG erwerben.[67]

---

61 Vogel, manager-magazin, Mai 1997, S. 49.
62 Thyssen AG, Geschäftsbericht 1996/97 der Thyssen AG, S. 19
63 FAZ, 15.03.1997, S. 6.
64 FAZ, 15.03.1997, S. 6; Börsen-Zeitung, 19.03.1997, S. 5.
65 Vgl. FAZ, 15.03.1997, S. 6; Wirtschaftswoche, 20.03.1997, S. 57.
66 Vgl. VG Frankfurt a. M., NJW-RR 1998. 625; VGH Kassel, NJW-RR 1999, 120.
67 Vogel, manager-magazin, Mai 1997, S. 49.

III. Bekanntwerden der Übernahmepläne am 17. März 1997

Drei Tage nach der Hauptversammlung, am 17. März 1997, erhielt der Vorstandsvorsitzende der Thyssen AG konkretere Informationen über eine geplante feindliche Übernahme durch Krupp-Hoesch. Die mit Beratern der amerikanischen Investmentbank Goldman Sachs und der zum Konzern Deutsche Bank gehörenden britischen Morgan Grenfell entwickelte Operation „Hammer und Thor" wurde somit vorzeitig bekannt. Auf welchem Wege die Thyssen AG diese Informationen erhielt, ist bis heute nicht genau geklärt. Die beiden größten deutschen Privatbanken, die Deutsche Bank und die Dresdner Bank, unterstützten den Vorstoß der Krupp-Hoesch AG, den Konkurrenten Thyssen AG übernehmen zu wollen.
In den Verdacht der Indiskretion gerieten aus diesem Grund zunächst die Thyssen-Aufsichtsratsmitglieder Dr. Ulrich Cartellieri von der Deutschen Bank und Bernhard Walter von der Dresdner Bank. Als Vorstandsmitglieder ihrer Häuser hatten sie bei der Transaktion in der Größenordnung von etwa 13,6 Mrd. DM Kenntnis von der geplanten Übernahme der Thyssen AG durch die Krupp-Hoesch AG Kenntnis erhalten. Sowohl Dr. Cartellieri als auch Bernhard Walter hatten als Mitglieder des Bank-Vorstandes zum einen die Pflicht, die Übernahme zumindest mitzutragen, zum anderen mußten sie als Aufsichtsratsmitglieder aber auch den Thyssen-Vorstand beaufsichtigen, der die Übernahme ablehnte. Offiziell sahen die Banken darin keinen Interessenkonflikt, weil sie die Aufsichtsratsmandate als „persönliche Mandate" werteten.[68] Aus diesem Grund dementierte insbesondere Dr. U. Cartellieri energisch, als Übermittler von Informationen zwischen der Thyssen AG und der Krupp-Hoesch AG gedient zu haben. In einer persönlichen Erklärung zum Übernahmeangebot ließ er mitteilen, daß es eine vorzeitige Unterrichtung des Thyssen-Vorstandes über das ihm als Deutsche Bank-Vorstand bekanntgewordene Übernahmeangebot durch ihn nicht gegeben habe. Zwar habe er die Begleitung des Krupp-Angebotes durch die Deutsche Bank aus wettbewerbs- und arbeitspolitischen Gründen befürwortet, jedoch habe er keinen unzulässigen Umgang mit Geschäftsinformationen Dritter getrieben.[69] Als Indiz für einen auch von ihm selbst empfundenen Interessenkonflikt wurde die Tatsache gewertet, daß sich in der Hauptversammlung der Thyssen-AG am 14. März ausgerechnet Dr. Ulrich Cartellieri als Vertreter der Deutschen Bank wegen einer akuten Erkrankung entschuldigen ließ.
Ein weiterer Verdacht bestand dahingehend, daß die Krupp AG mit der Commerzbank AG vor dem 17. März 1997 Verhandlungen über den Verkauf ihres Aktienpaketes bzw. über deren Beteiligung an der Finanzierung des öffentlichen Kaufangebotes führte.[70] Dies wurde jedoch von der Commerzbank bestritten.[71]
Die Identität des Anrufers, der den Aufsichtsratsvorsitzenden der Thyssen AG am 15.03.1997 über die Übernahmepläne der Krupp-Hoesch AG informiert hatte, wurde von Dr. Kriwet selbst zu dem Zeitpunkt nicht preisgegeben, als das Bundesauf-

---

[68] FAZ, 20.03.1997, S. 17 u. 19; kritisch FAZ, 22.03.1997, S. 18.

[69] Cartellieri, Persönliche Erklärung zum Übernahmeangebot Krupp-Thyssen, 24.03.1997, abgedruckt in: FAZ, 25.03.1997, S. 17.

[70] O. V., Heiß zu Krupp/Thyssen, Der Platow Brief, 26.03.1997.

[71] Scheule, Diplomarbeit, S. 12 - unter Verweis auf Hrn. Pietsch, Leiter Zentraler Stab Kommunikation der Commerzbank.

sichtsamt ihn mit Bescheid vom 05.06.1997 zur Auskunft aufforderte. Das VG Frankfurt lehnte den vorläufigen Rechtsschutzantrag von Dr. Kriwet am 09.12.1997 ab[72], und sein auf Zulassung der Beschwerde gegen den Beschluß des VG Frankfurt a. M. gerichteter Antrag hatte ebenfalls keinen Erfolg.[73]
Begründet wurde der Beschluß des VGH Kassel damit, daß das VG rechtsfehlerfrei die Auffassung vertreten habe, es bestünden Anhaltspunkte für einen Verstoß gegen das in § 14 I Nr. 2 WpHG dem Insider auferlegte Verbot, einem anderen eine Insidertatsache unbefugt mitzuteilen oder zugänglich zu machen.[74] Gem. § 16 IV WpHG[75] war Dr. Kriwet daher wegen der Kenntnis von Insidertatsachen gegenüber dem Bundesaufsichtsamt für Wertpapierhandel, die die erheblichen Bewegungen der Aktienkurse zum Zeitpunkt der Übernahmemitteilung an Dr. Kriwet untersuchten, trotz seines weiteren Widerstandes auskunftspflichtig.
Einer Pressemitteilung zufolge hatte es sich bei dem Informanten um den nordrhein-westfälischen Finanzminister Heinz Schleusser gehandelt.[76] Der Finanzminister konnte ein erhebliches Interesse daran gehabt haben, den Übernahmeversuch scheitern zu lassen, weil die dafür notwendige erhebliche Verschuldung des Krupp-Hoesch-Konzerns dazu geführt hätte, daß der Zinsaufwand des neuen Krupp-Konzerns derart hoch gewesen wäre, daß über mehrere Jahre nur noch geringe Gewinne und damit auch nur noch geringe Steuern angefallen wären. Die Vermutung, daß Finanzminister Schleusser, zugleich Mitglied des Aufsichtsrates der Thyssen AG, von dem damaligen nordrhein-westfälischen Ministerpräsidenten Johannes Rau, der über Sitz und Stimme in der Krupp-Stiftung verfügte, zunächst die Information über die geplante Übernahme erhalten hatte, lag in diesem Zusammenhang nahe.[77]
Läßt sich die ausschlaggebende Quelle der Indiskretion bis heute nicht exakt ermitteln, so bildete sie doch den Hauptgrund für die sich entwickelnde Eigendynamik des Übernahmeprozesses.
Nachdem der unvorbereitete Vorstand der Thyssen AG am 17. März 1997 vorzeitig Kenntnis von dem geplanten Übernahmeversuch der Krupp-Hoesch AG erhalten hatte, veröffentlichte sie noch am selben Abend um 20 Uhr über das elektronische Informationssystem Reuters eine Ad-hoc-Mitteilung mit dem Titel „Thyssen wehrt sich". § 15 WpHG forderte dementsprechend, neue potentiell kursrelevante Tatsachen unverzüglich als Ad-hoc-Mitteilung bekanntzumachen.
In dieser Erklärung veröffentlichte die Thyssen AG ihr vorliegende Informationen darüber, daß von Krupp-Hoesch eine „feindliche Übernahme" geplant sei. Es könne

---

72 VG Frankfurt a. M., NJW-RR 1998, 625 f..
73 VGH Kassel NJW-RR 1999, 120 ff..
74 Die von Dr. Kriwet vorgebrachten Einwände, bei dem Umstand der geplanten Übernahme habe es sich zum Zeitpunkt des Telefonats um ein bloßes Gerücht gehandelt und zudem habe es an einem „objektiv zuverlässigen Grad der Aussage" gefehlt, wurden im Rahmen der §§ 13 I, 14 I Nr. 2, 16 IV WpHG für nicht erheblich angesehen. Zudem verstoße das Auskunftsverlangen nicht gegen den Grundsatz der Verhältnismäßigkeit; mit der Zusicherung gegenüber dem Anrufer könne sich der Ast. nicht seiner Auskunftspflicht entziehen – vgl. VGH Kassel, NJW-RR 1999, 120, 121 f..
75 Gem. § 16 IV WpHG kann das Bundesaufsichtsamt für den Wertpapierhandel von Personen, die Kenntnis von einer Insidertatsache haben, Auskünfte über andere Personen verlangen, die von solchen Tatsachen Kenntnis haben, wenn das Amt Anhaltspunkte für einen Verstoß gegen ein Verbot nach § 14 WpHG hat.
76 Süddeutsche Zeitung, 14.01.1999, S. 18.
77 Süddeutsche Zeitung, 14.01.1999, S. 18.

sich dabei nur um einen „Versuch des Unternehmens Krupp-Hoesch handeln, die erheblichen eigenen Probleme durch Zugriff auf die Reserven von Thyssen zu lösen". „Wirtschaftlich sinnvoll könne eine solche Übernahme aber nur sein, wenn zehntausende Arbeitsplätze in einem Rationalisierungsprogramm abgebaut würden". Das Vorgehen der Krupp-Hoesch AG wurde als „Wildwest-Manier" bezeichnet – ein Ausdruck, der in den folgenden Tagen für erhöhte Aufmerksamkeit in der Presse sorgen sollte. Insbesondere vor dem Hintergrund der aktuellen Probleme am Wirtschaftsstandort Nordrhein-Westfalen seien derartige Vorgänge völlig unakzeptabel. Thyssen werde dem Übernahmeversuch mit geeigneten Mitteln entgegnen.[78]
Am gleichen Abend hatten der Vorstandsvorsitzende der Krupp-Hoesch AG und der Ehrenvorsitzende des Krupp-Aufsichtsrates Prof. Dr. Berthold Beitz, Nordrhein-Westfalens Ministerpräsidenten Johannes Rau erstmalig offiziell über ihre Pläne informiert. Dieser nahm gegenüber den Übernahmeplänen in Erwartung regionalen Arbeitsplatzabbaus eine ablehnende Haltung ein. Es handele sich seiner Ansicht nach um ein von den Großbanken sorgfältig angelegtes und gut kalkuliertes Konzept mit dem Ziel, Synergieeffekte anzustoßen. Die Landesregierung werde eine solche feindliche Übernahme keinesfalls billigen.[79]

IV. Inhalt und Reaktionen auf das Übernahmeangebot am 18. März 1997

Nach der Ad-hoc Mitteilung gab die Krupp-Hoesch AG am 18. März 1997 das geplante öffentliche Kaufangebot unter dem Hinweis auf die noch ausstehende Zustimmung des Aufsichtsrates öffentlich bekannt.[80]

1. Geplanter Inhalt des Übernahmeangebots

Das geplante Übernahmeangebot der Krupp-Hoesch AG an die Thyssen AG sah folgendes vor:
Das Angebot richtet sich an alle Aktionäre. Der Angebotspreis für die Thyssen-Aktie liegt bei DM 435,- pro Aktie (Nennwert DM 50,-) liegen.[81] Dieser Preis beinhaltet eine Prämie von DM 88,50 bzw. von 25,5 % gegenüber dem Kassakurs vom 17. März 1997 und darüber hinaus eine Prämie von 59,4 % gegenüber dem Jahresschlußkurs 1996 und von DM 141,80 bzw. 48,4 % gegenüber dem Durchschnittskurs der Thyssen-Aktie in den letzten sechs Monaten. Das Kurs-Gewinn-Verhältnis beträgt bei einem solchen Angebotspreis 27,2, bezogen auf das Thyssen DVFA Ergebnis des Geschäftsjahres 1995/96.[82] Das Angebot richtet sich auf sämtliche Aktien (100%) der Thyssen AG und erstreckt sich auch auf alle weiteren bis zum Ablauf der ursprünglich vorgesehenen Annahmefrist am 06. Mai 1997 ausgegebenen Aktien.
Die Planung des Vorstandes der Krupp-Hoesch AG hatte zwar ursprünglich vorgesehen, der Verwaltung der Thyssen AG das Angebot vor seiner Veröffentlichung zur

---

[78] Ad-hoc-Mitteilung der Thyssen AG, abgedruckt in: Börsen-Zeitung, 19.03.1997, S. 5.
[79] Handelsblatt, 18.03.1997, S. 1.
[80] Handelsblatt, 19.03.1997, S. 11; Financial Times, 19.03.1997, S. 1.
[81] Börsen-Zeitung, 19.03.1997, S. 5; Handelsblatt, 18.03.1997, S. 1.
[82] Vgl. Presseerklärung der Krupp AG, 18..03.1997, S. 1; Handelsblatt, 18.03.1997. S. 1.

Kenntnisnahme zuzuleiten. Allerdings wäre ein Gespräch zwischen den Vorstandsvorsitzenden der beiden Unternehmen über eine Großfusion von Beginn an von der Übernahmedrohung überschattet gewesen.[83]

Der mit der Annahme zustandegekommene Kauf- und Übertragungsvertrag sollte durch den Eintritt verschiedener Voraussetzungen aufschiebend bedingt sein:
Die Krupp-Hoesch AG erwirbt aufgrund des Angebotes oder auf sonstige Weise die Mehrheit am Grundkapital der Thyssen AG. Als Basis für die Berechnung der Mehrheit dient das Grundkapital zum Zeitpunkt des Ablaufs der Annahmefrist. Weitere Bedingung ist die Zustimmung der Hauptversammlung der Krupp-Hoesch AG zum Erwerb von Thyssen-Aktien sowie der Ablauf der Frist zur Anfechtung dieses Zustimmungsbeschlusses ohne Erhebung einer Anfechtungs- oder Nichtigkeitsklage. Bei Erhebung von Widerspruch und/oder Anfechtungs- oder Nichtigkeitsklage behält sich die Krupp-Hoesch AG jedoch einseitig das Recht vor, den Kauf- und Übertragungsvertrag für unbedingt erklären zu lassen, sofern die übrigen Bedingungen für die Wirksamkeit des Vertrages eintreten.
Als zusätzliche Bedingung ist die Genehmigung des Kontrollerwerbs durch die Europäische Kommission vorgesehen. Grundlagen der Genehmigungen sind der Vertrag über die Gründung der Europäischen Gemeinschaft für Kohle und Stahl vom 18. April 1951 („EGKS-Vertrag") und die Verordnung (EWG) Nr. 4069/879 des Rates vom 21. Dezember 1989 über die Kontrolle von Unternehmenszusammenschlüssen. Auch ist die Nichtuntersagung des Erwerbs nach dem US-amerikanischen Recht Bedingung. Hinsichtlich jeder einzelnen Bedingung beabsichtigt die Krupp-Hoesch AG sich vorzubehalten, den Kauf- und Übertragungsvertrag für unbedingt zu erklären und den Erwerb zu vollziehen, sofern die übrigen Bedingungen für die Wirksamkeit des Vertrages eintreten. Dieser Vorbehalt schließt auch die Rechte nach Art. 7 I und III FKVO ein, die es der Krupp-Hoesch AG gestatten, den Erwerb der Aktien der Thyssen AG auch vor der Genehmigung des Zusammenschlußvorhabens durch die Europäische Kommission zu vollziehen.

Zur Annahme des Angebotes waren nachfolgende Vorkehrungen geplant:
Die Thyssen-Aktien werden mit der vom Thyssen Aktionär unterzeichneten Annahmeerklärung innerhalb der Annahmefrist bei verschiedenen Kreditinstituten oder über die Depotbank eingereicht. Die Annahmefrist für das Angebot beginnt voraussichtlich am 26. März 1997 (Tag der Veröffentlichung im Bundesanzeiger) und endet mit Ablauf des 6. Mai 1997.
Die Annahmeerklärung umfaßt des weiteren neben der Annahme des Angebotes unbedingt und unwiderruflich das Einverständnis zur Sperrung der von der Annahmeerklärung erfaßten Aktien. Mit der Annahme des Angebotes wird die Krupp-Hoesch AG des weiteren unbedingt und unwiderruflich ermächtigt, bis zum Wirksamwerden des Kauf- und Übertragungsvertrages bei allen etwaigen Kapitalmaßnahmen der Thyssen AG, bei denen den Aktionären ein Bezugsrecht zusteht, das Bezugsrecht einheitlich im eigenen Namen und für eigene Rechnung auszuüben. Die Ermächtigung zur Bezugsrechtsausübung und die Sperrung der von der Annahmeerklärung erfaßten Aktien wer-

[83] FAZ, 26.03.1997, S. 21.

den bis zu dem Zeitpunkt befristet, an dem feststeht, daß der durch das Angebot und seine Annahme begründete Kauf- und Übertragungsvertrag nicht wirksam geworden ist, längstens aber bis zum 31. Januar 1998.

Sowohl die Thyssen AG als auch die Krupp-Hoesch AG hatten zum Zeitpunkt der Übernahmeauseinandersetzung die Bestimmungen des Übernahmekodex der Börsensachverständigenkommission anerkannt. Dementsprechend nahm das Angebot auch auf Fragen der Aktionärsgleichbehandlung und der Angebotsnachbesserung Bezug: Erwirbt die Krupp-Hoesch AG während der Annahmefrist zu besseren als im Angebot angegebenen Bedingungen Aktien der Thyssen AG, so gelten diese besseren Bedingungen entsprechend Art. 13 Übernahmekodex für alle Aktionäre der Thyssen AG, auch wenn sie das Angebot bereits angenommen haben.[84]
Des weiteren wird die Krupp-Hoesch AG berechtigt, innerhalb der Annahmefrist die Bedingungen ihres Angebotes nachzubessern. Diese Regelung hätte insbesondere dann Bedeutung erlangen können, wenn nach Veröffentlichung des Angebotes bessere Angebote von Dritten auf Erwerb der Thyssen-Aktien abgegeben worden wären. In diesem Fall hätte die Krupp-Hoesch AG in Abstimmung mit der Geschäftsstelle der Übernahmekommission die Annahmefrist verlängern können.
Hätte die Krupp-Hoesch AG von ihrem Recht zur Nachbesserung des Angebotes Gebrauch gemacht, hätte sie gemäß der Regelung in Art. 15 Übernahmekodex für eine nachträgliche Gleichbehandlung der Aktionäre der Thyssen AG sorgen müssen, die das Angebot bereits vor der Nachbesserung annahmen.[85] Für den Fall eines besseren Angebotes eines Dritten während der Angebotsfrist sah das Übernahmeangebot deshalb vor, dass den Aktionären das Recht zusteht, gegenüber der Krupp-Hoesch AG von dem bereits angenommenen Angebot durch schriftliche Erklärung zurückzutreten.
Auch verpflichtet sich die Krupp-Hoesch AG danach, allen Thyssen-Aktionären, von denen sie aufgrund des Angebotes Thyssen-Aktien erwirbt, eine zusätzliche Zahlung für den Fall zu gewähren, daß die Krupp-Hoesch AG ein besseres freiwilliges Angebot für Aktien der Thyssen AG in der Zeit bis zum 29. Mai 1998 abgibt.
Letztlich war geplant, sowohl der Krupp-Hoesch AG als auch den Aktionären der Thyssen AG ein beiderseitiges Rücktrittsrecht zu gewähren, sofern bis zum 31. Januar 1998 die Hauptversammlung der Krupp-Hoesch AG dem Erwerb von Thyssen-Aktien nicht zustimmt oder der Kontrollerwerb mit dem EGKS-Vertrag, der FKVO oder dem US-amerikanischen Recht nicht vereinbar ist. Darüber hinaus steht der Krupp-Hoesch AG ein außerordentliches Rücktrittsrecht vom Kauf- und Übertragungsvertrag für den Fall zu, daß der Deutsche Aktienindex (DAX) um mehr als 1.000 Punkte gegenüber dem Stand am Tage der Veröffentlichung des Angebotes bis zum Ablauf des Tages der ordentlichen Hauptversammlung 1997 der Krupp-Hoesch AG abfällt.

2. Reaktionen auf das beabsichtigte Übernahmeangebot am 18. März 1997

Vor aufgebrachten Mitarbeitern sowohl der Krupp-Hoesch AG, Essen, als auch der Thyssen-AG, Duisburg, verkündete der Krupp-Vorstandsvorsitzende Dr. Cromme am

[84] Vgl. dazu Anmerkungen zum Übernahmekodex, S. 21.
[85] Vgl. dazu Anmerkungen zum Übernahmekodex, S. 22 f..

nächsten Tag vor der Hauptverwaltung in Essen, daß der Konkurrent mehrheitlich übernommen werden solle.[86]
In einer Pressekonferenz des Thyssen-Konzerns am Nachmittag desselben Tages kündigte der Vorstandsvorsitzende der Thyssen-AG Dr. Vogel in der Düsseldorfer Zentrale an, alle denkbaren Maßnahmen zu ergreifen, um die Übernahmeaktion zu verhindern. In Anwesenheit des Aufsichtsratsvorsitzenden Dr. Heinz Kriwet hatte er bekräftigt, der Vorstand werde den Konzern offensiv verteidigen.[87]
Offiziell war die Verwaltung der Thyssen-AG zu diesem Zeitpunkt vom Vorstandsvorsitzenden der Krupp-Hoesch AG noch nicht unterrichtet gewesen. Auch aus diesem Grund weigerte sich der Vorstandsvorsitzende des angegriffenen Konzerns, Einzelheiten der Abwehrstrategie zu nennen. Thyssen wolle „mit Partnern in Wirtschaft und Politik" nach Möglichkeiten suchen, dem Versuch einer feindlichen Übernahme wirksam zu begegnen. Bei der ungleichen Höhe der Ertrags- und Finanzkraft beider Konzerne könne Thyssen beliebige Beträge aufbringen, um Krupp zu überbieten. Zudem könne ein Urteil über den inneren Wert der Thyssen-Aktie unvorhergesehene Reaktionen hervorrufen.[88]
In einer Presseerklärung, die nach der Thyssen-Pressekonferenz publiziert wurde, bekannte sich die Krupp-Hoesch AG dazu, daß sie in den darauffolgenden Tagen den Thyssen-Aktionären ein Barangebot auf Erwerb ihrer Aktien unterbreiten wolle, mit der Absicht, sich mehrheitlich an Thyssen zu beteiligen. Anschließend sollten Krupp und Thyssen zu einem schlagkräftigen, international wettbewerbsfähigen Konzern fusionieren.[89]
Nach den Spekulationen um eine bevorstehende Übernahme der Thyssen AG durch die Krupp-Hoesch AG waren die Aktien der beiden Unternehmen ab dem 18.03.1997 für zwei Tage vom amtlichen Handel an der Börse ausgesetzt worden. Die Rheinisch Westfälische Börse in Düsseldorf hatte als Heimatmarkt der beiden Titel diese Entscheidung gefällt. Die Aussetzung erfolgte in Abstimmung mit den beiden Unternehmen; die erforderliche Preispublizität war bereits mit der Ad-hoc-Mitteilung der Thyssen AG vom Vorabend hergestellt worden.
Im nichtbörslichen Handel zwischen Banken und Maklern wurden für die Thyssen-Aktie am 18.03.1997 nach der Bekanntgabe des Übernahmeangebotes Kurse um etwa 430 DM genannt.[90]
Das Bundesaufsichtsamt für den Wertpapierhandel in Frankfurt erklärte, den Kursverlauf und die Umsätze der Aktien in den vergangenen Wochen auf den Verdacht des Insiderhandels prüfen zu wollen, da die Thyssen-Aktien in den Wochen zuvor überdurchschnittliche Kursgewinne verbucht hatten.
Am Abend des 18.03.1997 trafen die Spitzen der beiden Konzerne auf Einladung des nordrhein-westfälischen Ministerpräsidenten Johannes Rau in Düsseldorf zusammen. An diesem Gespräch nahmen neben Dr. Cromme und Dr. Vogel der Vorsitzende des Kuratoriums der Alfred Krupp von Bohlen und Halbach-Stiftung, Prof. Dr. Berthold

[86] Handelsblatt, 18.03.1997, S. 1.
[87] FAZ, 19.03.1997, S. 15; Handelsblatt, 19.03.1997, S. 11.
[88] Börsen-Zeitung, 19.03.1997, S. 1; FAZ, 19.03.1997, S. 15.
[89] Presseerklärung der Krupp AG, 18.03.1997, S. 1.
[90] FAZ, 19.03.1997, S. 19.

Beitz, Dr. Heinz Kriwet, Vorsitzender des Aufsichtsrates der Thyssen AG, Finanzminister H. Schleußer und Wirtschaftsminister W. Clement teil.
Bemerkenswert an der Teilnehmerzusammensetzung war insbesondere die Tatsache, daß Johannes Rau als Ministerpräsident für das Land Norderhein-Westfalen über die Landesbank WestLB eng mit der Krupp-Hoesch AG verbunden war (7 % Beteiligung) und zugleich als Beirat der Alfred Krupp von Bohlen und Halbach-Stiftung fungierte, die jede zweite Krupp-Hoesch Aktie hielt. Der Landesfinanzminister war - wie bereits aufgezeigt - als Aufsichtsratmitglied der Thyssen AG nicht weniger eng mit dem Geschehen verbunden.[91]
Bei diesem Treffen erzielten die Krupp-Hoesch AG und die Thyssen AG Einvernehmen darüber, daß umgehend Gespräche über die Gründung einer gemeinsamen Stahlgesellschaft aufgenommen werden sollten. Die Gesprächsaufnahme unter der Leitung der beiden Vorstandsvorsitzenden war bereits für den folgenden Donnerstag, den 20. März 1997, geplant.[92]
Der Vorstand der Krupp-Hoesch AG hatte mit ihrem Einverständnis zur Gesprächsaufnahme die erst am gleichen Tag angekündigte Übernahmeofferte von maximal 13,6 Mrd. DM für die Aktien der Thyssen AG aufgeschoben. Einer gemeinsamen Presseerklärung zufolge sollte es nun das Ziel sein, innerhalb von acht Tagen ein gemeinsames unternehmerisches Konzept für den Stahlbereich zu erarbeiten. Sollte nach Fristablauf ein für beide Konzerne tragfähiges Konzept vorliegen, würde das von der Krupp-Hoesch AG angekündigte Übernahmeangebot gegenstandslos werden. Sollten die Gespräche zwischen den beiden Unternehmen jedoch zu keinem Ergebnis führen, war vorgesehen, daß beide Seiten zu ihren Ausgangspositionen zurückkehrten. Ein „für beide Seiten zukunftsweisendes Konzept“, das in der Vergangenheit immer wieder angedacht worden sei, und bereits zu erfolgreich arbeitenden gemeinsamen Gesellschaften im Stahlbereich geführt habe, könne für beide Konzerne die Schwierigkeiten auf dem Stahlsektor lösen, hieß es. Damit könne auf „partnerschaftlicher Basis“ ein Stahlunternehmen entstehen, das im internationalen Vergleich eine führende Position einnehmen werde.[93]
Die Verhandlungsbereitschaft der Krupp-Hoesch AG beruhte entscheidend auf dem von vielen Seiten ausgeübten politischen Druck. Die politischen Reaktionen waren wiederum primär beeinflußt von den Befürchtungen, die die Thyssen AG bereits in ihrer ersten Presseerklärung am Abend des 17.März geäußert hatte. Ohne nähere Kenntnisse des öffentlichen Übernahmeangebots wurden Ängste vor einem Rationalisierungsprogramm geschürt, das tausende Arbeitsplätze im Ruhrgebiet bedrohen könne.[94]
Der nordrhein-westfälische Ministerpräsident Johannes Rau hatte sich bereits am Abend des 17. März 1997 ablehnend zu den Übernahmeplänen der Krupp-Hoesch AG geäußert.

[91] Vgl. Das Wertpapier, 7/97, 27.03.1997, S. 44.
[92] Gemeinsame Presseerklärung der Krupp AG und der Thyssen AG, 19.03.1997; Börsen-Zeitung, 20.03.1997, S. 1; Handelsblatt, 20.03.1997, S. 11.
[93] Gemeinsame Presseerklärung der Krupp AG und der Thyssen AG, 19.03.1997; Börsen-Zeitung, 20.03. 1997, S. 1, Handelsblatt, 20.03. 1997, S. 11.
[94] Vgl. Börsen-Zeitung, 19.03.1997, S. 5.

Dementsprechend begrüßte die Landesregierung in einer Regierungserklärung die Aufnahme der Gespräche über eine Stahlfusion. Sie erinnerte beide Unternehmen an ihre Verantwortung für die Arbeitsplätze der Region. Der nordrhein-westfälische Wirtschaftsminister Wolfgang Clement äußerte in der Erklärung die Ansicht, das sich die Stahlindustrie auch nicht im Interesse der Unternehmen einen „Crash-Kurs" leisten könne. Zwar handele es sich um die Entscheidung zweier Unternehmen, jedoch müßten sie auch ihrer Verantwortung für die Gesellschaft gerecht werden. Auch sie profitierten seiner Ansicht nach jedoch von einer Gesellschaft, die sich um den Ausgleich unterschiedlicher Interessen bemühe, statt ihre Kräfte „in unproduktiven Konflikten aufzureiben", wie es aus anderen Ländern bekannt sei.[95]
Politiker aller Parteien riefen des weiteren im Landtag dazu auf, betriebsbedingte Kündigungen und bruchartige Entwicklungen zu vermeiden.
Der CDU-Fraktionsvorsitzende Helmut Linssen bekräftigte die Notwendigkeit, in der Stahlindustrie wettbewerbsfähiger zu werden. Dazu könne auch ein Zusammengehen erfolgreich sein. Die Filetierung der Thyssen AG halte aber auch er nicht für sinnvoll. Der damalige SPD-Fraktionsvorsitzende Klaus Matthiesen war der Ansicht, daß der Staat den Arbeitsplatzabbau bei steigenden Börsenkursen und Gewinnen abfedern dürfe. Vorgängen um die beiden Konzerne ein „Lehrstück zur Erzeugung von Politikverdrossenheit und Systemkritik." Das Wettbewerbs-, Aktien- und Bankenrecht sowie das Betriebsverfassungsgesetz müßten dahingehend geändert werden, daß in Zukunft „Arbeitnehmerrechte nicht den Interessen der Großbanken und ihrer Aktionäre geopfert würden".[96]
Der damalige Bundeswirtschaftsminister Günter Rexrodt erklärte, daß er in Vorgesprächen die beiden Vorstandsvorsitzenden aufgefordert habe, Lösungen zur langfristigen Sicherung von Arbeitsplätzen und zur Sicherung der deutschen Stahlindustrie zu suchen. Positiv wertete er jedoch das Bemühen der Konzerne, das Ziel ihrer langfristigen Wettbewerbsfähigkeit aus eigener Kraft und nicht über staatliche Subventionen erreichen zu wollen. Der damalige Bundeskanzler Helmut Kohl war ebenfalls an einer einvernehmlichen Lösung der beiden Konzerne interessiert, die er als „Lösung der Vernunft" bezeichnete.[97]
Auf Ablehnung stießen die Übernahmepläne auch bei der IG Metall. Der Zweite Vorsitzende der Gewerkschaft, zugleich Aufsichtsrat bei der Thyssen AG, fürchtete im Falle einer Übernahme die Gefahr einer Filetierung, weil Krupp-Hoesch die Übernahme teuer finanzieren müsse und zudem selbst Schulden habe. Die Banken planten mit „Wildwest-Methoden" amerikanische Verhältnisse zu schaffen und damit „ein anderes wirtschaftliches und gesellschaftspolitisches System durchzusetzen".[98]
Schon zu diesem Zeitpunkt stellte sich der politische Druck als wichtiges Hemmnis für eine von Krupp-Hoesch geplante Übernahme heraus. Das vorzeitige Bekanntwerden der Übernahmepläne wirkte sich auf die öffentliche Reaktion negativ aus. Die Intensität der politischen Reaktionen hätte zu einem späteren Zeitpunkt ein geringeres Maß

[95] Erklärung der nordrhein-westfälischen Landesregierung vom 20.03.1997; FAZ, 21.03.1997, S. 1 u. 15
[96] FAZ, 21.03.1997, S. 17.
[97] Börsen-Zeitung, 20.03.1997, S. 1.
[98] Handelsblatt, 20.03.1997, S. 11.

annehmen können, wenn der Thyssen-Vorstand und die Landesregierung zuvor informiert worden wären.

V. Geschehnisse des 19. März 1997

Am 19. März 1997, dem Tag nach dem Beschluß über die Aufnahme von Gesprächen und der zweite Tag, an dem die Kurse beider Konzerne ausgesetzt waren, ergab sich am Grauen Markt am Morgen eine Notierung der Thyssen-Aktie von bis zu 434 DM, nur einer DM unter dem Krupp-Hoesch-Angebotspreis. Am Nachmittag sank die Notierung auf 390 DM je Aktie.[99]
Nach der Aussetzung der Kurse von Thyssen und Krupp-Hoesch hatten die Kurse am Donnerstag, den 20. März 1997, an Wert gewonnen. Die Thyssen-Aktie notierte bei 375, 80 DM und die von Krupp-Hoesch legt auf 313 DM zu. Damit blieb die Thyssen-Aktie trotz der Wertsteigerung von 8,6 Prozent deutlich unter dem ursprünglichen Angebotspreis von 435 DM je Aktie, den Krupp-Hoesch zwei Tage zuvor veröffentlicht hatte. Händler äußerten sich dahingehend, daß sich in den geringeren Notierungen die Verhandlungen der beiden Konzerne widerspiegelten, die zum Ziel hatten, ein Zusammengehen der beiden Stahlbereiche der Unternehmen auszuloten.[100]
Die Analysten hatten zu diesem Zeitpunkt unterschiedliche Reaktionen auf die Vorgänge der letzten Tage gezeigt. Ein Teil der Analysten, so die von Independent Research, sahen Krupp-Hoesch zur Dax-Göße heranwachsen und stuften die Krupp-Hoesch-Aktie von „Marktneutral" auf „Kauf" hoch. Andere erwarteten bei einer Aufteilung der Stahlbereiche von Krupp-Hoesch und Thyssen gute Aussichten für die Aktie.[101] Analysten der BHF-Bank sahen Synergieeffekte in der Größenordnung von einer Milliarde DM im Stahlbereich. Für eine neugeordnete Thyssen AG wurde mit einem Kurspotential bis zum Jahr 2000 von bis zu 470 DM je Aktie gerechnet. Begründet wurde dieser Optimismus im wesentlichen mit den Telekom-Aktivitäten der Thyssen AG, die zu diesem Zeitpunkt 30,15 % an E-Plus hielt.[102] Hinzu komme die 1995 begonnene professionelle Entwicklung des Immobilienbesitzes des Konzerns.[103]
Jedoch wurde auch die gegenteilige Ansicht hinsichtlich der Entwicklung des Kurspotentials der Thyssen-Aktie vertreten. Die Thyssen-Aktien seien auf dem neuen Niveau des 20. März 1997 nahezu angemessen bewertet. Synergieeffekte aus einer möglichen Zusammenarbeit der beiden Unternehmen ergäben sich für Thyssen kaum. Daher sei das langfristige Kurspotential begrenzt. Größer seien hingegen die Chancen für Krupp-Hoesch, das als kleineres Unternehmen von einer möglichen Fusion der Stahlaktivitäten profitieren könne.[104]

[99] Börsen-Zeitung, 20.03.1997, S. 3.
[100] FAZ, 21.03.1997, S. 23.
[101] Blick durch die Wirtschaft, 21.03.1997, S. 1.
[102] Blick durch die Wirtschaft, 21.03.1997, S. 1.
[103] Dieter Reith, Analyst bei der BHF-Bank; vgl. Blick durch die Wirtschaft, 21.03.1997, S. 1.
[104] Terence Sinclair, Analyst bei Salomon Brothers; vgl. FAZ, 21.03.1997, S. 23.

VI. Aufnahme der Verhandlungsgespräche am 20. März 1997

Am 20. März nahmen die Vorstandsvorsitzenden von Krupp und Thyssen die Gespräche über eine Zusammenführung der Teilkonzerne Stahl beider Unternehmen auf. Am Ende der Verhandlungen über ein für beide Seiten tragbares Stahlkonzept stand die Aussicht, mit einer Stahlproduktion von 18 Mill. t den größten europäischen Stahlkonzern vor British Steel und Usinor Sacilor mit 15,5 Mill. t entstehen zu lassen. Als Moderatoren der Verhandlungen fungierten auf Wunsch des nordrhein-westfälischen Ministerpräsidenten der erfahrene Manager Helmut Werner und der Vorsitzende des Eisen- und Stahlverbandes (VdEH), Kurt Stähler.[105]

Die Gespräche der Führungsspitzen waren begleitet von Protesten der Arbeitnehmer beider Konzerne. Tausende Krupp-Arbeitnehmer demonstrierten an diesem Tag in der Dortmunder Innenstadt auf dem Weg zu einer Belegschaftsversammlung in der Westfalenhalle. Ihnen schlossen sich ca. 3000 Thyssen-Mitarbeiter an. Die Betriebsräte von Krupp-Hoesch und Thyssen forderten ein Mitspracherecht bei den Verhandlungen über eine Stahlfusion der beiden Unternehmen. Der Vorsitzende des Gesamtbetriebsrates von Krupp-Hoesch Stahl, Werner Nass, äußerte sich vor 6000 Stahlarbeitern dahingehend, daß der Betriebsrat keine Konzeption mittragen könne, die zu Massenentlassungen führe. Der Krupp-Arbeitsdirektor Jürgen Bossberg versicherte, die befürchtete Schließung der Flüssigphase am Standort Dortmund sei nicht vorgesehen. Zudem könnten bei den zunächst auf acht Tage begrenzten Verhandlungen ohnehin nur Eckdaten festgelegt werden.[106]

Die Verhandlungen über eine Zusammenführung der beiden Stahltochtergesellschaften zwischen Krupp-Hoesch und der Thyssen AG waren auch am Freitag, dem 21.03.1997, und dem darauffolgenden Wochenende fortgeführt worden. Fakten wurden zu diesem Zeitpunkt kaum bekannt, da die Moderatorengespräche in großer Vertraulichkeit stattfanden.

Erneut dementierte die Krupp-Hoesch AG jedoch Spekulationen über bereits erworbene Thyssen-Aktien im Umfang von 30%.

Am Samstag, dem 22. März 1997, tagten die Aufsichtsräte von Krupp-Hoesch und der Stahltochtergesellschaft, um sich über die gegenwärtigen Vorgänge zu informieren.

Zur gleichen Zeit bereitete sich die Thyssen AG auf ein Scheitern der Stahlgespräche vor. Unter Beratung von CSFB, Morgan Stanley, J.P. Morgan und SBC Warburg wurde ein als streng vertraulich deklariertes Strategiepapier erarbeitet. Das Papier gelangte an die Öffentlichkeit und setzte seitens der Thyssen AG klare Signale. Wie eine Unternehmensbewertung im Rahmen der Portfolio-Neuausrichtung gezeigt hätte, betrage das Wertpotential der Thyssen-Aktie deutlich mehr als 550 DM. Das Papier wiederholte den dringenden Rat an die Thyssen-Aktionäre, zu diesem Zeitpunkt keine Aktien zu verkaufen, da sie sonst nicht am weiteren Wertpotential der Aktie partizipieren könnten. Bei einer feindlichen Übernahme skizzierte das „interne“ Papier einen hochverschuldeten fusionierten Konzern mit einem Gesamtumsatz von 60 Mrd. DM und einer Gesamtverschuldung von 20 Mrd. DM. Befürchtet wurde deshalb, daß der starke Druck, die Verschuldung zu reduzieren, durch die Ausschlachtung des Konzerns er-

[105] Vgl. FAZ. 21.03.1997, S. 23.
[106] FAZ. 21.03.1997, S. 17.

reicht werden müsse. Nach Aussage des Papiers müßte jedoch die Frage gestellt werden, ob durch einen forcierten Verkauf angemessene Preise kurzfristig erzielt werden könnten. Das Konzept der feindlichen Übernahme sei zu sehr von finanziellen Aspekten beeinflußt, hieß es. Um einen Schuldenberg von etwa 14 Mrd. DM zu vermeiden, sei die Thyssen AG bereit, ein „abgestimmtes Zusammengehen im Stahlsektor ernsthaft zu diskutieren".

VII. Verkündung des Scheiterns des Übernahmeangebots am 24. März 1997

1. Vorgänge während der Aussetzung des Übernahmeangebots

Am Morgen des 24. März 1997 veröffentlichte die Deutsche Bank unter dem Eindruck der vielfältigen Kritik an der Rolle der Banken im Fall Krupp/Thyssen eine Mitteilung unter der Frage „Was hat die Deutsche Bank getan ?". In dieser Erklärung wies die Deutsche Bank darauf hin, daß ihre Investmentbank auf Wunsch der Krupp-Hoesch AG ein weisungsgebundenes Mandat angenommen habe, das Unternehmen bei der möglichen Umsetzung der Übernahme der Thyssen AG zu beraten. Der Vorstand der Deutschen Bank wies zudem darauf hin, daß mit der Mandatsübernahme keinerlei wirtschaftspolitisches Eigeninteresse verbunden gewesen sei und sie auch keine eigenständige Industriepolitik betrieben habe. Jedoch sei die Deutsche Bank bereit gewesen, bei der Umsetzung einer derartigen Politik mitzuwirken, wenn sie ökonomisch sinnvoll erscheine. Mit der Zurücknahme des Mandats durch die Krupp-Hoesch AG sei seitens der Deutschen Bank zugesagt worden, jede weitere Tätigkeit innerhalb dieser Auseinandersetzung zu unterlassen.[107]
Das inhaltlich die Beteiligung der Deutschen Bank an der geplanten Übernahme rechtfertigende Schreiben deutete zu diesem Zeitpunkt bereits einen Rückzug der finanzierungswilligen Banken an.
Angesichts der Vermutungen um seine Rolle und seine Position gab Dr. Ulrich Cartellieri, Mitglied des Vorstandes der Deutschen Bank und Aufsichtsratmitglied der Thyssen AG, zugleich eine persönliche Erklärung ab. Hierin betonte er, zu keiner Zeit Informationen über Thyssen an Krupp oder umgekehrt weitergegeben zu haben. Auch habe es eine vorzeitige Unterrichtung des Thyssen-Vorstandes über das ihn als Deutsche Bank-Vorstand bekanntgewordene Übernahmeangebot von Krupp nicht gegeben. Sie wäre „ein unzulässiger Umgang mit Geschäftsinformationen Dritter gewesen". Eine sofortige Mandatsniederlegung seines Thyssen-Aufsichtsratmandates sei deshalb ebenfalls nicht möglich gewesen. Der Grund für seine befürwortende Haltung zur Begleitung des Krupp-Angebotes durch die Deutsche Bank habe nach Angaben von Dr. Cartellieri auf der Erwägung beruht, daß ein Zusammengehen beider Konzerne, zumindest aber der Stahlbereiche, „vorteilhaft wäre für beide Unternehmen, für die privatwirtschaftliche Neuerung und Stärkung der deutschen Stahlindustrie und für das Ruhrgebiet". Des weiteren machte das Vorstandsmitglied der Deutschen Bank geltend, er sei davon ausgegangen sei, daß es im Vorfeld zu Gesprächen zwischen den Unter-

[107] Presse-Information der Deutschen Bank, 24.03.1997, „Deutsche Bank zu ihrer Rolle im Fall Krupp-Hoesch/Thyssen".

nehmen komme werde. Dies sei jedoch an Indiskretionen gescheitert. Abschließend erwog er die Niederlegung seines Thyssen-Aufsichtsratsmandates am 27. März 1997.[108]

Nach neuen Wertschätzungen von Analysten blieben Thyssen und Krupp-Hoesch an diesem Tag ein zentrales Thema an den Börsen. Die Thyssen-Aktie kletterte weiter um fast 7 % auf 417, 50 DM, die Krupp-Aktie ebenso stark auf 338, 50 DM.[109]

Am Nachmittag des 24. März hatte die Thyssen AG noch in einer Presseerklärung auf die hohen finanziellen Risiken einer Fusion hingewiesen und erklärt, ein erfolgreicher Abschluß der Verhandlungen auf dem Stahlsektor würde bereits 75 % der angestrebten Synergieeffekte erschließen. Die Finanzierung der Übernahme von nur 60 % des Thyssen-Kapitals hingegen würde die Minderheitsaktionäre stark benachteiligen. Nach dieser Darstellung hätte die Krupp-Hoesch AG mehr als 8 Mrd. DM finanzieren müssen, wobei die Kredite durch Veräußerung von Vermögensteilen innerhalb weniger Jahre getilgt hätten werden müssen. Für die verbleibenden Minderheitsaktionäre sei nach dem Übernahmeplan nur eine Minimaldividende vorgesehen. Hierin sah die Thyssen AG eine Verletzung der Interessen der verbleibenden Thyssen-Aktionäre, denen diese Vermögensteile anteilsmäßig zuständen.[110]

Weiter behauptete die Thyssen AG, eine Gruppe von Aktionären, die mehr als 25 % des Grundkapitals darstellten, hätte mitgeteilt, daß sie das Angebot von Krupp nicht annehmen werde.[111] Damit hätte es der Thyssen AG gelingen können, eine Verschmelzung der beiden Konzerne zu verhindern, die in der Hauptversammlung eine Mehrheit von mindestens 75 % des präsenten Kapitals erfordert hätte.

Unterdessen verstärkte sich auch der Protest der Belegschaften gegen die an dem zunächst ausgesetzten Übernahmeversuch beteiligten Banken. In Düsseldorf demonstrierten rund 1000 Mitarbeiter der Thyssen AG vor der Filiale der Deutschen Bank. Gleichzeitig liefen auch die Vorbereitungen für die am Dienstag in Frankfurt geplante Großdemonstration mit mehr als 30 000 Metallarbeitern vor der Filiale der Deutschen Bank, die von der IG Metall Gewerkschaft und dem Konzernbetriebsrat von Thyssen organisiert worden war und zu der auch der Vorstandsvorsitzende der Thyssen AG aufgerufen hatte.

2. Scheitern des Übernahmeangebots

Am gleichen Tag nach Börsenschluß gaben die Krupp-Hoesch AG und die Thyssen AG eine Einigung bekannt, durch die sich das angekündigte Übernahmeangebot erledigte. In der gemeinsamen Erklärung, die nicht nur von den beiden Vorstandsvorsitzenden und den Moderatoren, sondern auch vom Landeswirtschaftsminister Wolfgang Clement unterzeichnet worden war, wurde verkündet, daß sich die Gespräche über ein Zusammengehen im Stahlbereich auf gutem Wege befänden. Die Beteiligten seien sich darüber einig, daß „ein solcher Zusammenschluß die Überlebensfähigkeit des Stahlstandortes Deutschland fördere und eine Vorwärtsstrategie ermögliche". Vor die-

[108] Dr. Ulrich Cartellieri „Persönliche Erklärung zum Übernahmeangebot Krupp-Thyssen", 24.03.1997, abgedruckt in: FAZ, 25.03.1997, S. 17.
[109] Handelsblatt, 26.03.1997, S. 40.
[110] Börsen-Zeitung, 25.03.1997, S. 1; FAZ, 25.03.1997, S. 15.
[111] Börsen-Zeitung, 25.03.1997, S. 1; FAZ, 25.03.1997, S. 15.

sem Hintergrund erklärte Krupp-Hoesch, daß das angekündigte Übernahmeangebot gegenstandslos sei und Angebote zur Übernahme von Thyssen auch in Zukunft nicht gemacht werden würden. Beide Konzerne würden die Möglichkeiten der Zusammenarbeit auch über die Stahlbereiche hinaus prüfen.[112]
Der zu diesem Zeitpunkt unerwartete Rückzug der Krupp-Hoesch AG von ihren Plänen zur Übernahme der Thyssen AG, noch während der Verhandlungen mit Thyssen über eine gemeinsame Stahlgesellschaft, hatte erkennbare Beweggründe.
Die erfolgreichen Verhandlungen über eine Stahlfusion, die 75 % der durch eine Verschmelzung der Konzerne angestrebten Synergieeffekte erschließen würde, trugen ebenso zu dieser Entscheidung bei, wie die politischen Interventionen. Des weiteren durften auch die von Dr. Vogel angekündigten Abwehrmaßnahmen nicht außer acht gelassen werden. Insbesondere könnte der Hinweis aus dem Hause Thyssen Wirkung im Hinblick auf eine etwaig geplante Verschmelzung gezeigt haben, daß eine Gruppe von Aktionären, die mehr als 25 % des Grundkapitals darstellten, erklärt habe, das Angebot von Thyssen nicht annehmen zu wollen.
Zur Frage, wie diese Wende zu erklären sei, erklärte der Vorstandsvorsitzende der Thyssen AG, Dr. Vogel, daß nach der Ankündigung eines geplanten Übernahmeangebots durch Krupp-Hoesch sich im Kreise der Banken der Gedanke gefestigt hätte, daß es sich bei diesen Plänen nicht um ein tragfähiges industrielles Konzept handele. Das Vorhaben sei nach Ansicht von Dr. Vogel weniger auf die Sicherung von Arbeitsplätzen und die Steigerung des Wertes für die Aktionäre, als auf die Bereinigung großer Probleme bei Krupp-Hoesch ausgelegt gewesen.[113]

VIII. Reaktionen auf das gescheiterte Übernahmeangebot am 25. März 1997

Am darauffolgenden Dienstag, dem 25.03.1997, hatten die Vorstandsvorsitzenden der Konzerne, der Landeswirtschaftsminister und die Moderatoren am sechsten Tag in Folge die Verhandlungen über ein - in der Öffentlichkeit bereits Ruhrstahl AG genanntes - Gemeinschaftsunternehmen für das Qualitätsstahlwerk fortgesetzt. Am Ende dieses Verhandlungstages sollte das Stahlkonzept in seinen Grundzügen festgelegt sein.[114] Sprecher der Krupp-Hoesch AG und der Thyssen AG bestätigten, daß die Führung der gemeinsamen Stahlgesellschaft bei Thyssen als dem größeren und ertragsstärkeren Unternehmen liegen werde.

1. Reaktionen an der Börse

Mit kräftigen Kursverlusten reagierten die Aktienkurse der beteiligten Konzerne auf die gescheiterten Übernahmeplänen der Krupp-Hoesch AG. An der Frankfurter Börse brach die Thyssen-Aktien um 10, 1 % auf 375, 50 DM ein, die Titel von Krupp verlo-

[112] Gemeinsame Erklärung der Verhandlungsgruppe zum Zusammenschluß der Stahlgesellschaften von Thyssen und Krupp, 24.03.1997; vgl. auch FAZ, 25.03.1997, S. 15; Handelsblatt, 25.03.1997, S. 1.
[113] FAZ, 26.03.1997, S. 20.
[114] FAZ, 26.03.1997, S. 20.

ren zur Kasse 6,7 % auf 317 DM, verbesserten sich im Computerhandel aber wieder auf 331 DM.[115]
Die anstelle einer Fusion in Aussicht stehende Stahl AG der beiden Unternehmen veranlaßte mehrere Analysten ihre mittelfristigen Einschätzungen zu ändern.
Independent Research ließ verlauten, daß man die Thyssen-Aktie weiterhin mit „untergewichtet" bewerte. Entscheidend hierfür sei, daß bei einem Stahl-Joint-Venture der bis zuletzt profitable Stahlbereich von Thyssen mit den unprofitablen Aktivitäten von Krupp zusammengelegt werde. Bei der Krupp-Hoesch AG würden nach Ansicht der Analysten hingegen die positiven Effekte überwiegen, da das Unternehmen im Gegensatz zur Thyssen AG in erheblichem Maße die Profitabilität der Stahlproduktion steigere. Zudem entfalle die umfangreiche Fremdfinanzierung. Darüber hinaus trügen bei künftigen Restrukturierungen Krupp und Thyssen das Negativimage gemeinsam, wobei Thyssen wegen der unternehmerischen Führerschaft des Joint-Venture besonders betroffen sei. Bekräftigt wurde das Kursziel von 400 DM für die Krupp-Hoesch AG und die Empfehlung der Titel zum Kauf.[116]
Die WestLB sah den Fair Value der Thyssen AG wieder bei 380 DM, dem bereits von ihnen ein halbes Jahr zuvor angesetzten Niveau. Das Ziel von 380 DM setze jedoch eine Fortführung der Restrukturierungsbemühungen voraus. Für die Krupp-Hoesch AG veranschlagte die WestLB ein mittelfristiges Kursziel von 340 DM, zuvor jedoch eine kurzfristige Konsolidierung zwischen 300 und 320 DM. Bei der Société Générale war man zu diesem Zeitpunkt der Ansicht, der Vorstand der Krupp-Hoesch AG habe wesentliche Teile seiner Ziele erreicht. Er habe die Stahlprobleme des Unternehmens auch auf Thyssen und zudem auf die Politik verteilt. Die Analysten empfahlen Krupp-Hoesch zum Kauf, wobei sie ein Kurspotential bis 370 DM fundamental untermauert sahen. Ihr kurzfristiges Kursziel bei der Thyssen AG veranschlagten sie auf 410 DM.[117]
Zu den Instituten, die Thyssen aus fundamentaler Sicht weiterhin positiv beurteilten, zählte ABN Amro. Die Thyssen-Perspektiven waren ihrer Einschätzung nach zufriedenstellend. Einerseits sei der Markt auf den hohen inneren Wert der Thyssen-Aktie aufmerksam geworden. Andererseits dürfe der Thyssen-Vorstand aktiviert worden sein und es sei daher zu erwarten, daß sie den Begriff des Shareholder Value, die Steigerung des Unternehmenswertes, in Zukunft verstärkt umsetzten. Bei einem Kurs unter 400 DM empfahl die Bank den Anlegern daher, Thyssen-Aktien zu kaufen. Es sei durchaus realistisch, daß die Titel wieder auf 440 bis 450 DM vorrückten. Das Unternehmen sei im Falle eines Kurseinbruchs bis möglicherweise 310 DM viel zu sehr in Gefahr, andere Übernahmeinteressenten anzulocken. Auch die Krupp-Aktien seien zum Kauf zu empfehlen. Hier dürfe der Innovationsprozeß durch den von dem Joint-Venture ausgehenden Druck noch verstärkt werden.
Auf dem Parkett hatten sich viele Händler deutlich optimistischer als die meisten befragten Analysten gezeigt. Einige hielten bei Thyssen einen Kurs von 450 DM für angemessen und sahen das Ziel für die kommenden zwei Jahre bei 470 DM. Mehrere Teilnehmer empfahlen Thyssen zum Kauf, während sie bei Krupp Zurückhaltung für

[115] Blick durch die Wirtschaft, 26.03.1997, S. 3; FAZ, 26.03.1997, S. 20.
[116] Vgl. Börsen-Zeitung, 26.03.1997, S. 3; FAZ, 26.03.1997, S. 20.
[117] Börsen-Zeitung, 26.03.1997, S. 3.

angebracht hielten. Dabei setzten sie mittelfristig auf die zu erwartenden Synergieeffekte des Gemeinschaftsunternehmens mit Krupp.[118]

2. Reaktionen aus dem Ausland

Ausländische Marktbeobachter und Bankiers zeigten sich von den gescheiterten Übernahmeplänen der Thyssen AG überwiegend enttäuscht und bezeichneten das Scheitern als herben Rückschlag für die deutsche Wirtschaft und den deutschen Aktienmarkt. Mit Befremden reagierten insbesondere angelsächsische Analysten auf den massiven politischen Einfluß und die anberaumten Großdemonstrationen.[119] So sind in Großbritannien Übernahmen, auch feindlicher Art, an der Tagesordnung. Allein 1996 hatte es 1689 Übernahmen und Fusionen, davon 83 Übernahmen börsennotierter Unternehmen gegeben.[120] Deutsche Aktien waren von vielen britischen Banken zum Kauf empfohlen worden, weil diese mit einer zunehmenden Anzahl von Restrukturierungen und Übernahmen auch in der deutschen Wirtschaft rechneten und die Hinwendung zum Konzept des Shareholder Value höhere Eigenkapitalrenditen und Dividenden erwarten ließen. Die Tatsache, daß feindliche Übernahmen in Deutschland selbst mit Unterstützung der beiden größten Banken nicht realisierbar seien, verdeutliche die Schwierigkeiten bei der nötigen Neuordnung deutscher Unternehmen und schade der gesamten Volkswirtschaft, so lautete die überwiegende ausländische Reaktion auf das Scheitern der Übernahmepläne.[121]

3. Reaktionen der Arbeitnehmer

Trotz Einigung der beiden Konzerne über eine Zusammenarbeit im Stahlbereich hatten die Proteste der Stahlarbeiter an diesem Tag einen neuen Höhepunkt erreicht. Zu Demonstrationen gegen Stellenabbau und die Rolle der Banken bei dem Übernahmeversuch unter dem Motto „Weist die Banken in die Schranken" waren vor der Deutschen Bank in Frankfurt mehr als 30 000 Stahlarbeiter und in Dortmund mehr als 1 000 erschienen. Der Vorsitzende der Gewerkschaft IG Metall, Klaus Zwickel, forderte „eine zukunftsorientierte Investitions- und eine zustimmungsfähige Arbeitsplatzbilanz" für alle Standorte einer gemeinsamen Stahlgesellschaft. Betriebsbedingte Kündigungen müßten ausgeschlossen werden. Zugleich forderte der Gewerkschaftsvorsitzende mit Unterstützung Bonner Oppositionspolitiker die Macht der Banken und deren Mißbrauch zu thematisieren. Dabei sollten nicht nur Verstöße gegen Insiderregeln und Informationspflichten diskutiert werden, sondern auch die Kontrolle wirtschaftlicher und finanzieller Potenz.[122] Die SPD sprach sich für eine Begrenzung der Industriebeteiligungen der Banken auf 5 bis 10 %, für eine Reduzierung der Aufsichtsratmandate von Bankenvertretern und für den Ersatz des Depotstimmrechts durch Einführung einer „neuen professionellen und unabhängigen Aktionärsvertretung" aus. Diese im SPD-Entwurf für ein Transparenz- und Wettbewerbsgesetz aufgeführten Maßnahmen

[118] Börsen-Zeitung, 26.03.1997, S. 3.
[119] Vgl. Financial Times, 25.06.1997, S. 1/16; FAZ, 26.03.1997, S. 21/28.
[120] FAZ, 21.03.1997, S. 23.
[121] Financial Times, 25.03.1997, S. 1/16.
[122] Handelsblatt, 26.03.1997, S. 1.

seien geeignet, den übermäßigen Einfluß von Banken auf Wirtschaftsunternehmen zurückzudrängen.[123]
Zur gleichen Zeit waren die 6 000 Stahlarbeiter der Dortmunder Krupp-Hoesch Stahl AG in einen unbefristeten Streik getreten. Solange es keine Standortgarantie und keinen Vertrag über ein Verbot betriebsbedingter Kündigungen gebe, werde man die Arbeit nicht wieder aufnehmen, ließ der Betriebsrat verkünden. Die Belegschaft verlange eine schriftliche Bestätigung, daß das im Februar beschlossene Optimierungskonzept für den Standort Dortmund nicht unterschritten werde. Das Konzept sah die Modernisierung der Anlagen und den Abbau von 2200 Stellen vor.[124]
Am Abend waren Arbeitnehmervertreter und Gewerkschaftsvertreter über die sozialen Auswirkungen einer Fusion unterrichtet worden, damit sie daraufhin die Belegschaft informieren konnten.[125]

IX. Unterzeichnung der Grundsatzvereinbarung am 26. März 1997

Nach zähen Verhandlungen der Konzernvorstände von Krupp-Hoesch und Thyssen, bei denen bis zuletzt die Klärung der Frage offenstand, wie die durch einen sozialverträglichen Personalabbau entstehenden Kosten auf das neue Unternehmen und seine Gesellschafter zu verteilen waren, wurde am Abend des 26. März 1997 eine Grundsatzvereinbarung (Memorandum Of Understanding) zur Bildung der „Thyssen Krupp Stahl" unterzeichnet.
An der gemeinsamen neuen Stahlgesellschaft, die am 30. September / 1. Oktober 1997 rückwirkend zum 1. April entstehen sollte, war die Thyssen AG mit 60 % und die Krupp-Hoesch AG mit 40 % beteiligt.[126] Mit 15 Mill. t Rohstahlproduktion sollte durch diesen Joint-Venture der größte europäische Flachstahlproduzent entstehen. Beide Seiten hatten sich zuvor darauf geeinigt, daß der Kostenvorteil dieser Fusion nach der Realisierung jährlich etwa 550 Millionen DM betragen werde. Die beteiligten Unternehmen unterstrichen, daß die getroffene Vereinbarung einen Verzicht auf betriebsbedingte Kündigungen ermöglicht habe und die bestmöglichen Lösungen zur Sicherung des Standortes Dortmund erschließe.[127]
Das Fusionskonzept sah eine Verringerung der zu diesem Zeitpunkt noch etwa mehr als 25 000 Mitarbeiter um 7 900 Arbeitsplätze vor. Der Vorstand der Krupp-Hoesch AG bezifferte den Zeitraum der personellen Anpassung auf 4 Jahre. Gegenüber den bisherigen Einzelkonzepten beider Unternehmen sollten durch die Fusion zusätzlich knapp 4000 Arbeitsplätze verlorengehen. Die Thyssen AG hatte bereits im Rahmen der eigenen Restrukturierung feste Austritte von 1600 Mitarbeitern bis Ende 1998 sozialverträglich gelöst. Die Krupp-Hoesch AG hatte mit dem zu Beginn des Jahres 1997 beschlossenen Optimierungsplan die Belegschaftsverringerung um 2200 Beschäftigte

---

[123] SPD-Finanzexpertin Ingrid Matthäus-Maier – vgl. Börsen-Zeitung, 26.03.1997, S. 3; Handelsblatt, 26.03.1997, S. 1.
[124] FAZ, 26.03.1997, S. 1/20.
[125] FAZ, 26.03.1997, S. 20.
[126] Presseerklärung der Krupp AG und der Thyssen AG zur Unterzeichnung der Grundsatzvereinbarung zur Bildung von „Thyssen Krupp Stahl", 26.03.1997.
[127] Vgl. FAZ, 27.03.1997, S. 17; Handelsblatt, 27.03.1997, S. 1 und 15.

innerhalb von drei Jahren eingeleitet. Der Verlust der zusätzlich zur Disposition gestellten 4 000 Arbeitsplätze betraf überwiegend die Krupp Hoesch AG. Die Thyssen AG verpflichtete sich, 500 Mitarbeiter in der Verwaltung und in Zentralbereichen in Duisburg abzubauen.
Zu Lasten der unrentablen Dortmunder Hütte war geplant, die Roheisenmetallurgie in Duisburg zu konzentrieren und dort wieder einen vierten Hochofen in Betrieb zu nehmen. Zum Ausgleich für die Hochofenstillegungen in Dortmund sollte dort ein Elektrostahlwerk errichtet und auch eine Gießwalzanlage gebaut werden. Von den 5 700 Arbeitsplätzen im Dortmunder Stahlbereich blieben 2 100 erhalten; dazu sollten insgesamt 1300 Ersatzarbeitsplätze in anderen Bereichen kommen, deren Einrichtung die beteiligten Konzerne zugesagt hätten. Der nordrhein-westfälische Wirtschaftsminister betonte, in Dortmund seien Investitionen von rund 1 Mrd. DM vorgesehen.
Das Konzept sah im übrigen keine Änderung des im November 1996 von Thyssen beschlossenen Investitionsprogramms[128] vor. Das galt vor allem auch für den Bau der bereits in Auftrag gegebenen Gießwalzanlage im Werk Bruckhausen. Zusätzliche 300 Arbeitsplätze sollten dadurch in der Duisburger Produktion entstehen.[129]
Nachdem die Stahlarbeiter über den notwendigen Arbeitsplatzabbau und die Neuausrichtung der Aufgaben in einer fusionierten Qualitätsstahlgesellschaft informiert worden waren, hatte sich die Unruhe in den Unternehmen verstärkt. Der am Vortag in Dortmund begonnene unbefristete Streik hatte sich nach weiteren Betriebsversammlungen auch auf die Standorte Bochum und Siegerland ausgedehnt. Auch die Produktion der Thyssen Stahl AG war erheblich gestört worden.[130]
Die Aktien beider Konzerne notierten im Hinblick auf die zähen Verhandlungen noch einmal leichter. Die Thyssen-Aktie sank um 0,50 DM auf 375 DM, Krupp-Hoesch gab um 5 DM auf 326 DM nach.[131]

Dennoch konnte mit der Unterzeichnung der Grundsatzvereinbarung am 26. März 1997 nach dem Scheitern des Übernahmeangebots der Krupp-Hoesch AG der Weg für eine Gesamtfusion beider Konzerne – beginnend im Stahlbereich – beschritten werden.[132]

[128] Vgl. auch Geschäftsbericht der Thyssen AG 1996/97, S. 19 f..
[129] FAZ, 27.03.1997, S. 17; Financial Times, 27.03.1997, S. 2; Handelsblatt, 27.03.1997, S. 15.
[130] FAZ, 27.03.1997, S. 17.
[131] Handelsblatt, 27.03.1997, S. 1.
[132] Der Anhang zu dieser Arbeit vollzieht die - über den feindlichen Übernahmeversuch der Krupp-Hoesch AG hinausgehenden - Entwicklungen bis zur Eintragung der Thyssen Krupp AG am 17.03.1999 nach.

KAPITEL 2

Der feindliche Übernahmeversuch Krupp/Thyssen aus juristischer Sicht

§ 1 Rechtsfragen einer feindlichen Übernahme aus der Sicht des Bieters

I. Motive und Strategien der Krupp-Hoesch AG

1. Fehlende Realisierbarkeit von Fusionsstrategien

Die im Herbst 1996 begonnenen Planungen der Krupp-Hoesch AG hatten als endgültiges Ziel die Fusion mit der Thyssen AG im Wege der Verschmelzung durch Aufnahme vor Augen.
Der gesetzliche Idealtypus der Verschmelzung wird geprägt durch die Vereinigung rechtlich und wirtschaftlich unverbundener Unternehmen. In der Realität bildet diese Erscheinungsform der Verschmelzung jedoch die Ausnahme. Die Konzernverschmelzung stellt sich vielfach als ein mehrphasiger Prozeß dar. Wird mittels von Sukzessiv- oder Paketkäufen oder eines Übernahmeangebots eine Mehrheitsbeteiligung erworben, erfolgt anschließend mit der Übernahme der unternehmerischen Leitung die Konzernbildung, die ggf. vertraglich abgesichert werden kann. Die Schlußphase der Unternehmenskonzentration bildet die Verschmelzung durch die sich die Rechtsträger vereinigen.[133]
Für die Beantwortung der Frage, auf welche Weise die mit der Thyssen AG angestrebte Verschmelzung erreicht werden sollte, war die Verwaltung der Krupp-Hoesch AG aufgrund der hohen rechtlichen und wirtschaftlichen Risiken gezwungen, alle in Betracht kommenden Varianten zu durchdenken, bevor der geeignete Weg beschlossen werden konnte. Diese sollen hier zunächst skizziert werden.

a) Keine frei vereinbarte Verschmelzung

Nach dem Scheitern der Gespräche über weitere Teilzusammenschlüsse mit der Thyssen AG, die zu einer Gesamtfusion hätten führen können, konnte Krupp-Hoesch eine frei vereinbarte Verschmelzung beider Konzerne zu Beginn der Planungen für einen Übernahmeversuch im Herbst 1996 aus realistischer Sicht nicht in Betracht ziehen.
Zwar hätte die frei vereinbarte Verschmelzung aufgrund der schnellen Abwicklung, der politischen Durchsetzbarkeit und der für die Krupp-Hoesch AG nicht auftretenden Finanzierungskosten der Übernahme erhebliche Vorteile aufzuweisen gehabt. Einer Verschmelzung durch Aufnahme gem. § 2 Nr. 1 UmwG, wie sie nach einem erfolgreichen Übernahmeangebot vorgesehen war, hätte der Vorstand der Thyssen AG jedoch in keinem Fall zugestimmt. Im Gegensatz zur Verschmelzung durch Neugründung

[133] Bermel in: Goutier/Knopf/Tulloch, Umwandlungsrecht, § 2 Rdnr. 3 f.; Immenga, BB 1970, 629, 631; Timm, AG 1982, 93, 104.

gem. § 2 Nr. 2 UmwG hätte eine derartige Gestaltung der Unternehmenszusammenführung verdeutlicht, daß es sich nicht um eine Fusion gleichberechtigter Partner gehandelt hätte. Vielmehr wäre die ertrags- und finanzstärkere Thyssen AG als übertragender Rechtsträger erloschen, während die Krupp-Hoesch AG als übernehmender Rechtsträger zunächst unverändert mit seiner bisherigen Organbesetzung fortbestanden hätte.

b) Verschmelzung auf Betreiben der Krupp-Hoesch AG als Minderheitsaktionär

aa) Kombination von § 122 I AktG i. V. m. § 83 I und II AktG

Gem. § 122 I AktG ist die Hauptversammlung einzuberufen, wenn Aktionäre, deren Anteile zusammen den zwanzigsten Teil des Grundkapitals erreichen, die Einberufung schriftlich unter Angabe des Zwecks und der Gründe verlangen. Das Verlangen ist dabei an den Vorstand zu richten.
Die Krupp-Hoesch AG hätte in Anbetracht dieser Regelungen zunächst einen 5 %igen Anteil an der Thyssen AG erwerben und an den Vorstand der Thyssen AG unter schriftlicher Angabe des Zwecks und der Gründe - Aufforderung zum Beschluß über die Verschmelzung mit der Krupp-Hoesch AG - das Einberufungsverlangen richten können.
Bei der Einberufung der Hauptversammlung sieht das Gesetz keine Gründe vor, die den Vorstand berechtigen würden, die Einberufung zu verweigern. Nach allgemeiner Auffassung darf dieses Minderheitsrecht jedoch nicht rechtsmißbräuchlich ausgeübt werden, so daß ein vernünftiger Anlaß zur Behandlung des von der Minderheit vorgegebenen Gegenstandes bestehen und die Eilbedürftigkeit der Einberufung gegeben sein muß.[134]
Die Aufforderung, einen Beschluß über die Verschmelzung mit der Krupp-Hoesch AG zu treffen, wäre sachgerecht und in Anbetracht der mit der Verschmelzung einkalkulierten wirtschaftlichen Vorteile durch entstehende Synergieeffekte auch derart eilbedürftig gewesen, daß ein Abwarten bis zur nächsten ordentlichen Hauptversammlung der Thyssen AG nicht in Betracht gekommen wäre. Der Umstand allein, daß für einen von der Krupp-Hoesch AG als Minderheitsaktionär gestellten Antrag selbst bei einsichtiger Darstellung der industriellen Logik des Zusammenschlusses mit der erforderlichen Mehrheit von 75 % in der Thyssen-Hauptversammlung kaum gerechnet werden konnte, hätte das Einberufungsverlangen nicht rechtsmißbräuchlich gemacht. § 122 AktG will vielmehr gerade gewährleisten, daß sich die Minderheit in der Hauptversammlung Gehör verschaffen kann.[135]
Sind die Voraussetzungen des Verlangens gegeben sind, hätte der Thyssen-Vorstand entsprechend den §§ 121 II-IV und 123 f. AktG unverzüglich die Hauptsammlung einberufen müssen.

---

[134] Eckardt in: Geßler/Hefermehl, AktG, § 122 Rdnr. 29, Hüffer, AktG, § 122 Rdnr. 6; Semler in: Münchener Hdb., Bd. 4, § 35 Rdnr. 18.
[135] Eckardt in: Geßler/Hefermehl, AktG, § 122 Rdnr. 29; Geßler, AktG, § 122 Rdnr. 1; Semler in: Münchener Hdb., Bd. 4, § 35 Rdnr. 18.

Kommt ein Vorstand dem Verlangen nicht nach, so kann der 5 %ige Aktionär bei dem zuständigen Amtsgericht einen Antrag auf gerichtliche Ermächtigung stellen, selbst eine Hauptversammlung mit dem von ihm begehrten Beschlußgegenstand einzuberufen. Das Gericht prüft in diesem Fall, ob das Verlangen von der erforderlichen Anzahl der Aktionäre gestellt wurde und ob Zweck und Gründe rechtsmißbräuchlich sind. Ebenso wenig wie der Vorstand kann das Gericht den Gegenstand des geforderten Beschlusses zum Anlaß einer Ablehnung machen.[136] Der Vorstand der betroffenen Gesellschaft kann gegen einen solcher Art ermächtigenden Beschluß zwar sofortige Beschwerde einlegen, diese hat jedoch keine aufschiebende Wirkung. Die Einberufung der Hauptversammlung wird mithin nicht verzögert. Erst in zweiter Instanz ist eine Aussetzung der Vollziehung mittels einer einstweiligen Anordnung gem. § 24 III FGG möglich.
Insofern hätte die Einberufung der Hauptversammlung der Thyssen AG durch die Krupp-Hoesch AG als Minderheitsaktionär gerichtlich praktisch kaum verhindert werden können.
Fraglich ist aber darüber hinaus, inwieweit der Vorstand der Thyssen AG, der dem Fusionsbegehren ablehnend gegenüber gestanden hätte, zur Kooperation gesetzlich verpflichtet gewesen wäre.
Der Vorstand ist gem. § 83 I S. 1 AktG verpflichtet, Maßnahmen, die gem. § 119 I AktG oder aufgrund ergänzender Satzungsbestimmungen in die Zuständigkeit der Hauptversammlung fallen, vorzubereiten. Diese Verpflichtung gilt gem. § 83 I S. 2 AktG auch für die Vorbereitung und den Abschluß von Verträgen, die nur mit Zustimmung der Hauptversammlung wirksam werden. Der Abschluß eines Verschmelzungsvertrages im Sinne der §§ 4 ff. UmwG wird gem. §§ 13 I, 65 I UmwG nur wirksam, wenn ihm die Hauptversammlungen der beteiligten Kapitalgesellschaften in einem jeweils gesonderten Verschmelzungsbeschluß zustimmen, so daß § 83 I S. 2 AktG auf diesen Fall zutrifft.[137] § 83 II AktG sieht des weiteren die Verpflichtung des Vorstands vor, die von der Hauptversammlung im Rahmen ihrer Zuständigkeit beschlossenen Maßnahmen auszuführen.
Auf Verlangen der ersten Thyssen-Hauptversammlung wäre der Thyssen-Vorstand daher verpflichtet gewesen, den Verschmelzungsbeschluß und -vertrag vorzubereiten. Nach einer zweiten Hauptversammlung, in der die erforderliche Kapitalmehrheit von 75 % hätte erreicht werden müssen, hätte er die Verschmelzung auch durchführen müssen. Für Unternehmensverträge ist anerkannt, daß der Vorstand auch gegen seinen Willen einer Initiative der Hauptversammlung folgen muß, wenn diese den Vertrag schließen will.[138] Ist ein Anweisungsbeschluß gefaßt worden, hat der Vorstand gem. § 83 II AktG eine schadensersatzbewehrte Ausführungspflicht. Eine Verletzung dieser Pflicht gibt neben einem Anspruch auf Schadensersatz gem. § 93 AktG in der Regel auch einen wichtigen Grund zur Abberufung des Vorstands im Sinne von § 84 III AktG.[139]

[136] Werner in: Großkommentar, AktG, § 122 Rdnr. 23 u. 59.
[137] Hefermehl in: Geßler/Hefermehl, AktG, § 83 Rdnr. 5; Hüffer, AktG, § 83 Rdnr. 3; Kallmeyer, ZIP 1994, 1746, 1758.
[138] Mertens in: Kölner Kommentar, AktG, § 83 Rdnr. 3.
[139] Hüffer, AktG, § 83 Rdnr. 6.

Aufgrund dieser Rechtsfolgen und der damit absehbaren Erfolglosigkeit, sich dem Abschluß eines Verschmelzungsvertrages zu verweigern, hätte sich der Vorstand der Thyssen AG dem Antrag gem. § 122 I AktG beugen müssen.

bb) Fehlende Realisierbarkeit der Verschmelzung auf Betreiben eines Minderheitsaktionärs

Die Verschmelzung auf Betreiben der Krupp-Hoesch AG als Minderheitsaktionär hätte ein relativ geringes Investment von ca. 450 Mio. DM erfordert, um das Fusionsziel zu erreichen.[140] Ein Anteilserwerb von unter 5 % hätte zudem auch zur Unterstützung anderer Vorgehensweisen sinnvoll sein können.
Als nachteilig an dieser Option wäre die extrem hohe Verwässerung der Aktien der Alt-aktionäre der Krupp-Hoesch AG anzusehen gewesen. Schwierigkeiten hätte zudem die Tatsache bereitet, daß § 10 Nr. 1 d) der zum Zeitpunkt der Planung gültigen Thyssen-Satzung dem Aufsichtsrat bei einer Verschmelzung entsprechend § 111 IV S. 2 AktG einen Zustimmungsvorbehalt einräumte. Hätte der Aufsichtsrat die Zustimmung zu dieser Maßnahme verweigert, hätte die Zustimmungsverweigerung zwar gem. § 111 IV S. 3 und 4 AktG durch einen Beschluß der Hauptversammlung mit qualifizierter Mehrheit überwunden werden können. Voraussetzung hierfür ist jedoch, daß der Vorstand einen solchen Beschluß verlangt. Da der Thyssen-Vorstand eine Kooperation verweigert hätte, hätte die Hauptversammlung die Zustimmungsverweigerung des Aufsichtsrats nicht überspielen können. Die Lösung dieses Konflikts zwischen Zustimmungsvorbehalt des Aufsichtsrates und der Anweisung an die Hauptversammlung ist nicht geklärt[141] und hätte daher bei der Planung einen zusätzlichen Unsicherheitsfaktor dargestellt.
Die Realisierung der Variante - ohne zusätzlichen Anteilserwerb an der Thyssen AG - scheiterte jedoch faktisch daran, daß mit nur 5 % der Aktien eine Hauptversammlungsmehrheit gegen den Willen des Vorstandes der Thyssen AG selbst bei einer einsichtigen industriellen Logik des Zusammenschlusses im Wege der Verschmelzung durch Aufnahme in die Krupp-Hoesch AG praktisch nicht erzielbar gewesen wäre. Die erforderliche Kapitalmehrheit von 75 % wäre bereits aufgrund der Aktionärsstruktur der Thyssen AG kaum erreichbar gewesen. Zwar lagen die Anteile der drei Großaktionäre (Thyssen-Stiftung, Commerzbank AG und Allianz AG) zusammen unter 25 %, so daß sie allein den Zusammenschluß nicht hätten verhindern können. Gegen den Einfluß des Vorstands der Thyssen AG hätten aber fast 80 % der Aktionäre (ca. 140.000 DM) von den Vorteilen des Zusammenschlusses praktisch nicht überzeugt werden können.

---

140 Die Thyssen-Aktie stand Ende des Jahres 1996 bei ca. 280 DM.

141 Vgl. Kallmeyer, ZIP 1994, 1746, 1758; Lutter in: Lutter, UmwG, § 4 Rdnr. 12; auf die Lösungsmodelle zu diesem Konflikt soll an dieser Stelle nicht näher eingegangen werden, weil die Variante bereits aus anderen Gründen nicht geeignet war, das seitens der Krupp-Hoesch AG angestrebte Fusionsziel zu erreichen.

2. Modalitäten des Kontrollerwerbs

Da sowohl eine frei vereinbarte Verschmelzung als auch eine Verschmelzung auf Betreiben der Krupp-Hoesch AG als Minderheitsaktionär in der Praxis nicht durchführbar war, hatte die Verwaltung der Krupp-Hoesch AG beabsichtigt, zunächst die Kontrolle über das Unternehmen durch den Erwerb der Aktienmehrheit an der Thyssen AG zu erlangen, um auf diesem Weg den Zusammenschluß beider Unternehmen realisieren zu können.
Um die Mehrheit der Aktien der Thyssen AG notfalls auch gegen den erwarteten Willen und Widerstand des Managements erwerben zu können, kamen für Krupp-Hoesch als Akquisiteur drei kombinierbare Methoden in Betracht.

a) Sukzessiv- und Paketkäufe

Durch den Übernahmeinteressenten kann zunächst ein langsamer Aufkauf über die Börse (creeping takeover) erwogen werden, um durch Sukzessivaufkäufe breit gestreuter Aktien der Zielgesellschaft mittels Erwerb einer Minderheitsbeteiligung eine günstige Ausgangsposition zu erlangen. Die Sukzessivaufkäufe werden regelmäßig durch ein beauftragtes Kreditinstitut zum jeweiligen Tageskurs ausgeführt.[142]
Um Aktionäre, Gläubiger und die Öffentlichkeit über Konzernverbindungen zu informieren und der Verwaltung einen Überblick über die vorhandenen Gesellschafterstrukturen zu geben,[143] muß jedoch gem. § 20 I AktG eine Offenlegung der Beteiligungsverhältnisse erfolgen, wenn ein Unternehmen mehr als 25 % der Aktien einer inländischen Aktiengesellschaft oder eine Mehrheitsbeteiligung gem. § 20 IV i. V. m. § 16 I AktG erworben hat. Da sich § 20 AktG jedoch ausschließlich an Unternehmen richtet, müssen Beteiligungen eines Privataktionärs nicht angegeben werden.[144] Verstöße gegen die Nichteinhaltung der Meldepflicht führen gem. § 20 VII AktG zu einem Verbot der Stimmrechtsausübung in der Hauptversammlung, so daß ein Übernehmer deren Beherrschung auf diesem Weg nicht erreichen könnte.[145] Auch Vermögens- und sonstige Mitverwaltungsrechte, die einem Aktionär zustehen, kann ein Übernehmer, der einen creeping-takeover durchführt, dann nicht mehr ausüben. Sobald jedoch die notwendig zu erreichende Mehrheit mitgeteilt ist, leben alle Beteiligungsrechte wieder auf.[146]
Die Geheimhaltung vorgenommener Sukzessivaufkäufe wäre für die Krupp-Hoesch AG zusätzlich durch die Regelung des § 21 I WpHG beschränkt worden, der bereits beim Überschreiten eines 5 %igen Anteilsbesitzes eine Mitteilungspflicht gegenüber der Gesellschaft und dem Bundesaufsichtsamt für Wertpapierhandel vorsah und daher

[142] Otto, DB-Beilage Nr. 12/88, 2, 4; Daum, Unkoordinierte Übernahme einer AG, S. 70 ff..
[143] Koppensteiner in: Kölner Kommentar, AktG, § 20 Rdnr. 1.
[144] Koppensteiner in: Kölner Kommentar, AktG, § 20 Rdnr. 23; Hirte, ZIP 1989, 1233, 1236; Kübler/Schmidt, Gesellschaftsrecht und Unternehmenskonzentration, S. 79; aus Treuepflichten der Aktionäre lassen sich keine weitergehenden Mitteilungspflichten bei feindlichen Übernahmen ableiten, dazu Joussen, BB 1992, 1075, 1079 u. 1081.
[145] Bozenhardt, Freiwillige Übernahmeangebote, S. 10; Daum, Unkoordinierte Übernahme einer AG, S. 72, Knoll, Übernahme von Kapitalgesellschaften, S. 143 f..
[146] Strittig, vgl. Koppensteiner in: Kölner Kommentar, AktG, § 20 Rdnr. 37; Heinsius, Festschrift Fischer, S. 215, 219 ff; Peltzer, ZIP 1989, 69, 73; Otto, DB-Beilage Nr. 12/88, 2, 4.

gegenüber der aktienrechtlichen Regelung zu einem erheblich früheren Zeitpunkt die bei einem geplanten hostile takeover unerwünschte Publizität ausgelöst hätte. Die Mitteilung des Meldepflichtigen hatte danach innerhalb von sieben Kalendertagen nach dem Erreichen der 5 % Schwelle zu erfolgen.[147]
Ein creeping-takeover erstreckt sich darüber hinaus über einen vergleichsweise langen Zeitraum, in welchem die Zielgesellschaft die Gelegenheit zu Gegenmaßnahmen ergreifen kann. Rasch aufeinanderfolgende Sukzessivkäufe bergen wiederum die Gefahr des Scheiterns der Übernahme in sich, wenn durch Übernahmegerüchte die Aktienkurse erheblich ansteigen und dadurch die Finanzierung der Übernahme ausgeschlossen wird.[148] Infolgedessen wird die unternehmerische Planung äußerst erschwert und der Übernahmepreis letztlich nur schwer kalkulierbar.[149] Für den potentiellen Übernehmer überwiegen daher insgesamt die Nachteile dieser Vorgehensweise bei einer Kontrollerlangung.
Von der Krupp AG wurden Sukzessivaufkäufe über die Börse stets dementiert.[150] Die Planung des Übernahmeversuchs hatte jedoch bereits im Herbst 1996 begonnen und die Aktienkurse der Thyssen AG hatten in diesem Zeitraum überdurchschnittlich angezogen. Sie stiegen seit dem Tiefststand im Dezember 1996 von 263,50 DM auf 360 DM im Februar 1997. Die Thyssen AG und ihr Vorsitzender führten diese Entwicklung auf ihr konsequentes Portfolio-Management zurück.[151] Angesichts der geplanten Übernahme erscheint dieser Erklärungsversuch allein jedoch ex post als Fehleinschätzung des Managements der Thyssen AG. Für Verwirrung hatten nach der vorzeitigen Bekanntgabe des Übernahmeversuchs Meldungen gesorgt, wonach Krupp-Hoesch bereits Zugriff auf mindestens 30 % der Thyssen-Aktien gehabt haben soll.[152] Krupp-Hoesch dementierte auch diese Meldung.[153]
Da entsprechende Vorratskäufe dem Plan der Krupp-Hoesch AG von einem „sauberen" Übernahmeangebot widersprochen und sowohl den beteiligten Unternehmen, als auch den Banken einen erheblichen Imageschaden beigebracht hätten, kann - trotz eventuell widersprechender Indizien in der Vorbereitungsphase des Angebots - letztlich nicht davon ausgegangen werden, daß Krupp-Hoesch derartige Sukzessivkäufe getätigt hatte, um die Übernahme der Thyssen AG rascher vollziehen zu können. Das Bundesaufsichtsamt für den Wertpapierhandel ermittelte nachträglich vielmehr aufgrund des Verdachts des Insiderhandels einzelner Personen, die vorzeitig Kenntnis von den Übernahmeplänen gehabt hatten.[154]

Zur Vorbereitung einer feindlichen Übernahme insbesondere bei geschlossenen Gesellschaften oder Familiengesellschaften eignet sich der Aufkauf eines oder mehrerer

---

[147] Assmann/Schneider, WpHG, § 21 Rdnr. 19 f, 41 ff.; Nottmeier/Schäfer, AG 1997, 87, 87 ff.; zur Problematik der Mitteilungspflichten im Fall Mannesmann/Vodafone vgl. Burgard, WM 2000, 611, 613 ff.
[148] Ebenroth/Daum, DB 1991, 1105, 1107; Immenga/Noll, Feindliche Übernahmeangebote aus wettbewerbspolitischer Sicht, S. 17 f.; Peltzer, ZIP 1989, 69, 72.
[149] Bozenhardt, Freiwillige Übernahmeangebote, S. 16; Immenga, SAG 1975, 89, 89; Meier-Schatz, WuR 1987, 16, 18.
[150] Vgl. Handelsblatt, 20.03.1997, S. 12; Scheule, Diplomarbeit, S. 12.
[151] So Dr. Vogel noch auf der Hauptversammlung am 14. März 1997, Börsen-Zeitung, 15.03.1997, S. 6.
[152] FAZ, 19.03.1997, S. 15.
[153] Börsen-Zeitung, 22.03.1997, S. 5.
[154] Vgl. Börsen-Zeitung, 22.03.1997, S. 5; FAZ, 19.03.1997, S. 15.

kleinerer Aktienpakete von den Eigentümern ohne Einschaltung der Börse. Dabei spiegelt sich der Wert der Kontrolle häufig in einem Paketzuschlag wider, der dem vorherigen Mehrheitsaktionär zu zahlen ist.
Für die Krupp-Hoesch AG boten sich als Paketbesitzer der Thyssen AG die Fritz Thyssen Stiftung mit einem Anteil von 8, 6 % sowie die Commerzbank AG und die Allianz AG mit jeweils 5, 8 % an.
Die Fritz Thyssen Stiftung und die Commerzbank erklärten, daß derartige Gespräche nicht geführt worden seien. Die Allianz AG nahm hierzu keine Stellung.[155]
Da sich aufgrund des breiten Streubesitzes und dem fehlenden Einvernehmen mit den drei Großaktionären auch durch Paketaufkäufe ein Mehrheitserwerb der Thyssen-Aktien nicht hätte realisieren lassen, war Krupp-Hoesch gezwungen, den Aktienerwerb über ein öffentliches Übernahmeangebot zu vollziehen.

b) Öffentliches Übernahmeangebot

aa) Vorteile für die Krupp-Hoesch AG

Gegenstand eines öffentlichen Übernahmeangebots ist der sich außerhalb der Börse vollziehende Aktienerwerb durch den Abschluß einer Vielzahl zivilrechtlicher Verträge zwischen dem Käufer und Aktionären der Zielgesellschaft.[156] Möchte eine Gesellschaft auf diesem Wege eine Mehrheitsbeteiligung an einer anderen erwerben, ohne daß im Vorfeld der Transaktion mit deren Management eine Verständigung darüber erreicht worden wäre, liegt eine sog. feindliche Übernahme vor.[157]
Voraussetzung für die Vertragsabschlüsse war, daß die Krupp-Hoesch AG als Bietergesellschaft eine öffentliche Offerte oder eine Aufforderung zur Abgabe von Angeboten an die Aktionäre der Thyssen AG mit dem Ziel richtete, deren Aktien innerhalb eines festgesetzten Zeitraumes entweder gegen Bargeld (Kaufangebot) oder gegen Aktien, welche Krupp-Hoesch ihrerseits emittiert hätte (Tauschangebot) zu erwerben.[158] Als feindlich konnte das geplante Übernahmeangebot deshalb angesehen werden, weil es mit dem Vorstand der Thyssen AG zwar erörtert, aber notfalls auch ohne sein Einverständnis durchgesetzt werden sollte und in diesem Fall gegen seinen Willen erfolgt wäre.
Ein solcher von der Krupp-Hoesch AG vorgesehener Erwerb außerhalb der Börse hat den positiven Effekt, daß der Aktienkauf nicht zwangsläufig zu einem erheblichen

---

[155] Scheule, Diplomarbeit, S. 12.

[156] Vgl. zum Begriff des Übernahmeangebots Assmann/Bozenhardt, Übernahmeangebote, S. 8; Behrens, ZGR 1975, S. 433, 437 ff.; Bess, AG 1976, 169, 169 f.; Ebenroth/Eyles, RIW 1988, 413, 414 ff.; Hauschka/Roth, AG 1988, 181, 182; Küting, BB 1978, 1751, 1751 ff.; Meier-Schatz, WuR 1987, 16, 18 f.; Otto, DB-Beilage Nr. 12/88, S. 2, 4; Peltzer, ZIP 1989, 69, 69; Rümker, Festschrift Heinsius, S. 683, 683; Salje, JA 1990, 321, 323; Schaaf, RIW 1985, 273, 273; Schluep, SAG 1988, 89, 89; Stoll, BB 1989, 301, 302.

[157] Bästlein, Feindlichkeit öffentlicher Übernahmeangebote, S. 34 ff.; Becker, WiSt 1990, 218, 218 ff.; Berger, ZIP 1991, 1644, 1646; Bozenhardt, Freiwillige Übernahmeangebote, S. 12; Buddenbrook in: Übernahme börsennotierter Unternehmen, S. 277, 277; Klein, NJW 1997, 2085, 2085; Leibner, Möglichkeiten der feindlichen Übernahme, S. 7 f.; Röhrich, Feindliche Übernahmeangebote, S. 16; Schander, BB 1997, 1801, 1801; Schanz, NZG 2000, 337, 338; Weisser, Feindliche Übernahmeangebote und Verhaltenspflichten, S. 5 f.; zur Kritik an dem Begriff der „feindlichen Übernahme" vgl. Ebenroth/Daum, DB 1991, 1105, 1105 f..

[158] Vgl. zur Unterscheidung Behrens, ZGR 1975, S. 433, 435 u. 437; Bozenhardt, Freiwillige Übernahmeangebote, S. 9; Hauschka/Roth, AG 1988, 181, 182.

Kursanstieg führt. Das Risiko der Finanzierbarkeit bleibt vielmehr dadurch kalkulierbar, daß sich der Börsenkurs innerhalb eines bestimmten Schwankungsrahmens an dem vom Bieter genannten Preis orientiert.[159] Dieser lag bei 435 DM je Aktie, wodurch der Thyssen-Konzern mit 13,6 Mrd. DM bewertet wurde und die einfache Mehrheit bereits mit knapp 7 Mrd. DM zu erlangen gewesen wäre.[160]
Ein weiterer wesentlicher Vorteil des öffentlichen Übernahmeangebotes lag für die Krupp-Hoesch AG in der überraschenden Wirkung auf das Management und die Aktionäre der Thyssen AG. Durch die zeitliche Befristung des Angebots wären sie unter Entscheidungsdruck gesetzt worden. Das Management hätte sich hinsichtlich der zu ergreifenden Abwehrmaßnahmen einig werden und die Aktionäre sich innerhalb des umgrenzten Zeitraumes entscheiden müssen, ob die Annahme des Angebots rentabel und unternehmerisch sinnvoll gewesen wäre.[161]
Die seitens der Krupp-Hoesch Verwaltung eingeschlagene Taktik sah aus diesen Gründen vor, den Aktionären der Thyssen AG das Übernahmeangebot kurz vor Ostern am 26. März zu unterbreiten und die Annahmefrist bereits am 6. Mai ablaufen zu lassen.
Der Verwaltung der Thyssen AG wären bei dieser Terminierung zur Abwehr des Übernahmeversuchs nur wenige Wochen verblieben und auch die Aktionäre wären mit dem Angebot von 435,- DM, der um 88, 50 DM über dem Kassakurs vom 17. März 1997 gelegen hätte, und der kurzen Fristsetzung unter Entscheidungsdruck gesetzt worden. Dieser Druck hätte eine komplexe Überprüfung der konkreten Übernahmeabsichten der Krupp-Hoesch AG nicht erlaubt, da die Informationsbeschaffung und -analyse einen längeren Zeitraum in Anspruch genommen hätte.

bb) Regelungen des Übernahmekodex der BSK

Die Krupp-Hoesch AG hatte im Zuge ihrer Übernahmeplanungen den Übernahmekodex der Börsensachverständigenkommission in der Fassung von 1995 unterschrieben, um in Zusammenarbeit mit den beratenden Banken eine sorgfältige und sachgerechte Durchführung des Übernahmeangebots zu gewährleisten und Marktmanipulationen vorzubeugen.

Der von der Krupp-Hoesch AG unterschriebene Übernahmekodex der Börsensachverständigenkommission (BSK) war seit dem 1. Oktober 1995 in Kraft.[162] Abgesehen von den Empfehlungen des Übernahmekodex fehlte es zum Zeitpunkt des Krupp-Thyssen-

[159] Otto, DB-Beilage Nr. 12/1988, 2, 4.
[160] Vgl. dazu Börsen-Zeitung, 19.03.1997, S. 1.
[161] Daum, Unkoordinierte Übernahmeangebote einer AG, S. 77.
[162] Übernahmekodex der Börsensachverständigenkommission beim Bundesministerium der Finanzen vom 14.07.1995, geändert durch Bekanntmachung vom 28.11.1997 mit Wirkung ab 01.01.1998; vgl. dazu und zur Kritik am Übernahmekodex: Assmann, AG 1995, 563, 563 ff.; Diekmann, WM 1997, 897, 897 ff.; Hopt, Festschrift Zöllner, S. 253, 263 ff.; Kallmeyer, ZHR 161, (1997), S. 435, 435 ff., Kirchner/Ehricke, AG 1998, 105, 105 ff.; Thoma, ZIP 1996, 1725, 1725 ff.; Weisgerber, ZHR 161 (1997), 421, 421 ff.; Wirth/Weiler, DB 1998, 117, 117 ff..

Falles im Jahr 1997 im deutschen[163] und europäischen[164] Recht an einer ausdrücklichen Regelung für öffentliche Übernahmeangebote. Lediglich einzelne Normen des Aktien- und Börsenrechts waren auf sie anwendbar.

Der Übernahmekodex war 1995 an die Stelle der „Leitsätze für öffentliche freiwillige Kauf- und Umtauschangebote" vom Januar 1979[165] getreten. Der als freiwillige Selbstregulierung ausgestaltete Kodex stellte eine in 24 Artikeln zusammengefaßte Empfehlung von Verhaltensnormen für die an freiwilligen öffentlichen Übernahmeangeboten beteiligten Parteien dar. Er regelte insbesondere den Inhalt des Angebots, das Verhalten von Bieter- und Zielgesellschaft sowie die Einrichtung einer Übernahmekommission und bezweckte primär die Gleichbehandlung der Aktionäre sowie die Sicherstellung eines fairen Verfahrens.[166] Als Vorbild diente insbesondere der in Großbritannien geltende City Code on Takeovers and Mergers.[167]
Der Kodex war als flexibles Instrument konzipiert worden, das entsprechend den Anforderungen der Praxis angepaßt werden sollte, um ein marktnahes Agieren zu sichern. Während der Gesetzgeber durch das zweite und dritte Finanzmarktförderungsgesetz den Bereich des Insiderhandels und der Unternehmenstransparenz regelte, statuierte er für Unternehmensübernahmen aus diesem Grund keine verbindlichen Rechtsnormen. Durch die Änderungen des Übernahmekodex zum 1.1.1998 sollte eine derartige Anpassung an die Erfordernisse des Marktes und an internationale Standards erfolgen. Neben der expliziten Erstreckung des Kodex auf ausländische Bieterunternehmen erfolgte eine Verschärfung der Regeln über das Pflichtangebot. Die Preisregeln für das Pflichtangebot wurden verschärft, die Frist zur Unterbreitung des Angebots verkürzt und die Schwelle für ein Pflichtangebot wurde qualitativ durch das Erreichen der Kontrolle über die Zielgesellschaft definiert.[168]
Hatte sich der Vorsitzende der Übernahmekommission Helmut Loehr noch Anfang 1998 für die Beibehaltung der freiwilligen Selbstregulierung durch den Übernahmekodex ausgesprochen,[169] vollzog die Börsensachverständigenkommission im Februar 1999 eine Richtungsänderung. Um Transparenz und Gleichbehandlung von Unter-

[163] Vgl. bzgl. der damaligen Vorschläge der Literatur für eine Übernahmeregelung z. B. Baums, ZIP 1997, 1310, 1310 ff.; Benner-Heinacher, DB 1997, 2521, 2521 ff..

[164] Zur europäischen Diskussion über die Harmonisierung der Regelungen für Unternehmensübernahmen durch eine Takeover-Richtlinie: Baums, ZIP 1989, 1376, 1376 ff.; Habersack/Meyer, ZIP 1997, 2141, 2141 ff.; Hopt, Festschrift Rittner, 187, 193 ff.; ders., Festschrift Zöllner, 253, 255 ff.; Krause, AG 1996, 209, 209 ff.; Peltzer, AG 1997, 145, 145 ff.; Neye, DB 1996, 1121, 1121 ff.; Roos, WM 1996, 2177, 2177 ff.; Schuster, EuZW 1997, 237, 237 ff.; Weber, EuZW 1998, 464, 464 ff..

[165] Leitsätze für öffentliche Kauf- und Umtauschangebote bzw. Aufforderungen zur Abgabe derartiger Angebote in amtlich notierten oder im geregelten Freiverkehr gehandelter Aktien bzw. Erwerbsrechten von Januar 1979, abgedruckt in: Baumbach/Duden/Hopt, HGB, 27. Aufl., S. 1343 ff..

[166] Art. 1-6 des Kodex enthielten allgemeine Verfahrensgrundsätze (Gleichbehandlungsgebot, Informationspflichten, Verbot der Marktbeeinflussung); Art. 7 führte katalogartig den Mindestinhalt eines öffentlichen Angebots auf, wobei die Art. 9-11 zusätzliche Hinweise für einige Angaben beinhalteten. Insbesondere wird die Angebotsfrist auf 28-60 Tage festgesetzt. Art. 12 ff. legten die wesentlichen Pflichten des Bieters fest (Angebotsnachbesserung, Pflichtangebot). Die Art. 18 und 19 sahen für die Zielgesellschaft die Pflicht zur Veröffentlichung einer begründeten Stellungnahme sowie die Neutralitätspflicht vor. Die Art. 20 ff. enthielten Regelungen, die die Organisation der Übernahmekommission betrafen.

[167] Vgl. zur neuesten Fassung Zinser, RIW 2001, 481 ff..

[168] Vgl. Kirchner/Ehricke, AG 1998, 105, 105 ff.; Wirth/Weiler, DB 1998, 117, 117 ff.

[169] Wirtschaftswoche, 6.05.1999, S. 157.

nehmen und Anlegern herzustellen, empfahl die BSK der Bundesregierung, Unternehmensübernahmen künftig gesetzlich zu regeln.[170]
Der Grund für diese Empfehlung der BSK lag in der mangelnden Akzeptanz des Übernahmekodex. Von den im November 1998 notierten 754 börsennotierten inländischen Gesellschaften hatten weniger als die Hälfte (344) den Kodex anerkannt. Bei den DAX-100-Gesellschaften waren es nur knapp zwei Drittel der Unternehmen (68). Von den 30 größten Börsengesellschaften im DAX hatten vier Unternehmen (BMW, Volkswagen, Hoechst und Viag) die Anerkennungsklärung der BSK nicht unterschrieben. In ihrer Bilanz stellte die BSK fest, daß die Übernahmekommission von 1995 bis Ende 1998 57 Verfahren bearbeitet hatte, bei denen vier Angebote wegen der Nichteinhaltung des Kodex kritisiert worden waren.[171] Jedoch verstießen gleichzeitig 25 Transaktionen von Unternehmen, die den Kodex nicht anerkannt hatten, gegen die dort festgelegten Übernahmeregeln.[172]
Aufgrund dieser Lücken in der Akzeptanz des Übernahmekodex waren die BSK und die Übernahmekommission zu dem Ergebnis gelangt, daß eine gesetzliche Regelung für Übernahmeangebote sinnvoll sei, um ein „level playing field" zu schaffen. Zur Vorbereitung eines Gesetzentwurfs wurde im Frühjahr 2000 eine Expertenkommission eingesetzt, die Eckpunkte für ein Übernahmegesetz ausarbeitete, die in den Diskussionsentwurf eines „Gesetzes zur Regelung von Übernahmen" eingearbeitet wurden.[173]

Nach dem Scheitern der geplanten europäischen Übernahmerichtlinie im Juli 2001[174] trat nunmehr zum 01.01.2001 das zuvor ausgearbeitete[175] „Gesetz zur Regelung von öffentlichen Angeboten zum Erwerb von Wertpapieren und von Unternehmensübernahmen" in Kraft, dessen Artikel 1 das Wertpapiererwerbs- und Übernahmegesetz (WpÜG) enthält.[176]

Im Folgenden wird zur Untersuchung des Falles Krupp/Thyssen auf den für die Beteiligten damals maßgeblichen Übernahmekodex abgestellt, jedoch wird auf die neuen Regelungen des WpÜG an den maßgeblichen Stellen Bezug genommen.

---

170 Standpunkte der BSK zur künftigen Regelung von Übernahmen, S. 9; Handelsblatt, 3.02.1999, S. 1.
171 Standpunkte der BSK zur künftigen Regelung von Unternehmensübernahmen, S. 8.
172 Als besonders schwerwiegende Fälle gelten der Kontrollerwerb der Viag AG bei Goldschmidt; der Einstieg der Bibag Bauindustrie Beteiligungs AG, Wien bei Strabag sowie der Erwerb von Wayss & Freytag durch die Hollandsche Beton Groep, vgl. Börsen-Zeitung, 3.02.1999, S. 1; FAZ, 3.02.1999, S. 25.
173 Zum Diskussionsentwurf vgl. Pötzsch/Möller, WM 2000, Beil. 2, 3, 3 ff.; Land/Hasselbach, DB 2000, 1747, 1747 ff.; Riehmer/Schröder, NZG 2000, 820, 820 ff..
174 Die bereits seit etwa 30 Jahren zur Harmonisierung des Rechts der Unternehmensübernahmen diskutierte europäische Übernahmerichtlinie in der letzten Fassung vom 6.6.2001, abgedruckt in: ZIP 2001, 1123 ff., scheiterte trotz des Konzepts einer Rahmenrichtlinie mit Mindestharmonisierung am 4.7.2001 mangels Erreichen der nach Art. 251 V EGV erforderlichen absoluten Mehrheit der abgegebenen Stimmen, vgl. dazu Pluskat, WM 2001, 1937 ff. m. w. N..
175 Zum Referentenentwurf eines Wertpapiererwerbs- und Übernahmegesetzes vgl. Liebscher, ZIP 2001, 853, 853 ff.; Thaeter/Barth, NZG 2001, 545, 545 ff.; Zinser, NZG 2001, 391, 391 ff..
176 BGBl. I Nr. 72 vom 22.12.2001.

3. Motive des feindlichen Übernahmeversuchs

Gemeinsamer Zweck eines jeden Übernahmeangebots ist es, mittels der an die Aktionäre der Zielgesellschaft gerichteten Offerte einen Beteiligungsbesitz in einer Höhe zu erwerben, die es dem Bieter erlaubt, die Gesellschafts- und Unternehmenspolitik zu bestimmen.[177] Die vom Bieter neben der Kontrollerlangung über das Zielunternehmen verfolgten weitergehenden Ziele können erheblich divergieren.

Die Erzielung von Synergieeffekten kann ebenso ein mögliches Übernahmeziel darstellen, wie die Zerschlagung des Zielunternehmens (sog. Asset stripping) zur Realisierung hoher Gewinnchancen oder der Aufbau einer Beteiligung, die den Abschluß eines Unternehmensvertrages oder eine Fusion ermöglichen soll. Daneben spielen insbesondere die Erzielung steuerlicher Vorteile, die Steigerung der Marktmacht auf einzelnen Märkten, die angestrebte Diversifizierung und das Wachstumssstreben des Managements (sog. Empire building) eine Rolle.[178]

Hintergrund für die Übernahmepläne der Krupp-Hoesch-AG waren in erster Linie die erwarteten Synergiepotentiale, die durch eine Verschmelzung mit der Thyssen AG realisiert werden sollten. Die Kontrollerlangung mittels eines Übernahmeangebots hatte daher vor allem zum Ziel, eine Fusion beider Unternehmen zu ermöglichen.[179] Durch die Fusion der Krupp-Hoesch AG und der Thyssen AG wurde ein Synergiepotential von 450 Mio. DM erwartet.[180] Um durch einen gemeinsamen Marktauftritt die jeweilige Unternehmensposition zu verbessern, waren bereits vor dem feindlichen Übernahmeversuch Gespräche zwischen den Vorständen der beiden Unternehmen über eine Verschmelzung der Flachstahl produzierenden Unternehmen geführt worden, die aber ergebnislos geblieben waren.

Gem. § 20 I Nr. 1 UmwG geht bei der Verschmelzung das Vermögen der übertragenden Rechtsträger im Wege der Gesamtrechtsnachfolge auf den übernehmenden Rechtsträger über. Dadurch können Ressourcen gebündelt, die betriebliche Organisation und die vorhandenen Vertriebsnetze besser ausgenutzt werden.[181] Als Wachstumsinstrument bildet die mit der Verschmelzung verbundene Einheit von unternehmerischer Leitungsmacht und haftender Vermögensmasse eine erwünschte Konsequenz.

Zur konkreten Begründung des beabsichtigten öffentlichen Kaufangebotes an die Aktionäre der Thyssen AG führte die Verwaltung der Krupp-Hoesch AG Motive an, die sich primär auf die Anpassung des Unternehmens an die internationale Wettbewerbsentwicklung bezogen.[182]

---

[177] Bozenhardt, Freiwillige Übernahmeangebote, S. 14; Daum, Unkoordinierte Übernahme einer AG, S. 17 f..

[178] Vgl. zu den Motiven und Ursachen von Übernahmen Bästlein, Feindlichkeit öffentlicher Übernahmeangebote, 241 ff.; Bozenhardt, Freiwillige Übernahmeangebote, S. 52 f.; Easterbrook/Fishel, 94 Harv. L. Rev. (1981), 1161, 1165 ff.; Krause, Das obligatorische Übernahmeangebot, 94 ff.; Peltzer, ZIP 1989, 69, 71; Prantl, Konzernbildung, Konzernrecht und Minderheitenschutz, S. 38 ff.; Röhrich, Feindliche Übernahmeangebote, S. 55 ff.; Wagner, Standstill agreements, S. 7 ff.; Weisser, Feindliche Übernahmeangebote und Verhaltenspflichten, S. 40 ff..

[179] Zu den ökonomischen Hintergründen einer Fusion, insb. den Synergieerwartungen bei Unternehmenszusammenschlüssen Bühner/Spindler, DB 1986, 601, 601 ff., Heckschen, Verschmelzung von Kapitalgesellschaften, S. 8 f.; Ossadnik/Maus, DB 1995, 195, 105 ff.; Prantl, Konzernbildung, Konzernrecht und Minderheitenschutz, S. 38 ff..

[180] Der Spiegel, Nr. 17/1998, 110, 111.

[181] Lutter in: Lutter, UmwG, § 2 Rdnr. 11 ff.; Heckschen, Verschmelzung von Kapitalgesellschaften, S. 8.

[182] Vgl. Presseerklärung der Krupp AG, 18.03.1997, S. 2 f..

Zur Erläuterung hieß es, sowohl die Krupp-Hoesch AG, als auch die Thyssen AG müßten registrieren, daß jeder für sich im internationalen Wettbewerb nur bei wenigen Produkten eine Markt- und Kostenführerschaft erreichen könne. Die zunehmende Globalisierung der Märkte bedeute völlige Transparenz über die Anbieter und Nachfrager sowie über deren Preise und Kosten. Der sich weiter verstärkende internationale Wettbewerb auf der Angebotsseite erfordere „optimale Stückzahlen für eine Kostendegression in Fertigung, Logistik, Vertrieb sowie Forschung und Entwicklung". Ohne die notwendige Größe und Stückzahl könne die Kostenführerschaft nicht übernommen werden, wurde seitens Krupp-Hoesch argumentiert.[183]
Die Erlangung der Marktführerschaft hätte dieser Auffassung zufolge den Zugang zu allen Kundeninformationen und den optimalen Einsatz von Forschungs- und Entwicklungsmitteln unentbehrlich gemacht, um durch Innovation Produkte mit hohem Kundennutzen herstellen zu können. Deshalb sei auch eine hinreichende Größe der Geschäftsfelder im Weltmaßstab unabdingbar. Nur unter diesen Voraussetzungen hätten deutsche Unternehmen nach damaliger Ansicht der Verwaltung von Krupp-Hoesch eine Chance, im internationalen Wettbewerb zu bestehen.[184]
Zur Begründung des – letztlich zurückgestellten – Übernahmeangebotes hätte des wieteren hervorgehoben werden sollen, daß allein das fusionierte Unternehmen Krupp und Thyssen den Anforderungen der zunehmenden Globalisierung in vielen Feldern gerecht werden könne. Als Argument hierfür machte sich die Krupp-Hoesch-Verwaltung die in dieser Arbeit bereits aufgezeigte vielfache Überschneidung der Geschäftsfelder zunutze. Beide Unternehmen seien in einer Vielzahl von verwandten Geschäftsbereichen tätig, insbesondere in der Stahlerzeugung, der Automobilzulieferindustrie, bei Investitionsgütern, in der Verarbeitung sowie im Handel. Der Schwerpunkt der deutschen Aktivitäten liege im Raum Nordrhein-Westfalen. Auch international böten sich sinnvolle Ergänzungen, insbesondere in den Wirtschaftsräumen Nord- und Südamerikas sowie im Pazifischen Becken. Forschungs- und Entwicklungsvorhaben seien zum Teil auf gleiche Verfahren und Kundengruppen gerichtet.[185]
Nach Auffassung der Verwaltung der potentiellen Bietergesellschaft hätte die große inhaltliche Ergänzung der Aktivitäten sowie die regionale Nähe gute Voraussetzungen für die schnelle Realisierung von Synergien geboten. Die Kernbereiche der Synergien wurden in der Konzentration auf die leistungsstärksten Aggregate und im Erreichen optimaler Losgrößen gesehen. Weitere erhebliche Potentiale ergäben sich dadurch, dass große Doppelinvestitionen vermieden und insbesondere in den Bereichen Einkauf und Datenverarbeitung eingespart werden könne. Darüber hinaus könne durch die verstärkte internationale Präsenz das Geschäftsvolumen gesteigert werden. Aufgrund dieser „einmaligen Ausgangslage" könne die Stärkung der Geschäftsfelder und die Realisierung der beschriebenen Synergien nur durch den Zusammenschluß von Krupp und Thyssen erreicht werden.[186] Dies sei weder im Alleingang noch in Kooperationen mit anderen Unternehmen in vergleichbarer Weise möglich.

---

[183] Börsen-Zeitung, 19.03.1997, S. 5.
[184] Vgl. Presseerklärung der Krupp AG, 18.03.1997, S. 2; Handelsblatt, 19.03.1997, S. 11.
[185] Börsen-Zeitung, 19.03.1997, S. 5.
[186] Börsen-Zeitung, 19.03.1997, S. 5; vgl. auch Scheule, Diplomarbeit, S. 4.

Mit dieser Argumentation versuchte die Verwaltung der Krupp-Hoesch AG bereits im Vorfeld der Abgabe des Übernahmeangebots nicht nur die Aktionäre der Thyssen AG von den Vorteilen eines Zusammenschlusses zu überzeugen, sondern auch Politiker, Gewerkschaften und Verbände. Um der geschürten Angst vor einem massiven Arbeitsplatzabbau zu begegnen, sollte verdeutlicht werden, daß Synergien nicht gleichbedeutend mit dem Abbau von Arbeitsplätzen seien. Beide Unternehmen hätten zwar Restrukturierungsmaßnahmen definiert, die durchgeführt werden müßten. Die Fusion mit Hoesch habe aber gezeigt, daß sich darüber hinaus synergiebedingte Arbeitsplatzverluste in Grenzen hielten.[187] Der Arbeitsplatzverlust in den letzten Monaten vor der versuchten feindlichen Übernahme wurde mit der Verschärfung des internationalen Wettbewerbs und einer negativen konjunkturellen Entwicklung begründet. Die Krupp-Hoesch AG zeigte sich davon überzeugt, daß durch die von ihrer Seite geplante Schaffung eines „international wettbewerbsfähigen Konzerns" langfristig Arbeitsplätze am Standort Deutschland und insbesondere im Ruhrgebiet gesichert werden könnten.[188] Bereits in der Vergangenheit wurde, wie bereits erörtert, eine Teil- oder Gesamtfusion von Krupp und Thyssen wiederholt angeregt und diskutiert. Die Erfahrungen aus den gescheiterten Fusionsüberlegungen nahm die Verwaltung der Krupp-Hoesch-AG zum Anlaß, um ihre Überzeugung zu begründen, daß der wirtschaftlich sinnvolle Zusammenschluß beider Unternehmen nur über den Erwerb einer Mehrheitsbeteiligung verwirklicht werden könne. Gerade aus diesem Grund wolle die Krupp-Hoesch AG mindestens 75 % der Thyssen-Aktien zwecks späterer Verschmelzung erwerben.[189]

4. Strategien zur Durchführung der Gesamttransaktion

Bei der Frage nach der Übernahmetaktik war die Abschätzung der Risiken für die später geplante und notwendige Verschmelzung der Thyssen AG auf die Krupp-Hoesch AG von wesentlicher Bedeutung. Aus der ex ante-Sicht der Krupp-Hoesch AG hätte das Übernahmeangebot an die Thyssen AG im Hinblick auf die Angebotsabgabe und die Art der Gegenleistung verschiedenartig ausgestaltet werden können. Bei den jeweiligen Varianten zur Ausgestaltung des takeover bid und der anschließenden Verschmelzung hatte Krupp-Hoesch die einzelnen Vor- und Nachteile der Strategien abzuwägen, um keine unwägbaren finanziellen Risiken einzugehen.

a) Direkte Abgabe des Angebots mit anschließender Verschmelzung über eine Tochtergesellschaft

Die Krupp-Hoesch AG selbst oder eine Tochtergesellschaft in der Rechtsform einer AG hätte den Thyssen-Aktionären zunächst ein Bar- oder Tauschangebot für sämtliche Aktien unterbreiten können. Für die Frage, ob die Mutter- oder die Tochtergesellschaft das Übernahmeangebot abgibt, war nicht entscheidend, ob der Krupp-Hoesch Vor-

[187] Handelsblatt. 18.03.1997. S. 1; FAZ. 19.03.1997. S. 15.
[188] Presseerklärung der Krupp AG. 18.03.1997. S. 3.
[189] Presseerklärung der Krupp AG. 18.03.1997. S. 3; Handelsblatt. 19.03.1997. S. 11.

stand über die notwendige Satzungsermächtigung verfügte oder ob für dieses Vorhaben die Grundsätze der Holzmüller-Entscheidung des BGH galten.[190]
Entscheidend für die Wahl der Bietergesellschaft mußte vielmehr die Akzeptanz des Angebots bei den Thyssen-Aktionären sein. Es war davon auszugehen, daß eine höhere Anzahl von Thyssen-Aktionären das Angebot angenommen hätte, wenn die finanzstarke Muttergesellschaft selbst als Bieterin fungierte. Der Erfolg des Übernahmeangebots bei Abgabe durch eine Tochtergesellschaft hingegen wäre aufgrund der mangelnden Glaubwürdigkeit und der fehlenden Einsicht in die verfolgte Übernahmestrategie zweifelhaft gewesen. Daher mußte - unabhängig von der Einschaltung einer Tochtergesellschaft bei der anschließenden Verschmelzung - das Übernahmeangebot durch die Krupp-Hoesch AG selbst abgegeben werden. Im Hinblick auf die Art der anzubietenden Gegenleistung konnten unter Einhaltung des Übernahmekodex zwei Möglichkeiten erwogen werden.
Zunächst hätte für Krupp-Hoesch eine Cash Tender Offer (Barangebot) auf mindestens 75 % der Thyssen Aktien in Betracht kommen können. Krupp-Hoesch hätte das Angebot auf Erwerb der Aktien an Thyssen gegen Zahlung eines Barbetrages unter der Bedingung eines mindestens 75 % igen Erwerbs abgeben können, so daß das finanzielle Risiko dieser Option sich in Grenzen gehalten hätte. Eine derartige Bedingung hätte auch im Einklang mit Art. 9 des Übernahmekodex gestanden, der lediglich solche Bedingungen verbot, deren Eintritt der Bieter selbst herbeiführen konnte. Nach dem 75 % igen Aktienerwerb[191] hätte die Hauptversammlung der Thyssen AG die Verschmelzung auf Krupp-Hoesch beschließen können.
Im Gegensatz zu einem cash tender offer erfolgt bei einer paper tender offer oder exchange tender offer (Tauschangebot) die Gegenleistung der Aktionäre nicht in einer Barzahlung, sondern mittels eigener Aktien oder anderer Wertpapiere der übernehmenden Gesellschaft.
Die weitere Übernahmeoption der Krupp-Hoesch AG hätte in einer Kombination beider Arten, also einer Cash + Paper Tender Offer bestehen können. Dabei hätte das Angebot auch in diesem Fall durch das Erreichen von 75 % der Thyssen-Aktien bedingt werden können, um das finanzielle Risiko zu beschränken.
Die mit der Schaffung junger Papiere und ihrer Finanzierung verbundenen Probleme sowie die für die Krupp-Hoesch AG abzuwägenden Vor- und Nachteile einer Cash Offer bzw. Cash + Paper Tender Offer werden in einem gesonderten Abschnitt behandelt;[192] an dieser Stelle soll eine Darstellung der sich der Krupp-Hoesch AG bietenden Alternativen erfolgen.

aa) Folgen einer direkten Verschmelzung der Thyssen AG auf die Krupp-Hoesch AG

Bei der direkten Verschmelzung der Thyssen AG auf Krupp-Hoesch hätte hinsichtlich des gem. §§ 13 I, 65 UmwG notwendigen Verschmelzungsbeschlusses den Krupp-

[190] Dazu S. 83 ff..
[191] Bei einer niedrigeren Hauptversammlungspräsenz wäre allerdings auch mit einem unter 75 % liegenden Erwerbs des Aktienkapitals der Thyssen-AG eine Verschmelzung durchzusetzen gewesen.
[192] Dazu S. 118 ff..

Hoesch-Aktionären nicht nur gem. § 243 AktG wegen formaler Mängel oder Informationsdefiziten ein Anfechtungsrecht zugestanden, sondern insbesondere auch wegen der Höhe des Umtauschverhältnisses und des damit verbundenen Verwässerungseffektes gem. §§ 243 I, 255 II AktG.

Anders als bei der übertragenden Gesellschaft, bei der die Aktionäre gem. § 15 UmwG i. V. m. § 305 UmwG auf das Spruchverfahren verwiesen werden, steht dieses Verfahren für die übernehmende Gesellschaft nicht zur Verfügung.[193] Eine Anfechtung des Verschmelzungsbeschlusses hätte vielmehr gem. § 16 II S. 2 UmwG eine Registersperre zur Folge gehabt, so daß die Verschmelzung durch Aufnahme der Thyssen AG nicht in das Handelsregister hätte eingetragen werden können.

Zwar besteht gem. § 16 III UmwG die Möglichkeit, die Registersperre zu beseitigen. Krupp-Hoesch hätte demzufolge die Möglichkeit gehabt, nach Erhebung einer Klage gegen die Wirksamkeit des Verschmelzungsbeschlusses bei dem für die Klage zuständigen Prozeßgericht einen Antrag auf Durchführung des Unbedenklichkeitsverfahrens zu stellen.

Gem. § 16 III UmwG kann die durch die erhobene Anfechtungsklage eingetretene Registersperre auf Antrag des Rechtsträges durch Beschluß des zuständigen Prozeßgerichtes aufgehoben werden und die Verschmelzung damit zur Eintragung und zur Wirksamkeit gelangen. Der Beschluß hat zum Inhalt, daß die erhobene Anfechtungsklage der Eintragung der Verschmelzung nicht entgegensteht.[194] Er kann ergehen, wenn die erhobene Anfechtungsklage aufgrund formeller Mängel unzulässig oder die erhobene Anfechtungsklage offensichtlich unbegründet ist. Letzteres ist der Fall, wenn der Vortrag des Anfechtungsklägers „auf den ersten Blick" erkennbar mißbräuchlich ist,[195] ein Anfechtungs- oder Nichtigkeitsgrund offenbar nicht vorliegt oder bereits geheilt ist[196] und die Monatsfrist des § 14 I UmwG nicht gewahrt wurde. Der Beschluß kann zudem auch dann ergehen, wenn das alsbaldige Wirksamwerden der Verschmelzung gegenüber dem vom Kläger verfolgten rechtlichen Interesse vorrangig ist.

Zum Zeitpunkt der Planung des feindlichen Übernahmeangebotes durch Krupp-Hoesch hatten seit Inkrafttreten der genannten Bestimmungen am 01.01.1995 bei Verschmelzungen übernehmende Gesellschaften zwar bereits von diesem Recht Gebrauch gemacht. Die Fälle, die Gegenstand des Unbedenklichkeitsverfahrens gewesen waren, betrafen jedoch Form- und Informationsmängel und nicht das Umtauschverhältnis.[197] Wegen der strengen Anforderungen an die offensichtliche Begründetheit[198] konnte aus der Sicht der Krupp-Hoesch AG die dritte Alternative zur Aufhebung der Registersperre - der Nachweis einer Vorrangigkeit der Eintragung der Verschmelzung vor dem Interesse des anfechtenden Aktionärs - als wichtigster Anwendungsfall des § 16 III UmwG angesehen werden. Bei der Abwägung zwischen dem Interesse des antragstellenden Rechtsträgers, der übrigen Rechtsträger und deren Anteilsinhabern am Wirk-

---

[193] Heckschen in: Widmann/Mayer, Umwandlungsrecht, Bd. 2, § 14 Rdnr. 49; zur generellen Kritik der unterschiedlichen Behandlung der beteiligten Aktionärsgruppen Hoffmann-Becking, ZGR 1990, S. 482, 484 ff.

[194] Bork in: Lutter, UmwG, § 16 Rdnr. 30 ff.; Riegger/Schockenhoff, ZIP 1997, 2105, 2107.

[195] OLG Frankfurt a. M., EWiR 1996, 187, 187 f.; Bokelmann, DB 1994, 1341,1348.

[196] Schwarz in: Widmann/Mayer, Umwandlungsrecht, Bd. 2, § 16 Rdnr. 23; Riegger/Schockenhoff, ZIP 1997, 2105, 2107 ff..

[197] LG Hanau, ZIP 1995,1820, 1820 ff. „Schwab Versand AG/Otto Versand GmbH & Co."; OLG Frankfurt a. M., EWiR 1996, 187, 187 f.; OLG Stuttgart, ZIP 1997, 75 . 75 „Kolbenschmidt".

[198] Vgl. BGHZ 112, 9, 23 f.; LG Hanau, ZIP 1995, 1820, 1821; OLG Stuttgart, ZIP 1997, 75, 76.

samwerden der Verschmelzung und dem Interesse des anfechtenden Anteilsinhabers, den Vollzug der seiner Ansicht nach unwirksamen Verschmelzung zu verhindern, hat das Gericht einen Beurteilungsspielraum.
Im Rahmen der Interessenabwägung ist zu prüfen, ob der vom Kläger behauptete Beschlußmangel, wenn er tatsächlich bestünde, so schwer wiegt, daß die Vollzugsinteressen der anderen an der Verschmelzung beteiligten Rechtsträger dahinter zurückzutreten haben (sog. Erheblichkeit).
Bei der zu würdigenden Schwere des Aufschubinteresses des Anfechtungsklägers kommt es auf das Gewicht der zu unterstellenden Rechtsverletzung, deren Auswirkung auf sein Mitgliedschaftsrecht und auf die Behebbarkeit an.[199] Vermögensinteressen des Klägers außerhalb der behaupteten Beschlußmängel haben bei der Abwägung außer Betracht zu bleiben.
Unerheblich kann im Einzelfall der behauptete Mangel sein, das Umtauschverhältnis sei nicht hinreichend begründet und erläutert worden.[200] Das ist grundsätzlich der Fall, wenn - bei objektiver Betrachtung - der Anteilsinhaber trotz des Mangels nicht daran gehindert war, eine eigenverantwortliche und unbeeinflußte Entscheidung über die Verschmelzung zu treffen. Ob der behauptete Mangel für die Beschlußfassung kausal war, ist irrelevant. Wird aber ein erheblicher Beschlußmangel festgestellt, kann die Registersperre lediglich dann noch abgewendet werden, wenn die den anderen Verschmelzungsbeteiligten drohenden Nachteile noch höher zu gewichten sind.
Zugunsten der Interessen der beteiligten Rechtsträger und ihrer Anteilsinhaber sind die Vermögensnachteile, die ihnen durch die Verzögerung des Verschmelzungsvollzugs entstehen, ins Feld zu führen. An diese drohenden wesentlichen Nachteile und an ihre substantiierte Darlegung im Unbedenklichkeitsverfahren nach § 16 III UmwG sind erhebliche Anforderungen zu stellen. Ausreichend ist es nicht, mit der Verzögerung der Eintragung verbundene Kosten oder einen höheren Arbeitsaufwand geltend zu machen. Hierin wird keine *besondere*, eine Entscheidung nach § 16 III UmwG rechtfertigende Benachteiligung des beklagten Rechtsträgers gesehen.[201] Vorzunehmen ist vielmehr ein Vermögensvergleich der beteiligten Rechtsträger bei sofortigem und bei späterem Vollzug der Verschmelzung. Ein wesentlicher Nachteil kann nur angenommen werden, wenn der Vermögensvergleich eine Schlechterstellung von mindestens 10 % - 20 % bei später vollzogener Verschmelzung ergibt.[202] Insbesondere der zeitweilige oder endgültige Verlust der mit der Verschmelzung angestrebten Synergieeffekte kann zu einer solchen Schlechterstellung des antragstellenden Rechtsträgers und der Anteilseigner führen.[203]
Angesichts der mit der Verschmelzung angestrebten Synergien wäre eine derartige Schlechterstellung zugunsten der Krupp-Hoesch AG zwar darstellbar gewesen. Die im Unbedenklichkeitsverfahren letztlich fallende Entscheidung wäre für Krupp-Hoesch als übernehmende Gesellschaft jedoch während der Planung der Gesamttransaktion - Übernahme von Thyssen und anschließende Verschmelzung von Thyssen auf Krupp-

[199] Bermel in: Goutier/Knopf/Tulloch, UmwG, § 16 Rdnr. 48; OLG Stuttgart, ZIP 1997, 75, 77.
[200] Amtliche Begründung zum UmwG, BR-Drucks. 75/94, S. 89.
[201] LG Hanau, ZIP 1995, 1820, 1821; Schwarz: Widmann/Mayer, Umwandlungsrecht, Bd. 2, § 16 Rdnr. 26.1.
[202] Schwarz in: Widmann/Mayer, Umwandlungsrecht, Bd. 2, § 16 Rdnr. 26.3 ff..
[203] Bork in: Lutter, UmwG, § 16 Rdnr. 21.

Hoesch - aufgrund des mit der Abwägung verbundenen Beurteilungsspielraums des Gerichts unkalkulierbar geblieben.

Der Krupp-Hoesch AG konnte es daher im Ergebnis nicht gesichert erscheinen, daß im Fall einer Anfechtung des Verschmelzungsbeschlusses dennoch eine Eintragung auf dem Weg des § 16 III UmwG hätte erreicht werden können. Um das Konfliktpotential zu reduzieren, stellte die Krupp-Hoesch AG Überlegungen an, die Thyssen AG bei der Gesamttransaktion nicht direkt auf die Krupp-Hoesch AG zu verschmelzen.

bb) Nutzung einer Tochtergesellschaft bei der Gesamttransaktion

Für die Einschaltung einer Tochtergesellschaft in den mehrphasigen Prozeß der Konzernverschmelzung können unterschiedliche organisatorische und ökonomische Gründe sprechen. So etwa die Überlegung, die potentielle Erwerbergesellschaft zu dezentralisieren oder Änderungen der Beteiligungs- und Herrschaftsverhältnisse in der am Erwerb interessierten Gesellschaft zu vermeiden.[204] Im vorliegenden Fall sollte in erster Linie das anfallende Konfliktpotential weitestgehend reduziert werden, indem zunächst eine Verschmelzung der Thyssen AG auf eine Tochtergesellschaft erwogen wurde. Hierdurch hätte die bei der Verschmelzung auf die Muttergesellschaft - der Krupp-Hoesch AG - gem. § 243 AktG vorhandene Anfechtungsmöglichkeit der Aktionäre ausgeschaltet werden können.

Die auf das Umtauschverhältnis bezogene Möglichkeit der Anfechtung des Verschmelzungsbeschlusses der Krupp-Hoesch-Aktionäre hätte prima facie nicht bestanden, wenn für die Gesamttransaktion eine Tochtergesellschaft als Erwerbsinstrument genutzt worden wäre. Um eine Verschmelzungsblockade zu unterbinden hätte daher eine Tochtergesellschaft in die Transaktion eingeschaltet werden können.

Bei der Einschaltung einer Tochtergesellschaft in einen Verschmelzungsprozeß kommen verschiedene Möglichkeiten in Betracht. Ziel der Verwaltung der Krupp-Hoesch AG war jedoch letztlich immer die unmittelbare Beteiligung an der Thyssen AG.

(1) Zwischenerwerb durch Tochtergesellschaft von Krupp-Hoesch

Um eine unmittelbare Beteiligung an der Thyssen AG zu gewährleisten, hätte mittels einer Tochtergesellschaft von Krupp-Hoesch lediglich ein Zwischenerwerb erfolgen können.

Eine Tochtergesellschaft kann zu diesem Zweck, entweder von der Erwerbergesellschaft oder einem Dritten, neu gegründet werden oder eine bereits bestehende kann für einen solchen Zweck genutzt werden. Dabei kann auch eine GmbH-Tochter bei vorheriger Umwandlung in eine AG gem. §§ 226, 238 ff. UmwG in Betracht gezogen werden. In einem nächsten Schritt werden die Anteile an der Zielgesellschaft in diese Zwi-

---

[204] Vgl. bzgl. der Gründe für eine Verschmelzung unter Einbindung einer Tochtergesellschaft: Baums, Festschrift Zöllner, S. 65, 65 ff..

schengesellschaft eingebracht und diese dann mit der Erwerbergesellschaft verschmolzen. Die Erwerbergesellschaft ist dann unmittelbar an der Zielgesellschaft beteiligt, wobei dieses Ergebnis aber nicht durch Verschmelzung von Tochter und Zielgesellschaft, sondern durch Verschmelzung von Tochter und Erwerbergesellschaft bewirkt worden ist.[205]
In die neu gegründete oder bereits bestehende 100 % Tochtergesellschaft der Krupp-Hoesch AG oder einer ihrer Großaktionäre hätten somit mittels eines Kauf –oder Tauschangebots erworbene Anteile an der Thyssen AG eingebracht werden können. Anschließend wäre die Thyssen AG auf die Tochtergesellschaft der Krupp-Hoesch AG und dann die Tochtergesellschaft auf Krupp-Hoesch verschmolzen worden.

(2) Kombination von Upstream- und Downstream Merger

Alternativ zu der soeben erörterten Gestaltung hätten mit dem Ziel einer unmittelbaren Beteiligung auch beide Unternehmen auf eine Tochtergesellschaft von Krupp-Hoesch verschmolzen werden können. § 2 UmwG sieht die gemeinsame Verschmelzung mehrerer übertragender Gesellschaften auf eine bereits bestehende oder mit der Verschmelzung neu gegründete Gesellschaft vor, so daß eine derartige Mehrfachverschmelzung nach dem UmwG möglich gewesen wäre.[206]
Auf die Tochtergesellschaft von Krupp-Hoesch hätte bei einer derartigen Mehrfachverschmelzung die eigene Muttergesellschaft im Wege eines sog. Downstream Merger sowie die Thyssen AG als Tochtergesellschaft der Tochtergesellschaft von Krupp-Hoesch im Wege eines sog. Upstream Merger verschmolzen werden können.
Ausdrücklich sieht das Umwandlungsrecht Erleichterungen bei Verschmelzungsvorgängen innerhalb eines Konzernverbundes nur für die praktisch sehr viel häufigere Verschmelzung der Tochter auf die Mutter – sog. Upstream Merger – vor, d. h. im vorliegenden Fall von der Thyssen AG auf die Tochtergesellschaft von Krupp-Hoesch. Zu verweisen ist hier insbesondere auf die §§ 62, 5 II UmwG, die sich lediglich auf den Vorgang des Upstream Merger beziehen.
Obwohl ausdrückliche gesetzliche Bestimmungen fehlen, können keine Zweifel an der gesellschaftsrechtlichen Zulässigkeit auch des Downstream Merger bestehen.[207] Die Verschmelzung der Mutter- auf die Tochtergesellschaft war bereits vor Erlaß des AktG 1937 anerkannt und durch das Umwandlungsrecht von 1995 erfolgte diesbezüglich keine Änderung.[208] Vielmehr gehen die Bestimmungen des § 54 I S. 2 Nr. 2 UmwG für die GmbH und der §§ 2 Nr. 2 , 68 I S. 2 Nr.2 UmwG für die AG von der Zulässigkeit des Downstream Mergers aus. Die Verschmelzung durch Neugründung gem. § 2 Nr. 2 UmwG betrifft gerade den Fall einer Verschmelzung zweier oder mehrerer Gesellschaften auf eine von ihnen gegründete Tochter. Gem. § 68 UmwG braucht

---

[205] Baums, Festschrift Zöllner, S. 65, 68 f..

[206] Dabei wäre es für die Krupp-Hoesch AG nicht von Vorteil gewesen, wenn die Mehrfachverschmelzung nicht im Wege der Gesamtverschmelzung, sondern als getrennte aufeinanderfolgende Einzelverschmelzungen erfolgt wären, da die Gesamttransaktion die Eintragung aller Verschmelzungsvorgänge erforderlich machte. Der bei getrennten Einzelverschmelzungen bestehende Vorteil, daß sich Eintragungshindernisse, z. B. eine Anfechtungsklage, nur bei der betroffenen Einzelverschmelzung auswirken, wäre daher hier nicht zum Tragen gekommen, vgl. Marsch-Barner in: Kallmeyer, UmwG, § 2 Rdnr. 4.

[207] So auch Baums, Festschrift Zöllner, S. 65, 82; Willemsen in: Kallmeyer, UmwG, § 5 Rdnr. 71.

[208] Hannapel in: Goutier/Knopff/Tulloch, Umwandlungsrecht, § 12 Rdnr. 7.

zudem jeweils die übernehmende Gesellschaft keine Kapitalerhöhung vorzunehmen, soweit ein übertragender Rechtsträger Anteile an dieser Gesellschaft hält, auf welche die Einlagen bereits in voller Höhe bewirkt sind, so daß damit gesetzlich bereits ausdrücklich vorgesehen wurde, daß eine übertragende Gesellschaft Aktien an der aufnehmenden Gesellschaft besitzen kann.[209]
Die Mehrfachverschmelzung in Form der Kombination von Upstream –und Downstream Merger hätte daher für Krupp-Hoesch als Gestaltungsform ebenfalls in Frage kommen können.

(3) Frage des Gestaltungsmißbrauchs

Es mußte sich für Krupp-Hoesch bei der Überlegung, eine Tochtergesellschaft als Erwerbsinstrument zu verwenden, die Frage stellen, ob dieser Weg, der primär darauf abzielte, den Aktionären den denkbaren Anfechtungsgrund „Umtauschverhältnis" zu nehmen (§ 14 II UmwG) und sie dadurch bei zu niedrig bemessenem Umtauschverhältnis auf die bare Zuzahlung gem. § 15 UmwG zu verweisen, einen Gestaltungsmißbrauch darstellt. Folge einer Gesetzesverletzung wäre gewesen, daß die Aktionäre den Verschmelzungsbeschluß trotz des Klageausschlusses gem. § 14 II UmwG mit dem Anfechtungsgrund „zu niedrig bemessenes Umtauschverhältnis" hätten anfechten können.
Grundsätzlich ist davon auszugehen, daß alle Parteien eines Rechtsgeschäfts alle Rechtsnormen zu allen mit ihnen erreichbaren wirtschaftlichen Zwecken verwenden können.[210]
Lassen sich die von Ihnen verfolgten Ziele auf unterschiedlichen Wegen erreichen, steht es ihnen frei, anstatt einer für sie ungünstigen Rechtsnorm eine günstigere Rechtsform zu wählen.[211] Soweit diese Gestaltungsmöglichkeit eingeschränkt werden soll, ist dies durch spezielle Vorschriften geregelt.[212]
Bei der Verschmelzung hat das Umwandlungsgesetz nur dem Gesellschafter der übernehmenden Gesellschaft die Möglichkeit gelassen, gegen ein zu hohes Umtauschverhältnis zu klagen,[213] während den Gesellschaftern der übertragenden Gesellschaft bei einem für sie zu niedrig bemessenden Umtauschverhältnis gem. § 14 II UmwG der Klageweg abgeschnitten wird und sie gem. § 15 I i. V. m. §§ 305 ff. AktG auf die im Spruchverfahren festzusetzende bare Zuzahlung verwiesen werden.[214] Allein die Aktionäre der übernehmenden Gesellschaft haben daher wegen der Unangemessenheit des Umtauschverhältnisses die Möglichkeit, im Wege der Anfechtungsklage gem. § 243 I AktG die Verschmelzung zu verhindern.
Der Gesetzgeber hatte in dieser Regelung keine Benachteiligung gesehen. In der Begründung zum Gesetzesentwurf kommt vielmehr die Ansicht zum Ausdruck, daß den Aktionären der übernehmenden Gesellschaft das Spruchverfahren nicht zugebilligt zu

[209] Vgl. Marsch-Barner in: Kallmeyer, UmwG, § 68 Rdnr. 13.
[210] RGZ 100, 210, 212.
[211] Flume, Rechtsgeschäft, S. 350 f., 408 f; Hefermehl in: Soergel, BGB, § 134 Rdnr. 37.
[212] Vgl. z. B. § 42 AO.
[213] Das Umwandlungsgesetz folgt damit der vormaligen Regelung im AktG und im KapErhG (§ 352 c I S. 1 AktG a. F und § 31 I S. 1 KapErhG).
[214] Vgl. BGHZ 112, 9, 19; a. A. Mertens, AG 1990, 20, 23 f..

werden brauche, weil sie keine Leistung erbrächten.[215] Den Aktionären der übernehmenden Gesellschaft sollte daher mit der Möglichkeit der Anfechtungsklage aus dem Umtauschverhältnis nicht ein Mehr gegeben werden.
Grund für diesen vom Gesetzgeber eingeschlagenen Weg waren insbesondere rechtsdogmatische Erwägungen - wie der Gesichtspunkt des Verbots der Einlagenrückgewähr gem. § 57 AktG bei einem Barausgleich - die nicht auf eine unterschiedliche Behandlung oder Qualität abzielten. Bei der Verankerung eines Spruchstellenverfahrens auch in der übernehmenden Gesellschaft besteht das Problem der Einlagenrückgewähr jedoch ohnehin insoweit nicht, als die betroffenen Gesellschaften den Barausgleich aller anspruchsberechtigter Gesellschafter aus den freien Rücklagen zu bedienen in der Lage sind.[216]
In der Literatur wird die Beschränkung des Klageausschlusses auf die Aktionäre der übertragenden Gesellschaft zurecht häufig als rechtspolitische Verfehlung kritisiert.[217] Als systematisch unstimmig ist insbesondere zu bemängeln, daß für die Überprüfung der Gegenleistung nur das Spruchverfahren, für die Überprüfung der auf die Gegenleistung bezogenen Informationen aber die Unwirksamkeitsklage zulässig ist.[218] Dementsprechend ist zu fordern, daß der Gesetzgeber auch den Anfechtungsklage erhebenden Aktionären der übernehmenden Gesellschaft die Rüge eines zu hoch bemessenen Umtauschverhältnisses abschneidet und ihnen statt dessen bei nachteiligen Vermögensfolgen den Zugang zum Spruchstellenverfahren ermöglichen sollte. Dieser Weg böte - trotz des bereits bestehenden Unbedenklichkeitsbeschlusses gem. § 16 III UmwG - den nicht zu unterschätzenden Vorteil, auf unseriöse Abkaufsverhandlungen angelegte Anfechtungsklagen gegen Verschmelzungsbeschlüsse im wesentlichen zu beseitigen.[219]
Für die Frage, welche Gesellschaft nach der bestehenden Gesetzeslage nun aufnehmende oder übertragende Gesellschaft sein soll, gibt das Gesetz keine Hinweise, so daß diese Frage der autonomem Entscheidung der Verschmelzungsparteien überlassen bleibt. Aufgrund der Gesetzessystematik stellt die Wahl, wer Übernehmerin oder Überträgerin ist, eine unternehmerische Entscheidung dar, die der Zustimmung der qualifizierten Mehrheit der jeweiligen Hauptversammlung bedarf.
Die unterschiedliche Behandlung der Aktionäre einer übertragenden und einer aufnehmenden Gesellschaft kann im Einzelfall auch den Ausschlag für die Wahl eines Upstream oder Downstream Merger geben, je nachdem ob sich in der Mutter oder in der Tochter außenstehende Aktionäre befinden, von denen Einwendungen gegen das Umtauschverhältnis zu befürchten sind.[220]
Ein Gestaltungsmißbrauch kann in dieser unternehmerischen Entscheidung nicht gesehen werden. Vielmehr stellt das Gesetz beide Wege zur Verfügung und hat auch bei

[215] BT-Drucks. 9/1065, S. 20.
[216] Hommelhoff, ZGR 1993, S. 452, 470.
[217] Bork, ZGR 1993, S. 343, 354; Boujong, Festschrift Kellermann, S. 1, 14; Heckschen, Verschmelzung von Kapitalgesellschaften, S. 45 f.; Hoffmann-Becking, ZGR 1990, S. 482, 485; Hommelhoff, ZGR 1993, 452, 470; Marsch-Barner in: Kallmeyer, UmwG, § 14 Rdnr. 16; Timm, JZ 1982, 403, 410 f.; Wiesen ZGR 1990, 503, 506 f.; dagegen: Grunewald in: Geßler/Hefermehl, AktG, § 352 c Rdnr. 8.
[218] Bork, ZGR 1993, 343, 354, Hommelhoff, ZGR 1993, 447, 474.
[219] Vgl. auch Süddeutsche Zeitung, 25.05.1999, S. 25 bzgl. der zurückgezogenen Anfechtungsklagen zur Verschmelzung der Thyssen Krupp AG, s. Anhang.
[220] Baums, Festschrift Zöllner, S. 65, 83.

beiden Gestaltungsformen den Schutz der Aktionäre vor einem unangemessenen Umtauschverhältnis gewährleistet. Auch eine Pflichtverletzung der Vorstände der beteiligten Gesellschaften ihren Aktionären gegenüber liegt nur dann vor, wenn der Vorstand nicht alles dafür getan hat, die Festsetzung eines unangemessenen Umtauschverhältnisses zum Nachteil der Aktionäre seiner Gesellschaft auszuschließen.[221]
Um der erörterten Problematik im Fall Krupp/Thyssen zu entgehen, hätte die Verschmelzung auf eine Tochter von Krupp-Hoesch vorgenommen werden können mit der Folge, daß beide Gesellschaften eine übertragende Funktion gehabt hätten. Die Aktionäre von Krupp-Hoesch und Thyssen wären bei dieser Gestaltung hinsichtlich eines unangemessenen Umtauschverhältnisses gem. §§ 14 II, 15 I, 305 ff. UmwG auf das Spruchverfahren beschränkt gewesen, da eine Anfechtungsklage insoweit nicht in Betracht gekommen wäre. Beide Aktionärsgruppen wären bei dieser Lösung gleichermaßen auf die bare Zuzahlung verwiesen und daher zugunsten der Vermeidung weiterer Konflikte gleich behandelt worden.

b) Mittelbare Abgabe des Übernahmeangebots durch Großaktionäre der Bietergesellschaft

Neben der Möglichkeit, nach der Abgabe des Übernahmeangebots durch die Krupp-Hoesch AG die Verschmelzung über eine Tochtergesellschaft vorzunehmen, konnte die Krupp-Hoesch AG im Hinblick auf ihre Unternehmensstruktur[222] auch eine mittelbare Abgabe des Übernahmeangebots durch die Großaktionäre als weitere Übernahmeoption in Betracht ziehen.

aa) Ablauf der Übernahmestrategie unter Einbeziehung der Großaktionäre

Die Krupp-Stiftung - mit 50, 47 % Großaktionär der Krupp-Hoesch AG - und ggf. weitere Stiftungsaktionäre hätten im Rahmen einer Pooling-Vereinbarung eine Tochtergesellschaft (NewCo) in der Rechtsform einer AG gründen oder von der Krupp-Hoesch AG übernehmen können. In diese wären auf dem Wege der Sachkapitalerhöhung gem. §§ 182 i. V. m. 33 ff. AktG ihre Aktien an der Krupp-Hoesch AG eingebracht worden. Der Vorstand der Tochtergesellschaft hätte dann mit Vorstandsmitgliedern der Muttergesellschaft besetzt werden können.
Die Tochtergesellschaft hätte im Wege der bereits erörterten Kombination von Bar- und Tauschangebot auf 75 % der Target-Aktien ein Tender Offer gegen Cash und Wandelschuldverschreibungen auf Aktien an der Zielgesellschaft abgeben können, wobei das Wandlungsrecht erst nach der Verschmelzung von Krupp-Hoesch und Thyssen auf die Tochtergesellschaft ausübbar hätte sein müssen. Das Verhältnis von Barzahlung und Wandelschuldverschreibung hätte davon abgehangen, in welcher Höhe bedingtes Kapital geschaffen hätte werden können. Anschließend wären sowohl Krupp-Hoesch als auch die Thyssen AG auf die Tochtergesellschaft verschmolzen worden. Alternativ hätte die Thyssen AG auch zunächst auf die Tochtergesellschaft und diese dann letztlich auf die Krupp-Hoesch AG verschmolzen werden können.

---

[221] Baums, Festschrift Zöllner, S. 65, 84 f..
[222] Siehe S. 6 ff.

Vorteilhaft an dieser Strategie wäre zunächst wegen des Ausschlusses der außenstehenden Krupp-Hoesch Aktionäre die Minimierung des Anfechtungsrisikos bei Kapitalmaßnahmen unter Ausschluß des Bezugsrechts gewesen. Eine Pooling-Vereinbarung hätte zudem Sicherheit im Hinblick auf die Verschmelzungsbeschlüsse gewährt, da sowohl in der Tochtergesellschaft, als auch in der Thyssen AG eine 75 %ige Mehrheit gewährleistet gewesen wäre. Hinzu wäre gekommen, daß sich der Verwässerungseffekt für die Krupp-Stiftung relativ gering gehalten hätte und die Verschmelzung von Krupp-Hoesch und Thyssen auf die Tochtergesellschaft uno actu möglich gewesen wäre.
Neben der bereits erörterten Frage nach der Akzeptanz des Übernahmeangebots bei Abgabe durch eine Tochtergesellschaft hätte aber das Bestehenbleiben von Krupp-Hoesch als Art „surviving entity" kritisch werden können. Die Bedienung der Wandelschuldverschreibungen hätte zudem wiederum eine bedingte Kapitalerhöhung erforderlich gemacht, die jedoch gem. § 192 III AktG die Hälfte des Grundkapitals nicht hätte überschreiten dürfen. Unter Umständen hätte somit nicht genügend Aktienkapital generiert werden können, um den Umtauschanteil des Tender Offer zu erfüllen. Eine Zusicherung des Bezugs junger Aktien wäre im Hinblick auf § 187 II AktG problematisch gewesen, da danach eine Zusicherung vor der Erhöhung des Grundkapitals der Gesellschaft gegenüber unwirksam ist.

bb) Zulässigkeit der unternehmerischen Betätigung der Krupp-Stiftung

Der dargestellte Ablauf der Übernahmestrategie hätte darüber hinaus vorausgesetzt, daß die Krupp-Stiftung als größter Aktionär der Krupp-Hoesch AG und als Stiftung bürgerlichen Rechts aufgrund ihres Stiftungszwecks befugt gewesen wäre, eine derartige Transaktion durchzuführen.
Ausgangspunkt ist hier die grundsätzliche Zulässigkeit der unternehmerischen Betätigung von Stiftungen bei entsprechender satzungsmäßiger Zweckbestimmung.[223] Wesentliche Grundlage des Stiftungsvermögens der Krupp-Stiftung war die Beteiligung an Krupp-Hoesch. Grundsätzlich zulässig war gem. § 4 II i. V. m. § 4 III der Stiftungssatzung auch die Beteiligung an anderen Unternehmen.[224] Danach kann die Stiftung weiteres Vermögen erwerben, insbesondere auch Anteile an einer Kapitalgesellschaft, die die Krupp-Hoesch AG fortführt, übernehmen, und sie ist darüber hinaus bei der Verwaltung ihres Vermögens und bei der Verfügung über einzelne Vermögenswerte im Rahmen von Satzung und Gesetz frei.

---

[223] Zur Zulässigkeit von Stiftungen mit unternehmerischer Betätigung: Ebersbach, Hdb. des Stiftungsrechts, S. 161 ff.; Pöllath in: Seifert/v. Campenhausen-Pöllath, Hdb. des Stiftungsrechts, § 13 Rdnr. 18.

[224] Satzung der Alfried Krupp von Bohlen und Halbach-Stiftung vom 24. November 1967; § 4 II der Stiftungssatzung lautet: „Die Stiftung kann weiteres Vermögen erwerben. Sie kann insbesondere Anteile an einer Kapitalgesellschaft, die das Unternehmen Fried. Krupp fortführt, übernehmen und im Zusammenhang hiermit das auf sie durch den Erbfall übergegangene Vermögen auf diese Kapitalgesellschaft ganz oder teilweise übertragen."
§ 4 III lautet: „Bei der Verwaltung ihres Vermögens und bei der Verfügung über einzelne Vermögenswerte ist die Stiftung im Rahmen der Satzung und der jeweils geltenden Gesetze frei. Die Stiftung und ihre Organe sollen jedoch bei Entscheidungen, die sich auf ihre Beteiligung an der das Unternehmen Fried. Krupp fortführenden Kapitalgesellschaft beziehen, im Geiste des Stifters und seiner Vorfahren darauf achten, daß die Einheit dieses Unternehmens möglichst gewahrt und seine weitere Entwicklung gefördert wird."

Trotz der grundsätzlichen Zulässigkeit der unternehmerischen Beteiligung von Stiftungen und ausgehend von einem Erhalt einer Sperrminorität zur Sicherung des Stiftungsauftrags[225] stellt sich die Frage, ob die von der Krupp-Hoesch AG verfolgte Transaktion die vorhandene Konzernierungsermächtigung überstiegen hätte. Der fremdfinanzierte Erwerb durch die NewCo. hätte nachhaltig die zur Finanzierung des Stiftungzwecks notwendigen Mittel gebunden und zudem das Risiko der erfolgreichen Durchführung des Plans der Stiftung aufgebürdet. Auch der Umstand einer späteren Verschmelzung von Krupp-Hoesch auf die NewCo. im Falle eines einzukalkulierenden Scheiterns der Verschmelzung hätte diese Bedenken nicht beseitigen können, weil auch diese Verschmelzung ein bedeutendes Zinsrisiko bei der Stiftung belassen hätte, für das der cash flow kaum ausgereicht hätte.
Darüber hinaus hätte diese Übernahmeoption zur Folge gehabt, daß gem. §§ 19 I Nr. 2 und 21 I Nr. 1 StiftGNW die Stifungsaufsichtsbehörde hätte bemüht werden müssen. Entsprechend dieser Regelungen wacht die Stiftungsbehörde darüber, daß das Stiftungsvermögen und seine Erträge in Übereinstimmung mit dem Gesetz und dem Willen des Stifters verwaltet und verwendet werden. Vermögensumschichtungen, die die Stiftung in ihrer Leistungsfähigkeit beeinträchtigen könnten bedürfen daher der Genehmigung dieser Behörde.
Die Größe der von der Krupp-Hoesch AG geplanten Transaktion von etwa 13,6 Mrd. DM, das damit bedingte finanzielle Risiko und die Beeinträchtigung der Leistungsfähigkeit hätten eine Untersagung der Stiftungsaufsichtsbehörde gem. § 21 III StiftGNW zumindest denkbar gemacht. Dem Erfolg der Übernahme abträglich wäre es aber insbesondere gewesen, die Vertraulichkeit der Planung des hostile takeover zu gefährden, die eine Bemühung der Stiftungsaufsichtsbehörde zwangsläufig bedingt hätte. Diese Strategie hätte daher aus der Sicht der Bietergesellschaft erhebliche Nachteile aufgewiesen.

c) Zusammenfassung

Erfolgversprechend war nach Abwägung der möglichen Strategien bei der Durchführung der Gesamttransaktion ein direktes Kaufangebot der Krupp-Hoesch AG an die Thyssen-Aktionäre. Die mittelbare Abgabe des Übernahmeangebots durch die Großaktionäre der Krupp-Hoesch AG kam nicht in Betracht, da neben der Frage, ob genügend Aktienkapital für das Angebot generiert hätte werden können, die Geheimhaltung durch die Bemühung der Stiftungsaufsichtsbehörde gefährdet worden wäre.
Mit einem direkten Kaufangebot konnte die größtmöglichste Akzeptanz bei den Aktionären erzielt und zugleich die bei einem kombinierten Kauf- und Tauschangebot bestehenden Anfechtungsrisiken gem. §§ 243 I, 255 AktG vermieden werden. Dementsprechend sah das geplante Übernahmeangebot der Krupp-Hoesch AG vor, sämtliche Thyssen-Aktien zum Preis von je 435 DM zu erwerben und damit eine Prämie von

[225] Vgl. zu dieser Thematik auch Kranke, Stiftungstypus und Unternehmensträgerstiftung, S. 201; Pavel, Eignet sich die Stiftung für den Betrieb erwerbswirtschaftlicher Unternehmen ?, S. 60 ff.; Blick durch die Wirtschaft, 03.06.1998, S. 3.

48, 4 % bezogen auf den durchschnittlichen Kassakurs der Thyssen-Aktie in den vorherigen 6 Monaten zu gewähren.[226]
Mit dem Erwerb der Mehrheitsbeteiligung einschließlich der Stimmrechte wäre die Thyssen AG zunächst ein von der Krupp-Hoesch AG abhängiges Unternehmen im Sinne des § 17 AktG geworden. Die Thyssen AG und die von ihr abhängigen Unternehmen wären unter die einheitliche Leitung von Krupp-Hoesch gestellt worden. Anschließend hätte über eine Tochtergesellschaft die Verschmelzung der beiden Unternehmen zu einer börsennotierten Gesellschaft erfolgen können. Hierdurch hätte das mit der Höhe des Umtauschverhältnisses verbundene Anfechtungsrisiko des Verschmelzungsbeschlusses der Krupp-Hoesch AG vermieden und die Verschmelzung zügig durchgeführt werden können. Ein Gestaltungsmißbrauch hätte in dieser Vorgehensweise nicht gelegen.

II. Vorbereitung und Inhalt des Übernahmeangebots

1. Vorbereitung des Übernahmeangebots

Bei der Planung des Übernahmeangebots liegt für den Vorstand der Bietergesellschaft die Überlegung nahe, bereits vor Angebotsabgabe eine spürbare Beteiligung an der Zielgesellschaft zu erwerben, um u. U. Aktionärsrechte (Auskunfts- und Anfechtungsrechte, Durchsetzung der Einberufung einer Hauptversammlung, Stellung von Gegenanträgen) in der Zielgesellschaft ausüben zu können und die Erfolgsaussichten des Übernahmeverfahrens zu steigern.
Der Aufkauf von Wertpapieren nach der Entscheidung über die Unterbreitung des Übernahmeangebots und vor dessen Abgabe wird in der Literatur stellenweise aus Gründen der Gleichbehandlung der Anteilseigner der Zielgesellschaft und zur Erhaltung einer Ordnung in Übernahmeverfahren als unzulässig angesehen.[227] Zur Begründung wird angeführt, die bereits zu diesem Zeitpunkt veräußernden Aktionäre der Zielgesellschaft würden nicht an der Kontrollprämie beteiligt, da der Erwerb noch zu niedrigeren Preisen als im späteren Übernahmeangebot erfolge. Zudem erhalte der Übernahmeinteressent eine günstigere Ausgangsposition, da mit steigendem Anteilsbesitz der Kontrollwert der Aktien der Zielgesellschaft sinke.[228]
Mangels Regelungsbedarf ist die Erstreckung des Gleichbehandlungsgrundsatzes des § 53a AktG auf die Vorbereitungsphase des Übernahmeangebots jedoch abzulehnen. Die notwendige Transparenz innerhalb des Übernahmeverfahrens läßt sich bereits durch eine Informationspflicht über den vorausgegangenen Aktienkauf verwirklichen.[229] Hinzu kommt, daß eine gleichmäßige Verteilung der Kontrollprämie voraussetzt, daß alle betroffenen Aktionäre der Zielgesellschaft identifiziert werden können.
Der Aktienkauf vor Angebotsabgabe verstieß auch nicht gegen den Übernahmekodex, der sich in den Art. 5 (Mitteilungspflichten) und 6 (Hinzuziehung eines zur Erbringung von Wertpapierdienstleistungen zugelassenen Unternehmens) zwar auf den Zeitraum

[226] Siehe S. 18 ff..
[227] Immenga, SAG 1975, 89, 99; Bess, AG 1976, 206, 206.
[228] Immenga, SAG 1975, 89, 99; Bess, AG 1976, 206, 206.
[229] Assmann/Bozenhardt, Übernahmeangebote, S. 67.

vor Angebotsabgabe bezog, jedoch ein ausdrückliches Verbot von Wertpapierkäufen in diesem Zeitraum nicht enthielt. Art. 1 des Kodex verlangte des weiteren eine Gleichbehandlung der Wertpapierinhaber derselben Gattung ausdrücklich erst *nach* Abgabe des öffentlichen Angebots. Zwar war der Kodex nicht lediglich an seinem Wortlaut zu messen, sondern nach „seinem Sinn und seiner Zweckbestimmung auszulegen".[230] Zweck des Übernahmekodex war auch die Sicherstellung eines fairen Verfahrens und die Gleichbehandlung der Aktionäre.

Es besteht nach der hier vertretenen Ansicht jedoch gerade keine Notwendigkeit, den Gleichbehandlungsgrundsatz auch auf die Vorphase eines Übernahmeangebots zu erstrecken, so daß Aktienkäufe vor Angebotsabgabe dem Sinn und Zweck des Übernahmekodex nicht entgegenstanden. Auch nach dem zum 01.01.2002 neu in Kraft getretenen WpÜG sind Aktienkäufe vor Angebotsabgabe weiterhin zulässig, da § 1 WpÜG bestimmt, daß sich der Anwendungsbereich des Gesetzes auf „Angebote zum Erwerb von Wertpapieren bezieht, die von einer Zielgesellschaft ausgegeben wurden und zum Handel an einem organisierten Markt zugelassen sind". Ein Verbot von Wertpapierkäufen *vor* Angebotsabgabe ist im WpÜG nicht enthalten.

Auch insiderrechtlich entstehen keine Probleme, da Aktienkäufe vor Angebotsabgabe Teil einer Gesamtplanung sind und damit lediglich der Durchführung einer Erwerbsabsicht dienen. Bei der Durchführung einer unternehmerischen Entscheidung wird jedoch auch dann keine Insidertatsache ausgenutzt, wenn sie für einen Dritten eine Insidertatsache darstellt.[231]

Daher hätte die Krupp-Hoesch AG weder gegen gesetzlich verbindliche Regeln, noch gegen den Übernahmekodex verstoßen, wenn sie im Vorfeld des geplanten Übernahmeangebots bereits Aktien an der Thyssen AG erworben hätte. Dies hat sie jedoch zumindest dementiert.[232]

a) Aktienkauf vor Angebotsabgabe durch einen Dritten

Aus strategischen Gesichtspunkten kann der Vorstand einer potentiellen Bietergesellschaft in Vorbereitung eines Übernahmeplans auch erwägen, durch einen Dritten Aktien an der Zielgesellschaft zu erwerben. Die zum Zwecke der Durchführung eines geplanten Übernahmeangebots eingeschalteten Helfer nehmen kein Insidergeschäft vor, wenn sie offen (im fremden Namen für fremde Rechnung) oder verdeckt (im eigenen Namen für fremde Rechnung) für den Bieter uneigennützig Wertpapiergeschäfte tätigen.[233]

Im Hinblick auf die Mitteilungspflichten des § 21 WpHG muß diese Beteiligung jedoch zumindest bis zur Veröffentlichung des Übernahmeangebots unter 5 % bleiben. § 21 WpHG sieht vor, daß derjenige, der durch Erwerb, Veräußerung oder auf sonstige Weise mindestens 5 % der Stimmrechte an einer börsennotierten Gesellschaft erreicht, der Gesellschaft sowie dem Bundesaufsichtsamt für den Wertpapierhandel dies unver-

---

[230] Einleitung zum Übernahmekodex der BSK, abgedruckt in: Übernahmekodex der BSK, S. 6

[231] Vgl. Assmann/Schneider, WpHG, § 14 Rdnr. 27a, 82; Hopt, Festschrift Heinsius, S. 289, 296; i. E. ebenso Tippach, Das Insiderhandelsverbot und die besonderen Rechtspflichten der Banken, S. 204 f..

[232] Vgl. FAZ, 19.03.1997, S. 15.

[233] Assmann/Schneider, WpHG, § 14 Rdnr. 83.

züglich, spätestens innerhalb von sieben Kalendertagen mitzuteilen hat, so daß auf diese Weise die Geheimhaltung einer Transaktion vorzeitig durchbrochen wäre.[234]
Alle Überlegungen, Dritte in einer Weise miteinzubeziehen, daß die Mitteilungspflichten nicht berührt würden, etwa in dem sie im eigenen Namen *und* für eigene Rechnung kaufen, scheitern an den Insiderregeln. Das aus der britischen Praxis bekannte und umstrittene Warehousing,[235] bei dem ein zur Unterstützung des Übernahmevorhaben eingesetzter Dritte zu diesem Zweck Eigengeschäfte tätigt, ist als Verstoß gegen § 14 I Nr. 1 WpHG zu werten. Mit dem Erwerb von Wertpapieren der Zielgesellschaft nutzt der Dritte eine ihm bekannte Insidertatsache aus, wenn er mit dem Geschäft zugleich einen eigenen Vorteil erstrebt.[236] Insider ist der Dritte nur dann nicht, wenn er im vorliegenden Fall konkret vertraglich an die Bietergesellschaft in Verfolgung von deren Ziel, die Zielgesellschaft zu erwerben, gebunden ist. Dann jedoch sind die Aktien wirtschaftlich für die Bietergesellschaft erworben worden und lösen daher wiederum über die Zurechnung nach § 21 WPHG die Meldepflichten aus, so daß das Warehousing für eine deutsche Bietergesellschaft kein praktikables Vorgehen darstellt, um den Erfolg des Übernahmevorhabens zu sichern.

b) Zulässigkeit eines „Market Sweep“

Nach dem bei amerikanischen Takeovers praktizierten Verfahren bietet es sich für den Vorstand einer potentiellen Bietergesellschaft an, nach einem unter 5 % liegenden Erwerb von Aktien der Zielgesellschaft einen Börsentag vor Veröffentlichung des Übernahmeangebots einen sog. „Dawn Raid“[237] oder „Market Sweep“[238] vorzunehmen.
Dies kann in der Weise geschehen, daß die Bietergesellschaft eine Order herausgibt, alle Aktien der Zielgesellschaft zu erwerben, die an diesem Börsentag angeboten werden.
Ein solcher Market Sweep kann von Interesse sein, weil insbesondere institutionelle Anleger sog. Standing Orders zu einem bestimmten Kurs plazieren, die, wird der in der Order jeweils bestimmte Kurs erreicht, nur angenommen werden müssen. Die Bietergesellschaft hätte auf diese Weise die Möglichkeit, in kurzer Zeit eine spürbare Zahl von Aktien zu erwerben. Dies hätte den Effekt, daß mit der Veröffentlichung des Übernahmeangebots auch die Mitteilung über eine spürbare Beteiligung, etwa in einem Rahmen von 10-12 % vom Grundkapital der Zielgesellschaft, gemacht werden könnte.
Da über einen solchen Market Sweep der Schwellenwert des § 21 I WPHG von 5 % überschritten wird, müßte eine Meldung zwar „unverzüglich“ zu erfolgen. Hierfür ist gem. § 121 I BGB jedoch ausreichend, daß sie „ohne schuldhaftes Zögern“ vorgenommen wird, so daß eine Meldung zusammen mit der Veröffentlichung des Übernahmeangebots am Folgetag als ausreichend anzusehen ist.

---

234 Vgl. zu dieser Problematik im Fall Mannesmann/Vodafone: Burgard, WM 2000, 611, 613.
235 Assmann, WM 1996, 1337, 1354 f.; Davies, The Takeover-Bidder Exemption and the Policy of Disclosure, 243, 254 ff.; Hopt, Festschrift Heinsius, S. 289, 296 ff..
236 Assmann/Schneider, WpHG, § 14 Rdnr. 84; Weimann, DStR 1998, 1556, 1559.
237 „Dämmerungsraubzug“.
238 „Auskehren des Marktes“.

aa) WpHG

Bei der Frage der Zulässigkeit eines „Market Sweep" nach deutschem Recht ist zunächst zu überprüfen, ob hierin ein verbotenes Insidergeschäft nach dem WpHG liegen könnte.

Der Bieter könnte im Sinne von § 14 I Nr. 1 WpHG zum Nachteil der Verkäuferseite von der Kenntnis einer Insidertatsache Gebrauch machen, wenn er am Vorabend vor der Veröffentlichung seines Übernahmeangebots noch Aktien kauft und das unter Umständen zu einem Kurs, der erheblich unter dem Kaufpreis liegt, der im öffentlichen Übernahmeangebot angeboten wird. § 14 WpHG setzt jedoch voraus, daß der Bieter die personelle Eigenschaft eines Insiders besitzt. Insider wäre der Bieter nach der Definition des § 13 I Nr. 2 WpHG lediglich dann, wenn er bereits eine Beteiligung hielte und z. B. vom Vorstand der Gesellschaft Kenntnis erhalten würde. Der Bieter, der am nächsten Tag ein eigenes kurstreibendes Übernahmeangebot unterbreitet und am Tag zuvor zu billigeren Kursen noch einkauft, handelt jedoch nur in Kenntnis einer von ihm selbst geschaffenen „Insidertatsache" und liegt damit außerhalb des Schutzbereichs des Insiderverbotshandels.[239] Ansonsten wäre auch jedes langfristig angelegte Zukaufprogramm über die Börse ein verbotenes Insidergeschäft, weil auch dieses die Kurse in die Höhe treiben kann.

bb) Übernahmekodex und WpÜG

Hatte die Bietergesellschaft, wie die Krupp-Hoesch AG, den Übernahmekodex für verbindlich erklärt, stellte sich die Frage der Zulässigkeit eines „Market Sweep" aus dessen Sicht. Seit dem 01.01.2002 stellt sich die Frage der Zulässigkeit nach dem WpÜG.

Entscheidend für das Eingreifen der Regeln des Übernahmekodex und des WpÜG ist das Vorliegen eines öffentlichen Angebotes.[240] Öffentliche Angebote müssen sich an eine Vielzahl von Personen wenden. Bilaterale Kontaktaufnahmen, etwa beim Erwerb eines Paketanteils, zählen nicht dazu. Soweit das Ziel eines Vorhabens darin besteht, von möglichst vielen Aktionären Aktien der Zielgesellschaft zu erwerben, fand der Kodex auch dann Anwendung, wenn ein Angebot ohne Veröffentlichung in der Presse zunächst über die Depotbanken den in Betracht kommenden Aktionären unterbreitet wurde.[241] Wird bei einem Market Sweep, bei dem es im Interesse des Käufers ist, möglichst viele Aktien der Zielgesellschaft zu erwerben, die dementsprechende Order nicht in der Presse veröffentlicht, so könnte auf den ersten Blick davon ausgegangen werden, daß der Übernahmekodex bzw. nun das WpÜG Anwendung findet.

---

239 Weimann, DStR 1998, 1556, 1558 f..

240 Nach den Begriffsbestimmungen des Übernahmekodex waren öffentliche Angebote öffentliche Kauf- und Umtauschangebote sowie Aufforderungen zur Abgabe von Angeboten, die ohne Bestehen einer Rechtspflicht von einem Bieter an die Wertpapierinhaber einer Zielgesellschaft gerichtet sind und zum Ziel haben, deren Wertpapiere zu einem bestimmten Preis in bar oder im Tausch gegen andere Wertpapiere im Sinne des § 2 I WpHG zu erwerben. Gem. § 2 I WpÜG sind Angebote „freiwillige oder aufgrund einer Verpflichtung nach diesem Gesetz erfolgende öffentliche Kauf- und Tauschangebote zum Erwerb von Wertpapieren einer Zielgesellschaft."

241 Anmerkungen zum Übernahmekodex der Börsensachverständigenkommission, S. 8.

Insofern könnten Bedenken bestehen, als es das Ziel des Übernahmekodex und des WpÜG ist, ein durch das öffentliche Angebot bedingtes „Windhundrennen" der Aktionäre zu verhindern, sobald diese von einem Übernahmevorhaben erfahren (Art. 10 Übernahmekodex/§ 19WpÜG). Bei einem Market Sweep ist dies jedoch nicht der Fall, da letztlich die Verkaufsorder für Aktien der Zielgesellschaft seitens des Bieter nicht öffentlich getendert werden, sondern vielmehr mit begrenzter Öffentlichkeit die an dem betreffenden Tag an der Börse vorhandenen Verkaufsorder ohne Rücksicht auf die Kursentwicklung ausgenutzt werden sollen. Daher sind von dem Market Sweep nur die Aktionäre betroffen, die ihre Aktien ohnehin verkaufen wollen. Deren Verkaufsverhalten ist nicht Folge eines unkontrollierten öffentlichen Angebotes und sie geben auch nicht freiwillig eine Minderheitenstellung auf.
Verstößt ein „Market Sweep" somit zwar nicht gegen Art. 10 Übernahmekodex/§ 19 WpÜG, müßten aber nunmehr alle übrigen Maßregeln des WpÜG, z. B. Erstellung einer Angebotsunterlage oder Information der Zielgesellschaft, eingehalten werden, wenn man seine Anwendbarkeit bejahen würde.
Zweck des „Market Sweep" ist es aber gerade, daß sich der Bieter bereits vor Abgabe eines Übernahmeangebots unbemerkt durch die Zielgesellschaft eine möglichst gewichtige Minderheitsposition verschafft. Erklärte man früher den Übernahmekodex, heute das WpÜG, auf den Market Sweep für anwendbar, käme ihm hierzulande keine Bedeutung mehr zu.
Zwar kann ein öffentliches Übernahmeangebot nicht nur dann vorliegen, wenn es in der Presse veröffentlicht wird, sondern auch wenn über Intermediäre nur mit den Aktionären Kontakt aufgenommen wird. Ausreichend für die Anwendung von Übernahmeregelungen ist jedoch nicht allein die Tatsache, daß der Bewerber beabsichtigt, möglichst viele Aktien zu erwerben. Vielmehr muß hinzukommen, daß Marktmanipulationen oder eine Beeinträchtigung von Minderheitsaktionären zu gewärtigen sind.
Ein öffentliches Übernahmeangebot lag nach der Begriffsbestimmung des Übernahmekodex darüber hinaus nur vor, wenn der Bieter sich bereit erklärte, Wertpapiere zu einem von ihm fixierten Preis zu erwerben. Beim Market Sweep sind es jedoch die verkaufswilligen Investoren, die den Verkauf anbieten und den Veräußerungspreis fixieren.
Diesem Unterschied kommt im Hinblick auf die Zwecksetzung des Übernahmekodex und des WpÜG ebenfalls wesentliche Bedeutung zu. Diese Übernahmeregelungen haben eine Ausschaltung des Marktversagens bei öffentlichen Übernahmen zum Ziel, das sich aus der asymmetrischen Information der Investoren und aus Kollektivhandlungsproblemen in Publikumsgesellschaften ergeben kann, welche aus der fehlenden Absprachemöglichkeit der Aktionäre untereinander resultieren. Institutionelle Investoren, die von sich aus Verkaufsorder zu von ihnen fixierten Preisen erteilen, verzichten aber auf die im Übernahmekodex vorgeschriebenen Informationen. Auch Kollektivhandlungsprobleme wie sie z. B. bei gestaffelten Angeboten, sog. front-end loaded offers, auftreten, sind nicht ersichtlich.[242] Weder der Übernahmekodex, noch das

[242] Vgl. zur Problematik der „front-end-loaded offers" Baums, ZIP 1989, 1376, 1378; Frank/Moreland, RIW 1989, 761, 763; Hommelhoff/Kleindiek, AG 1990, 106, 107; Lüttmann, Kontrolle in Kapitalgesellschaften, S. 38.

WpÜG, finden daher auf das Verfahren des „Dawn Raid" mangels Gefahr der Marktmanipulation oder der Beeinträchtigung von Minderheitsaktionären Anwendung.
Als überraschendes Verfahren im Vorfeld eines Übernahmeangebotes darf der „Market Sweep" aber auch bei Nichtanwendbarkeit des Übernahmekodex und des WpÜG nicht in der Weise gestaltet werden, daß eine Kauforder mit einem aggressiven Kurs gegeben wird, durch den eine Sogwirkung erzeugt werden könnte. Vielmehr muß versucht werden, den Market Sweep in der Weise zu gestalten, daß die sog. Standing Order zu den Preisen übernommen werden, zu denen sie plaziert wurden.
Ungeachtet der genannten Übernahmeregelungen, läßt sich auch zivilrechtlich eine Pflicht des Käufers zur Aufklärung des Verkäufers darüber, daß er den Kauf weiterer Aktien gegebenenfalls zu einem höheren Preis plane, nicht begründen. Zwar bietet sich das Rechtsinstitut der culpa in contrahendo zur Regelung von Verhaltenspflichten auch im Vorfeld eines Übernahmeangebotsverfahren an.[243] Jedoch ist der Übernahmeinteressent als Käufer den verkaufswilligen Investoren nicht redlicherweise zur Aufklärung über die Motive seiner gegenwärtigen und zukünftigen Preisfindung verpflichtet, zumal der Investor den Veräußerungspreis der Aktien - wenn auch in Unwissenheit über den bevorstehenden Takeover - selbst fixiert.[244] Schließlich bezieht sich auch der gesellschaftsrechtliche Gleichbehandlungssatz des § 53 a AktG nicht auf das Verhältnis zwischen dem Bieter als „Nochnichtaktionär" und dem Verkäufer als „Nochaktionär".

c) Ergebnis

Neben einem Aktienkauf vor Angebotsabgabe durch einen Dritten unter Beachtung des § 21 WpHG wäre auch ein von der Krupp-Hoesch AG am Tag vor der Veröffentlichung des Übernahmeangebots durchgeführtes „Dawn Raid" auf Aktien der Thyssen AG nach deutschem Recht mangels Verstoß gegen das WpHG oder den Übernahmekodex zulässig gewesen. Auch nach dem nun mehr geltenden WpÜG liegt kein Verstoß vor.
Ein solcher „Dawn Raid" wäre jedoch im zu untersuchenden Fall trotz der legalen Vorgehensweise in Deutschland auf erheblichen Widerspruch gestoßen und hätte der Krupp-Hoesch AG und den beteiligten Banken zumindest einen Imageschaden eingebracht. Letztlich ist daher davon auszugehen, daß die Krupp-Hoesch AG dieses Risiko nicht einzugehen beabsichtigte.[245]

2. Rechtliche Ausgestaltung des Übernahmeangebots

Die im Übernahmekodex empfohlenen Verhaltensregeln waren für die an einem Übernahmefall beteiligten Unternehmen lediglich maßgebend, wenn Bieter- und Zielgesellschaft ihn für sich als verbindlich erklärt hatten, da eine nun mit dem WpÜG vorhandene gesetzliche Regelung nicht existierte.

[243] Siehe dazu noch S. 64 f..
[244] Heinrichs in: Palandt, BGB, § 276 Rdnr. 78 ff./§ 123 Rdnr. 5 ff.; Löwisch in: Staudinger, BGB, v. § 275 Rdnr. 80.
[245] Vergleichbar den Gründen für die im Vorfeld nicht getätigten Sukzessivkäufe, vgl. S. 37 ff..

Wesentliches Argument für eine Verbindlichkeitserklärung der Krupp-Hoesch AG im Rahmen der geplanten Übernahme war die Anerkennung des Kodex durch die Thyssen AG sowie durch die deutschen Großbanken. Die Krupp-Hoesch AG hatte zuvor den Kodex nicht anerkannt, weil er die Abgabe eines Pflichtangebots bei Beteiligungen von mehr als 50 % in Art. 16 vorsah.[246] Weitere Gründe, den Kodex nicht anzuerkennen, bestanden zum Zeitpunkt der Übernahmeplanung nicht. Die Krupp-Hoesch AG hatte ohnehin beabsichtigt, sich bei der Gestaltung des Angebots an den internationalen Standards des Londoner City Code, des Security Exchange Act und des ebenfalls amerikanischen Williams Act zu orientieren. Durch diese Ausgestaltung sollten vorrangig positive Effekte an den Markt gesandt werden.
Da es sich der Vorstand der Krupp-Hoesch AG zudem zum Ziel gesetzt hatte, unmittelbar, zumindest innerhalb des für das Pflichtangebot gesetzten Zeitraums von 18 Monaten, die Thyssen AG auf sich zu verschmelzen, war die Notwendigkeit der Abgabe eines Pflichtangebots für Krupp-Hoesch bei der Übernahmeplanung von keiner wesentlichen Bedeutung. Entsprechend den Bestimmungen des Art 16 des Kodexes[247] entfiel damit die Notwendigkeit eines Pflichtangebots.
Demgegenüber hatte die Anerkennung des Übernahmekodex den Vorteil, daß deutschen Großbanken die Möglichkeit zur Beratung und Begleitung der Übernahme gegeben wurde, da es deren grundsätzliches Verständnis war, Bieter in derartigen Übernahmeverfahren nur zu begleiten, wenn diese den Kodex anerkannt hatten. Letztlich sollte auch der Thyssen AG zumindest moralisch jedes Argument genommen werden, bei möglichen Verteidigungsmaßnahmen den Kodex zu mißachten.
Aus diesen Gründen hatte die Krupp-Hoesch AG den Übernahmekodex unterschrieben und die enthaltenen Maßregeln damit im Rahmen ihres geplanten öffentlichen Übernahmeangebots an die Thyssen-Aktionäre für verbindlich anerkannt.

a) Verhaltensregeln bei öffentlichen Übernahmeangeboten

Die Verhaltensregeln des für die Beurteilung diesen Falles maßgeblichen Übernahmekodex waren gekennzeichnet von dem Grundsatz der Gleichbehandlung aller am Übernahmevorgang beteiligten Parteien, von einer ausreichenden Entscheidungsfrist auf der Grundlage eines detaillierten Angebots und von dem Ziel, störende Marktbeeinflussungen zu unterbinden. Die vergleichbaren allgemeinen Grundsätze des WpÜG sind nun in § 3 I, II und V WpÜG niedergelegt. Zur Umsetzung der Grundsätze ist insbesondere der Inhalt des Angebots detailliert festgelegt.
In Art. 7 des Übernahmekodex war ein Mindestkatalog vorgesehen, den das letztlich zurückgestellte Krupp-Hoesch Angebot zu enthalten gehabt hätte. Der Mindestkatalog verlangte Angaben zum Namen des Bieters und der Firma der Zielgesellschaft, zu den Wertpapieren, die Gegenstand des Angebots waren, zum Kaufpreis bzw. zur Gegenleistung und der zu deren Festsetzung maßgebenden Faktoren, zu Zeitpunkt und Umfang der vom Bieter vor dem Angebot erworbenen Wertpapiere der Zielgesellschaft sowie zu der Beteiligung der Zielgesellschaft an dem Bieter, Informationen zu der Angebotsfrist und zu den mit dem Angebot verfolgten Zielen, zur Stellungnahme des

[246] FAZ, 21.3.1997, 23.
[247] Das Pflichtangebot ist nunmehr in § 35 WpÜG geregelt.

Zielunternehmens und zu eventuellen Bedingungen und Rücktrittsvorbehalten des Bieters.[248]

§ 11 II WpÜG unterscheidet zwischen dem Inhalt des Angebots und ergänzenden Angaben, die die Angebotsunterlage zu enthalten hat. Im wesentlichen stimmen diese Anforderungen mit Art. 7 Übernahmekodex überein, wobei die ergänzenden Angaben nunmehr auch Informationen über die Maßnahmen, die sicherstellen sollen, daß dem Bieter die zur vollständigen Erfüllung des Angebots notwendigen Mittel zur Verfügung stehen, enthalten müssen. Auch Angaben über Geldleistungen oder andere geldwerte Vorteile, die Vorstands- und Aufsichtsratsmitgliedern der Zielgesellschaft gewährt oder in Aussicht gestellt werden sind erforderlich, § 11 II S. 3 Nr. 1 und 3 WpÜG.

Art. 5 des Kodex, nunmehr § 10 II WpÜG, legt die Informations- und Mitteilungspflichten vor Angebotsabgabe fest.

Während das Angebot lief, waren Bieter und Zielgesellschaft zudem verpflichtet, jegliche Maßnahmen zu unterlassen, die insbesondere außergewöhnliche Kursbewegungen von Wertpapieren der Zielgesellschaft auslösen hätten können, Art. 3 des Übernahmekodex. § 3 V WpÜG legt weitergehend fest, daß beim Handel mit Wertpapieren der Zielgesellschaft, der Bietergesellschaft oder anderer durch das Angebot betroffener Gesellschaften keine Marktverzerrungen geschaffen werden dürfen.

Freiwillige Übernahmeangebote zielen auf den Abschluß eines Kauf- oder Tauschvertrages mit den Aktionären der Zielgesellschaft über die in ihrem Besitz befindlichen Anteile. Sie sind daher auch nach den allgemeinen Bestimmungen des Bürgerlichen Rechts zu beurteilen.[249]

Darüber hinaus unterliegen Übernahmeangebote der materiellen Inhaltskontrolle des AGBG, seit der Schuldrechtsreform vom 01.01.2002 in §§ 305 ff. BGB geregelt.[250] Übernahmeangebote erfüllen, sofern sie vom Bieter für die Vielzahl der angestrebten Transaktionen vorformulierte Vertragsbedingungen enthalten, den Begriff der Allgemeinen Geschäftsbedingungen im Sinne des § 1 AGBG/§305 I BGB. Der Anwendung des AGBG stehen weder dessen Bestimmungen über den persönlichen (§ 24 S. 1 Nr. 1 AGBG) noch über den sachlichen (§ 23 I AGBG) Anwendungsbereich entgegen, vgl. nunmehr § 310 BGB. Zum einen gehört der Verkauf von Aktien durch einen Kaufmann regelmäßig nicht „zum Betriebe seines Handelsgewerbes" und zum anderen handelt es sich nicht um Verträge, die dem Gebiet des Gesellschaftsrecht zugehören, sondern deren Schwerpunkt auf einem schuldrechtlichen Austauschvertrag liegt.[251]

In der Rechtswissenschaft sind darüber hinaus unter Zugrundelegung unterschiedlicher Regelungsmodelle Verhaltenspflichten für Übernahmeangebote entwickelt worden.

---

[248] Zu den Anforderungen des Inhalts der Angebotsunterlagen im englischen Recht vgl. Rule 24 des UK City Code on Takeovers and Mergers; dazu Zinser, RIW 2001, 481, 483.

[249] Assmann/Bozenhardt, Übernahmeangebote, S. 83; Knoll, Übernahme von Kapitalgesellschaften, S. 160; Oechsler, NZG 2001, 817, 821.

[250] Bozenhardt, Freiwillige Übernahmeangebote, S. 110; Daum, Unkoordinierte Übernahme einer AG, S. 76 f.; Assmann/Bozenhardt, Übernahmeangebote, S. 83 f.; Ulmer in: Ulmer/Brandner/Hensen, AGBG, § 8 Rdnr. 5.

[251] Horn in: Wolf/Horn/Lindacher, AGBG, § 23 Rdnr. 74; dazu auch Oechsler, NZG 2001, 817, 821.

Abzulehnen ist die Anerkennung von Verhaltenspflichten aus vormitgliedschaftlichen Treuepflichten, die sich bereits an dem angestrebten künftigen Mitgliedschaftsstatus orientieren.[252]
Insofern als das dieses Regelungsmodell bei nicht mitgliedschaftlichen Bietern keine Anwendung finden kann und erhebliche Bedenken bestehen, mitgliedschaftliche Verhaltenspflichten im Rahmen von Übernahmeangeboten bei nur geringer Bieterbeteiligung heranzuziehen,[253] ist dieses Konzept nicht gleichmäßig auf eine Vielzahl von Übernahmefällen anwendbar.
Zu befürworten ist dagegen die Ableitung von Verhaltenspflichten aus den Grundsätzen des Rechtsinstituts der culpa in contrahendo. Mit Hilfe des Rechtsinstituts der culpa in contrahendo sind in der Rechtswissenschaft Informations- und Aufklärungspflichten entwickelt worden, die auch im Zusammenhang mit einem öffentlichen Übernahmeangebot zu beachten sind.[254] Zwar fehlt es insoweit an einem persönlichen Kontakt zwischen dem Verkäufer und dem eine Mehrheitsbeteiligung anstrebenden Käufer, jedoch folgt aus dem Fehlen dieser Form von Vertragsverhandlungen nur eine Einschränkung des Ausmaßes der erforderlichen Aufklärungspflichten.[255] Dies wird in der Literatur mit einem Vergleich zur Problematik der Prospekthaftung bei Kapitalanlagen begründet, bei welcher trotz Fehlen des persönlichen Kontaktes eine Aufklärungspflicht bejaht wird.[256] Bei einer Unternehmensübernahme ist der Bieter daher zum erforderlichen Schutz der Aktionäre der Zielgesellschaft aus c.i.c. verpflichtet, die Aktionäre der Zielgesellschaft „über alle wesentlichen preis- und erfolgsrelevanten Umstände“ derart vollständig und richtig zu informieren, daß sie eine fundierte Entscheidung über die Annahme oder Ablehnung des Angebots treffen können.[257] Die Aktionäre der Zielgesellschaft, die das Angebot angenommen haben, können bei Verletzung der aus c.i.c abgeleiteten Informationspflichten einen Schadensersatzanspruch gegen den Bieter geltend machen, wenn sie bei zutreffender Information das Angebot nicht oder nur zu einem höheren Preis angenommen hätten. Gegen diese Haftung auf Schadensersatz kann seitens des Bieters nicht eingewandt werden, daß er - als Käufer - mit der Pflicht belastet wird, seinen Vertragskontrahenten über etwaige Nachteile des Verkaufs zu informieren, obgleich dies weder im Börsen- noch im Gesellschaftsrecht vorgeschrieben ist. Vielmehr ist es anerkannt, daß Aufklärungspflichten aus c.i.c grundsätzlich Verkäufer und Käufer gleichermaßen treffen.[258]
Bei einem öffentlichen Übernahmeangebot wird die für eine culpa in contrahendo erforderliche Sonderbeziehung zwischen dem Bieter und den Aktionären durch die Veröffentlichung des Angebots als Eintrittspunkt in das Verhandlungsstadium begrün-

[252] Vgl. Weber, Vormitgliedschaftliche Treuebindungen, S. 378.
[253] Assmann/Bozenhardt, Übernahmeangebote, S. 73; Beckmann, Übernahmeangebote in Europa, S. 79 ff.
[254] Vgl. Assmann/Bozenhardt, Übernahmeangebote, S. 94.; Grunewald, WM 1989, 1233, 1226; Knoll, Übernahme von Kapitalgesellschaften, S. 160; kritisch Weber, Vormitgliedschaftliche Treuebindungen, S. 371 ff..
[255] Grunewald, WM 1989, 1233, 1236; Knoll, Übernahme von Kapitalgesellschaften, S. 160 f..
[256] Knoll, Übernahme von Kapitalgesellschaften, S. 161.
[257] Vgl. Assmann/Bozenhardt, Übernahmeangebote, S. 94; ebenso unter Zugrundelegung eines anderen Regelungsansatzes Weber, Vormitgliedschaftliche Treubindungen, S. 425.
[258] Emmerich in: Münchener Kommentar, BGB, v. § 275 Rdnr. 43; Wiedemann in: Soergel, BGB, v. § 275 Rdnr. 13.

det.[259] Ab diesem Zeitpunkt ist der Bieter zur Beachtung erhöhter Sorgfaltspflichten angehalten, wobei man diese Pflichten indes nicht so weit ziehen kann, daß sämtliche wünschenswerte Verhaltensweisen des Bieters erfaßt werden.[260]

Im Übernahmeverfahren zu beachten sind schließlich die im WpHG festgelegten Veröffentlichungspflichten, insbesondere die Ad-Hoc-Publizität gem. § 15 WpHG.[261]

b) Gestaltung des Angebots

Die nach dem allgemeinen Zivilrecht zulässigen Möglichkeiten bei der Gestaltung von öffentlichen Übernahmeangeboten wurden durch die Unterzeichnung des Übernahmekodex nicht wesentlich eingeschränkt. Der Kodex bezweckte primär die Sicherstellung der umfassenden Information der Angebotsadressaten, aber nicht die Eingrenzung der Gestaltungsmöglichkeiten des Bieters.[262]
Aufgrund dessen blieb die Krupp-Hoesch AG trotz Unterzeichnung des Übernahmekodex in der konkreten Ausformung des an die Thyssen-Aktionäre zu richtenden Angebots recht frei.
Das Übernahmeangebot der Krupp-Hoesch AG hätte daher nach den allgemeinen Regelungen des Bürgerlichen Rechts nun sowohl als bindendes Angebot im Sinne des § 145 BGB oder auch als unverbindliche Aufforderung an die Aktionäre der Thyssen AG ausgestaltet werden können, ihrerseits ein Kauf- oder Tauschangebot abzugeben (invitatio ad offerendum). Des weiteren waren die Vor- und Nachteile der Verbindung des Angebots mit aufschiebenden oder auflösenden Bedingungen sowie mit Rücktrittsvorbehalten abzuwägen.
Während bei Käufen über die Börse und auch bei Paketkäufen normalerweise derartige Bedingungen keine Rolle spielen, dürften sie bei Übernahmeangeboten, die praktisch auf die völlige Übernahme der Zielgesellschaft gerichtet sind, sachlich gerechtfertigt sein, soweit sie nicht von dem Bieters mißbräuchlich genutzt werden. Dies ergibt sich bereits daraus, daß anders als beim Kauf über die Börse eine Prämie gezahlt werden muß, die in der Regel ca. 25 – 50 % über dem Börsenkurs zum Angebotszeitpunkt liegt.
Im Krupp/Thyssen Fall sollte diese Prämie 48,4 % bezogen auf den durchschnittlichen Kassakurs der Thyssen-Aktie in den vorherigen sechs Monaten betragen. Ferner ist der Bieter während der Dauer des Angebots und darüber hinaus zumindest bis zur kartellrechtlichen Genehmigung Angriffen der Zielgesellschaft ausgesetzt, die den Wert der Zielgesellschaft nachhaltig beeinflussen und damit den unternehmerischem Plan des Bieters effektiv durchkreuzen können.

---

[259] Die Abgabe einer invitatio ad offerendum steht der Veröffentlichung des Angebots gleich, da ab diesem Zeitpunkt der Verhandlungseintritt zwischen beiden Unternehmen angesiedelt werden kann, vgl. Wolf in: Soergel, BGB, § 145 Rdnr. 7.; auch Beckmann, Übernahmeangebote in Europa, S. 82.

[260] Assmann/Bozenhardt, Übernahmeangebote, S. 99.

[261] Dazu näher: Gehrt, Ad-Hoc-Publizität, S. 30 ff.; 170 ff.; Kiem/Kotthoff, DB 1995, 1999, 1999 ff.; Nowak, Finanz Betrieb 0/99, 33, 33 ff.; Schander/Lucas, DB 1997, 2109, 2109 ff.; Witt, WM 1998, 1153, 1153 ff..

[262] Vgl. zu den Unterschieden der neueren gesetzlichen Entwicklung im Übernahmerecht: Land, DB 2001, 1707, 1707 ff.; Liebscher, ZIP 2001, 853, 853; Oechsler NZG 2001, 817 ff.; Riehmer/Schröder, NZG 2000, 820, 820 ff.; vor dem Hintergrund des Falles Mannesmann/Vodafone: Thaeter/Barth, NZG 2001, 545, 545 ff.; Zinser, NZG 2001, 391, 391 ff..

Art. 9 des Übernahmekodex enthielt hinsichtlich der Verknüpfung des Angebots mit Bedingungen lediglich die Regelung, daß nur die Verbindung mit solchen Bedingungen rechtmäßig ist, deren Eintritt der Bieter nicht selbst herbeiführen kann.[263]
Das WpÜG sieht nunmehr in § 18 II darüber hinausgehend vor, daß ein Angebot, daß unter dem Vorbehalt des Widerrufs oder des Rücktritts abgegeben wird, unzulässig ist. Hierdurch soll verhindert werden, daß sich der Bieter auf diese Weise einfach von dem Angebot löst und zugleich, daß eine unzulässige Bedingung als Rücktritts- oder Widerrufsvorbehalt ausgestaltet wird.[264] Eine Ausnahme ist jedoch gem. § 25 WpÜG für den Fall vorgesehen, daß das Angebot unter der Bedingung eines Beschlusses der Gesellschafterversammlung des Bieters steht.

aa) Invitatio ad offerendum

Nach den Begriffsbestimmungen des Übernahmekodex konnten auch invitationes ad offerendum öffentliche Übernahmeangebote darstellen. In diesem Fall hätte es bei Abgabe der Aufforderung an die Thyssen-Aktionäre an einem Rechtsbindungswillen seitens Krupp-Hoesch gefehlt. Vielmehr hätten sie sich eine zum Vertragsabschluß führende Annahmeerklärung erst noch vorbehalten. Solange sich eine invitatio ad offerendum jedoch nicht im Sinne von Art. 7 Nr. 7 des Kodex eindeutig aus dem Text des Übernahmeangebots ergab, war von einem Angebot des Bieters zum Erwerb der Aktien der angesprochenen Aktionäre der Zielgesellschaft auszugehen, da nicht der innere Wille des Erklärenden, sondern die objektive Beurteilung vom Empfängerhorizont her maßgeblich ist.[265] Darüber hinaus wären diesbezügliche Unklarheiten schon aufgrund des § 5 AGBG[266] zu Lasten der Krupp-Hoesch AG als Verwender der AGB gegangen und hätten daher zur Deutung des Übernahmeangebotes als bindendes Angebot im rechtsgeschäftlichen Sinne geführt.
§ 17 WpÜG untersagt jetzt eine derartige Angebotsgestaltung und schränkt daher die Bietergesellschaft in ihren Möglichkeiten ein. Die damit verbundene Verpflichtung des Bieters zur Abgabe eines rechtlich verbindlichen Angebots erfolgte, ebenso wie bei § 18 II WpÜG, im Hinblick auf die schwerwiegenden Folgen öffentlicher Angebote für Börsenkurs und Management der Zielgesellschaft sowie dem in § 3 IV WpÜG enthaltenen Verbot einer unangemessenen Behinderung der Zielgesellschaft in ihrer Geschäftstätigkeit.[267]

---

[263] So auch Rule 13 des City Code on Takeovers and Mergers, abgedruckt in: Schuster/Zschocke, Übernahmerecht, S. 294 ff, 320; vgl. dazu Zinser, RIW 2001, 481, 483; auch im österreichischen Recht können Bedingungen und Vorbehalte nur dann als sachlich gerechtfertigt angesehen werden, wenn sie auf Rechtspflichten des Bieters basieren oder nicht ausschließlich vom Ermessen des Bieters abhängen, vgl. § 8 I ÜbernahmeG v. 01.01.1999, dazu Roth/Zinser, EWS 2000, 233 ff.; Stockenhuber, RIW 1999, 752, 755 f.; Zwissler, AG 1999, 411, 414; auch Kallss, RdW 1999, 269, 269 ff.; das italienische Recht enthält eine vergleichbare Regelung – hierunter fällt im Gegensatz zum deutschen Übernahmegesetz aber auch die Zustimmung der Hauptversammlung, vgl. § 40 I Regulamento Emuttenti, dazu Diemer/Hasselbach, NZG 2000, 824 ff.; Schmid, AG 1999, 402, 405 f..
[264] Vgl. Gesetzesbegründung, BGBl. 14/7034, S. 47; Zschocke, DB 2002, 79, 81.
[265] Bork in: Staudinger, BGB, § 145 Rdnr. 4; Dilcher in: Staudinger, BGB, § 133 Rdnr. 30 ff..
[266] Seit dem 01.01.2002 § 305 c BGB.
[267] Vgl. Gesetzesbegründung, BT-Drucks. 14/7034, S. 47 f.; Krause, NJW 2002, 705, 709.

Im Folgenden sollen die Gestaltungsmöglichkeiten dargestellt werden, die sich der Krupp-Hoesch AG im Hinblick auf ihr geplantes Übernahmeangebot an die Thyssen-Aktionäre bot. Hieran läßt sich auch die in der Praxis geringe Bedeutung der genannten Einschränkungen der Gestaltungsmöglichkeiten durch das WpÜG ermessen.

(1) Verknüpfung einer invitatio ad offerendum mit einer Bedingung

Aus der Sicht der Krupp-Hoesch AG hätte eine invitatio ad offerendum gegenüber einem bindenden Angebot zunächst einmal größere Flexibilität geboten, da in der Aufforderung nicht hätte angegeben werden müssen, wieviele Aktien übernommen werden sollten.

Im Krupp/Thyssen Fall stellte sich für den Bieter – wie auch in vielen anderen Übernahmefällen – die Frage, in wie weit aber durch die Einbindung von Bedingungen finanzielle Risiken des Übernahmeangebots minimiert werden konnten, beispielsweise bei Versagung der kartellrechtlichen Genehmigung durch die EU-Kommission. Bei der Gestaltung des öffentlichen Übernahmeangebots unter Einhaltung der Verhaltensnormen des Übernahmekodex war insofern problematisch, ob eine öffentliche Übernahmeofferte auch dann zulässig war, wenn sie ausdrücklich als invitatio ad offerendum ausgestaltet wurde und zusätzlich Klauseln enthielt, die die Wirksamkeit des Vertrages von einer oder mehreren Bedingungen abhängig machte.

Der Umstand allein, daß eine invitatio ad offerendum mit Bedingungen verknüpft wird, war hinsichtlich des Übernahmekodex unbedenklich, da dessen Begriffsbestimmungen zufolge invitationes ad offerendum Übernahmeangebote sein konnten und Art. 7 des Kodex Bedingungen des Angebotes ausdrücklich vorsah.

War der Übernahmekodex wie im zu untersuchenden Fall auf die Beteiligten der Übernahme anwendbar, war zunächst zu beachten, daß alle Aktionäre der Zielgesellschaft mit einer invitatio ad offerendum konfrontiert werden mußten, da andernfalls der in Art. 1 des Kodex enthaltene Gleichbehandlungsgrundsatz verletzt worden wäre. Des weiteren war die öffentliche Übernahmeofferte mit Art. 2 S. 2 des Kodex unvereinbar, wenn enthaltene Klauseln mißverständlich formuliert waren. Nach Art. 2 S. 2 mußten die Empfänger des öffentlichen Übernahmeangebots mit Informationen versorgt werden, die den Sachverhalt korrekt und angemessen wiedergaben. Art. 2 S. 3 des Kodex verwies auf Art. 7 und bezog infolgedessen die Sachinformationspflicht des Bieters auch auf die in Art. 7 Nr. 12 enthaltenen Bedingungen und Rücktrittsvorbehalte.

Für die Krupp-Hoesch AG hätten verschiedene Konstruktionsmöglichkeiten bestanden, eine inivitatio ad offerendum mit einer Bedingung zu verknüpfen. Das Angebot hätte wegen Art. 2 S. 2 und Art. 8 des Kodex - der es dem Wertpapierinhaber gegenüber für nicht zumutbar hielt, selbst ausführliche Überlegungen über die Intention des Angebotes anstellen zu müssen - jedoch nicht mehrere Auslegungsmöglichkeiten für die Thyssen-Aktionäre zulassen dürfen:

- Das Angebot hätte zum einen so formuliert sein können, daß die Krupp-Hoesch AG als Bieter die Wertpapierinhaber der Thyssen AG aufgefordert hätte, ein Angebot zu unterbreiten, das die aufschiebende Bedingung enthalten hätte, der Vertrag werde erst wirksam, wenn die Bedingungen eintreten. In einem solchen Fall wird der Inhalt des

Angebots, insbesondere die Bedingungen, durch die invitatio ad offerendum vorgegeben. Die Krupp-Hoesch AG hätte aber ihren vollen Spielraum behalten, ob sie die einzelnen Angebote angenommen hätte oder nicht.
- Das öffentliche Übernahmeangebot hätte zum anderen auch so ausgestaltet werden können, daß zwar eine invitatio ad offerendum vorliegt, die Bietergesellschaft sich aber in ihrem Ermessen beschränkt, die einzelnen Angebote anzunehmen. Sie hätte dann im Vorfeld zusätzlich erklären können, sie werde das Angebot jedenfalls dann annehmen, wenn die Bedingungen eintreten. Rechtstechnisch hätte dann die Krupp-Hoesch AG neben der invitatio ad offerendum gleichzeitig ein Angebot auf Abschluß eines bedingten Vorvertrages abgegeben. Dieses Angebot hätten die einzelnen Wertpapierinhaber der Thyssen AG angenommen, wenn sie ihrerseits das Angebot auf Abschluß des Hauptvertrages mit Krupp-Hoesch abgegeben hätten, der auf die Veräußerung oder den Umtausch ihrer Aktien gerichtet gewesen wäre.
- Schließlich hätte die Offerte auch so konstruiert werden können, daß das Annahmeermessen der Krupp-Hoesch AG in dem Sinne negativ beschränkt worden wäre, daß die einzelnen Angebote jedenfalls dann nicht angenommen hätten werden müssen, wenn die entsprechenden Bedingungen nicht eingetreten wären.
- Neben einer invitatio ad offerendum gab es für die Krupp-Hoesch AG auch die Möglichkeit, das Angebot durch Klauseln wie „freibleibend“ oder „unverbindlich“ gänzlich unter Ausschluß der Bindung erfolgen zu lassen.[268] Bei einer Freiklausel, die sich auf das Angebot im Ganzen bezieht, ist die Erklärung ebenfalls regelmäßig nicht als Antrag anzusehen, sondern wiederum nur als Aufforderung zur Abgabe eines Angebotes. Daneben kann eine Freiklausel aber auch als Widerrufsvorbehalt in dem Sinne verstanden werden, daß das Recht zum Widerruf auch noch nach der Annahme des Angebots bestehen soll.

Um eine der verschiedenen Verbindungsoptionen im Übernahmeangebot der Krupp-Hoesch AG zu realisieren, hätte sie mit dem Übernahmekodex in Einklang stehen müssen.

Besteht keine Beschränkung des Annahmeermessens des Bieters, könnte die Verknüpfung einer invitatio ad offerendum mit einer Bedingung im Hinblick auf die Schutzlosigkeit der Aktionäre der Zielgesellschaft Bedenken im Hinblick auf die Intention des Übernahmekodex hervorrufen. Es bestand dann die Gefahr, daß der einzelne Aktieninhaber für einen übermäßig langen Zeitraum an sein Angebot gebunden würde, ohne daß er definitiv sicher hätte sein können, daß sein Angebot angenommen werden würde, wenn die einzelnen Bedingungen erfüllt gewesen wären. Durch eine solche Konstruktion wäre die Annahmefrist nach § 147 II BGB über Gebühr zum Nachteil der Wertpapierinhaber verlängert worden, weil diese gem. § 145 BGB während der Annahmefrist an ihr Angebot gebunden gewesen wären, sofern nichts anderes bestimmt worden war.

Nach Art. 9 Übernahmekodex durfte ein Angebot jedoch nur an Bedingungen geknüpft sein, deren Eintritt der Bieter selbst nicht herbeiführen konnte. Zwar handelt es sich bei der Verlängerung der Annahmefrist nicht um eine Bedingung im eigentlichen Sinne, da es die Wirkungen des Rechtsgeschäfts nicht von einem zukünftigen ungewissen Ereignis abhängig macht. Da eine solche Veränderung der Annahmefrist in der

[268] Vgl. dazu ausführlich Wolf in: Soergel, BGB, § 145 Rdnr. 11 f.; Lindacher, DB 1992, 1813, 1813 ff..

Wirkung einer Bedingung, die die Bietergesellschaft selbst beeinflussen kann, gleichkommt, wäre eine solche Konstruktion nach teleologischer Auslegung mit Art. 9 Übernahmekodex analog unvereinbar gewesen.

(2) Vereinbarkeit mit Art. 10 Nr. 1 AGBG (§ 308 I Nr. 1 BGB n. F.)

Soweit Übernahmeangebote Klauseln enthalten, die das Zustandekommen des Vertrages betreffen, sog. Vertragsabschlußklauseln, unterfallen diese nach ganz überwiegender Auffassung[269] ebenfalls der inhaltlichen Kontrolle durch die heutigen §§ 305 ff. BGB, auch wenn sie nicht als Vertragsbestandteile inhaltliche Bedeutung aufweisen. Knüpft ein Bieter seine Annahmeerklärung an den Eintritt einer Bedingung, wirkt sich diese auf das Zustandekommen des Kauf- bzw. Tauschvertrages aus, so daß sie als Vertragsabschlußklausel unter die §§ 305 ff. BGB fällt. Gem. § 308 Nr. 1 BGB sind jedoch Klauseln, die dem Verwender eine unangemessen lange oder unbestimmte Frist zur Annahme eines Angebots vorbehalten, unwirksam.
Beschränkt der Bieter sein Ermessen hinsichtlich der Annahme der Angebote der Aktionäre der Zielgesellschaft nicht, stellt etwa die Klausel über die Genehmigungsbedürftigkeit des Zusammenschlusses durch die EU-Kommission eine Regelung dar, die den Adressaten bei einer invitatio ad offerendum für einen Zeitraum von mehreren Monaten in einen Bindungszustand versetzen kann, da der Bieter sich zumindest bis zur Entscheidung der EU-Kommission mit der Abgabe von Annahmeerklärungen zurückhalten wird.
Geben die Antragenden bei einer invitatio ad offerendum kein befristetes Angebot ab, stellt die mit der Bindungswirkung eintretende Verfügungsbeschränkung über die Aktien einen Nachteil für die Aktionäre dar. Wann in zeitlicher Hinsicht die Erträglichkeit der Bindung überschritten ist, richtet sich im Einzelfall nach einer gem. § 308 Nr. 1 BGB vorzunehmenden Interessenabwägung. Eine Unangemessenheit wird regelmäßig bejaht, wenn die Interessen des Verwenders den Wert der Adressateninteressen nicht nur unerheblich unterschreiten.[270]
Das vornehmliche Interesse des Bieters ist in der Planungssicherheit zu sehen, da er sich eine rechtliche Bindung solange vorbehalten möchte, bis etwa die EU-Kommission der geplanten Übernahme zustimmt. Anderenfalls würde der Bieter bei einer Unvereinbarkeitsentscheidung der EU-Kommission unter Umständen eine große Anzahl von Aktien der Zielgesellschaft erhalten, ohne noch ein wirtschaftliches Interesse daran zu haben und sich somit ggf. einer Rückabwicklung aussetzen.
Dem steht primär das Interesse der antragenden Aktionäre an einer schnellen Abwicklung des Geschäfts gegenüber, um innerhalb eines kurzen Zeitraums Klarheit in bezug auf den Vertragsschluß zu erlangen. Bei einem Angebot zum Tausch von Aktien besteht zudem die Gefahr, daß unerwartet ein rapider Kursverfall der Zielaktien eintritt. Die Bindungswirkung des Antragenden führt jedoch dazu, daß sie ihre Aktien nicht am Markt abstoßen können. Demgegenüber besteht für den Bieter, der sein An-

---

[269] Ulmer in: Ulmer/Brandner/Hensen, AGBG, § 23, Rdnr. 21a; differenzierend Wolf in: Wolf/Horn/Lindacher, AGBG, § 1 Rdnr. 6, 8; a. A.: BGH WM 1985, 757, 758
[270] BGH NJW 1986, 1807, 1808; Wolf in: Wolf/Horn/Lindacher, AGBG, § 10 Nr. 1 Rdnr. 10.

nahmeermessen nicht beschränkt hat, bei einer invitatio ad offerendum noch immer die Möglichkeit, das Angebot nicht anzunehmen.

Im Hinblick auf § 10 Nr. 1 AGBG, nunmehr § 308 Nr. 1 BGB, und dem Übernahmekodex bot sich daher im Ergebnis bei der Verknüpfung einer invitatio ad offerendum mit einer Bedingung im Rahmen des geplanten Übernahmeangebots der Krupp-Hoesch AG entsprechend der oben genannten zweiten Alternative der Abschluß eines zumindest bedingten Vorvertrages an. Dieser hätte der Krupp-Hoesch einerseits die notwendige Planungssicherheit eingeräumt und andererseits den Thyssen-Aktionären nicht die übermäßig lange Unsicherheit über eine Nichtannahme ihres Angebots aufgrund von unkalkulierten Ereignissen auferlegt.. Bei der Formulierung eines Angebots als freibleibend mußte die Krupp-Hoesch AG im Hinblick auf die nur vage zu formulierenden Erklärungen damit rechnen, daß die angesprochenen Thyssen-Aktionäre nur in einem geringeren Umfang reagiert hätten, als das bei einem zumindest bedingten Angebot auf Abschluß eines Vorvertrages der Fall gewesen wäre, so daß diese Möglichkeit nicht in Erwägung gezogen werden konnte.

(3) Nachteile einer invitatio ad offerendum

Nachteilig an der Möglichkeit der Ausgestaltung des Übernahmeangebots als invitatio ad offerendum wäre gewesen, daß einem Aktionär der Krupp-Hoesch AG - und damit zumindest mittelbar auch der Thyssen AG -, die Möglichkeit zur rechtlich wirksamen Intervention gegeben worden wäre. Bei Vorliegen eines Verfügungsgrundes - etwa Verletzung der Grundsätze der Holzmüller-Entscheidung[271] - hätte der Aktionär eine einstweilige Verfügung gegen den Vorstand von Krupp-Hoesch beantragen können, wodurch ihm untersagt worden wäre, Angebote von Aktionären der Thyssen AG anzunehmen.
Als negativer Aspekt wäre des weiteren hinzugekommen, daß in allen Fällen, in denen der Erklärung keine bindende Wirkung im Sinne von § 145 BGB zukommen soll, den Auffordernden die Pflicht zu ausdrücklicher Ablehnung trifft, wenn ihm daraufhin ein Angebot zugeht.[272] Ohne unverzügliche Ablehnung eines Angebots durch einen Thyssen-Aktionär hätte sich Krupp-Hoesch nach Treu und Glauben als Annehmender behandeln lassen müssen. Letztlich besteht bei einer invitatio ad offerendum auf der Seite des Empfängers häufig das Problem, daß Verwirrung über das Verständnis und die rechtliche Einordnung der Aufforderung entstehen kann. Derartige Gefahren sollten im Hinblick auf die mit einem Übernahmeangebot verbundenen finanziellen Risiken jedoch ausgeschlossen werden.
Aufgrund der genannten Nachteile hat das Verbot der invitatio ad offerendum in § 17 WpÜG für die Ausgestaltung eines Übernahmeangebots in der Praxis nur geringere Bedeutung.

[271] BGHZ 83, 122, 122 ff., siehe dazu noch ausführlich S. 83 ff..
[272] Kramer in: Münchener Kommentar, BGB, § 145 Rdnr. 6; Lindacher, DB 1992, 1813, 1813 f..

bb) Verknüpfung mit Bedingungen und Rücktrittsvorbehalten

Die mit einer invitatio ad offerendum verbundenen Nachteile ließen dem Vorstand der Krupp-Hoesch AG ein direktes bindendes Angebot gem. § 145 BGB an die Thyssen-Aktionäre sicherer erscheinen.
Ein bindendes Angebot zum Abschluß des Kauf- oder Tauschvertrages kann von vornherein als Vollangebot oder als Teilangebot mit im voraus angegebener Höchst- und gleichzeitiger Mindestmenge der zu erwerbenden Aktien ausgestaltet werden.[273] Flexibler ist jedoch die Ausgestaltung als Vollangebot in Verbindung mit einer aufschiebenden Bedingung gem. § 158 BGB. Denkbar ist auch eine auflösende Bedingung mit dem Inhalt, daß abgeschlossenen Verträgen die Wirksamkeit versagt wird, wenn die im Angebot vorausgesetzte Angebotsmenge nicht erreicht wird und eine Rückübertragung der erworbenen Anteile erfolgen soll. Eine derartige Bedingung kann mit einem Rücktritts- oder Widerrufsvorbehalt kombiniert werden, so daß der Anteilserwerb auch dann zustandekommt, wenn etwa der am Grundkapital der Zielgesellschaft angestrebte Schwellenwert nicht erreicht wird.
Daneben konnte das grundsätzlich bindende Angebot auch gänzlich unter den Vorbehalt des Widerrufs oder Rücktritts vom bereits abgeschlossenen Vertrag gestellt werden, da Art. 9 des Übernahmekodex keine gegenteilige Regelung enthielt. Diese Gestaltungsmöglichkeit war im Falle einer feindlichen Übernahme zumindest dann zu bedenken, wenn die Fusionskontrolle zu einem Ergebnis führen konnte, das dem unternehmerischen Plan nicht mehr entsprach. Dies ist insbesondere anzunehmen, wenn die Kartellbehörden die Genehmigung unter nicht mehr hinnehmbaren Auflagen erteilen. Nach § 18 II WpÜG ist jedoch nun ein Angebot, das unter dem Vorbehalt des Widerrufs oder des Rücktritts abgegeben wird, unzulässig, so daß der Bieter jetzt auch bei kartellrechtlichen Genehmigungen, die mit äußerst hohen Auflagen verbunden sind, an das Angebot gebunden bleibt.

Da sich der feindliche Übernahmeversuch der Krupp-Hoesch AG im Rahmen der üblichen Standards halten, aber zugleich auch Sicherheit und Flexibilität gewährleisten sollte, war vorgesehen, daß direkte Angebot an die Thyssen-Aktionäre zumindest mit drei Bedingungen zu versehen, die angesichts der finanziellen Risiken Grundlage für die Gesamttransaktion waren:
Der aufgrund des Übernahmeangebots und dessen Annahme zustandegekommene Kauf- und Übertragungsvertrag sollte zunächst aufschiebend bedingt sein durch das Erreichen der Mehrheit am Grundkapital der Thyssen AG zum Zeitpunkt des Ablaufs der Annahmefrist sowie der Zustimmung der Hauptversammlung der Krupp-Hoesch AG zum Erwerb der Thyssen-Aktien und dem Ablauf der Frist zur Anfechtung dieses Zustimmungsbeschlusses ohne Erhebung einer Anfechtungs- oder Nichtigkeitsklage.
Schließlich war im Hinblick auf erforderliche behördliche Entscheidungen eine aufschiebende Bedingung bezüglich der Genehmigung des Kontrollerwerbs durch die EU-Kommission aufgrund des Vertrages über die Gründung der Europäischen Gemeinschaft für Kohle und Stahl von 1951 („EGKS-Vertrag“) und aufgrund der Verordnung über die Kontrolle von Unternehmenszusammenschlüssen („FKVO“) sowie

---

[273] Assmann/Bozenhardt, Übernahmeangebote, S. 88 ff.

im Hinblick auf die Nichtuntersagung des Erwerbs nach dem US-amerikanischen Recht vorgesehen.

c) Weiterer Angebotsinhalt

Im Fall Krupp/Thyssen ist es aufgrund des vorzeitigen Bekanntwerdens der Übernahmepläne zwar nicht mehr zur Veröffentlichung des Angebots durch die Krupp-Hoesch AG gekommen, jedoch lassen sich aus den verfügbaren Informationen und den betrieblichen und zeitlichen Umständen Rückschlüsse auf weitere wesentliche Angebotsinhalte ziehen.

aa) Angebotspreis und Preiskontrolle

Da im Übernahmeplan der Krupp-Hoesch AG eine Verschmelzung der beiden Gesellschaften als Ziel vorgesehen war, ist die Ermittlung des Angebotspreises besonders bedeutsam.
Bei der Bestimmung des Angebotspreises mußte von vornherein bedacht werden, daß der im - der erfolgreichen Übernahme nachfolgenden - Verschmelzungsverfahren errechnete Wert der Thyssen-Aktie[274], erheblich höher hätte liegen können als der im Übernahmeangebot verankerte Preis. Hätte sich im Verschmelzungsverfahren herausgestellt, daß der Wert der Thyssen-Aktie höher gelegen hätte als der im geplanten Übernahmeangebot verankerte Preis von 435 DM, so hätte sich für die Aktionäre der Thyssen AG die Frage gestellt, ob sie gegen die Krupp-Hoesch AG einen Anspruch auf Schadensersatz aus c.i.c geltend machen können.[275]
Bei dem aufgrund des Übernahmeangebots zustandegekommenen Kaufvertrag zwischen der Krupp-Hoesch AG und einem Thyssen-Aktionär könnte es sich bei einer derartigen Diskrepanz hinsichtlich des Wertes der Thyssen-Aktie um einen wirksamen, aber inhaltlich nachteiligen Vertrag handeln. Bei einem inhaltlich nachteiligen Vertrag hat der Geschädigte lediglich dann einen Anspruch auf Schadensersatz aus c.i.c, wenn der Vertrag durch eine pflichtwidrige Einwirkung auf die Willensbildung des Geschädigten zustande gekommen ist, die insbesondere in der Vermittlung unrichtiger oder unvollständiger Informationen liegt.[276]
Die notwendige Weitergabe von Informationen über das Zustandekommen des Angebotspreises stellte den Vorstand der Krupp-Hoesch AG zunächst innerhalb der Pla-

---

[274] Anhand der „Grundsätze zur Durchführung von Unternehmensbewertungen- Stellungnahme des Hauptfachausschusses des Instituts der Wirtschaftsprüfer HFA 2/1983"; sie enthalten neben der Darstellung der Grundprobleme der Unternehmensbewertung die bei einer Unternehmensbewertung anzuwendenden Grundsätze (Grundsatz - der Bewertung der wirtschaftlichen Unternehmenseinheit; - der Bewertung nachhaltig entziehbarer, verfügbarer Unternehmensüberschüsse, - der Bewertung der vorhandenen Ertragskraft; - der Bewertung des Eigenkapitals; der gesonderten Bewertung des nicht betriebsnotwendigen Vermögens; - des Stichtagsprinzips; - der Vergangenheitsanalyse; - der Zukunftsbezogenheit der Bewertung; - der erfolgsorientierten Substanzerhaltung; - der Substanzbezogenheit des Erfolges; - eindeutiger Bewertungsansätze; - der Berücksichtigung von Synergieeffekten; - zur Bewertung des Management-Faktors; - zur Unbeachtlichkeit des Vorsichtsprinzips und der Verwendung abgesicherter Bewertungsunterlagen).

[275] Die umgekehrte Situation wäre hingehen hier unproblematisch gewesen, vgl. Aha, AG 1997, 26, 26 ff.

[276] Heinrichs in: Palandt, BGB, § 276 Rdnr. 78.

nungsphase vor die Frage, aufgrund welcher Maßstäbe der Angebotspreis für eine Thyssen-Aktie ermittelt werden konnte.
Sowohl der Markt, als auch der Gesetzgeber gehen davon aus, daß die Lösung von Bewertungsproblemen bei einem Übernahmeangebot grundsätzlich den Marktteilnehmern zu überlassen ist, so daß der Bewertung der Markt- und Börsenpreis zugrunde gelegt wird, dem dann die Prämie zuzurechnen ist, die der Bieter im Hinblick auf seine Absicht ermittelt hat, die Aktionäre der Zielgesellschaft zum Verkauf zu veranlassen.
Da für die Thyssen-Aktionäre als Verkäufer kein anderer Markt als die Börse existierte, wäre folglich allein dieser Markt für die Wertfindung entscheidend geworden. Jedes Argument, die Krupp-Hoesch AG als Bieter hätte den für das Umtauschverhältnis zu ermittelnden Wert zahlen müssen, geht fehl, da der Thyssen-Aktionär auch nur den Wert berücksichtigt hätte, den er im Markt hätte erzielen können. Der für eine Verschmelzung ermittelte Wert ist demgegenüber ein Wert für Umtauschzwecke, für dessen Ermittlung auf vermeintlich objektive Gründe zurückgegriffen wird.[277]
Nach der Ermittlung des Angebotspreises durch die Krupp-Hoesch AG wäre der Vorstand der Krupp-Hoesch AG den Thyssen-Aktionären ab dem Zeitpunkt der Veröffentlichung des Übernahmeangebotes nach den Grundsätzen des Übernahmekodex zur vollständigen und richtigen Information über alle preisrelevanten Umstände verpflichtet gewesen.
Wäre diese Informationsweitergabe ordnungsgemäß erfolgt, wäre allein die Tatsache, daß der im Verschmelzungsverfahren ermittelte Wert höher gelegen hätte, als der gezahlte Angebotspreis, für einen Schadensersatzanspruch der betroffenen Aktionäre der Thyssen AG auf der Basis der Grundsätze der c.i.c. nicht ausreichend gewesen.
Gegen eine, für die Haftung aus c.i.c erforderliche, schuldhafte Pflichtverletzung spricht bei einer feindlichen Übernahme regelmäßig auch der Umstand, daß keine Due Diligence stattgefunden hat. Der Wert, den ein Verschmelzungsprüfer im Falle einer - der erfolgreichen Übernahme der Thyssen-AG anschließenden - Verschmelzung festgestellt hätte, konnte daher zum Zeitpunkt der Ermittlung des Angebotspreises für das Übernahmeangebot noch nicht feststehen.[278] Darin, daß sich jeder Bieter einen höheren Wert als den Angebotspreis erhofft, liegt noch keine schuldhafte Pflichtverletzung gegenüber dem Verkäufer. Ohnehin kommt eine Informationspflicht des Käufers gegenüber dem Verkäufer über den Wert der Sache nur in seltenen Ausnahmefällen in Betracht.[279]

Hat die Bietergesellschaft aus Marktwert und Prämie den Übernahmepreis gebildet, stellt sich nun die Frage, inwiefern den Aktionären der Zielgesellschaft eine Preiskontrolle möglich ist.

---

[277] Vgl. aber zur Berücksichtigung des Börsenkurses als Bewertungsgrundlage von Abfindungsansprüchen BVerfG AG 1999, 566 ff.; BGH BB 2001, 1053, 1053 – DAT/Altana -; dazu Bungert, BB 2001, 1163, 1163 ff.; Steinhauer, AG 1999, 299 ff.

[278] Zwar fand aufgrund des gescheiterten Übernahmeversuchs keine Verschmelzung durch Aufnahme der Thyssen AG statt, jedoch wurde bei der zu einem späteren Zeitpunkt ausgehandelten Verschmelzung durch Neugründung der Thyssen Krupp AG das Umtauschverhältnis methodengerecht ermittelt, s. Anhang, S. 233 ff.. Der Wert der Thyssen-Aktie wurde mit 690, 09 DM angegeben und lag und damit über den im Übernahmeangebot anvisierten 435 DM pro Aktie; nach Bekanntwerden des Übernahmeangebots hatte der Vorstand der Thyssen- AG den inneren Wert der Thyssen-Aktie mit ca. 550 DM angegeben.

[279] Heinrichs in: Palandt, BGB, § 276 Rdnr. 78 ff.

Dem Übernahmekodex war kein Hinweis über die Bestimmung des Angebotspreises zu entnehmen. Art. 7 Nr. 6 Übernahmekodex sah zwar vor, daß das Angebot Angaben über die wesentlichen Faktoren, die bei der Bestimmung der Gegenleistung maßgebend waren, zu enthalten hatte. Welche Faktoren jedoch für die Preisbestimmung ausschlaggebend sein sollen, war nicht geregelt. Für eine unmittelbare Kontrolle der Angemessenheit des Angebotspreises gab es daher keine Anknüpfungspunkte. Eine Bindung an früher außerhalb eines Übernahmeangebots gezahlte Preise scheidet mangels Vergleichbarkeit der Preisermittlungsmaßstäbe (z. B. bei dem Erwerb eines Aktienpaketes) aus. Grundlage einer Angemessenheitskontrolle ist auch nicht eine Treuepflicht zwischen dem Bieter und den Aktionären, selbst wenn der Bieter schon Aktionär der Zielgesellschaft ist, da die Treuepflicht nur den mitgliedschaftlichen, nicht aber den rechtsgeschäftlichen Bereich betrifft.[280]
Eine Vergleichbarkeit des durch das Übernahmeangebot angesprochenen Aktionärs mit dem außenstehenden Aktionär etwa bei Abschluß eines Beherrschungsvertrages und somit eine analoge Anwendung von § 305 I AktG, der ein Recht auf Abfindung gewährt, wird zu Recht abgelehnt.[281] Daher ist der Unternehmer in der Preisgestaltung nahezu frei.[282] Die Preiskontrolle bleibt allein mittelbar wirkenden Faktoren vorbehalten. Als solche sind zu nennen die Leitgröße des Börsenkurses, die Bewertung von Informationen aufgrund von Informationspflichten des Bieters, die Stellungnahme des Vorstands der Zielgesellschaft und die Möglichkeit von Konkurrenzangeboten.[283]
Die fehlenden rechtlichen Schranken bei der Festlegung des Umtauschverhältnisses im Rahmen eines öffentlichen Übernahmeangebots lassen sich mit ihrer fehlenden Notwendigkeit begründen. Der Übernehmer wird bereits aus eigenem Interesse darauf achten, daß der Angebotspreis für die Aktionäre attraktiv ist, weil die Höhe des Angebots in den meisten Fällen den Erfolg der Übernahme entscheidend beeinflußt.
Zudem vollzieht sich eine öffentliche Übernahme in zahlreichen einzelnen Kaufverträgen zwischen dem Bieter und den Aktionären der Zielgesellschaft. Während sich diese Kaufverträge rückabwickeln lassen, ist eine solche Rückabwicklung im Falle einer Verschmelzung nicht möglich. Die fehlende Rückabwicklungsmöglichkeit wird auch als Grund für die Notwendigkeit eines Verfahrens zur Prüfung der Angemessenheit eines Umtauschverhältnisses genannt, wie sie in § 15 UmwG vorgesehen ist.

bb) Gegenstand des Angebots

Gem. Art. 7 Nr. 3 des Übernahmekodex gehören zum Mindestinhalt des Angebots neben der Firma der Zielgesellschaft Angaben über die Wertpapiere, die Gegenstand des Angebots sind.
Daher stellt sich die Frage, welche Aktien oder Aktiengattungen der Thyssen AG seitens Krupp-Hoesch erworben werden sollten. Ausweislich der Anmerkungen der Börsensachverständigenkommission zum Übernahmekodex ist die Bezeichnung der Wertpapiere erforderlich, gegebenenfalls sogar nach einzelnen Wertpapier-Kenn-

[280] Grunewald, WM 1989, 1233, 1235.
[281] Assmann/Bozenhardt, Übernahmeangebote, S. 90.
[282] Daum, Unkoordinierte Übernahme einer AG, S. 81 f.; Behrens, ZGR 1975, 433, 455; Bozenhardt, Freiwillige Übernahmeangebote, S. 97 ff.; Daum, Unkoordinierte Übernahme einer AG, S. 81 f..
[283] Assmann/Bozenhardt, Übernahmeangebote, S. 90.

Nummern.[284] Auch ist anzugeben, ob der Bieter sämtliche Aktien oder nur eine von mehreren existierenden Aktiengattungen einer Gesellschaft erwerben will.
Das beabsichtigte Angebot der Krupp-Hoesch AG richtete sich auf sämtliche Aktien (100 %) der auf den Inhaber lautenden Thyssen-Aktien.
Gem. § 3 Nr. 6 ihrer Satzung verfügte die Thyssen AG zudem über ein weiteres genehmigtes Kapital in Höhe von insgesamt 150.000.000 DM (Genehmigtes Kapital II), bei welchem der Vorstand mit Zustimmung des Aufsichtsrates das Bezugsrecht ausschließen konnte. Die Thyssen AG verfügte gem. § 3 Nr. 5 ihrer Satzung aber auch über genehmigtes Kapital in Höhe von insgesamt 350.000.000,- DM (Genehmigtes Kapital I), bei dessen Ausnutzung den Aktionären grundsätzlich ein Bezugsrecht einzuräumen war.
Um jedoch nicht durch Kapitalerhöhungsmaßnahmen, die in der Interimszeit zwischen Veröffentlichung des Übernahmeangebots und der Abwicklung des angenommenen Bestandes vorgenommen hätten werden können,[285] unter die letztlich angestrebte Beteiligungsquote abzusinken, mußte die Krupp-Hoesch AG auch die ab Abgabe des Angebots entstehenden Bezugsrechte auf Aktien der Thyssen AG zum Gegenstand des Angebots zu machen.
Des weiteren mußten Vorkehrungen bezüglich der Übertragung des Stimmrechts an den Thyssen-Aktien getroffen werden.

(1) Gefahren bei Kapitalerhöhungsmaßnahmen

Der Vorstand der Krupp-Hoesch AG hatte geplant, ein Übernahmeangebot auf alle Aktien der Thyssen AG im Gesamtnennbetrag von 1.565.000.000,- DM abzugeben. Die Aktien waren eingeteilt in 6.500.000 Aktien im Nennwert von je 50 DM, 50.000 Aktien im Nennwert von 500 DM und 1.215.000 Aktien im Nennwert von je 1.000 DM.
Für die beabsichtigte Verschmelzung mit der Thyssen AG benötigte die Krupp-Hoesch AG gem. §§ 13, 65 I UmwG eine Dreiviertel-Mehrheit in der Thyssen-Hauptversammlung. Bei einer regelmäßigen Hauptversammlungspräsenz von unter 70 %[286] hätte dies bedeutet, daß die Krupp-Hoesch AG jedenfalls über 50 % aller stimmberechtigten Aktien hätte verfügen müssen, um sich gegenüber Präsenzschwankungen abzusichern sogar mindestens über 60 % aller Thyssen-Aktien.
Um der Gefahr zu entgehen, die benötigte Quote stimmberechtigter Aktien zu verfehlen, hätte Krupp-Hoesch zur Vorkehrung ein Angebot unter der Bedingung des Erwerbs aller Aktien abgeben können. Gleichzeitig hätte sich der Konzern aber vorbehalten können, auf diese Bedingung zu verzichten, wenn ihm zumindest 60 % oder mehr Aktien angeboten worden wären. Die Vereinbarung einer solchen „Wollensbedingung“, kraft derer eine der beiden Vertragsparteien durch Abgabe einer einseitigen Willenserklärung den Vertrag in Geltung setzt, ist zulässig.[287]

---

[284] Anmerkungen zum Übernahmekodex, S. 17.
[285] Zu deren rechtlichen Zulässigkeit vgl. S. 177 ff.
[286] Auf der Hauptversammlung der Thyssen AG am 14.03.1997 waren 58, 48 % des Kapitals vertreten gegenüber 62,7 % im Vorjahr.
[287] Flume, Rechtsgeschäft, S. 686.

Eine solche Konstruktion hätte aber für die Krupp-Hoesch AG ein nicht unerhebliches Risiko bedeutet. Der Vorstand der Thyssen AG hätte nach Abgabe eines entsprechenden Übernahmeangebots mittels des genehmigten Kapitals I ihr Kapital um 350 Millionen erhöhen, in diesem Umfang neue stimmberechtigte Aktien schaffen und den Aktionären zum Bezug anbieten können. Wenn sich das Angebot der Krupp-Hoesch AG nicht auf diese neuen Aktien erstreckt hätte, hätte sie die erforderliche 50 % Quote verfehlt. Krupp-Hoesch hätte dann den Kaufpreis für die erworbenen Aktien finanzieren müssen, ohne aber seine unternehmerischen Absichten bei Thyssen durchsetzen zu können.
Zwar hätte Krupp-Hoesch dieser gefährlichen Situation insofern vorgreifen können, als das sie das Angebot von vornherein unter die weitere Bedingung hätten stellen können, daß es nicht zur Ausgabe neuer Aktien kommt. Damit wäre aber dem Vorstand der Thyssen AG erst die Möglichkeit zugespielt worden, den takeover zu vereiteln.
Statt dessen hätte Krupp-Hoesch sein Übernahmeangebot auch auf die – noch nicht bestehenden – Aktien erstrecken können. Ein solcher Kauf künftig möglicherweise entstehender Sachen oder Rechte (emtio rei speratae) ist rechtlich möglich.[288] Als problematisch hätte es sich aber dann erwiesen, daß im Zeitpunkt der Abgabe des Übernahmeangebots, in welchem der Übernahmepreis feststehen muß, noch unklar gewesen wäre, zu welchem Preis der Vorstand der Thyssen AG die neuen Aktien ausgegeben hätte. Wenn das Bezugsrecht der Altaktionäre auf die neuen Aktien nicht ausgeschlossen worden wäre, hätte der Vorstand zwischen dem Nennbetrag (50,- DM pro Aktie) und dem Börsenkurs der Altaktien (der sich nach Veröffentlichung des Angebots bei ca. 435,- DM eingependelt hätte) wählen können.
Hätte Krupp-Hoesch also in diesem Fall auch für die jungen Aktien 435,- DM pro Stück angeboten, der Vorstand der Thyssen AG diese dann aber zu 50,- DM pro Stück an die Altaktionäre ausgegeben, hätte die Krupp-Hoesch AG letzten Endes für 7 Millionen junge Aktien über 3 Mrd. DM an die Aktionäre der Thyssen AG zahlen müssen. Von diesen 3 Mrd. DM hätten die Aktionäre bei einer Emission zu pari den Nennbetrag, also 350 Millionen, in die Gesellschaft einzahlen müssen, während die restlichen knapp 2,7 Mrd. DM als Kaufpreis für die jungen Aktien der Gewinn der Aktionäre gewesen wäre. Durch dieses Vorgehen hätte der Vorstand von Thyssen den Kaufpreis für das Unternehmen um etwa 2,7 Mrd. DM erhöhen können, ohne daß die Krupp-Hoesch AG dafür eine entsprechende Gegenleistung erhalten hätte.

(2) Vertragliche Vorkehrungen zu Bezugsrechten

Im Sinne des Übernahmekodex und des WpÜG sind Bezugsrechte keine Wertpapiere. Sie haben jedoch in ihrer Gestalt als konkreter Bezugsanspruch nach wirksamem Beschluß über die Kapitalerhöhung die Qualität eines schuldrechtlichen Anspruchs des bezugsberechtigten Aktionärs gegen die Aktiengesellschaft und sind selbständig abtretbar.[289]

---

[288] Köhler in: Staudinger, BGB, § 433 Rdnr. 44.
[289] Lutter in: Kölner Kommentar, AktG, § 186 Rdnr. 10; Würdinger, Aktienrecht, S. 179.

Die Verfügung über ein entstandenes Bezugsrecht erfolgt durch formlose Abtretung nach §§ 413, 398 ff. BGB, so daß grundsätzlich ein öffentliches Übernahmeangebot auf die Übertragung von Bezugsrechten erstreckt werden kann. Insoweit wird man die Bestimmungen des Übernahmekodex in analoger Anwendung auf die Bezugsrechte übertragen können. Damit stellt sich auch das Erfordernis der genauen Bezeichnung der Bezugsrechte. Im Hinblick auf zukünftig entstehende Bezugsrechte, die Gegenstand eines Übernahmeangebots werden sollen, muß der Bestimmtheitsgrundsatz eingehalten werden. Die Bestimmbarkeit des Bezugsrechtsanspruchs ergibt sich aus dem generellen gesetzlichen Bezugsrecht, das mit der Mitgliedschaft verknüpft ist, dem Bezugsstammrecht und der Ermächtigung des Vorstands zur Erhöhung des Grundkapitals.
Ist die Abtretung eines künftigen Bezugsrechtsanspruchs somit zivilrechtlich unbedenklich, so ist ihr aus praxisnahen Erwägungen in einem Übernahmeangebot aber eine vom Aktionär der Zielgesellschaft zu erteilende Ermächtigung zur Ausübung des Bezugsrechts gem. § 185 BGB vorzuziehen. Die Ermächtigung hat lediglich den Nachteil, daß der annehmende Aktionär in schuldrechtlicher Hinsicht Inhaber des Bezugsrechts ist und sich die Bieter-AG noch ermächtigen lassen muß, Klagen zu erheben, soweit Maßnahmen des Vorstandes der Zielgesellschaft das Bezugsrecht betreffen. Demgegenüber ist die Ermächtigung nicht mit den technischen Schwierigkeiten behaftet, die bei der Abtretung eines künftigen Bezugsrechtsanspruchs auftreten können, wenn nach dessen konkreten Bedingungen für die Übertragung die Vorlage eines Dividendenscheins erforderlich ist. In diesem Fall müssen bei sämtlichen Verfügungen über das Bezugsrecht die sachenrechtlichen Regeln beachtet werden, so daß die Übertragung des Bezugsrechts nur gem. §§ 929 ff., 935 II BGB durch Übereignung und Übergabe des Dividendenscheins vorgenommen werden kann.

Die Krupp-Hoesch AG mußte angesichts des finanziellen Risikos darauf bedacht sein, drohende Gefahren bei der Erlangung der Stimmenmehrheit durch die auch praktisch sichersten vertraglichen Vorkehrungen auszuschließen. Deshalb war vorgesehen, daß mit der Annahme des Übernahmeangebots die Krupp-Hoesch AG gleichzeitig und unwiderruflich ermächtigt werden sollte, bis zum Wirksamwerden des Kauf- und Übertragungsvertrages bei allen etwaigen Kapitalmaßnahmen der Thyssen AG, bei denen den Aktionären ein Bezugsrecht zusteht, das Bezugsrecht im eigenen Namen und für eigene Rechnung auszuüben.
Durch eine solche vertragliche Vorkehrung läßt sich der Bieter mit der Annahme des Angebots durch die Aktionäre der Zielgesellschaft gleichzeitig eine unwiderrufliche Ermächtigung gem. § 185 BGB erteilen, die den Bieter berechtigt, bei allen Kapitalmaßnahmen der Zielgesellschaft im eigenen Namen und für eigene Rechnung das Bezugsrecht aus den ihm angebotenen Aktien auszuüben. Kommt es dann tatsächlich zu einer Kapitalerhöhung während des Übernahmeverfahrens, kann der Bieter aus den ihm bereits offerierten, aber von ihm noch nicht dinglich erworbenen Aktien das Bezugsrecht ausüben. Scheitert das Übernahmeverfahren letztendlich, ist der Bieter verpflichtet, dem betreffenden Aktionär nach seiner Wahl die bezogenen jungen Aktien zu überlassen oder anstelle dessen den Marktpreis hierfür zu zahlen.

Diese Regelung wäre auch für den Vorstand der Thyssen AG ein Hinweis darauf gewesen, daß Krupp-Hoesch gewillt war, alle Möglichkeiten auszuschöpfen, um das Ziel des Kontrollerwerbs zu erreichen.

(3) Options- und Wandelanleihen

Auf der ordentlichen Hauptversammlung der Thyssen AG am 22. März 1996 hatte die Thyssen AG ein bedingtes Kapital in Höhe von 250.000 DM geschaffen, das gemäß Beschluß der ordentlichen Hauptversammlung vom 14. März 1997 der Gewährung von Rechten aus Wandel- und / oder Optionsschuldverschreibungen dienen sollte.[290] Aus diesem Grund wurde es seitens des Vorstands der Krupp-Hoesch AG ferner in Betracht gezogen, das öffentliche Übernahmeangebot auch auf ausstehende Optionsanleihen und Wandelanleihen zu erstrecken, die einen Anspruch auf Zuteilung von Aktien gewähren.
Sowohl Optionsanleihen, als auch Wandelanleihen sind Wertpapiere im Sinne des Übernahmekodex und des WpÜG, denn darunter fallen auch solche Rechte, die den Bezug von Aktien zum Gegenstand haben und die durch einseitige Willenserklärung des Rechtsinhabers neu zur Entstehung gebracht werden können.[291] Soweit von der Zielgesellschaft Optionsscheine und Wandelanleihen gegeben sind, und sich das Übernahmeangebot auch auf sie erstrecken soll, sind sie im Angebotstext genau zu bezeichnen.

(4) Stimmrechtsausübungsermächtigung

Im Rahmen der Gestaltung des Übernahmeangebots hätte des weiteren die Möglichkeit untersucht werden können, der Krupp-Hoesch AG bereits mit der Annahmeerklärung der Thyssen-Aktionäre das Stimmrecht an den Aktien übertragen. Damit hätte Krupp-Hoesch bis zum Eintritt der weiteren Bedingungen des Übernahmeangebotes und der endgültigen Abwicklung des Aktienkaufs die Stimmrechte aus den zum Erwerb angetragenen Aktien ausüben können.
Grundsätzlich kann der Aktionär Dritte zur Ausübung seines Stimmrechts gem. §§ 164 ff. BGB bevollmächtigen. In diesem Fall handelt der Vertreter im Namen des Aktionärs. Möglich ist ferner eine Ermächtigung gem. § 185 BGB zur Stimmrechtsausübung durch den Dritten im eigenen Namen. Beide Modelle werden im Hinblick auf § 129 III AktG durch das Aktienrecht ermöglicht.
Für die Ausübung des Vollmachtsstimmrechts in der Hauptversammlung der Zielgesellschaft ist neben der rechtlichen Innehabung der Vollmacht auch der Nachweis erforderlich, daß der Abstimmende entsprechend ermächtigt ist. Gem. § 134 III S. 3 AktG ist durch den Stimmrechtsvertreter eine Vollmachtsurkunde im Original vorzulegen. Hat hingegen eine Ermächtigung gem. § 185 BGB stattgefunden, tritt also der Bieter als Legitimationsaktionär auf, sind nach § 129 III AktG die von ihm repräsen-

[290] Vgl. Börsen-Zeitung, 15.03.1997, S. 6.
[291] Anmerkungen zum Übernahmekodex, S. 9; § 2 II Nr. 2 WpÜG.

tierten Aktien mit Betrag und Gattung im Teilnehmerverzeichnis der Hauptversammlung anzugeben. Die Vorlage einer schriftlichen Ermächtigung ist nicht erforderlich.[292] Die Erteilung einer Stimmrechtsermächtigung kann zweckmäßigerweise zusammen mit der Annahme des öffentlichen Angebots erklärt werden. Insofern wäre es bei dem konkreten Übernahmeangebot vorteilhaft gewesen, ein Ermächtigungsformular beizufügen. Um Kollisionen mit anderen Stimmrechten zu vermeiden, hätten die Aktionäre der Thyssen-AG ferner aufgefordert werden müssen, etwa zugunsten anderer Dritter wie etwa Depotbanken, erteilte Vollmachten zu widerrufen. Dabei kann dieser Widerruf gem. §§ 168 II, 167 I, 182 I BGB grundsätzlich auch in die Urkunde über die Ermächtigung der Bietergesellschaft aufgenommen werden. Mit diesem Vorgehen hätte erreicht werden können, daß die Krupp-Hoesch AG bereits berechtigt gewesen wäre, Stimmrechte aus den angedienten Aktien auszuüben, obgleich der schuldrechtliche Aktienkaufvertrag wegen der bislang nicht eingetretenen Bedingungen schwebend unwirksam gewesen wäre und eine Übereignung der Aktien nicht stattgefunden hätte. Da die Krupp-Hoesch AG als Bietergesellschaft selbst noch nicht Aktionär gewesen wäre, wäre für sie das weitere Problem entstanden, daß sie über die Hinterlegungsbescheinigung, die Aktionäre üblicherweise vor den Hauptversammlungen beizubringen haben, nicht verfügt hätte. Der Nachweis der Hinterlegungsbescheinigung ist jedoch regelmäßig zwingend erforderlich, um eine Eintritts- bzw. Stimmkarte zu erhalten. Auch dies hätte gem. § 123 II und III AktG je nach der Art der Verwahrung und der jeweilig anwendbaren Depotbestimmungen der Ausgestaltung in der Annahmeerklärung bedurft.
Inwieweit eine Ermächtigung zur Ausübung der Stimmrechte letztlich rechtmäßig hätte wahrgenommen werden können, mußte jedoch auch im Zusammenhang mit der kartellrechtlichen Strategie entschieden werden.[293]

d) Bekanntgabe und Annahme des Übernahmeangebots

Die an der Thyssen-AG zu erwerbenden Aktien haben sich im Regelfall bei Depotbanken befunden. Jedoch konnten auch Tafelpapiere nicht ausgeschlossen werden. Bei im Tafelgeschäft erworbenen Papieren hält der Anleger, hier der jeweilige Thyssen-Aktionär, die effektiven Stücke in seinem privaten Bestand. Entsprechend der Aktienverwahrung hätte die Bekanntgabe des Übernahmeangebots durch die Krupp-Hoesch AG abgewickelt werden müssen.
Es ist zunächst davon auszugehen, daß das Angebot in einer klaren, hinsichtlich seines Informationsteils verkürzten Form, im Bundesanzeiger und in den Gesellschaftsblättern der beiden Konzerne sowie zumindest in allen überregionalen Zeitungen veröffentlicht worden wäre. In einer solchen Anzeige ist die Aufforderung enthalten, sich bei den jeweiligen Depotbanken zu melden, wobei auch Inhaber von Tafelpapieren angesprochen werden können.
Die Annahme des Übernahmeangebots erfolgt in Ermangelung eines zwingenden Verfahrens nach den Bedingungen, die der Bieter nach freiem Ermessen in seinem Ange-

[292] Hüffer, AktG, § 134 Rdnr. 32
[293] Wegen Art. 7 III FKVO, s. dazu unten S. 148 ff..

bot festlegt. Für die technische Abwicklung ist die Einschaltung eines Kreditinstituts oder eines Bankenkonsortiums durch den Bieter erforderlich.[294]
Zur Annahme des Angebots hätten die Thyssen-Aktien, für die das Angebot angenommen worden wäre, und die vom Thyssen-Aktionär unterzeichneten Annahmeerklärungen innerhalb der Annahmefrist direkt bei einer der im Übernahmeangebot aufgeführten Stellen oder über die Depotbank eingereicht werden können.
Die Annahmefrist sollte ursprünglich am 26. März 1997 beginnen und am 6. Mai 1997 enden. Damit war geplant, den Thyssen-Aktionären eine Prüfungs- und Entscheidungsfrist von 42 Tagen zu geben. Nach Art. 11 des Übernahmekodex[295] wurde - abweichend von der Regelung des § 148 I BGB - eine Frist von mindestens 28 Tagen und höchstens 60 Tagen für angemessen angesehen.[296] Die Wahl einer in der Mitte dieses Zeitraums liegenden Frist läßt darauf schließen, daß Krupp-Hoesch zum einen den Interessen der Thyssen-Aktionären entgegenzukommen beabsichtigte, zum anderen aber den Entscheidungsdruck aufrecht erhalten wollte, um auch dem Vorstand des Thyssen-Konzerns nicht zu viel Zeit zur Vorbereitung und Durchführung von Abwehrmaßnahmen einzuräumen.
Die Annahmeerklärung umfaßt regelmäßig neben der Annahme des Angebots unbedingt und unwiderruflich das Einverständnis zur Sperrung der von der Annahmeerklärung erfaßten Aktien sowie den Auftrag und die Vollmacht an die Depotbank, alle im Rahmen des Angebots und seiner Annahme erforderlichen und zweckdienlichen Handlungen vorzunehmen und Erklärungen abzugeben und entgegenzunehmen.

III. Konzernbildungskontrolle in der Bieter-AG

Der Beteiligungserwerb mittels eines öffentlichen Übernahmeangebotes führt immer, wenn auch in unterschiedlichem Ausmaß, zu einer Ausweitung des wirtschaftlichen Betätigungsfeldes der Bietergesellschaft.[297] Daher muß aus der Sicht der Bietergesellschaft im Planungsstadium zunächst untersucht werden, inwieweit der in ihrer Satzung festgelegte Unternehmensgegenstand mit dem der Zielgesellschaft übereinstimmt und ob schon aus diesem Grund eine förmliche Satzungsänderung notwendig ist, bevor das Erfordernis und Vorhandensein einer generell zum Erwerb einer Beteiligung ermächtigenden Satzungsklausel geprüft wird.

1. Statutarischer Unternehmensgegenstand von Bieter- und Zielgesellschaft

Ein Beteiligungserwerb mittels Abgabe eines öffentlichen Übernahmeangebots ist nur dann zulässig, wenn der in der Satzung des Bieters festgelegte Unternehmensgegenstand im Sinne des § 23 III Nr. 2 AktG auch eine Betätigung in der Branche der Zielge-

[294] Dazu Groß, DB 1996, 1909, 1909 ff.; Peltzer, ZIP 1991, 485, 485 ff.; Peters in: Übernahme börsennotierter Unternehmen, S. 269, 269 ff.; Schuster in: Siegwart/Mahari/Caytas/Rumpf, M&A, S. 409, 409 ff.
[295] § 16 I WpÜG sieht nunmehr eine Frist von 4 – 10 Wochen vor.
[296] Vgl. zur Laufzeit des Angebots auch Bozenhardt, Freiwillige Übernahmeangebote, S. 124 ff.; Daum, Unkoordinierte Übernahme einer AG, S. 83 f.; Immenga, SAG 1975, 89, 98.
[297] Bozenhardt, Freiwillige Übernahmeangebote, S. 82.

sellschaft umfaßt.[298] Dieses Erfordernis resultiert daraus, daß der Unternehmensgegenstand den Tätigkeitsbereich der Gesellschaft festlegt und dieser bei einer Betätigung in einer gesellschaftsfremden Branche überschritten würde. Eine vollkommene Übereinstimmung der Unternehmensgegenstände ist nicht erforderlich, sondern lediglich ihre Deckung im Kernbereich.[299] Selbst bei einem ohne eine solche Satzungsermächtigung vorgenommenen Beteiligungserwerb oder bei einer unzulässigen faktischen Satzungsänderung bliebe allerdings die Vertretungsmacht des Vorstands mangels Außenwirkung von Beschränkungen gem. § 82 I AktG unberührt.
Das Erfordernis der Wahrung des in der Satzung niedergelegten Unternehmensgegenstandes ist heute anerkannt;[300] unklar ist dabei lediglich, ab welcher Beteiligungshöhe diese Einschränkung gelten soll. Zum Teil wird in diesem Zusammenhang der Erwerb eines beherrschenden Einflusses für notwendig gehalten[301] während eine differenzierende Ansicht darauf abstellt, ob die Beteiligung "unternehmerische Betätigungsmöglichkeit" bietet.[302] Andere verlangen bei jedem Beteiligungserwerb – unabhängig von seiner Höhe – die Wahrung des Unternehmensgegenstandes der eigenen Gesellschaft und lassen daher bereits Minderheitsbeteiligungen genügen.[303]
Die Krupp-Hoesch AG strebte den Erwerb einer satzungsändernden Mehrheit in der Thyssen AG an. Daher war in jedem Fall zu verlangen, daß ihr satzungsmäßiger Unternehmensgegenstand auch eine Betätigung im Geschäftsbereich der Thyssen AG zuließ. Die §§ 2 I der Krupp und der Thyssen-Satzung sahen als Gegenstand des jeweiligen Unternehmens übereinstimmend die Erzeugung und Verarbeitung von Stahl und anderen Werkstoffen vor. Auch die Herstellung von industriellen Komponenten und Systemen und der Betrieb von Handel und Dienstleistungen waren bei beiden Konzernen übereinstimmend genannt. Während die Krupp-Satzung darüber hinaus in § 2 I lit f) und g) das Reisevermittlungs-, Speditions- und Frachtgeschäft sowie die Forschung und Entwicklung in den bezeichneten Geschäftsfeldern vorsah, sollte gem. § 2 I lit. c) und e) der Thyssen-Satzung zum Unternehmensgegenstand der Thyssen AG noch die Kommunikationstechnik und das Immobiliengeschäft gehören. Während somit im Randbereich divergierende Unternehmenstätigkeiten verfolgt wurden, deckten sich die Geschäftsfelder im entscheidenen Kernbereich der Unternehmen. Aufgrund dieser Deckungsgleichheit umfaßte der in der Satzung der Krupp-Hoesch AG vorgesehene Unternehmensgegenstand gem. § 23 III Nr. 2 AktG eine Betätigung in der Branche der Thyssen AG. Daher war für den geplanten Beteiligungserwerb mittels öffentlichen Übernahmeangebots eine förmliche Satzungsänderung gem. §§ 179, 181

---

298 Koppensteiner in: Kölner-Kommentar, AktG,Vorbem. § 291, Rdnr. 24; Rehbinder, Festschrift Coing, S. 423, 430; Semler, Die Überwachungsaufgabe des Aufsichtsrats, S. 167.

299 Krieger in: Münchener Hdb., Bd. 4, § 69 Rdnr. 2; Timm, Die AG als Konzernspitze, S. 102.

300 Vgl. OLG Hamburg, ZIP 1980, 1000, 1006; Koppensteiner in: Kölner Kommentar, AktG, Vorbem. § 291 Rdnr. 24; Lutter, Festschrift Stimpel, S. 825, 846 f.; Krieger in: Münchener Hdb., Bd. 4, § 69 Rdnr. 3; Rehbinder, Festgabe Coing, S. 423, 430 ff.; Seydl, Konzernbildungskontrolle, S. 397; Timm, Die AG als Konzernspitze, S. 100 ff..

301 OLG Hamburg, ZIP 1980, 1000, 1006; Würdinger, Aktienrecht, S. 109; Schneider, Festschrift Bärmann, 873, 883.

302 Timm, Die AG als Konzernspitze, S. 100 f., der diese Voraussetzung grundsätzlich ab einer Quote von mehr als 25 % erfüllt ansieht.

303 Krieger in: Münchener Hdb., Bd. 4, § 69 Rdnr. 3; ähnlich Koppensteiner in: Kölner Kommentar, Vorb. § 291 Rdnr. 24.

AktG zur Änderung des Unternehmensgegenstandes der Krupp-Hoesch AG nicht erforderlich.

2. Erfordernis einer sog. Konzernbildungsklausel

Bewegten sich die Aktivitäten der Thyssen AG innerhalb des statutarischen Unternehmensgegenstandes der Krupp-Hoesch AG, so stellte sich bei der Übernahmeplanung die daran anschließende Frage, ob die Unterbreitung eines Übernahmeangebots als einleitende Konzernbildungsmaßnahme gleichwohl nur dann zulässig war, wenn die Satzung der Krupp-Hoesch AG zum Erwerb von Beteiligungen ermächtigte.
Grundsätzlich leitet der Vorstand einer Aktiengesellschaft selbstverantwortlich die Führung der Geschäfte[304], während der Hauptversammlung nur die in § 119 II AktG verankerten Zuständigkeiten zufallen, soweit keine ungeschriebenen Hauptversammlungskompetenzen in Betracht kommen.[305] Demnach wäre der Vorstand der Krupp-Hoesch AG für den Kauf und Verkauf von Unternehmensbeteiligungen als Bestandteil des Geschäftsführungsbereichs gem. § 76 AktG allein zuständig gewesen. Jedoch herrscht im Schrifttum Uneinigkeit über das Erfordernis einer sog. Konzernbildungsklausel, die in der Satzung ausdrücklich zum Beteiligungserwerb ermächtigt. Der BGH hatte in der Holzmüller-Entscheidung[306] diese Frage offen gelassen.
In der Literatur wird eine ausdrückliche Satzungsermächtigung teilweise für nicht erforderlich gehalten wird,[307] weil die Satzung die Geschäftsführungsbefugnis ohnehin in denjenigen Fragen der Unternehmensstrukturierung einschränken dürfe, die traditionell dem Unternehmensgegenstand zugerechnet werde - wie Beteiligungserwerbe und Gründung von Tochtergesellschaften.[308] Von der herrschenden Meinung[309] wird hingegen eine ausdrückliche Satzungsermächtigung in Form einer Konzernklausel[310] für notwendig gehalten. Dieser Ansicht zur Folge ist eine mittelbare Unternehmensführung durch Beteiligungsgesellschaften zum Schutz der Aktionäre qualitativ anders zu bewerten, als die unmittelbare Unternehmensführung. Deshalb verstoße es gegen die Satzung wegen Nichteinhaltung des dort beschriebenen Unternehmensgegenstandes, wenn der Vorstand ohne Ermächtigung Beteiligungen an einem anderen Unternehmen erwerbe. Der Inhalt der Ermächtigung müsse deshalb den konkreten Beteiligungserwerb abdecken.[311]

---

[304] Grunewald, Gesellschaftsrecht. S. 242 f.; Schmidt, Gesellschaftsrecht, S. 845.

[305] Ebenroth/Daum, DB 1991, 1105, 1107; Schmidt, Gesellschaftsrecht, S. 877 ff..

[306] BGHZ 83, 122, 130.

[307] Ebenroth/Daum, DB 1991, 1105, 1107; Röhricht in: Großkomm., AktG, § 23 Rdnr. 83 f.; Götz, AG 1984, 85, 90; Mertens in: Kölner Kommentar, AktG, § 76 Rdnr. 51; ders. AG 1978, 309, 311 f.; Westermann, ZGR 1984, 352, 362; Würdinger, Aktienrecht, S. 273; in diesem Sinne wohl auch Mecke, Konzernstruktur und Aktionärsentscheid, S. 144 ff..

[308] Mertens in: Kölner Kommentar, AktG, § 76 Rdnr. 51.

[309] Groß, AG 1994, 266, 269; Hommelhoff, Die Konzernleitungspflicht, S. 267; Koppensteiner in: Kölner Kommentar, AktG, Vorbem. § 291, Rdnr. 26; Kropff, ZGR 1984, S. 112, 130 ff.; Lutter, Festschrift Stimpel, 825, 846 ff.; Krieger in: Münchener Hdb., Bd. 4, § 69 Rdnr. 4; Rehbinder, Festschrift für Coing, 423, 433 ff.; Semler, Die Überwachungsaufgabe des Aufsichtsrats, S. 166; Timm, Die AG als Konzernspitze, S. 88 ff.; ders. AG 1980, S. 172, 180; Wiedemann, ZGR 1975, 385, 416.

[310] Die meisten Satzungen deutscher Gesellschaften enthalten solche Konzernierungsklauseln, vgl. Nachweise bei Lutter, Festschrift Stimpel, S. 825, 847; Mecke, Konzernstruktur und Aktionärsentscheid, S. 150.

[311] Krieger in: Münchener Hdb., Bd. 4, § 69 Rdnr. 4 f..

Zur Wahrung der aktienrechtlichen Zuständigkeitsordnung war danach eine die Konzernbildung erlaubende Satzungsbestimmung bei der Krupp-Hoesch AG zu verlangen gewesen. In § 2 III ihrer Satzung verfügte die Krupp-Hoesch AG über eine derartige Konzernklausel, nach der die Gesellschaft auch andere Unternehmen - insbesondere solche, deren Unternehmensgegenstände sich auf die Geschäftsfelder der Krupp-Hoesch AG erstrecken - gründen, erwerben und sich an ihnen beteiligen kann. Zur ganzen oder teilweisen Ausgliederung und Überlassung ihres Betriebes war die Gesellschaft ebenfalls ermächtigt.
In einem bei der Übernahmeplanung zu berücksichtigenden nächsten Schritt mußte überprüft werden, ob der Inhalt dieser Ermächtigung den konkreten Beteiligungserwerb an der Thyssen AG deckt. Bei der Krupp'schen Konzernklausel handelte es sich um eine allgemein gehaltene Ermächtigung zum Erwerb von Beteiligungen, welche keine Einschränkungen enthielt. Trotz der in der Literatur zu erkennenden Tendenz, Konzernklauseln eher eng auszulegen,[312] erlaubte die in der Krupp-Satzung enthaltende Klausel daher einen Beteiligungserwerb in jeder Form.
Demzufolge war für das geplante Übernahmeangebot an die Thyssen-Aktionäre ungeachtet des umstrittenen Erfordernisses einer Konzernklausel in jedem Fall eine ausreichende Ermächtigung in der Satzung der Krupp-Hoesch AG vorhanden.

3. Hauptversammlungszustimmung nach „Holzmüller"-Grundsätzen ?

Eine der im Zusammenhang mit dem Krupp/Thyssen-Fall zu erörternden bedeutsamsten Thematiken ist die der Kontrolle der geplanten Konzernbildung durch die Hauptversammlung, d.h. die Frage, ob der Vorstand für die beabsichtigte Übernahme der Thyssen AG trotz der vorhandenen Konzernklausel zuvor die Zustimmung der Hauptversammlung der Krupp-Hoesch AG hätte herbeiführen müssen. Bei der Frage der Konzernbildungskontrolle darf hier nicht isoliert auf das Übernahmeangebot abgestellt werden, sondern es ist - als wirtschaftlich untrennbar verbunden - das Angebotsresultat in Form des Beteiligungserwerbs miteinzubeziehen.[313]
Zunächst ist darauf hinzuweisen, daß nicht bereits mittels der Krupp-Hoesch Satzung ein Beteiligungserwerb an die Zustimmung der Hauptversammlung gebunden werden konnte. Die Vorschriften des Aktiengesetzes enthalten hinsichtlich der Kompetenzen des Satzungsgebers im Sinne von § 23 V AktG eine abschließende Regelung mit der Folge, daß dem Satzungsgeber weitergehende Eingriffe in die Leitungsmacht des Vorstands nicht gestattet sind.[314]
Dem Aktiengesetz läßt sich eine Hauptversammlungskompetenz in Fällen des Beteiligungs- oder Kontrollerwerbs ebenfalls nicht entnehmen. Es handelt sich danach um Geschäftsführungsmaßnahmen, denen der Gesetzgeber eine geringere Bedeutung beigemessen hat, als etwa dem Abschluß von Unternehmens - oder Verschmelzungsverträgen. Nach dem Gesetzeswortlaut der §§ 13 und 65 UmwG hätte erst die letztendlich beabsichtigte Verschmelzung der Thyssen AG auf die Krupp-Hoesch AG oder einer

---

[312] Hommelhoff, Die Konzernleitungspflicht, S. 47 f.; Koppensteiner in: Kölner Kommentar, AktG, Vorb. § 291 Rdnr. 27 ; Timm, Die AG als Konzernspitze, S. 131.
[313] Knoll, Übernahme von Kapitalgesellschaften, S. 157.
[314] Martens, ZHR 147 (1983), 377, 390 ff.; Mertens in: Kölner Kommentar, AktR, § 82 Rdnr. 31.

ihrer Tochtergesellschaften der Zustimmung der Krupp-Hoesch-Hauptversammlung bedurft.
Obwohl ein rechtspolitisches Anliegen des Gesetzgebers von 1965 darin bestand, den Einfluß der Hauptversammlung zu stärken,[315] hat diese Zielsetzung bei der Mitwirkung der Gesellschafter im Rahmen von konzernstrukturellen Maßnahmen keinen Niederschlag gefunden.[316] Daher wurde in den siebziger Jahren von *Lutter*[317] erstmals die Frage nach dem Umfang der Aktionärsrechte bei der Umgestaltung des Unternehmens im Schrifttum aufgeworfen. Innerhalb eines Konzerns wurde ausgehend von der Alleinzuständigkeit des Vorstands gem. § 76 I AktG bei einer fast ausschließlichen Verlagerung der unternehmerischen Tätigkeiten auf ein Tochterunternehmen vor der Gefahr einer Aushöhlung der Rechte der Aktionäre der Obergesellschaft gewarnt. Die strukturellen Entscheidungen im Tochterunternehmen, die auch für Ziel –und Zwecksetzung der Obergesellschaft bedeutsam seien, würden in einem solchen Fall nicht mehr wie vorgesehen von der Hauptversammlung beschlossen, sondern von der Verwaltung der Obergesellschaft als Leitungsorgan des Gesamtverbandes.[318] Um die Aktionärsrechte zu schützen wurde deshalb bereits Ende der siebziger und zu Beginn der achtziger Jahre von Teilen der Rechtslehre geltend gemacht, daß für grundlegende Entscheidungen in der Obergesellschaft die Zustimmung der Hauptversammlung in der Obergesellschaft aufgrund ungeschriebener Hauptversammlungsbefugnisse erforderlich sein müsse.[319] Dem Einzelaktionär stehe im übrigen ein Ersatzaufsichtsrecht in Form einer Einzelklage auf Unterlassen, Beseitigung und Feststellung zu, um irreversible Verstöße gegen die Zuständigkeitsordnung nicht ungestraft zu lassen.[320]
Auf diesen Vorarbeiten im Schrifttum beruht die 1982 ergangene Holzmüller-Entscheidung des BGH, in welcher das Gericht die Zuständigkeiten der Hauptversammlung über den Gesetzeswortlaut hinaus erheblich erweiterte. In dieser Entscheidung wurde die Zuständigkeit der Hauptversammlung auf "grundlegende Entscheidungen" erstreckt, "die durch die Außenvertretungsmacht des Vorstands, seine gem. § 82 II AktG begrenzte Geschäftsführungsbefugnis wie auch durch den Wortlaut der Satzung noch formal gedeckt sind, die aber so tief in die Mitgliedschaftsrechte der Aktionäre und deren im Anteilseigentum verkörpertes Vermögensinteresse eingreifen, daß der Vorstand vernünftigerweise nicht annehmen kann, er dürfe sie in ausschließlich eigener Verantwortung treffen".[321] Bei derartigen Entscheidungen ist der Vorstand seitdem verpflichtet, ausnahmsweise die Hauptversammlung gem. § 119 II AktG anzurufen. Sein grundsätzlich bestehendes Vorlageermessen reduziert sich nach Ansicht des BGH dann auf Null.

---

[315] Schmidt, Gesellschaftsrecht, S. 773; Assmann in: Großkomm., AktG, Einleitung, Rdnr. 183 ff.
[316] Die Zielsetzung zeigte sich jedoch anhand der Vorschriften der §§ 293-299, 304-306, 317, 329 ff.; vgl. Kropff, AktG 1965, S. 380-387, 393- 401; 418 f.; 437 ff.
[317] Lutter. Festschrift Westermann, 347 ff.; ders. Festschrift Barz, 199 ff.; in diese Richtung auch Behrens, ZGR 1975, 433, 441; Knobbe-Keuk, Festschrift Ballerstedt, S. 239, 251 f. Timm, AG 1980, 172, 174; Wiedemann, ZGR 1978, 477, 487 f.
[318] Lutter, Festschrift Westermann, S. 358 f.; Timm, AG 1980, 172, 174, 179.
[319] Lutter, Festschrift Westermann, 347, 366 f.; Lutter, AcP 1980, 84, 142; Timm, AG 1980, 172, 174.
[320] Keuk-Knobbe, Festschrift Ballerstedt, 239, 251 ff.; Timm, AG 1980, 172, 185.
[321] BGHZ 83, 122, 130.

Insgesamt hat die Holzmüller-Entscheidung ein erweitertes Anwendungsgebiet für Hauptversammlungsbeschlüsse in Geschäftsführungsangelegenheiten eröffnet.[322] Daher stellt sich die Frage, ob der Vorstand der Krupp-Hoesch AG für den beabsichtigten Kontrollerwerb im Wege des Übernahmeangebots zwingend einen Hauptversammlungsbeschluß hätte herbeiführen müssen. Mit der durch die Einschaltung der Hauptversammlung verbundenen Veröffentlichung der Pläne hätten sich jedoch zugleich die Randbedingungen und Erfolgsaussichten des Angebots, über das die Hauptversammlung zu entscheiden gehabt hätte, nachhaltig verändert. Wäre die Hauptversammlung der Krupp-Hoesch AG noch vor Abgabe des Angebots befragt worden, wäre dies einer Vorankündigung ihrer Pläne gleichgekommen. Sowohl die steigenden Börsenkurse, das mit der Zuweisung der Entscheidung an die Hauptversammlung verbundene Auskunftsrecht der Aktionäre nach § 131 AktG, als auch die der Thyssen AG eröffnete Gelegenheit, sich auf das Angebot einzustellen und frühzeitig eine Abwehrposition aufzubauen, hätte die Chance, das Übernahmeangebot erfolgreich durchführen zu können, erheblich reduziert.
Hätte der Vorstand die eventuell bestehende Kompetenz der Hauptversammlung zur Entscheidung über ein Übernahmeangebot hingegen ignoriert, hätte dies nicht nur eine Aktionärsklage, sondern auch die Haftung nach § 93 AktG zur Folge haben können.[323]

a) Stand der Meinungen

aa) Generelle Konzernbildungskontrolle

Bei der Holzmüller-Entscheidung ging es ausschließlich um die Ausgliederung eines wesentlichen Unternehmensteils. Im Schrifttum wird das Urteil teilweise erweiternd als Einführung einer generellen Konzernbildungskontrolle angesehen.[324] Das die Entscheidung alle Arten der Konzernbildung und daher auch den mittels eines öffentlichen Übernahmeangebots zu vollziehenden Beteiligungserwerb erfassen solle, wird von den Vertretern dieser Auffassung neben verschiedenen aus der Holzmüller-Entscheidung abgeleiteten Indizien und hierin getroffenen, nicht lediglich einzelfallbezogenen Aussagen des BGH, auf das Erfordernis eines ausreichenden Aktionärsschutzes bei der Konzernbildung gestützt.

(1) Gründe für die Annahme einer generellen Konzernbildungskontrolle

(a) Aufstellung einer richterrechtlichen Generalklausel

Als Indiz für die Einführung einer generellen Konzernbildungskontrolle werden zunächst die über die zu entscheidende Ausgliederungsproblematik hinausgehende Fas-

---

[322] Habersack, BB 2002, 1, 1
[323] Assmann/Bozenhardt, Übernahmeangebote, 63; Werner, ZHR 147 (1983), 429, 435 ff..
[324] Emmerich/Sonnenschein, Konzernrecht, S. 101 f., 115; Geßler, Festschrift Stimpel, S. 771 ff., 786 f.; Lutter, Festschrift Stimpel, S. 825 ff., 850; Krieger in: Münchener Hdb., Bd. 4, § 69 Rdnr. 6; Raiser, Recht der Kapitalgesellschaften, S. 569 f.; Hirte, Bezugsrechtsausschluß und Konzernbildung, S. 178 ff.; Hübner, Festschrift Stimpel, S. 791, 791 ff.; Emmerich in: Scholz, GmbHG, Anh. Konzernrecht, Rdnr. 116a.

sung des Leitsatzes[325] und einzelne Passagen in den Entscheidungsgründen betrachtet. Sie legten den Schluß nahe, daß das Gericht bewußt keine Einzelfallentscheidung, sondern eine richterrechtliche Generalklausel habe aufstellen wollen.[326] Für die Annahme eines Grundsatzurteils spreche auch, daß der BGH auf § 119 II AktG und die Folgen einer etwaigen Verletzung dieser Vorschrift eingegangen sei, obwohl er die Klage wegen verspäteter Klageerhebung habe abweisen können. Die Tatsache, daß der BGH diese naheliegende Begründung nicht gewählt habe, wird als Hinweis darauf betrachtet, daß er die Problematik im Hinblick auf die Erweiterung des Aktionärsschutzes habe behandeln wollen.[327]
Dieser Ansicht zufolge kann zudem allein aus der Entstehungsgeschichte des § 119 I AktG nicht gefolgert werden, daß die Verankerung ungeschriebener Hauptversammlungszuständigkeiten ausgeschlossen sei. Bei Abfassung des AktG 1937 sei zwar Wert darauf gelegt worden, durch die Formulierung des § 103 I (heute § 119 I AktG) eindeutig festzulegen, daß sich die Zuständigkeit der Hauptversammlung künftig auf die gesetzlichen und in der Satzung bestimmten Fälle beschränken solle. An dieser Festlegung habe sich auch durch das Aktiengesetz von 1965 nichts geändert.[328] Aufgrund der seit Erlaß der beiden Aktiengesetze eingetretenen wirtschaftlichen und rechtstatsächlichen Entwicklung sei es jedoch notwendig, neben den im Gesetz bestimmten Fällen der Zuständigkeit der Hauptversammlung zur Wahrung der Aktionärsrechte ungeschriebene Mitwirkungsrechte der Hauptversammlung anzuerkennen.[329]
Die Ausweitung der Holzmüller-Entscheidung auf alle Arten der Konzernbildung wird des weiteren auf die Aussage des BGH gestützt, bei allen "grundlegenden Entscheidungen" eine Zustimmung der Hauptversammlung als erforderlich anzusehen.[330] Grundlegende Entscheidungen sollen danach primär solche Strukturmaßnahmen sein, die denjenigen Normen ähneln, die bereits eine gesetzlich fixierte Zuständigkeit der Hauptversammlung für "strukturändernde" Beschlüsse enthalten. Bereits aus dem geltenden Recht lasse sich nach *Geßler* daher der Grundsatz ableiten, daß alle Strukturmaßnahmen, die den wirtschaftlichen und rechtlichen Aufbau der Gesellschaft änderten, der Zustimmung der Hauptversammlung bedürften.[331] Aus dem Übergang oder der Erweiterung der einheitlichen Organisations- oder Vermögensstruktur zur gegliederten Unternehmensgruppe resultiere zugleich eine andere Ordnung der Entscheidungsfindung, die es rechtfertige, die die Unternehmensstruktur betreffenden Maßnahmen von den Geschäftsführungsmaßnahmen abzuheben.[332] Als derartige Struktur-

[325] Der betreffende Leitsatz der Holzmüller-Entscheidung - BGHZ 83, 122, 122 – lautet: "Bei schwerwiegenden Eingriffen in die Rechte und Interessen der Aktionäre, wie z. B. der Ausgliederung eines Betriebs, der den wertvollsten Teil des Gesellschaftsvermögens bildet, auf eine dazu gegründete Tochtergesellschaft, kann der Vorstand ausnahmsweise nicht nur berechtigt, sondern auch verpflichtet sein, gem. § 119 Abs. 2 AktG eine Entscheidung der Hauptversammlung herbeizuführen."

[326] Emmerich in: Scholz, GmbHG, Anh. Konzernrecht, Rdnr. 116; diese Indizien werden trotz ihrer Kritik an der Rechtsprechung des BGH auch von Vertretern der Gegenauffassung nicht verkannt, vgl. Heinsius, ZGR 1984, S. 387, 390; Semler, BB 1983, 1571; Werner, ZHR 147 (1983), 429, 430.

[327] Werner, ZHR 147 (1983), 429, 432; Westermann, ZGR 1984, S. 352, 363 f..

[328] Vgl. Kropff, AktG 1965, § 119 BegrRegE, S. 165.

[329] Geßler, Festschrift Stimpel, S. 771, 779 ff..

[330] Emmerich/Sonnenschein, Konzernrecht, S. 101 f.; Geßler, Festschrift Stimpel, S. 771, 786 f.; Krieger in: Münchener Hdb., Bd. 4, § 69 Rdnr. 6.

[331] Geßler, Festschrift Stimpel, S. 771, 779.

[332] Wiedemann in: Großkomm., AktG, § 179 Rdnr. 74; Priester, ZHR 163, (1999), 187, 195.

maßnahme, die die Anerkennung einer ungeschriebenen Hauptversammlungszuständigkeit rechtfertige, müsse danach auch der Beteiligungserwerb in Betracht kommen.[333]
Für dieses Ergebnis spricht nach Ansicht der Anhänger einer generellen Konzernbildungskontrolle auch das bestehende Schutzbedürfnis der Aktionäre, da eine Absicherung durch Satzungsbestimmungen (z. B. bezüglich einer Bindung an die Zustimmung des Aufsichtsrates gem. § 111 IV S. 2 AktG) nicht nur bisher weitgehend unbekannt, sondern auch in Zukunft aufgrund des Widerstandes der Vorstände nicht durchsetzbar seien.[334] Die Mitwirkung des Grundorgans Hauptversammlung bei der Konzernbildung und -umbildung gebühre nach *Lutter* auch der Vorrang vor der reinen Konzernleitungskontrolle im Sinne der Mitwirkung bei Maßnahmen im gebildeten Konzern. Eine Minderung der Aktionärsrechte infolge Kompetenzverlustes durch Konzernbildung sei praktisch unausweichlich und endgültig, weil eine "Verlängerung" von Hauptversammlungskompetenzen in die Konzerngesellschaften tatsächlich nicht möglich sei und eine Kompensation durch die Konzernleitungskontrolle nicht stattfinden könne.[335]

(b) Rechtliche Anknüpfungspunkte zur Begründung einer ungeschriebenen Hauptversammlungskompetenz bei der Konzernbildung

Offen ist im Schrifttum die Frage geblieben, womit sich neben den im Gesetz ausdrücklich geregelten Fällen eine weitere ungeschriebene Hauptversammlungskompetenz zur Konzernbildungskontrolle rechtsmethodisch begründen läßt. Hierbei lassen sich drei verschiedene Ansichten unterscheiden.
Befürwortet wird zum einen eine analoge Anwendung einzelner Konzernierungsvorschriften,[336] zum anderen von der Lehre der Gesamtanalogie eine analoge Anwendung aller entsprechenden Konzernierungsvorschriften.[337] Für beide Ansichten werden diejenigen Normen – entweder allein oder in ihrer Gesamtheit - herangezogen, die eine Hauptversammlungszuständigkeit für Beschlüsse enthalten, die eine Strukturänderung zur Folge haben. Insbesondere aus den §§ 179 II, 179a (vormals § 361 AktG), 186 III, IV, 293 I, II AktG, §§ 13, 65 UmwG (vormals § 340 AktG) ergebe sich der allgemeine

---

333 Geßler, Festschrift Stimpel, S. 771, 786; Raiser, Kapitalgesellschaften, § 16 Rdnr. 13; Warschkow, Schutz der Aktionäre, S. 63; ähnlich, aber mit sachlich eigenständiger Begründung der Notwendigkeit der Aktionärsbeteiligung, Wiedemann, Die Unternehmensgruppe im Privatrecht, S. 54 f..

334 Geßler, Festschrift für Stimpel, S. 771, 788 f..

335 Lutter, Festschrift Stimpel, S. 825, 848 unter Aufgabe seiner gegenteiligen Ansicht in Festschrift Barz, 1974, S. 209 ff. und in Festschrift Westermann, S. 347, 365 ff..

336 Vgl. Hirte, Bezugsrechtsausschluß und Konzernbildung, S. 178 – Analogie zu § 186 III; Hommelhoff, Die Konzernleitungspflicht, S. 377 ff - Analogie zu §§ 291 I, 293 II, 319 I, II AktG; Hübner, Festschrift Stimpel, S. 791, 795 ff – Analogie zu §§ 292 I Nr. 1, 293 I AktG; Mecke, Konzernstruktur und Aktionärsentscheid, S. 178 ff., 194 ff.– Analogie zu § 179 I AktG; Timm, Die AG als Konzernspitze, S. 116 und ähnlich Schmidt, Gesellschaftsrecht, S. 878 ff. – Analogie zu § 179a AktG (zuvor § 361 AktG).

337 Geßler, Festschrift Stimpel, S. 771, 785 f.; Krieger in: Münchener Hdb, Bd. 4, § 69 Rdnr. 6 ff.; Liebscher, Konzernbildungskontrolle, S. 84 ff.; Lutter, Festschrift Fleck, S. 169 ff.; Lutter/Leinekugel, ZIP 1998, 805, 806; Raiser, Recht der Kapitalgesellschaften, § 16 Rdnr. 13; Rehbinder, ZHR 147 (1983), 92, 98 f.; Timm, ZHR 153 (1989), 60, 69; Wahlers, Konzernbildungskontrolle durch die Hauptversammlung der Obergesellschaft, S. 184 ff., 190; Wiedemann, Die Unternehmensgruppe im Privatrecht, S. 55; ähnlich Warschkow, Schutz der Aktionäre, S. 61 ff.; restriktiver Mertens in: Kölner Kommentar, § 76 Rdnr. 51.

aktienrechtliche Grundsatz, daß Maßnahmen, die den rechtlichen oder wirtschaftlichen Aufbau einer Aktiengesellschaft änderten, in die Zuständigkeit der Hauptversammlung fallen würden.[338]
In neuerer Zeit wird des weiteren diskutiert, die Zuständigkeit der Hauptversammlung auch aus einer Analogie zum Umwandlungsgesetz herzuleiten.[339] Die Frage der Analogiefähigkeit resultiert aus dem Umstand, daß das Umwandlungsgesetz für die Ausgliederung gegen Beteiligungserwerb spezielle Regelungen beinhaltet. Gem. §§ 123 III und 125 AktG i. V. m. §§ 13, 65 UmwG bedarf die Ausgliederung gegen Anteilsgewährung an die ausgliedernde Gesellschaft der Zustimmung der Hauptversammlung mit einer Mehrheit von mindestens Dreiviertel des bei der Beschlußfassung vertretenen Kapitals. Selbst diejenigen, die die grundsätzlich umstrittene Frage der Analogiefähigkeit umwandlungsrechtlicher Regelungen bejahen,[340] lehnen die Herleitung von Hauptversammlungskompetenzen aus einer Analogie zu den oben genannten Normen jedoch zumeist[341] ab. Begründet wird diese Ablehnung sowohl mit einer fehlenden Wesentlichkeits- und Bagatellbestimmung, die im Gegensatz zur Holzmüller-Doktrin eine am Einzelfall orientierte Kompetenzabgrenzung nicht ermögliche, als auch dem komplizierteren umwandlungsrechtlichen Verfahren, das etwa vielfältigere Mitteilungspflichten in der Hauptversammlung erfordere sowie den damit verbundenen einschneidenden Rechtsfolgen eines Verstoßes des Vorstands.[342]
Wird eine Rechtsanalogie zur Begründung der generellen Konzernbildungskontrolle durch die Hauptversammlung für nicht mehr ausreichend gehalten, wird für eine Rechtsfortbildung plädiert. Eine solche Rechtsfortbildung entspreche insbesondere den grundlegenden Wertungen des Aktienrechts, da die Konzernbildungskontrolle die Entscheidung des Gesetzgebers für eine zwingende Zuständigkeitsordnung in begrenztem Maß absichere[343] und zudem im Auge behalten werden müsse, daß bereits aus der Beschneidung etwaiger Aktionärsrechte die Entscheidungskompetenz der Hauptversammlung zu folgern sei.[344]

(c) Gleichsetzung von Ausgliederung und Beteiligungserwerb mittels öffentlichen Übernahmeangebots

Lutter als einer der Wegbereiter der Holzmüller-Entscheidung warnte ausdrücklich davor, aus der Holzmüller-Entscheidung allzu vorschnell eine Mitwirkung der Hauptversammlung bei der Konzernbildung abzuleiten.[345] Der Beteiligungserwerb könne als Normalfall der Konzernbildung zwar in die Aktionärsstellung eingreifen oder z. T.

---

[338] Vgl. zur Auseinandersetzung mit diesen Theorien unten S. 100 ff..
[339] Horbach, BB 2001, 893, 894; Joost, ZHR 163 (1999), 164, 179 ff.; Koppensteiner, Festschrift Zöllner, S. 295, 302 f.; Priester, ZHR 163 (1999), 187, 187 ff.; Tröger, ZIP 2001, 2029, 2034; Veil, ZIP 1998, 361, 368
[340] Vgl. dazu LG Hamburg, DB 1997, 516, 516 f. – Wünsche; LG Karlsruhe, DB 1998, 20, 20 ff. – Badenwerk; OLG Frankfurt a. M., ZIP 1999, 842, 844 – Altana/Milupa -; Lutter, UmwG, § 1 Rdnr. 18; Schnorbus, DB 2001, 1654, 1654 ff. m. w. N..
[341] Für eine Ausstrahlungswirkung des UmwG auf die Holzmüller-Doktrin aber Priester, ZHR 163 (1999), 187, 197 ff..
[342] Joost ZHR 163 (1999), 164, 181; Tröger, ZIP 2001, 2029, 2034; Wolf, ZHR 163 (1999), 203, 203 ff..
[343] Lutter, Festschrift Stimpel, S. 825, 844.
[344] Seydl, Konzernbildungskontrolle, S. 430.
[345] Lutter in: 25 Jahre Aktiengesetz, S. 43, 71.

eine Mediatisierung des Aktionärseinflusses bewirken. Er könne jedoch nicht einen solchen schwerwiegenden Eingriff in das „rechtliche Substrat der Mitgliedschaft" darstellen, wie es der BGH im Holzmüller-Urteil gefordert habe.

Diese Ansicht wird von *Timm* auf die Annahme gestützt, daß nur die Ausgliederung, nicht aber der Beteiligungserwerb, jenen Verlust an unternehmerischer Substanz und Entscheidungsbefugnissen der Anteilseigner zur Folge habe, der eine besondere Berücksichtigung von Aktionärsinteressen in Form einer ungeschriebenen Hauptversammlungskompetenz gebiete.[346]

In der Literatur wird demgegenüber mehrheitlich davon ausgegangen, daß die im Holzmüller-Urteil behandelte Ausgliederung und der Beteiligungserwerb im Hinblick auf die ungeschriebenen Mitwirkungsbefugnisse der betroffenen Aktionäre gleichermaßen zu behandeln seien.[347] Auch mit dem Beteiligungserwerb seien Eingriffe in die Aktionärsstellung verbunden, da die Herrschafts- und Vermögensrechte der Aktionäre mediatisiert würden, während sich gleichzeitig die Einflußmöglichkeiten der Verwaltung auf Kosten der Hauptversammlungskompetenz vergrößerten.[348]

Der Erwerb einer Beteiligung müsse durch die Betriebsmittel der Gesellschaft finanziert werden, so daß die Dividendenrechte der Aktionäre eingeschränkt würden. Der Einflußbereich des Aktionärs werde damit ähnlich wie bei einer Ausgliederung, bei der Aktionären wesentliche Anteilsrechte genommen würden, beeinträchtigt.[349] Durch Konzernbildung trete eine faktische Änderung der Zuständigkeits- und Vermögensordnung innerhalb der Obergesellschaft ein. So richteten sich die Mitverwaltungs- und Organisationsrechte gegen die Obergesellschaft, die ihrerseits durch die §§ 311 ff. AktG oder entsprechende judizielle Regeln gehindert sein könnten, sie in faktisch gleichem Umfang zu gewähren wie in einem Einheitsunternehmen. Auch wird geltend gemacht, daß das Gewinnbeteiligungsrecht der Aktionäre faktisch beeinträchtigt werden könne, weil die Verwaltung der Obergesellschaft aufgrund ihrer Stellung im Aufsichtsrat und in der Gesellschafterversammlung der Untergesellschaft bestimmen könne, was der Obergesellschaft zufließe. Insbesondere könne sie über die Schranken des § 58 II AktG und der Bewertungsvorschriften hinaus offene Rücklagen und stille Reserven bei Untergesellschaften in anderer Rechtsform als der Aktiengesellschaft bilden.[350] Aus Sicht der Aktionäre stimmten daher die Folgen einer Ausgliederung und eines Beteiligungserwerbs überein, bei welchem der Aktionär durch die Umwandlung von der Gesellschaft zugeordnetem Vermögen in eine gesellschaftsrechtliche Beteiligung ebenfalls einen unmittelbaren Mitwirkungsverlust erleide.[351]

---

[346] Timm, Die AG als Konzernspitze, S. 142; ders. ZIP 1993, 114, 117.

[347] Hirte, Bezugsrechtsausschluß und Konzernbildung, S. 164; Mecke, Konzernstruktur und Aktionärsentscheid, S. 90 f.; Mülbert, Aktiengesellschaft, Unternehmensgruppe und Kapitalmarkt, S. 371; Krieger in: Münchener Hdb., Bd. 4, § 69 Rdnr. 42; Koppensteiner in: Kölner Kommentar, Vorbem. v. § 291, Rdnr. 38; Wahlers, Konzernbildungskontrolle durch die HV der Obergesellschaft, S. 96.

[348] Rehbinder, Festschrift Coing, S. 431; Wahlers, Konzernbildungskontrolle durch die HV der Obergesellschaft, S. 113.

[349] So auch die Gegenauffassung: Götz, AG 1984, 85, 86; Heinsius, ZGR 1984, 387, 402; Semler, BB 1983, 1566, 1572.

[350] Rehbinder, Festschrift Coing, S. 431.

[351] Hirte, Bezugsrechtsausschluß und Konzernbildung, S. 163 ff.; Mülbert, Aktiengesellschaft, Unternehmensgruppe und Kapitalmarkt, S. 371; Koppensteiner in: Kölner Kommentar, AktG, Vorbem. § 291 Rdnr. 26; Mecke, Konzernstruktur und Aktionärsentscheid, S. 90 f.; Wahlers, Konzernbildungskontrolle durch die HV der Obergesellschaft, S. 96.

Obwohl aus den soeben angeführten Gründen überwiegend von einer Gleichstellung von Ausgliederung und Beteiligungserwerb ausgegangen wird, wird im Schrifttum nur minderheitlich eine Hauptversammlungszustimmung der Bietergesellschaft vor Abgabe des Übernahmeangebots gefordert. Eine Hauptversammlungszustimmung sei nach dieser Ansicht notwendig, wenn der Beteiligungserwerb für die Bietergesellschaft im Einzelfall aufgrund rechtlicher und faktischer Auswirkungen eine wesentliche Strukturänderung zur Folge habe. In solchen Fällen müßte die Flexibilität der Geschäftsführung durch den Vorstand hinter berechtigten Eigentümerinteressen zurücktreten.[352]
Speziell im Hinblick auf den Beteiligungserwerb mittels öffentlichen Übernahmeangebots wird demgegenüber in der Literatur mehrheitlich angenommen, daß dieser keinen nach Ansicht des BGH mitwirkungspflichtigen schweren Eingriff in das Substrat der Mitgliedschaft bewirke und aus diesem Grund eine Hauptversammlungszustimmung der Bietergesellschaft nicht gefordert werden könne.[353]
Im Schrifttum wird darauf hingewiesen, daß mit ihm zwar ein Eingriff in die Aktionärsstellung bzw. eine Mediatisierung des Aktionärseinflusses verbunden sein könnte. Im Gegensatz zu der Auffassung von *Timm* wird jedoch eingewandt, daß der fehlende Bedarf an einer Zustimmung der Hauptversammlung der Bietergesellschaft zum Übernahmeangebot nicht lediglich daran festgemacht werden könne, daß der Beteiligungserwerb einen geringeren Verlust an unternehmerischer Substanz und Entscheidungsbefugnissen zur Folge habe, als die Ausgliederung. Vielmehr könne ein Beteiligungserwerb mittels öffentlichen Übernahmeangebots nicht als ein vom BGH geforderter „schwerwiegender Eingriff" in das „rechtliche Substrat der Mitgliedschaft" gewertet werden, da sowohl bei Bar - als auch bei Umtauschangeboten die Aktionärsinteressen anderweitig gewahrt würden.
Bei einem eigenkapitalfinanzierten Barangebot sei zur Sicherung der Interessen der Aktionäre die bereits im Rahmen der Kapitalerhöhung erfolgte vorangegangene Mitwirkung der Hauptversammlung ausreichend. Selbst bei der Finanzierung des Übernahmeangebots mit liquiden Mitteln oder durch die Aufnahme von Fremdkapital könne kein schwerwiegender Eingriff in das "rechtliche Substrat der Mitgliedschaft" angenommen werden, da sie mit anderen Großinvestitionen - etwa der Errichtung von Zweigwerken - vergleichbar seien.[354] Ein mittels Kapitalerhöhung finanziertes Umtauschangebot habe zwar wegen der relativen Verminderung der Stimmrechtsquote einen Verlust an Einfluß seitens der Aktionäre der Bietergesellschaft zur Folge. Trotzdem seien ihre Interessen durch Einschaltung in das Verfahren der Kapitalerhöhung und durch die Kontrolle des Bezugsrechtsausschlusses hinreichend gewährleistet.[355]
Differenzierungen je nach Größe des Übernahmeangebots kämen zudem ebenfalls nicht in Betracht. Es sei nicht einsichtig, warum der im Wege sukzessiven Aufkaufs über die Börse oder der mittels Paketkäufen erfolgende Mehrheitserwerb anders zu behandeln sein solle, als ein durch öffentliches Übernahmeangebot durchgeführter

---

[352] Knoll, Übernahme von Kapitalgesellschaften, S. 157 f.; vgl. auch Emmerich/Sonnenschein, Konzernrecht, S. 87 f..
[353] Assmann/Bozenhardt, Übernahmeangebote, S. 64; Bozenhardt, Freiwillige Übernahmeangebote, S. 86 f.; Daum, Unkoordinierte Übernahme einer AG, S. 91 f.; Ebenroth/Daum, DB 1991, 1105, 1109.
[354] Assmann/Bozenhardt, Übernahmeangebote, S. 64.
[355] Bozenhardt, Freiwillige Übernahmeangebote, S. 86; Groß, AG 1994, 266, 273.

Kontrollerwerb.[356] Durch die von der Rechtsprechung ursächlich begründete Konzernleitungskontrolle, welche ungeschriebene Mitwirkungsbefugnisse der Hauptversammlung der Obergesellschaft bei Maßnahmen in der abhängigen Gesellschaft nach erfolgter Konzernbildung vorsieht,[357] sei der Aktionär schließlich ausreichend gegen für ihn nachteilige Maßnahmen geschützt.[358]
Gegen das Erfordernis einer Hauptversammlungszustimmung der Bieter-AG vor Abgabe eines Übernahmeangebots werden des weiteren Praktikabilitätserwägungen angeführt. Geklärt sei zunächst nicht, ab welchem Beteiligungsumfang ein Eingriff in die Aktionärsrechte erfolge, der einen solchen Schweregrad erreiche, daß der Vorstand zur Einholung der Hauptversammlungszustimmung verpflichtet werde.[359] Auch könne eine erforderliche Hauptversammlung nicht mit der erforderlichen Schnelligkeit, Flexibilität und Geheimhaltung durchgeführt werden, die bei einem Beteiligungserwerb - insbesondere wenn er mittels Übernahmeangebots erfolge - notwendig sei.[360] Zudem fehle den in der Hauptversammlung vertretenen Aktionären vielfach die Fachkompetenz, die mit einem solchen Beteiligungserwerb zusammenhängenden rechtlichen und wirtschaftlichen Probleme zu lösen, so daß sie über die Frage der Unternehmensübernahme nicht sachgerecht entscheiden könnten.[361]

(2) Reichweite der Konzernbildungskontrolle durch die Hauptversammlung

Unterschiede bestehen im Schrifttum zudem bei der weitergehenden Frage, bis zu welcher Reichweite eine Konzernbildungskontrolle durch die Hauptversammlung angenommen werden kann, d. h. ab welcher Grenze eine schwerwiegende Maßnahme im Sinne der Holzmüller-Entscheidung vorliegen soll. Eine solche Grenzziehung ist notwendig, da bei einer umfassenden Zustimmungspflicht in Publikumsgesellschaften die Gefahr besteht, daß sie mangels fehlender Lenkbarkeit in ihrer Funktionsfähigkeit beeinträchtigt werden. Aus diesem Grund wird in der Literatur eine Abwägung zwischen dem notwendigen Aktionärsschutz und der Entscheidungsfreiheit bzw. Organisationsflexibilität des Vorstands vorgenommen.[362] Im Rahmen dieser Abwägung werden in der Literatur Schwellenwerte in unterschiedlicher Höhe benannt. Je höher der Schwellenwert angesetzt wird, desto weniger Mitwirkungsrechte wird den Aktionären vor dem Hintergrund der Holzmüller-Entscheidung zugestanden und als desto bedeutender wird die Entscheidungsfreiheit des Vorstands angesehen.
Am unteren Ende der Skala wird eine Hauptversammlungskompetenz bis zur Bagatellgrenze vorgeschlagen[363] oder in Anlehnung an § 52 I AktG und § 71 II S. 1 AktG ein Schwellenwert in Höhe von 10 % des Grundkapitals bzw. von 10 % des Eigenka-

---

[356] Assmann/Bozenhardt, Übernahmeangebote, S. 65.
[357] BGHZ 83, 122, 125 ff..
[358] Bozenhardt, Freiwillige Übernahmeangebote, S. 87.
[359] Daum, Unkoordinierte Übernahme einer AG, S. 95.
[360] Vgl. hierzu Groß, AG 1996, 111, 111 ff..
[361] Beusch, Festschrift Werner, S. 14; Daum, Unkoordinierte Übernahme einer AG, S. 97.
[362] Wahlers, Konzernbildungskontrolle durch die HV der Obergesellschaft, S. 200.
[363] Hommelhoff, Die Konzernleitungspflicht, S. 398 f.; Rehbinder, Festschrift Coing, S. 423, 428 ff.; Timm, Die AG als Konzernspitze, S. 162 f..

pitals[364] genannt, weil ein systematischer Bruch hinsichtlich von Bagatellfällen dann nicht bestehe.[365] Stellenweise wird auch angenommen, daß Beteiligungen zwischen 20 % und 25 % [366] bzw. in Anlehnung an die Vorschriften der §§ 19-21 AktG über 25 % [367] als wesentlich im Sinne der Holzmüller-Entscheidung zu bewerten seien und daher der Zustimmung durch die Hauptversammlung unterliegen sollen. Die Grenzziehung bei über 25 % wird darüber hinaus mit der Überschreitung der zur Sperrminorität führenden Marke begründet, die dem Minderheitsaktionär eine Machtstellung einräume, so daß derartige Konzernbildungsmaßnahmen der Hauptversammlungszustimmung bedürften.[368] Zum Teil wird eine Beteiligungshöhe von über 50 % als Schwellenwert genommen, um im Sinne des Holzmüller-Urteils die Extremfälle festzulegen, die eine Zuständigkeit der Hauptversammlung erst begründeten und nicht um eine Bestimmung der die Kompetenz der Hauptversammlung ausschließenden Bagatellfälle vorzunehmen.[369] Kumulativ oder auch alternativ wird eine qualitative Abgrenzung für die Verteilung der Zuständigkeiten bei der Konzernbildung vorgenommen. So sei die Hauptversammlung stets anzurufen, wenn „die Konzernbildung oder -verstärkung das charakteristische Gepräge des konkreten Unternehmens spürbar verändern würde“[370] oder wenn der Erwerb einer Konzernbeteiligung das „historisch gewachsene Bild vom Unternehmen“ verändere.[371]

(3) Mehrheitserfordernis

Wird bei einem Beteiligungserwerb je nach Festlegung des Schwellenwertes eine Strukturmaßnahme bejaht, stellt sich in einem nächsten Schritt die Frage, welcher Mehrheit der Zustimmungsbeschluß der Hauptversammlung in Fällen der ungeschriebenen Hauptversammlungskompetenzen bedarf. Der BGH hat in der Holzmüller-Entscheidung eine Zustimmung nach § 119 II AktG verlangt, für welche gem. § 133 I AktG die einfache Stimmenmehrheit genügt. Im Schrifttum ist die Frage umstritten.

---

[364] Kropff, Festschrift Geßler, S. 111, 124, plädiert bezogen auf die Ausgliederung de lege ferenda für eine Grenze von 10 % des in der Bilanz ausgewiesenen Aktivvermögens.

[365] Geßler, Festschrift Stimpel, S. 771, 787; vgl. auch die Entscheidungen OLG Köln, ZIP 1993, 110, 113 f. „Winterthur/Nordstern“; OLG München AG 1995, 232, 233 „EKATIT/Riedinger“; LG Frankfurt a. M., ZIP 1993, 830, 832 „Hornblower Fischer AG“; LG Hamburg, AG 1997, 238.

[366] Lutter, Festschrift Fleck, 169, 179 f.: 20-25 % der Aktivseite der Bilanz oder der gemittelten Erträge der letzen 20 Jahre; Wollburg/Gehling, Festschrift Lieberknecht, S. 133, 159 für die Beteiligungsveräußerung: über 20-25 % des unternehmerischen Vermögens muß betroffen sein.

[367] Emmerich/Sonnensschein, Konzernrecht, S. 115; Emmerich in: Scholz, GmbHG, Anh. Konzernrecht, Rdnr. 116a; Hirte, Bezugsrechtsausschluß und Konzernbildung, S. 181: 25 % berechnet nach steuerlichen Teilwerten; Liebscher, Konzernbildungskontrolle, S. 89.

[368] Vgl. Hirte, Bezugsrechtsausschluß und Konzernbildung, S. 180 f..

[369] Groß, AG 1994, 269, 272; Mertens in: Kölner Kommentar, AktG, Vorbem. § 291, Rdnr. 38; bezüglich der Ausgliederung spricht sich Ebenroth, Konzernbildungs- und leitungskontrolle, S. 47 f., für eine Zustimmung der Hauptversammlung aus, wenn mehr als 50 % des Unternehmenswertes ausgegliedert wird und dabei zugleich ein Kernbereich der Unternehmenstätigkeit betroffen ist; in Anlehnung an § 23 I, II GWB - „wesentlicher Teil“ als Kriterium der Zusammenschlußkontrolle - sprechen sich Wiedemann, Die Unternehmensgruppe im Privatrecht, S. 57 und Raiser, Recht der Kapitalgesellschaften, § 16 Rdnr. 13 für eine Genehmigungspflichtigkeit aller Maßnahmen aus, die mindestens einen wesentlichen Teil des Gesellschaftsvermögens betreffen.

[370] Mecke, Konzernstruktur und Aktionärsentscheid, S. 192.

[371] Lutter, Festschrift Fleck, S. 169, 179; ähnlich auch Martens, ZHR 147 (1983), 377, 424; Rehbinder, Festschrift Coing, S. 423, 434; Westermann, ZGR 1984, S. 352, 374.

Während eine Ansicht im Einklang mit dem BGH die einfache Mehrheit - zumindest für den Fall, daß die Satzung eine Konzernbildungsklausel vorsieht - für ausreichend hält,[372] wird überwiegend eine Dreiviertel-Mehrheit für erforderlich gehalten.[373]

Für das Erfordernis einer einfachen Mehrheit spreche, daß es sich bei der in Frage stehenden Entscheidung noch immer um eine Geschäftsführungsmaßnahme handele, die lediglich aufgrund ihrer strukturverändernden Züge der Mitwirkung der Aktionäre bedürfe. Dementsprechend habe der BGH auch den Ansatz über § 119 AktG gewählt, der eine einfache Mehrheit ausreichen lasse.[374] Bei einem Beteiligungserwerb sei die Forderung nach einer Dreiviertel-Mehrheit nicht praktikabel, da sie eine Entscheidung für einen derartigen Erwerb übermäßig einschränken würde.[375] Für eine solche Einschränkung bestehe aber keine rechtliche Rechtfertigung, da die Gefährlichkeit der Anlageentscheidung der Aktionäre sich nicht mit den gesetzlich geregelten Fällen decke, die eine Dreiviertel-Mehrheit verlangten. Der Schutz der Minderheitsaktionäre sei mit dem Erfordernis einer einfachen Mehrheit ausreichend gewährleistet, da auf diese Weise sichergestellt werde, daß die Maßnahme überhaupt publik werde, die Aktionäre hinreichend Auskünfte erlangten und sie den Zustimmungsbeschluß durch Anfechtung einer gerichtlichen Überprüfung zuführen könnten.[376] Schließlich könne die Satzung die Beschlußfassung über Konzernbildungsmaßnahmen erschweren, indem eine höhere Stimmenmehrheit oder sogar eine qualifizierte Kapitalmehrheit für den Beschlußgrund angeordnet werde.[377]
Die überwiegende Meinung, die eine Gesamtanalogie zu den §§ 179 II, 179a, 186 III, IV, 293 I, II AktG und 13, 65 UmwG befürwortet, fordert folgerichtig die satzungsändernde Mehrheit.[378] Auch die Vertreter in der Literatur, die die Konzernbildungskontrolle nicht auf eine Gesamtanalogie stützen, sondern an Einzelnormen anlehnen, kommen zum Erfordernis einer Dreiviertel-Mehrheit.
So hält *Timm* den heutigen § 179a AktG (zuvor § 361 AktG) aufgrund einer qualitativen Betrachtung im Wege einer erweiternden Auslegung bereits für anwendbar, wenn der Unternehmensschwerpunkt betroffen ist, der nach der Verkehrsanschauung be-

---

[372] Groß, AG 1996, 111, 118; Hornbach, BB 2001, 894, 895 f.; Immenga, BB 1992, 2446, 2448; Knoll, Übernahme einer AG, S. 158 f.; Liebscher, Konzernbildungskontrolle, S. 92; Raiser, Recht der Kapitalgesellschaften, § 16 Rdnr. 15; bei Vorliegen einer Konzernklausel ebenso: Wiedemann, Die Unternehmensgruppe im Privatrecht, S. 57; für die GmbH: Sonntag, Konzernbildungs- und leitungskontrolle, S. 235.

[373] Altmeppen, DB 1998, 49, 50 f.; Bork, EWiR 1997, 1147, 1148; Emmerich/Sonnenschein, Konzernrecht, S. 88; Hübner, Festschrift Stimpel, S. 791, 797; Lutter, Festschrift Fleck, S. 169, 181 ff.; Lutter/Leinekugel, ZIP 1998, 805; Mecke, Konzernstruktur und Aktionärsentscheid, S. 196; Mertens in: Kölner Kommentar, § 76 Rdnr. 52; Mülbert, Aktiengesellschaft, Unternehmensgruppe und Kapitalmarkt, S. 439; Priester, ZHR 163 (1999), 187, 200; Weißhaupt, NZG 1999, 804, 810.

[374] Knoll, Übernahme von Kapitalgesellschaften, S. 158 f.; vgl. auch Wiedemann in: Großkomm., AktG, § 179 Rdnr. 72.

[375] Knoll, Übernahme von Kapitalgesellschaften, S. 159.

[376] Liebscher, Konzernbildungskontrolle, S. 94.

[377] Liebscher, Konzernbildungskontrolle, S. 95.

[378] Geßler, Festschrift Stimpel, S. 771, 785 f.; Lutter, Festschrift Stimpel, S. 823, 850; ders. Festschrift Fleck, 169, 169 ff.; Raiser, Recht der Kapitalgesellschaften, § 16 Rdnr. 13; Warschkow, Schutz der Aktionäre, S. 61 ff.; Wiedemann, Die Unternehmensgruppe im Privatrecht, S. 54 f.; vgl. auch Bork, EWiR 1997, 1147, 1148 und Lutter/Leinekugel, ZIP 1998, 805, 805 ff. die die Lehre von der Gesamtanalogie durch das UmwG v. 1994 zumindest bestätigt sehen, welches die in ihm geregelten Umwandlungen als Strukturentscheidungen begreife und daher für sie eine qualifizierte Mehrheit fordere.

stimmt werden soll und stellt damit in Verbindung mit § 179 II AktG auf das Vorliegen einer Dreiviertel-Mehrheit ab.[379] Von *Mecke* wird eine Analogie zu § 179 I AktG erwogen, da der Erwerb und unter Umständen die Veräußerung von Konzernbeteiligungen die Vermögens- und Kompetenzstruktur der Gesellschaft in einer Art und Weise beeinflusse, die einer Änderung des statutarischen Unternehmensgegenstandes gleichkomme. Der Beteiligungserwerb, der einen beherrschenden Einfluß schaffe, bedürfe daher der Hauptversammlungszustimmung der erwerbenden AG mit mindestens einer Dreiviertel-Mehrheit.[380] Genannt sei letztlich noch *Hirte,* der eine Analogie zu § 186 III AktG damit begründet, daß auch der Erwerb oder die Veräußerung einer Beteiligung wirtschaftlich betrachtet eine Beeinträchtigung der Herrschaftsrechte eines Minderheitsaktionärs darstelle, der einem Bezugsrechtsausschluß entspreche. Begründet wird diese Ansicht mit der konzernierungsbedingten Machtverschiebung zwischen den Organen und den Aktionären.[381] Dieser Kompetenzverlust sei hinreichend vergleichbar mit dem in § 202 AktG (genehmigtes Kapital) geregelten Sachverhalt. Erforderlich sei daher eine Zustimmung der Hauptversammlung mit einer Dreiviertel-Mehrheit.[382]

Wird eine Rechtsanalogie zur Begründung der Hauptversammlungszuständigkeit bei Konzernbildungsmaßnahmen für nicht ausreichend gehalten und eine offene Rechtsfortbildung angenommen, ist hinsichtlich des Mehrheitserfordernisses keine Vorabentscheidung getroffen. Dennoch wird das Erfordernis einer qualifizierten Mehrheit aufgrund der mit der Konzernbildung einhergehenden Zuständigkeitsverlagerung für gerechtfertigt gehalten. Auch die §§ 182 I S. 2, 202 II S. 3 AktG wonach nur beim genehmigten Kapital, nicht aber bei der regulären Kapitalerhöhung eine qualifizierte Mehrheit zwingend sei, sprächen hierfür.[383]

bb) Kein Mitwirkungserfordernis der Hauptversammlung bei der Konzernbildung

(1) Fehlerhafte Interpretation des § 119 II AktG

Die überwiegende Meinung lehnt eine Pflicht des Vorstands, beim hier zur Diskussion

[379] Timm, Die AG als Konzernspitze, S. 115 f.; ders. AG 1980, 172, 176 f.
[380] Mecke, Konzernstruktur und Aktionärsentscheid, S. 178 ff. und 194 ff..
[381] Hirte, Bezugsrechtsausschluß und Konzernbildung, S. 155 ff..
[382] Hirte, Bezugsrechtsausschluß und Konzernbildung, S. 182 ff.; zum gleichen Ergebnis kommt auch Hommelhoff, Die Konzernleitungspflicht, S. 275 ff,. 290 f., 296, der den Rechtsgedanken aus §§ 292 I Nr. 3, 293 I AktG zur Begründung der Zustimmungspflicht der Hauptversammlung bei Konzernbildungsmaßnahmen heranzieht.
[383] Seydl, Konzernbildungskontrolle, S. 435.

stehenden Beteiligungserwerb die Hauptversammlung des erwerbenden Unternehmens einzuschalten, ab.[384]

Bereits aus der Systematik des Aktiengesetzes ergebe sich, daß der historische Gesetzgeber einen derartigen Aktionärsschutz für nicht erforderlich gehalten habe. § 361 AktG a. F. (heute § 179a AktG), wonach die Zustimmung der HV nur zur Übertragung des ganzen Vermögens einer AG erforderlich sei, spreche hierfür ebenso, wie § 292 I Nr. 3 AktG, nach dem ein zustimmungsbedürftiger Betriebspacht bzw. -überlassungsvertrag nur vorliegen solle, wenn der gesamte Betrieb des Unternehmens verpachtet oder in sonstiger Weise einem Dritten überlassen werde.[385]

Gerade die Auffassung des BGH im Holzmüller-Fall, die Entscheidung über die Ausgliederung von der Hauptversammlung fällen zu lassen, auf § 119 II AktG zu stützen, wird in der Literatur überwiegend als fehlerhafte Begründung kritisiert.[386] Bereits aus der Entstehungsgeschichte ergebe sich, daß § 119 II AktG nicht als Ermessensvorschrift mit aktionärsbegünstigender Zielsetzung konzipiert worden sei, sondern im teleologischen Zusammenhang mit § 93 IV S. 1 AktG stehe und daher eine haftungsrechtliche Funktion zukomme. Dem Vorstand habe ausschließlich die Möglichkeit eröffnet werden sollen, sich durch das Plazet der Hauptversammlung der mit der anstehenden Maßnahme verbundenen Haftungsrisiken entledigen zu können.[387] Die Bestimmung des § 119 II AktG schütze daher die Interessen der Vorstandsmitglieder.[388] § 119 II AktG beinhalte für den Vorstand einer AG daher nur ein Vorlagerecht, nicht jedoch eine entsprechende Pflicht, so daß dem Vorstand hierauf beruhend nicht die Prüfung auferlegt werden könne, ob eine Frage der Hauptversammlung vorgelegt werden müsse.

Aus diesem Grund wird vereinzelt die Ansicht vertreten, daß sich eine Vorlagepflicht zwar nicht aus § 119 II AktG, aber aus § 121 I AktG ableiten lasse. Danach besteht eine Pflicht zur Einberufung der Hauptversammlung, wenn das Wohl der Gesellschaft es erfordert. *Geßler* folgert hieraus, daß die Hauptversammlung bei „Beteiligungsent-

---

[384] Für den Beteiligungserwerb im allgemeinen: Beusch, Festschrift Werner, S. 1, 1 ff.; Ebenroth, Konzernbildungs- und Konzernleitungskontrolle, S. 24 ff.; Götz, AG 1984, 85 ff.; Groß, AG 1994, 266, 273 ff.; Heinsius, ZGR 1984, 383 ff, 406 ff.; Koppensteiner in: Kölner Kommentar, AktG, Vorbem. § 291, Rdnr. 24 und 37 ff.; Martens, ZHR 147 (1983), 377, 377 ff.; von Rechenberg, Die HV als oberstes Organ der AG, 127 ff.; Semler, BB 1983, 1566, 1566 ff.; Sünner, AG 1983, 169 ff.; Werner, ZHR 147 (1983), 429 ff.; Westermann, ZGR 1984, 352, 352 ff.; - speziell für den Fall des öffentlichen Übernahmeangebots: Assmann/Bozenhardt, Übernahmeangebote, S. 64 f.; Bozenhardt, Freiwillige Übernahmeangebote, S. 83 ff.; Daum, Unkoordinierte Übernahme einer AG, S. 88 ff. - vgl. ferner Timm, Die AG als Konzernspitze, S. 88 ff., der beim Beteiligungserwerb eine Hauptversammlungszuständigkeit allerdings nur dann ablehnt, wenn die Satzung eine Konzernierungsklausel enthält.

[385] Werner, ZHR 147 (1983), 429, 443.

[386] Ebenroth, Konzernbildungs- und leitungskontrolle, S. 34 ff.; Flume, Juristische Person, S. 310 f.; Geßler, Festschrift Stimpel, S. 771, 773; Hirte, Bezugsrechtsausschluß und Konzernbildung, S. 160 ff.; Hübner, Festschrift Stimpel, S. 791, 794 f.; Liebscher, Konzernbildungskontrolle, S. 78 f.; Lutter, Festschrift Fleck, S.169, 173 f.; Martens, ZHR 147 (1983), 377, 383 ff.; Mecke, Konzernstruktur und Aktionärsentscheid, S. 152 f.; Priester, ZHR 163 (1999), 187, 194 f.; von Rechenberg, Die HV als oberstes Organ der AG, S. 65; Sünner, AG 1983, 170; Werner, ZHR 147 (1983), 429, 437 ff., Westermann, ZGR 1984, 352, 364 ff.; a. A.: Großfeld/Brondics, JZ 1982, 589, 591; Hüffer, AktG, § 119 Rdnr. 18; Vollmer, AG 1991, 94, 100; vgl. dazu auch Wolf, Diskussionsbericht zu den Referaten Joost u. Priester, ZHR 193 (1999), S. 203, 204.

[387] Martens, ZHR 147 (1983), S. 377, 383.

[388] Mecke, Konzernstruktur und Aktionärsentscheid, S. 152 f..

scheidungen“ einberufen werden müsse, da es sich bei diesen um Strukturmaßnahmen handele, die immer das Gesellschaftswohl beträfen.[389]
Im Hinblick auf die aktienrechtliche Zuständigkeitsordnung werden im Schrifttum zudem Bedenken gegen den vom BGH im Holzmüller-Urteil verfügten Kompetenzzuwachs laut, der zu einer unklaren Zuständigkeitsverteilung zwischen Geschäftsführungsbereich und Grundlagenentscheidungen führe.[390] Mit § 119 II AktG, der voraussetzt, daß eine Entscheidung als Geschäftsführungsmaßnahme einzuordnen ist, müsse die Alleinzuständigkeit des Vorstands zwingend verbunden bleiben, um den Kompetenzbereich des Vorstands gegenüber dem der Hauptversammlung abzugrenzen. Mit der im Gesetz verankerten alleinigen Geschäftsführungszuständigkeit des Vorstands sei es nicht zu vereinbaren, daß durch das Holzmüller-Urteil die Zuständigkeit für wesentliche Geschäftsführungsentscheidungen auf die Hauptversammlung verlagert werde.[391] Dieser Kompetenzzuwachs widerspreche auch der Notwendigkeit, die vor allem als Organisationsform für Großunternehmen verfaßte Aktiengesellschaft mit einer Unternehmensführung zu versehen, die grundsätzlich entscheidungsautonom handeln könne.[392]

(2) Eingriff in Aktionärsrechte ?

Für die Festlegung eines ungeschriebenen Mitwirkungserfordernisses bei der Konzernbildung fehlt es einer Ansicht zufolge bei einem Beteiligungserwerb bereits an einem Eingriff in die Aktionärsrechte, nach anderer Auffassung an der Schutzbedürftigkeit der Aktionäre in ihrer Gesamtheit oder zumindest der Aktionärsmehrheit.[393]
Zur Begründung eines fehlenden Eingriffs in die Aktionärsrechte wird geltend gemacht, daß der Beteiligungserwerb nur dann stimmrechtsrelevant und daher ein Zustimmungserfordernis der Aktionäre notwendig machen könne, wenn das Stimmrecht auch das Recht beinhalte, über die Zusammensetzung des in der Aktiengesellschaft gesammelten Vermögens mitzubestimmen. Das sei jedoch nicht der Fall, da es weder eine ausdrückliche gesetzliche Regelung über die Zuständigkeit der Hauptversammlung gebe, noch die gesetzlich geregelten Zuständigkeiten mit dem Beteiligungserwerb vergleichbar seien. Als Mittelverwendung falle der Beteiligungserwerb in die Maßnahmen der Geschäftsführung. Bei der Mittelverwendung hätten die Aktionäre - mit Ausnahme im Rahmen des Gewinnverwendungsbeschlusses - kein Mitbestimmungsrecht in der AG.[394] Das gelte selbst dann, wenn der Beteiligungserwerb fremdfinanziert würde, da der Hauptversammlung nicht die Befugnis zukomme, über das Eingehen von Verbindlichkeiten abzustimmen, selbst wenn es sich um erhebliche oder langfristige Verbindlichkeiten handele.[395] In diesem Zusammenhang sei auch zu beachten, daß der Beteiligungserwerb keinen Eingriff in die Vermögensrechte des Aktionärs er-

---

[389] Geßler, Festschrift Stimpel, S. 771, 776 ff.; vgl. auch Semler in: Münchener Hdb. Bd. 4, § 35 Rdnr. 3; Wank, ZGR 1988, S. 314, 326.
[390] Martens, ZHR 147 (1983), 377, 384 ff.; Westermann, ZGR 1984, 352, 365 f..
[391] Joost, ZHR 163 (1999), 164, 176.
[392] Martens, ZHR 147 (1983), 377, 427.
[393] Beusch, Festschrift Werner, S. 1, 6 ff.; Werner, ZHR 147 (1988), 429, 440 ff..
[394] Hirte, Bezugsrechtsausschluß und Konzernbildung, S. 168; Groß, AG 1994, 269, 273; a. A. Werner, ZHR 147 (1983), 429, 447.
[395] Groß, AG 1994, 269, 274.

zeuge. Der Anspruch auf den Liquidationserlös werde nicht dadurch beeinträchtigt, daß durch einen Aktivtausch Umlaufvermögen zu Anlagevermögen geworden sei, oder daß bei teilweiser Fremdfinanzierung Verbindlichkeiten zum Aufbau von Anlagevermögen entstünden.[396] Beteiligungen seien jedenfalls nicht grundsätzlich nur unter ihrem Einkaufspreis wiederverwertbar.[397] Der Beteiligungserwerb stelle damit keinen Eingriff in die Mitgliedschafts- und Vermögensrechte des Aktionärs dar, der durch eine generelle Konzernbildungskontrolle kompensiert werden müsse.[398]
Insbesondere *Werner* ist hingegen der Auffassung, daß ein Eingriff in die Aktionärsrechte zwar vorliege, es aber an der Schutzbedürftigkeit der Anteilseigner fehle.[399] Zwar seien die Interessen der Aktionäre von Handlungen und Unterlassungen des Vorstands bei seiner Geschäftsführungstätigkeit häufiger auch schwerwiegend betroffen. Eine notwendige Änderung der Kompetenzverteilung lasse sich daraus aber nicht ableiten.[400] Die Hauptversammlung könne vom BGH im Holzmüller-Urteil beanstandete Verhaltensweisen vielmehr bereits dadurch verhindern, daß sie in der Satzung bei der Umschreibung des Unternehmensgegenstandes den Beteiligungserwerb oder die Ausgliederung von Unternehmensteilen als nicht zum Unternehmenszweck gehörig kennzeichne. Kraft ihrer Satzungsautonomie sei die Hauptversammlung im übrigen weitgehend in der Lage, im Rahmen der Feststellung des Unternehmensgegenstandes Fragen der Bildung, Erweiterung und Umorganisation nach ihrem Willen zu gestalten. Zudem könne sie den Unternehmensgegenstand durch Satzungsänderung gem. § 179 AktG jederzeit wieder einschränken.[401] Im übrigen verfolge der Vorstand ohnehin das Interesse der Aktionärsmehrheit.[402]
Im Ergebnis sind sich daher beide Auffassungen einig, daß sich die Anerkennung eines ungeschriebenen Mitwirkungserfordernisses bei einem Beteiligungserwerb nicht mit der Betroffenheit oder Schutzbedürftigkeit der Aktionäre der Bietergesellschaft begründen läßt.

(3) Fehlender Bedarf einer Ausweitung der Mitwirkungsbefugnisse der Hauptversammlung

Im Mittelpunkt der Kritik steht bei den Gegnern der Anwendung der Holzmüller-Grundsätze auf alle Arten der Konzernbildung die Gefahr einer in der Praxis damit verbundenen Rechtsunsicherheit. Es fehle an einer überzeugenden näheren Bestimmung, in welchen Fällen ein ausreichend tiefer, die Hauptversammlungskompetenz auslösender Eingriff angenommen werden müsse. Angesichts der Vielzahl im Schrifttum genannter Schwellenwerte sei der Vorstand eines Unternehmens zu seiner haftungsrechtlichen Absicherung faktisch gezwungen, bereits bei weniger schwerwiegenden Umstrukturierungen die Zustimmung der Hauptversammlung einzuholen.[403]

[396] Groß, AG 1994, 269, 274.
[397] Götz, AG 1984, 85, 87.
[398] Groß, AG 1994, 269, 275; ähnlich, Götz, AG 1984, S. 85, 94.
[399] Werner, ZHR 147 (1983), S. 429, 441 ff..
[400] So auch Joost, ZHR 163 (1999), S. 164, 170.
[401] Heinsius, ZGR 1984, 383, 405 f..
[402] Werner, ZHR 147 (1983), 429, 441 ff.; dagegen Mülbert, Aktiengesellschaft, Unternehmensgruppe und Kapitalmarkt, S. 389 ff..
[403] Joost, ZHR 163, (1999), 164, 171.

Geltend gemacht werden noch weitere Argumente, die die Ausdehnung der Mitwirkungsrechte der Aktionäre als praktische Fehlentwicklung entlarven sollen. So wird behauptet, daß die Hauptversammlungen von Publikumsgesellschaften häufig nicht in der Lage seien, ihre Mitwirkungsrechte mit dem nötigen Sachverstand oder aber aufgrund der im Vergleich zum Vorstand geringeren Bindung an das Unternehmensinteresse mit der hinreichenden Verantwortlichkeit auszufüllen.[404] Auch wird darauf hingewiesen, daß sich mit dem Ausbau der Hauptversammlungskompetenzen zugleich die Gefahr der Möglichkeit mißbräuchlicher Anfechtungsklagen erhöhe.[405]
Mit der praktischen Fehlentwicklung gehe zugleich die fehlende Notwendigkeit der Ausweitung der Mitwirkungsbefugnisse der Hauptversammlung einher. Die Geschäftsführungskompetenz des Vorstands gem. § 82 II AktG bestehe zunächst ohnehin lediglich im Rahmen der Satzung der Aktiengesellschaft. Damit sei der Vorstand an die Vorgaben gehalten, die die Gründer bzw. Aktionäre festgesetzt hätten.[406] So könne etwa der Beteiligungserwerb durch eine in der Satzung verankerte Festlegung des Unternehmensgegenstandes ausgeschlossen werden. Darüber hinaus könne der Aufsichtsrat bei der Bildung, Erweiterung und Umorganisation des Konzerns mitwirken. Hierbei stellt die Literatur darauf ab, daß die Hauptversammlung - abgesehen von ihrer Überwachungspflicht nach § 111 I AktG und den Berichtspflichten des Vorstands gem. § 90 AktG[407] - solch schwerwiegende Maßnahmen gem. § 111 IV S. 2 AktG durch Satzungsbestimmungen an die Zustimmung des Aufsichtsrats binden kann.[408]
Die Entscheidungen des Aufsichtsrates würden aufgrund der Mitbestimmung maßgeblich von Arbeitnehmervertretern beeinflußt, welche sich in der Regel nicht über berechtigte Belange der Aktionärsmehrheit hinwegsetzten. Sollte ein solcher Fall zum Schaden des Unternehmens und der Aktionärsmehrheit jedoch eintreten, hätte die Hauptversammlung gem. § 103 I AktG die Möglichkeit, die betreffenden Aufsichtsratsmitglieder mit einer Dreiviertel-Stimmenmehrheit abzuberufen. Im Hinblick auf den Vorstand hätten die Aktionäre in einer ordentlichen oder außerordentlichen Hauptversammlung die Möglichkeit, ihm das Vertrauen zu entziehen, so daß der Aufsichtsrat gem. § 84 III AktG in die Lage versetzt würde, den Vorstand aus wichtigem Grund abzuberufen.[409]
Angesichts dieser gesetzlichen Einwirkungsmöglichkeiten der Hauptversammlung und der sich daraus ergebenden fehlenden Schutzbedürftigkeit der Hauptversammlungsmehrheit beim Beteiligungserwerb sieht diese Auffassung keine Anhaltspunkte für die Annahme, daß der Gesetzgeber eine die Hauptversammlung schützende Regelung versehentlich unterlassen habe könnte. Mangels planwidriger Regelungslücke könne eine Ausweitung der Mitwirkungsbefugnisse im Wege der Analogie nicht vorgenommen werden. Infolge der Möglichkeiten bedürfnisadäquater Satzungsgestaltung fehle es an einem Rechtsfortbildungsbedarf.

---

[404] Beusch, Festschrift Werner, S. 1, 10 ff.; ähnlich Mertens, Festschrift Goerdeler, S. 349, 359.
[405] Dazu Mülbert, Aktiengesellschaft, Konzernstruktur und Aktionärsentscheid, S. 392.
[406] Groß, AG 1994, 266, 267 ff.; Joost, ZHR 163 (1999), S. 164, 177.
[407] Vgl. hierzu Semler, Die Überwachungsaufgabe des Aufsichtsrats, S. 158 ff.; Lutter/Krieger, Rechte und Pflichten des Aufsichtsrats, S. 55 ff..
[408] Heinsius, ZGR 1984, S. 383, 410; Timm, Die AG als Konzernspitze, S. 39 f; 192 ff.; Martens, ZHR 147 (1983), 377, 417 ff..
[409] Werner, ZHR 147 (1983), 429, 441.

Auch unter dem Gesichtspunkt des Minderheitenschutzes[410] könne - im Hinblick auf das Mehrheitsprinzip - eine andere Beurteilung nicht zustande kommen.[411] Bei Zugrundelegung der Auffassung des BGH, daß der Vorstand in gewissen Fällen verpflichtet sei, die Hauptversammlung gem. § 119 II AktG anzurufen, sei es zwingend, die Mehrheitsentscheidung als solche zu respektieren ohne Rücksicht darauf, ob die Interessen eines Minderheitsaktionärs nachteilig berührt würden. Dieses Ergebnis werde durch das sonstige System des Minderheitenschutzes im AktG bestätigt. Das Gesetz gewähre von den Individualrechten abgesehene Minderheitenrechte im eigentlichen Sinne nur, wenn ein Minderheitsverlangen vorliege, daß durch einen hinreichenden Teil des Grundkapitals gestützt werde, beispielsweise §§ 122 II, 147 II AktG. Anhaltspunkte dafür, daß der Gesetzgeber zustimmungspflichtige Geschäftsführungsmaßnahmen im Rahmen des Minderheitenschutzes versehentlich unberücksichtigt gelassen habe, fehlten. Zudem gebe es schließlich kein Recht des einzelnen Aktionärs auf unveränderte Beibehaltung der Unternehmensstruktur oder der Zusammensetzung des Gesellschaftervermögens.[412]

b) Stellungnahme

aa) Kritik an der Lösung über § 119 II AktG

Den Kritikern des Holzmüller-Urteils ist insofern beizupflichten, als der BGH in seiner Begründung verfehlt auf § 119 II AktG abstellt.

§ 119 II AktG betont die Entscheidungsfreiheit des Vorstands, bei Geschäftsführungsmaßnahmen die Hauptversammlung anzurufen, begründet jedoch gerade keine originäre Hauptversammlungskompetenz.[413] Eine Ermessensreduzierung auf Null, die zu einer Vorlagepflicht des Vorstands führt, läßt sich auch nicht mit einem besonders tiefen Eingriff in die Mitgliedschafts- und Vermögensrechte der Aktionäre begründen. Zu Recht stellt *Wiedemann*[414] in diesem Zusammenhang fest, daß ein solch tiefer Eingriff auch durch zustimmungsfreie Geschäftsführungsmaßnahmen des Vorstands, etwa in Gestalt risikoreicher Transaktionen, vorgenommen werden kann. Insgesamt kommt eine Vielzahl von Entscheidungen in Betracht, die aufgrund der mit ihnen verbundenen Kapitalinvestitionen, ihrem hohen Risikopotential oder ihrer gesamten unternehmenspolitischen Relevanz die Voraussetzungen des BGH für die Annahme einer Vorlagepflicht nach § 119 II AktG erfüllen könnten. Selbst ein schwerwiegender Zusammenhang zu den Vermögensrechten der Aktionäre vermag jedoch lex lata allein keine Änderung der Kompetenzverteilung zu rechtfertigen.[415] Darüber hinaus spricht der Gesetzeszweck gegen eine derartige Vorlagepflicht des Vorstands, da ihm die Vorla-

---

[410] Ausführlich hierzu: Lehmann, AG 1983, 113, 113 ff..

[411] Heinsius, ZGR 1984, 383, 409; Werner, ZHR 147 (1983), 429, 447; Semler, BB 1983, 1566, 1571.

[412] Werner, ZHR 147 (1983), 429, 447.

[413] Vgl. dazu Wolf, ZHR 163 (1999), 203, 204; ebenso: Heinisus, ZGR 1984, 387, 393 ff.; Lutter, Festschrift Stimpel, S. 825, 843; Mecke, Konzernstruktur und Aktionärsentscheid, S. 152 f.; Schmidt, Gesellschaftsrecht, S. 880 f.; Werner, ZHR 147 (1983), 429, 437 ff.; Westermann, ZGR 1984, S. 352, 363 ff.

[414] Wiedemann in: Großkomm., AktG, § 179 Rdnr. 70; vgl. auch Kropff, ZGR 1984, S. 112, 123; Martens, ZHR 147 (1983), 377, 381 ff.; Mülbert, Aktiengesellschaft, Unternehmensgruppe und Kapitalmarkt, S. 395; Rehbinder, ZGR 1983, S. 92, 99.

[415] Vgl. Joost, ZHR163 (1999), 164, 170.

gemöglichkeit ausschließlich im Eigeninteresse zukommen sollte. Ob hierbei das Interesse an einer eigenverantwortlichen Unternehmensführung[416] im Vordergrund steht oder aber das Interesse zur Vermeidung von Haftungsrisiken,[417] ist in diesem Zusammenhang unerheblich. Jedenfalls sollten den Aktionären durch § 119 II AktG keine Rechte zum Schutz eigener Interessen eingeräumt werden. Gegen die Heranziehung des § 119 II AktG als Rechtsgrundlage für eine originäre Hauptversammlungskompetenz spricht letztlich auch das gesetzliche einfache Mehrheitserfordernis, das sich in Verbindung mit § 133 I AktG ergibt. Mit *Joost* [418] ist davon auszugehen, daß im Interesse des Aktionärsschutzes eine einfache Mehrheit nicht ausreicht, zumal ein Vorstand die unter die Holzmüller-Grundsätze fallenden Maßnahmen ohnehin nicht gegen den Willen der Mehrheit der Aktionäre durchführen wird.[419]

Die Ableitung einer Vorlagepflicht aus § 121 I AktG „zum Wohle der Gesellschaft"[420] wird ebenfalls zurecht überwiegend abgelehnt.[421] § 121 I AktG erlaubt den Aktionären nur ausnahmsweise die Beschlußfassung über Geschäftsführungsmaßnahmen. Konzernbildungsmaßnahmen berühren jedoch die Struktur der Aktiengesellschaft und sind daher bereits genuin bei der Zuständigkeit der Hauptversammlung anzusiedeln. Wie *Wiedemann* hervorhebt, widerspricht eine derartige Konzeption dem AktG, das Geschäftsführungs- und Organisationsakte trennt.[422]

Mangels Bestimmbarkeit des Begriffs „zum Wohle der Gesellschaft" würde zudem die Möglichkeit zu einer mit den Grundsätzen der Rechtsunsicherheit nicht mehr zu vereinbarenden Hauptversammlungszuständigkeit eröffnet, die „zum Wohle der Gesellschaft" entgegen der Konzeption des AktG auch auf Investitionen oder Desinvestitionen von größerer Tragweite ausgedehnt werden könnte.[423]

bb) Gesamtanalogie als rechtliche Grundlage der „Holzmüller"-Doktrin

Ist dem BGH in der Wahl der rechtlichen Grundlage zur Begründung der ungeschriebenen Hauptversammlungskompetenz nicht zuzustimmen, ist ihm im Ergebnis jedoch darin beizupflichten, daß den Aktionären die Mitwirkungskompetenz bei grundlegenden Entscheidungen zukommen muß.

Eine Abgrenzung zwischen den Kompetenzen des Vorstands und der Hauptversammlung bleibt durch eine differenzierte Betrachtung des Maßnahmenkatalogs möglich, wenn der Geschäftsführungsbereich allein dem Vorstand verbleibt. Nur für Maßnahmen im Strukturbereich des Unternehmens kommt ihm dann keine Alleinzuständigkeit zu.[424] Entsprechend dieser Differenzierung legt auch § 119 I Nr. 5, 6 und 8 AktG die

---

[416] So Martens, ZHR 147. (1983). 377, 383 ff..

[417] So Geßler, Festschrift Stimpel. S. 771, 773 ff.; Joost, ZHR 163 (1999), 164, 169.

[418] Joost, ZHR 163 (1999), 164, 171 f..

[419] Altmeppen, DB 1998, 49, 50; Werner, ZHR 147, (1983), 429, 441.

[420] Geßler, Festschrift Stimpel, 771, 776 ff.; Wank, ZGR 1988, 314, 360.

[421] Liebscher, Konzernbildungskontrolle, S. 79 f.; Mecke, Konzernstruktur und Aktionärsentscheid, S. 153 f..

[422] Wiedemann, Die Unternehmensgruppe im Privatrecht, S. 52.

[423] Martens, ZHR 147 (1983), S. 377, 381 f.; Liebscher, Konzernbildungskontrolle, S. 176 f.; auch Mecke, Konzernstruktur und Aktionärsentscheid, S. 154.

[424] Lutter, Festschrift Stimpel. S. 825. 850 f.; Lutter/Leinekugel, ZIP 1998. 805, 805 ff.; ähnlich auch Schmidt. Festschrift Heinsius, S. 719 f., 728 ff..

Zuständigkeit der Hauptversammlung in Strukturfragen fest. Mit *Wahlers*[425] ist anzunehmen, daß der in § 119 I AktG benutzte Ausdruck „ausdrücklich" nicht entwertet wird, da keine Generalzuständigkeit der Hauptversammlung wieder eingeführt wird. Vielmehr findet eine Gesamtorientierung an den einzelnen Singularzuständigkeiten statt, die bei Strukturmaßnahmen eine Mitwirkung der Hauptversammlung vorsehen. Als Grundlage der Holzmüller-Doktrin ist daher eine Gesamtanalogie zu den verschiedenen Vorschriften anzunehmen, die eine Strukturänderung voraussetzen - insbesondere die §§ 179 II, 179a, 186 III, IV, 293 I, II AktG und §§ 13, 65 UmwG.[426]
Aus diesen Vorschriften ist zu folgern, daß solche Entscheidungen, die unmittelbare Auswirkungen auf die Struktur oder die Vermögensrechte der Aktionäre haben, zum Schutz der Aktionärsrechte nicht allein vom Vorstand getroffen werden können. In Anlehnung an diese Vorschriften läßt sich vielmehr bereits aus dem geltenden Recht eine ungeschriebene Kompetenz der Hauptversammlung für Konzernbildungsmaßnahmen entnehmen, für die im Interesse des Minderheitenschutzes eine satzungsändernde Dreiviertel-Mehrheit erforderlich ist. Damit reiht sich die ungeschriebene Zuständigkeit der Hauptversammlung für Konzernbildungsmaßnahmen in die bereits gesetzlich vorgesehene Zuständigkeit für Strukturentscheidungen ein, die ihrer besonderen Bedeutung entsprechend ebenfalls von einer qualifizierten Mehrheit getragen werden.[427] Dieses Mehrheitserfordernis wird auch nicht dadurch geändert, daß die Satzung eine Konzernbildungsklausel enthält. Dagegen spricht zum einen, daß in den gesetzlich geregelten Mitwirkungsfällen eine Konzernbildungsklausel ebenfalls nicht zur Folge hat, daß das Mehrheitserfordernis gesenkt wird und zum anderen lassen sich für die Aktionäre Beeinträchtigungen häufig erst anhand einer konkreten Vereinbarung erkennen und nicht bereits an einer abstrakten Konzernbildungsklausel.[428] Eine derartige Erweiterung der Mitwirkungsrechte der Hauptversammlung steht schließlich im Einklang mit der Stellung der Aktionäre als wirtschaftliche Eigentümer, denen ein fehlender Sachverstand zur Erhaltung der Machtstellung der Verwaltung aus diesem Grund nicht unterstellt werden darf.
Wie *Mülbert* verdeutlicht, stellt auch der Einwand einer erhöhten Gefahr mißbräuchlicher Anfechtungsklagen kein überzeugendes Argument dar, da aufgrund ungeschriebener Hauptversammlungszuständigkeiten ergangene Beschlüsse allein im Innenverhältnis zwischen Vorstand und Hauptversammlung wirken und daher dessen Vertre-

[425] Wahlers, Konzernbildungskontrolle durch die HV der Obergesellschaft, S. 187, a. A. Mecke, Konzernstruktur und Aktionärsentscheid, S. 177.

[426] In Übereinstimmung mit der heutigen Rechtslehre: Altmeppen, DB 98, 49, 50; Emmerich/ Sonnenschein, Konzernrecht, S. 88; Geßler, Festschrift Stimpel, S. 771, 785 f.; Liebscher, Konzernbildungskontrolle, S. 84 ff.; Lutter, Festschrift Fleck, S. 169, 181 ff.; Lutter/Leinekugel, ZIP 1998, 805, 806; Krieger in: Münchener Hdb., Bd. 4, § 69 Rdnr. 8; Raiser, Recht der Kapitalgesellschaften § 16 Rdnr. 15; Rehbinder, ZGR 1983, 92, 98; Wahlers, Konzernbildungskontrolle durch die HV der Konzernobergesellschaft, S. 185 ff.; Wiedemann in: Großkomm, AktG, § 179 Rdnr. 74, 76; gegen eine solche Analogie Joost, ZHR 163 (1999), 164, 173 ff.; Seydl, Konzernbildungskontrolle, S. 415 ff..

[427] Vgl. hierzu Mecke, Konzernstruktur und Aktionärsentscheid, S. 196; Wahlers, Konzernbildungskontrolle durch die HV der Konzernobergesellschaft, S. 190 f..

[428] Mülbert, Aktiengesellschaft, Unternehmensgruppe und Kapitalmarkt, S. 439; Wahlers, Konzernbildungskontrolle durch die HV der Konzernobergesellschaft, S. 191.

tungsbefugnis nach außen unberührt gelassen wird, so daß etwa Verträge mit Dritten über den Erwerb von Gesellschaftsanteilen nicht beeinträchtigt werden.[429]

cc) Zur Frage der Auslösung der ungeschriebenen Hauptversammlungskompetenz

Hauptkritikpunkt an der Lehre von der Gesamtanalogie ist die Befürchtung, daß sie entgegen der Regelung des § 119 I AktG lediglich zu einem abstrakten Rechtssatz führt, der in der Praxis die Gefahr einer erheblichen Rechtsunsicherheit entstehen läßt.[430] Es stellt sich daher - gerade auch bei einem Beteiligungserwerb - die Frage, wann eine derartig wesentliche Entscheidung vorliegt, daß die Schwelle zur Auslösung der Hauptversammlungskompetenz überschritten wird.

Im Holzmüller-Fall hat der BGH über die Verlagerung von 80 % der Aktiva auf eine Tochtergesellschaft entschieden.[431] Ausschließlich in vergleichbaren Ausnahmefällen, in denen die Schwere des Eingriffs die Abweichung von der gesetzlich fixierten aktienrechtlichen Zuständigkeitsordnung rechtfertigt, sollte die Hauptversammlung zuständig sein. Dieses Regel-Ausnahme-Verhältnis ergibt sich bereits aus der Äußerung des BGH, daß nur in den Fällen, in denen die Maßnahmen des Vorstands "so tief in die Mitgliedsrechte der Aktionäre und deren im Anteilseigentum verkörpertes Vermögensinteresse eingreifen, daß der Vorstand nicht annehmen kann, er dürfe sie in ausschließlich eigener Verantwortung treffen"[432], solle das durch § 119 II AktG gewährte Ermessen des Vorstandes zur Vorlage an die Hauptversammlung reduziert sein und zu einer Vorlagepflicht werden. Den Ausnahmecharakter der Zuständigkeit der HV betont der BGH des weiteren durch die Bezugnahme auf die wirtschaftlichen Besonderheiten des Falles. So wird betont, daß sich die Ausgliederung im "Kernbereich der Unternehmenstätigkeit" abspielt, den "wertvollsten Betriebszweig" betreffe und insgesamt eine Änderung der "Unternehmensstruktur von Grund auf" herbeigeführt werde.[433]

In der Berichterstattung zum Holzmüller-Fall wird ebenfalls hervorgehoben, daß nur bei einer gravierenden Strukturänderung das grundsätzlich nach Ermessen auszuübende Recht des Vorstandes, zu seiner Entlastung eine Entscheidung der Hauptversammlung herbeizuführen, ausnahmsweise zur Pflicht werden solle.[434] Daher hatte die vorgesehene Höhe der Vermögensverlagerung im Holzmüller-Fall eine kompetenzbegründende Wirkung.[435]

Der BGH stellte in der Holzmüller-Entscheidung des weiteren maßgeblich auf den Eingriff in die Rechtsstellung der Aktionäre, d.h. die nachteilige Auswirkung auf die

---

[429] Mülbert, Aktiengesellschaft, Unternehmensgruppe und Kapitalmarkt, S. 392; Westermann, ZHR 156 (1992), 203, 215.

[430] Hommelhoff, Die Konzernleitungspflicht, S. 90 f.; Joost, ZHR 162 (1999), 164, 174.

[431] BGHZ 83, 122, 138; Vorinstanz: OLG Hamburg, ZIP 1980, 1000, 1006.: Der Wert des ausgegliederten Seehafenbetriebes betraf 33 332 000 DM. Der Wert der von der Übertragung ausgenommenen Aktiva 7902000 DM.

[432] BGHZ 83, 122, 131.

[433] BGHZ 83, 122, 131 f., 138 f..

[434] Fleck, LM § 118 AktG Nr. 1, Bl. 764.

[435] Ähnlich Groß, AG 1994, 269, 272; Martens, ZHR 147 (1983), 377, 383, FN. 14; Mecke, Konzernstruktur und Aktionärsentscheid, S. 188.

Mitgliedschafts- und Vermögensrechte der Aktionäre, ab. Aus dieser nicht einzelfallbezogenen Argumentation kann geschlossen werden, daß Grundlagenentscheidungen der Verwaltung mit ähnlich weitreichenden Folgen für die Aktionäre ebenfalls einem Zustimmungsvorbehalt unterstellt werden müssen.

Speziell für den Beteiligungserwerb mittels öffentlichen Übernahmeangebots muß daher wie bei allen anderen Konzernbildungsmaßnahmen ebenfalls ausschlaggebend sein, ob er eine grundlegende Strukturänderung zur Folge hat. Maßgeblich ist dabei der Gedanke, daß mit dem Beteiligungserwerb auf das Resultat des öffentlichen Übernahmeangebots abzustellen ist und dieses nicht isoliert betrachtet werden kann.[436]

Denkbar ist im Zusammenhang mit einem Beteiligungserwerb insbesondere eine Situation, in der die Aktionäre durch den investitionsbedingten Kapitalabfluß in ihren Vermögensrechten beeinträchtigt werden. Im Einzelfall kann diesem Kapitalabfluß jedoch entgegenstehen, daß durch die Beteiligung ein vermögenswertes Äquivalent an die Gesellschaft zurückfließt und sich vorteilhaft auf den Anteilswert der Aktionäre auswirkt. Andererseits kann eine geplante Übernahme häufig nur durch Einsatz massiver liquider Mittel und beträchtlicher Fremdkapitalaufnahme erfolgreich gestaltet werden. Das Ausfallrisiko der bisherigen Aktionäre der Bieter-AG steigt daher im Ergebnis an. Zudem fließt durch den Beteiligungserwerb die Liquidität aus der Bietergesellschaft ab, die auch zur Expansion des unternehmerischen Bereichs der Bietergesellschaft hätte genutzt werden können.[437] Auch ist der bereits angesprochene "Mediatisierungseffekt" im Rahmen einer Übernahme zu berücksichtigen. Der Vorstand der Bieter-AG verbringt das Kapital durch den Beteiligungskauf in das Zielunternehmen und entzieht es damit gleichzeitig aus dem Einflußbereich der Muttergesellschafter. Nach dem Unternehmenserwerb hat nur noch der Vorstand den unmittelbaren Einfluß auf die Geschicke des Zielunternehmens und das dort eingebrachte Kapital. Bei einem Beteiligungserwerb mittels Übernahmeangebot kann daher eine schwerwiegende Strukturänderung vorliegen, die eine gravierende Beeinträchtigung der Aktionäre der Bieter-AG nahelegt.

Ob eine solch gravierende Strukturänderung bei einem Beteiligungserwerb vorliegt, kann nur im Einzelfall entschieden werden. Angesichts der bereits erörterten Aussagen des BGH im Holzmüller-Urteil[438] kann eine solche Strukturveränderung in keinem Fall schon ab 10 % des Grund- oder Eigenkapitals oder ab 20 bzw. über 25 % der Aktiva angenommen werden. Vielmehr ist die Hauptversammlungszuständigkeit auf schwerwiegende Sachverhalte zu beschränken, um nicht entgegen der Konzeption des Aktiengesetzes die Geschäftsführungskompetenz des Vorstands einzuschränken und dadurch die Funktionsfähigkeit größerer Aktiengesellschaften zu gefährden. Wie *Priester* zutreffend festgestellt hat, darf die mit dem AktG 1937 abgeschaffte Allzuständigkeit der früheren Generalversammlung nicht wieder „durch die Hintertür eingeführt werden.“.[439]

Es geht daher um die Festlegung der die Zuständigkeit der Hauptversammlung begründenden Extremfälle, durch welche die Aktionäre hohen Risiken ausgesetzt wer-

---

436 Knoll, Übernahme von Kapitalgesellschaften, S. 157 f..
437 Vgl. Mecke, Konzernstruktur und Aktionärsentscheid, S. 90.
438 Siehe S. 83 ff..
439 Vgl. Priester, ZHR 163 (1999), 187, 200.

den.[440] Innerhalb der aktienrechtlichen Zuständigkeitsordnung ist im übrigen im Verhältnis zu den Kompetenzen des Vorstands die Regel-Ausnahme-Relation aufrecht zu erhalten. Eine - wie vom BGH geforderte - schwerwiegende Strukturänderung kann somit nur überhalb der Grenze eines Beteiligungsumfanges von zumindest 50 % der Aktiva angenommen werden.[441] Unterhalb dieses Schwellenwertes liegt es im Einklang mit dem gesetzlichen Kompetenzgefüge, wenn die Aktionäre sorgfältig über die Änderungen informiert werden und die Stellung der Verwaltung zugunsten der Durchführbarkeit der Geschäftspolitik unberührt bleibt.

dd) Erfordernis einer ungeschriebenen Hauptversammlungszustimmung im Krupp/Thyssen-Fall

Für die Beantwortung der Frage nach dem Erfordernis einer ungeschriebenen Hauptversammlungskompetenz im Krupp/Thyssen-Fall kann es somit nicht auf den Weg des Mehrheitserwerbs - Übernahmeangebot, Paketkauf, Erwerb über die Börse - ankommen. Entscheidend muß vielmehr allein sein, ob etwa der Beteiligungserwerb durch die Krupp-Hoesch AG ähnlich gravierende Folgen für die Aktionäre der Bieter-AG hätte haben können, wie die Ausgliederung im Holzmüller-Fall. Zu fragen war, ob eine den Grundlagenänderungen im übrigen vergleichbare wirtschaftliche Umstrukturierung vorgenommen werden sollte.

Ab dem Zeitpunkt, ab dem eine vergleichbare wirtschaftliche Umstrukturierung aufgrund der Überschreitung der 50 %-Grenze angenommen werden kann, muß die Frage der Erforderlichkeit der Hauptversammlungszustimmung eine solche des Einzelfalls bleiben und ist dabei von verschiedenen Faktoren abhängig, die - um die Gefahr der Rechtsunsicherheit zu verringern - dem Vorstand einer AG konkrete Anhaltspunkte für eine ungeschriebene Mitwirkungsbefugnis der Hauptversammlung geben.

Zur Konkretisierung der Hauptversammlungszuständigkeit werden in diesem Zusammenhang im Schrifttum zwei Gesichtspunkte genannt.[442] Zum einen eine Änderung im Profil oder Gepräge des Unternehmens und zum anderen eine Änderung im Aufbau der strategischen Geschäftseinheiten. Bei einem Übernahmeangebot können speziell das Größenverhältnis zwischen Bieter- und Zielgesellschaft, die Finanzierung und die geplante Unternehmensstruktur nach erfolgreicher Übernahme entscheidend sein.

Die Krupp-Hoesch AG plante mit der Thyssen AG einen fast doppelt so großen Konzern zu übernehmen. Finanziert werden sollte diese Übernahme im wesentlichen durch Fremdkapitalaufnahme in Höhe von bis zu 15 Mrd. DM.

Diese Finanzierungsmaßnahmen hätten zu einer schwerwiegenden Verschiebung der bisherigen Eigenkapital-/Fremdkapitalrelation geführt, so daß sich das Ausfallrisiko für die bisherigen Aktionäre der Krupp-Hoesch AG einschneidend verändert hätte. Hinzu wäre gekommen, daß der Vorgang sämtliche verfügbare Mittel der Krupp-

---

[440] Auf die den Aktionären drohenden Risiken stellen auch Emmerich/Sonnenschein, Konzernrecht, S. 87 und Mülbert, Aktiengesellschaft, Unternehmensgruppe und Kapitalmarkt, S. 423 ff., 442 ff. ab.

[441] LG Düsseldorf, AG 1999, 94, 95 – „W. Rau Neusser Öl und Fett AG"– entschied, daß der Schwellenwert nicht überschritten sein solle, „wenn ein Vertrag über eine Beteiligung unterhalb der Grenze von mindestens 50 % der Aktiva.... zur Diskussion steht und diese Beteiligung nicht den Kernbereich der Unternehmenstätigkeit der Gesellschaft betrifft".

[442] Wiedemann in: Großkomm., AktG, § 179 Rdnr. 75; ähnlich Groß, AG 1994, 266, 272 ff..

Hoesch AG auf dieses Ziel hin ausgerichtet hätte, und daß unmittelbar nach der Übernahme eine Verschmelzung geplant war, die zu einer völligen Veränderung der Aktionärsstruktur und des Konzernaufbaus bei der Krupp-Hoesch AG geführt haben würde. In einem solchen Fall, in dem die Übernahme eines fast doppelt so großen Wettbewerbers für die Aktionäre der Bieter-AG ein erhebliches Ausfallrisiko schafft und ein Verfahren eingeleitet wird, das aus betriebswirtschaftlichen Gründen zu einem maßgeblichen Konzernumbau führen muß, sind die damit verbundenen Konsequenzen für die Altaktionäre der Bieter-AG von so einschneidender Bedeutung, daß sie vom Vorstand befragt werden müssen. Folglich wäre auch der Vorstand der Krupp-Hoesch AG verpflichtet gewesen, die Zustimmung der Krupp-Hoesch-Hauptversammlung für das geplante Übernahmeangebot an die Aktionäre der Thyssen AG herbeizuführen, die nach der hier vertretenen Ansicht mit einer Dreiviertel-Mehrheit den Übernahmeplänen hätte zustimmen müssen.

4. Hauptversammlungszustimmung bei Nutzung einer Tochtergesellschaft als Erwerbsinstrument ?

Hätte das Übernahmeangebot nicht durch die Krupp-Hoesch AG selbst, sondern durch eine Tochtergesellschaft des Unternehmens abgegeben werden sollen, stellt sich, ungeachtet der damit verbundenen Nachteile[443], die spezielle Frage, ob sich die Rechtslage bezüglich der Mitwirkungsrechte der Krupp-Hoesch-Aktionäre geändert hätte. Hierbei ist zu berücksichtigen, daß sich die Abgabe des Übernahmeangebots durch die Tochtergesellschaft auf die Vorgehensweise bei der angestrebten Verschmelzung mit der Thyssen AG ausgewirkt hätte. In die neu gegründete oder bereits bestehende 100 %ige Tochtergesellschaft der Krupp-Hoesch AG hätten die mittels eines Übernahmeangebots erworbenen Anteile an der Thyssen AG eingebracht werden können. Anschließend hätte die Thyssen AG auf die Tochtergesellschaft der Krupp-Hoesch AG und dann die Tochtergesellschaft auf die Krupp-Hoesch AG verschmolzen werden können.

Die Transaktion besteht in derartigen Übernahmefällen aus verschiedenen Vorgängen, die den Gesamtplan der Bietergesellschaft verwirklicht hätten. Insofern ist die Frage entstanden, ob sich die Kompetenzen der Hauptverwaltung im Rahmen eines derartigen Gesamtplans verändern, da sich ein einzelner zustimmungsbedürftiger Vorgang in einen weiteren Sachzusammenhang einfügt.[444] Eine Ausdehnung der Mitwirkungsbefugnis der Hauptversammlung auf für sich betrachtet nicht zustimmungsbedürftige Vorgänge ist jedoch abzulehnen, da die Informationspflicht der Verwaltung das Schutzbedürfnis der Aktionäre ausreichend deckt.[445] Wird ein zustimmungsbedürftiger Vorgang der Hauptversammlung zur Entscheidung vorgelegt, ist es gem. § 131 AktG

[443] Vgl. S. 45 ff..
[444] Vgl. Baums, Festschrift Zöllner, S. 65, 74 f..
[445] Vgl. Zöllner in: Kölner Kommentar, AktG, § 131 Rdnr. 6; Windbichler, AG 1981, 169, 170 ff.; vgl. in diesem Zusammenhang auch LG Frankfurt a. M., AG 1997, 1698, 1698 ff.; OLG Frankfurt a. M., ZIP 1999, 842, 842 ff.; BGH ZIP 2001, 416, 416 ff. - Altana/Milupa - zur Pflicht des Vorstands zur Erstellung eines Strukturmaßnahmeberichts für die Hauptversammlung bei Veräußerung des Geschäftsbetriebs einer der zum Kerngeschäft zählenden Tochtergesellschaft; dazu Tröger, ZIP 2001, 2029, 2029 ff..

zumindest auf Nachfrage erforderlich, die im Zusammenhang hiermit geplanten weiteren Maßnahmen darzustellen und zu erläutern.[446]

Läßt sich das Erfordernis einer Hauptversammlungszustimmung bei Nutzung einer Tochtergesellschaft als Erwerbsinstrument nicht aus dem Vorliegen eines Gesamtplans ableiten, stellt sich die Frage, ob sich die Mitwirkungsrechte allein aufgrund der Einschaltung einer Tochtergesellschaft ändern könnten.
Der im Schrifttum entwickelte Gedanke von den Mitwirkungsrechten der Hauptversammlung der Obergesellschaft ist durch die "Holzmüller-Entscheidung des BGH für den Fall bestätigt worden, daß der substanz- und ertragsmäßig bei weitem wertvollere Teil des Betriebsvermögens auf eine zu diesem Zweck errichtete und zu 100 % beherrschte Tochtergesellschaft übertragen worden ist. Für Kapitalerhöhungen in einer solchen Tochtergesellschaft wurde die Zustimmung der Hauptversammlung für erforderlich gehalten.[447]
Bei der Abgabe des Übernahmeangebots durch die Krupp-Hoesch AG selbst ist ein Mitwirkungsrecht der Hauptversammlung bejaht worden. Für ein anderes Ergebnis ist auch kein Raum, wenn die Abgabe durch eine 100 %ige Tochtergesellschaft erfolgt. Auch in diesem Fall würde angesichts der geplanten Finanzierungsmaßnahmen eine schwerwiegende Strukturänderung vorliegen, die erhebliche Auswirkungen auf die Mitwirkungs- und Vermögensrechte der Aktionäre hätten haben können. Aufgrund der Größe der Transaktion konnte nicht davon ausgegangen werden, daß eine Finanzierung über eine Tochter auf einer non-recourse-Basis erfolgen konnte, da insbesondere nicht abzusehen war, ob und wie schnell Krupp-Hoesch des Cash-Flow der Thyssen AG über eine Verschmelzung oder über eine Beherrschung hätte habhaft werden können.
Zwar hätte die Gründung einer Tochtergesellschaft mit einem Grundkapital von 100.000 DM angesichts eines Grundkapitals der Krupp-Hoesch AG von 1.088.128.450 DM sicherlich keine strukturändernde und daher zustimmungsbedürftige Maßnahme im Sinne des Holzmüller-Urteils dargestellt. Bei der Verpflichtung der Krupp-Hoesch-AG, den Thyssen-Aktionären Aktien der Tochtergesellschaft als Gegenleistung zu liefern, hätte die Transferierung von Kapital in einem Volumen von 1, 565 Mrd. DM[448] zur Finanzierung der Kapitalerhöhung aber eine grundlegende Maßnahme dargestellt, die über den gewöhnlichen Rahmen von Geschäftsführungshandlungen hinausgegangen wäre und erheblich in die Mitgliedschaftsrechte der Krupp-Hoesch-Aktionäre eingegriffen hätte. Hinzu wäre eine durch den Beteiligungserwerb veränderte Aktionärsstruktur und ein gewandelter Konzernaufbau gekommen, so daß auch bei Abgabe des Übernahmeangebots durch eine Tochter der Krupp-Hoesch AG eine wirtschaftliche Umstrukturierung vorgelegen hätte, die mit den im Holzmüller-Fall angesprochenen Grundlagenänderungen vergleichbar gewesen wäre.

---

[446] Baums, Festschrift Zöllner, S. 65, 74 f. mit Hinweis darauf, daß es sich hierbei um die von der Hoesch/Hoggovens-Entscheidung BGHZ 82, 188, 196 zu unterscheidende Frage des *objektiven Rechts* handelt, in welchem Maße sich die Kompetenz der Hauptversammlung in den grundsätzlich der Verwaltung vorbehaltenen Bereich erstreckt, wenn zustimmungsbedürftige und zustimmungsfreie Maßnahmen aufgrund eines Gesamtplans verwirklicht werden sollen.

[447] BGHZ 83, 122, 139 ff..

[448] Grundkapital der Thyssen AG.

Des weiteren ist zu bedenken, daß der Umweg über eine Tochtergesellschaft als Umgehung des unbequemen Erfordernisses einer Hauptversammlungszustimmung regelmäßig mißbraucht werden könnte. Um eine derartige Entwicklung bei der Planung von Übernahmestrategien zu verhindern, muß die Rechtslage in solchen Fällen unabhängig davon gemacht werden, ob die Muttergesellschaft oder eine 100 %ige Tochtergesellschaft das Übernahmeangebot abgibt. Die Zustimmung der Hauptversammlung der Krupp-Hoesch AG wäre demnach ebenso notwendig gewesen, wenn eine zu 100 % von der Krupp-Hoesch AG beherrschte Tochtergesellschaft das Angebot abgegeben hätte.
Zu dem gleichen Ergebnis gelangt man auch, wenn sich Krupp-Hoesch einer eingegliederten Gesellschaft bedient hätte, da in diesem Fall ohnehin eine gesamtschuldnerische Haftung der Krupp-Hoesch AG auch für alle Verbindlichkeiten der eingegliederten Gesellschaft, die nach der Eingliederung begründet worden wären, bestanden hätte.

5. Rechtsfolgen bei Nichteinschaltung der Hauptversammlung

Zu klären bleibt nun die im Interesse einer effizienten Konzernbildungskontrolle bedeutsame Frage, welche Rechtsfolgen und Sanktionen eintreten, wenn entsprechend den vorstehenden Grundsätzen ein mangels Zustimmung der Hauptversammlung unzulässiger Beteiligungserwerb vorliegt.

a) Keine Unwirksamkeit des Beteiligungserwerbs wegen § 82 I AktG

Gem. § 82 I AktG ist die Vertretungsmacht des Vorstands unbeschränkbar. Gesetzlich nicht vorgesehene Beschränkungen der Vertretungsbefugnis entfalten daher nur im Innenverhältnis gegenüber der Gesellschaft, nicht aber im Außenverhältnis gegenüber Dritten Wirkung. Daraus folgt, daß Rechtsgeschäfte, die der Vorstand in Vertretung der Gesellschaft mit einem Dritten abschließt, für die Gesellschaft bindend sind.[449]
Die vom BGH nach den Holzmüller-Grundsätzen richterrechtlich entwickelten Fälle einer Vorlagepflicht des Vorstands legen gerade keine gesetzliche, sondern nur eine ungeschriebene Mitwirkungsbefugnis der Hauptversammlung fest, so daß die Vertretungsbefugnis des Vorstands hiervon unberührt bleibt.[450] Danach bleiben ein Beteiligungserwerb und die damit verbundenen Finanzierungsverträge gleichwohl wirksam, wenn auch ein hierfür erforderlicher Hauptversammlungsbeschuß fehlen sollte.[451]
Ausgehend von der hier befürworteten Lösung, die ungeschriebenen Mitwirkungsbefugnisse der Hauptversammlung im Rahmen der Konzernbildung aus einer Gesamtanalogie zu den Konzernierungsvorschriften abzuleiten, stellt sich die Frage, ob aus der entsprechenden Anwendung der gesetzlich festgelegten Beschränkungen der Vertretungsmacht (etwa §§ 179 a; 293 I, II, 295 AktG) eine Unwirksamkeit des Beteiligungserwerbs zu folgern ist.

[449] Hefermehl in: Geßler/Hefermehl, AktG, § 82 Rdnr. 14 ff.; Mertens in: Kölner Kommentar, § 82 Rdnr. 3.
[450] Mertens in: Kölner-Kommentar, § 82 Rdnr. 11 und 31.
[451] BGHZ 83, 122, 132.

Mecke ist der Auffassung, daß durch die gesetzlich festgelegten Einschränkungen der Vertretungsmacht des Vorstands, ebenso wie durch die Holzmüller-Fälle, die Autorisierung einer Strukturveränderung der Gesellschaft durch die Aktionäre bezweckt werde. Aus dieser Parallele lasse sich der Grundsatz ableiten, daß bei strukturverändernden Maßnahmen dem Schutz der Aktionäre vor Alleinentscheidungen des Vorstands der Vorrang vor dem Gesichtspunkt der Rechtssicherheit zukomme.[452]

Dieser Ansicht kann nicht gefolgt werden. Eine Begrenzung der Vertretungsmacht ist mit § 82 I AktG ausschließlich in den gesetzlich festgelegten Fällen möglich. Diese gesetzlichen Beschränkungen können nicht als Ausformung einer Durchbrechung der ansonsten in der AG bestehenden Trennung von Außen- und Innenverhältnis für strukturverändernde Maßnahmen interpretiert werden. Die Holzmüller-Grundsätze beziehen sich ausschließlich auf die interne Kompetenzverteilung bei Konzernbildungsmaßnahmen, bezwecken jedoch keine Einschränkung der Vertretungsmacht des Vorstands nach außen. An dieser Trennung zwischen Innen –und Außenverhältnis ändert sich auch nichts, wenn man nicht, wie der BGH, die Begründung der präventiven Mitwirkungsrechte der Aktionäre auf § 119 II AktG, sondern auf eine Gesamtanalogie stützt. Die Autorisierung von Strukturmaßnahmen durch die Aktionäre bezieht sich auch danach ausschließlich auf die interne Entscheidungszuständigkeit, so daß im Außenverhältnis dem Gesichtspunkt der Rechtssicherheit noch immer Vorrang vor Alleinentscheidungen des Vorstands zukommt.

Hieraus folgt, daß unabhängig von einer nach den Holzmüller-Grundsätzen notwendigen Hauptversammlungszustimmung der Krupp-Hoesch AG, die mit den Thyssen-Aktionären aufgrund des öffentlichen Übernahmeangebots zustandegekommenen Verträge in jedem Fall wirksam gewesen wären. Eine Berufung auf die Unbeschränkbarkeit der Vertretungsmacht nach § 82 I AktG - und die damit verbundene Unerheblichkeit der Innenbefugnis der gesetzlichen Vertreter - kann lediglich dann ausscheiden, wenn die Grundsätze über den Mißbrauch der Vertretungsmacht eingreifen. Daher könnte eine Unwirksamkeit des Beteiligungserwerbs wegen evidenten Mißbrauchs der Vertretungsmacht des Krupp-Hoesch Vorstands in Betracht gezogen werden, wenn er trotz Kenntnis von seiner fehlenden Innenbefugnis das öffentliche Übernahmeangebot an die Thyssen-Aktionäre abgegeben hätte.

Voraussetzung für ein Eingreifen dieser Grundsätze ist jedoch, daß der Vertragspartner wußte oder es sich ihm aufdrängen mußte, daß der Vorstand einer AG die Grenzen seiner Geschäftsführungsbefugnis in pflichtwidriger Verletzung von Gesellschaftsinteressen oder bewußt zu deren Nachteil überschreitet.[453] Da bloße Fahrlässigkeit nach der jüngeren Rechtsprechung des BGH nicht genügt,[454] kann in einem solchen Fall die Berufung des Vertragspartners auf die Gültigkeit des Geschäfts nicht als rechtsmißbräuchlich eingeordnet werden. Der Grundsatz der Unbeschränkbarkeit der Ver-

[452] Mecke, Konzernstruktur und Aktionärsentscheid, S. 194 f.; vgl. ähnlich auch Hübner, Festschrift Stimpel, S. 791, 797 f..

[453] BGH NJW 1988, 2241, 2243; OLG Koblenz, AG 1991, 363, 365; Hefermehl in: Geßler/Hefermehl, AktG, § 82 Rdnr. 41.

[454] BGH WM 1976, 474, 474 f.; BGHZ 127, 239, 241 f.; anders noch BGHZ 50, 112, 114.

tretungsmacht schließt eine Erkundigungspflicht des Vertragspartners anläßlich einer für ihn lediglich zweifelhaften Rechtslage aus.[455]
Da die ungeschriebene Mitwirkungsbefugnis der Hauptversammlung der Bietergesellschaft bei einem Beteiligungserwerb ohnehin eine sehr umstrittene Rechtsmaterie darstellt, die von einzelnen Fakten abhängig sein kann, hätte es dem einzelnen Thyssen-Aktionär bereits aus rechtstatsächlichen Gründen nicht zugemutet werden können, sich darüber zu informieren, ob im konkreten Übernahmefall eine Zustimmung der Hauptversammlung nach Holzmüller-Grundsätzen überhaupt notwendig war.
Selbst wenn der einzelne betroffene Anteilseigner in rechtlicher Hinsicht eine Zustimmung der Krupp-Hoesch Hauptversammlung für notwendig erachtet hätte, spräche gegen die Anwendung der Grundsätze vom Mißbrauch der Vertretungsmacht weiterhin, daß es den Publikumsaktionären der Thyssen-AG nicht hätte zugemutet werden können, zu prüfen, ob der Vorstand der Krupp-Hoesch AG handelt, ohne vorher hierzu seine Hauptversammlung befragt zu haben. Es ist vielmehr Sache der bietenden Gesellschaft selbst und ihrer Organe, dafür zu sorgen, daß im Innenverhältnis diejenigen Regeln eingehalten werden, die zum Schutz ihrer Aktionäre entwickelt worden sind. Eine andere Entscheidung hätte sich hier zum Nachteil der Aktionäre der Thyssen-AG ausgewirkt, die dem Geschehen in der Krupp-Hoesch AG deutlich ferner gestanden hätten, als deren eigene Aktionäre.

b) Ausformung des Rechtsschutzes der Aktionäre der Bieter-AG

aa) Allgemeine Aktionärsklage

Unbeantwortet blieb bislang die Frage, welcher Rechtsschutz für die Aktionäre besteht, wenn eine im Rahmen einer Konzernbildungsmaßnahme erforderliche Hauptversammlungszustimmung nicht eingeholt worden ist.
Vor Erlaß der Holzmüller-Entscheidung wurde im Schrifttum bereits die Forderung nach erweiterten Klagerechten laut.[456] So hatte *Knobbe-Keuk* bereits 1975 die Ansicht vertreten, daß dem Aktionär ein Klagerecht gegen die Gesellschaft zwar nicht wegen jedweder gesetzeswidriger Maßnahme des Vorstands gewährt werden dürfe, jedoch gegen die Anerkennung eines Klagerechts des Aktionärs bei Kompetenzübergriffen und Satzungsdurchbrechungen keine Bedenken bestünden.[457]
In der Holzmüller-Entscheidung erkannte der BGH daraufhin neben der Feststellungsklage eine Leistungsklage gegen die Gesellschaft an, die auf vorbeugende Unterlassung und Rückgängigmachung bestimmter kompetenzwidrig durchgeführter Maßnahmen gerichtet ist.[458] Begründet wurde die Anerkennung der allgemeinen Aktionärsklage damit, daß jeder Aktionär - unabhängig von der Höhe seiner Beteiligung - einen verbandsrechtlichen Anspruch darauf habe, daß die Gesellschaft seine Mitgliedschaftsrechte achte und alles unterlasse, was diese Rechte über das durch Gesetz und Satzung

[455] Vgl. auch Flume, Rechtsgeschäft, S. 789; John, Festschrift Mühl, S. 349, 359; Geßler, Festschrift v. Caemmerer, S. 531, 544.
[456] Knobbe-Keuk, Festschrift Ballerstedt, S. 239 ff.; Lutter, AcP 180 (1980), 84, 132 ff.; Timm, AG 1980, 172, 185 f.; Großfeld, JZ 1981, 234 ff..
[457] Knobbe-Keuk, Festschrift Ballerstedt, S. 239, 252.
[458] BGHZ 83, 122, 133 ff..

gedeckte Maß hinaus beeinträchtige.[459] Allerdings ist die Aktionärsklage[460], die voraussetzt, daß der einzelne Aktionär durch eine Verletzung der Mitwirkungsbefugnisse der Hauptversammlung in seiner Mitgliedsstellung bzw. in seinem Recht auf Entscheidungsteilhabe tangiert ist, beschränkt auf Kompetenzüberschreitungen der Geschäftsführung auf Kosten der Hauptversammlung.[461] Ein solcher Anspruch auf Unterlassung bzw. Wiederherstellung des früheren Zustands muß ohne unangemessene Verzögerung geltend gemacht werden.[462] Zur Sicherung eines solchen Unterlassungsanspruchs kann ein Aktionär gem. §§ 935 ff. ZPO eine einstweilige Verfügung erwirken. Für den Verfügungskläger wäre sie allerdings mit einem Haftungsrisiko gem. § 945 ZPO verbunden. Zudem würde sie bei einer als direktes Angebot ausgestalteten Übernahmeofferte in die Leere gehen, da durch ein solches Angebot der Vorstand die Möglichkeit des Handelns oder Unterlassens bereits verloren hätte.
Hätte die Krupp-Hoesch AG daher keine Zustimmung ihrer Hauptversammlung zu dem mit dem Übernahmeangebot bezweckten Beteiligungserwerb ermöglicht, wäre sie das Risiko eingegangen, daß jeder einzelne ihrer Aktionäre darauf hätte klagen können, den Vollzug der konzernbildenden Maßnahme zu unterlassen bzw. rückabzuwickeln. Angesichts der mit dem Übernahmeangebot verbundenen erheblichen finanziellen Investitionen und dem drohenden Imageverlust, war der Vorstand jedoch gezwungen, jegliche Risiken im Hinblick auf ein Scheitern der Übernahmepläne auszuschalten. Aus der Sicht des Vorstandes der Krupp-Hoesch AG war es daher aufgrund der unübersichtlichen Rechtslage praktisch unumgänglich, die Zustimmung der Hauptversammlung einzuholen.

bb) Umfang des Haftungsrisikos des Krupp-Hoesch-Vorstands

Holt der Vorstand in den „Holzmüller"-Fällen die Zustimmung der Hauptversammlung nicht ein, verletzt er regelmäßig seine Sorgfaltspflicht,[463] da die Pflicht des Vorstands zur ordnungsgemäßen Wahrung der Leitungsfunktion auch die Verantwortung für die Rechtmäßigkeit der Organisation und der Entscheidungsprozesse innerhalb der Gesellschaft umfaßt.[464] Entsteht der Gesellschaft infolge der pflichtwidrigen Vorstandsmaßnahme ein Schaden, so haftet der Vorstand ihr hierfür, während ein ordnungsgemäß herbeigeführter Beschluß der Hauptversammlung ihn der Gesellschaft gegenüber von dieser Haftung befreit, § 93 IV S. 1 AktG. Der Anspruch verjährt gem. § 93 VI AktG in fünf Jahren. Die Entlastung des Vorstands hat gem. § 120 II S. 2 AktG keine befreiende Wirkung.

---

[459] BGHZ 83, 122, 133 ff..
[460] Vgl. zur Aktionärsklage aus dem neueren Schrifttum Krieger, ZHR 163 (1999), 343, 343 ff.; Sünner, ZHR 163 (1999), 364, 364 ff., Ulmer, ZHR 163 (1999), 290, 290 ff..
[461] BGHZ 83, 122, 135; Flume, Juristische Person, S. 311; Liebscher, Konzernbildungskontrolle, S. 106 f.; Wiesner in: Münchener Hdb., Bd. 4, § 18 Rdnr. 7; Schmidt, Gesellschaftsrecht, S. 651; Zöllner, ZGR 1988, S. 392, 425 f..
[462] BGHZ 83, 112, 134 ff.; desweiteren dürfen keine ebenso effektiven Rechtsbehelfe zur Verfügung stehen und die Klage darf nicht rechtsmißbräuchlich unter Verletzung der der Gesellschaft geschuldeten Rücksichtnahme ausgeübt werden; vgl. Wiesner in: Münchener Hdb., Bd. 4, § 18 Rdnr. 8; Raiser, Recht der Kapitalgesellschaften, § 12 Rdnr. 24; Schmidt, Gesellschaftsrecht, S. 651.
[463] BGHZ 83, 122, 131.
[464] Mertens in: Kölner-Kommentar, AktG, § 93 Rdnr. 30.

Wird ein Übernahmeangebot daher nicht unter den Zustimmungsvorbehalt der Hauptversammlung gestellt, könnte für den Vorstand der Bieter-AG daraus ein nicht unerhebliches Haftungsrisiko resultieren.
Bei dem Übernahmeangebot handelt es sich zwar zunächst um eine genuin unternehmerische Entscheidung. In diesem Bereich wird die Haftung des Vorstands deutlich restriktiver beurteilt als in Fällen der Loyalitäts- und Treuepflichtverletzungen.[465] Die Vorstandsmitglieder sind in Wahrnehmung ihrer Organfunktion verpflichtet, den Unternehmenserfolg zu fördern und Schaden von der Gesellschaft abzuwenden, wobei auch riskante Geschäfte im Rahmen von Gesetz und Satzung nicht regelmäßig ausgeschlossen werden können. Solange das einzelne Vorstandsmitglied das pflichtgemäße Ermessen und gewöhnliche unternehmerische Wagnis nicht überschreitet, kann allein aus dem Umstand, daß sich ein Geschäft zum Nachteil der Gesellschaft entwickelt, noch keine Pflichtverletzung abgeleitet werden.[466]
Die Wahrung eines Freiraums für unternehmerische Entscheidungen wird in den USA in Rechtsprechung und Literatur unter dem Stichwort "Business Judgement Rule" diskutiert.[467] Die Business Judgement Rule beinhaltet zugunsten des Managements eine Vermutung für die Ordnungsgemäßheit seiner geschäftlichen Entscheidungen und führt daher zu einem judicial self restraint im Bereich genuin unternehmerischer Entscheidungen.[468] Um die Vermutungsregel zu seinen Gunsten eintreten zu lassen, muß der Manager drei Bedingungen erfüllt haben. Solange er kein eigenes relevantes Vermögensinteresse an der Sache hat, er sich über sie hinreichend informiert hat und zudem nachvollziehbar im besten Interesse des Unternehmens zu handeln glaubte, hat der Manager seine Sorgfaltspflicht erfüllt.[469] Zweck dieser Vermutungsregel ist es, das Management bei Ausübung seiner Befugnisse nicht zu erheblich einzuschränken und es davor zu bewahren, für jede wirtschaftliche Fehlentscheidung zur Verantwortung gezogen werden zu können.[470]
Auch im deutschen Recht ist Raum für entsprechende Differenzierungen bei der Bestimmung des Verhaltensstandards der Pflichten eines sorgfältigen Geschäftsleiters.[471] Der BGH hat zunächst in der sog. Klöckner-Entscheidung[472] für die Haftung der Gesellschaft den Genußscheininhabern gegenüber ausgeführt, daß der Genußscheininhaber erwarten könne, daß sein Kapital nicht durch eine Geschäftstätigkeit gefährdet würde, die kein seriöser Kaufmann durchführen würde. Nach der ARAG/Garmenbeck-Entscheidung ist nun klargestellt, daß deutsche Gericht vergleichbar der Business Judgement Rule ähnlich restriktiv formulieren, wenn es um die Beurteilung genuin unter-

---

[465] Vgl. Mertens in: Kölner Kommentar, AktG, § 93 Rdnr. 29 und 57.
[466] Bastuck, Enthaftung des Managements, S. 70 f.; Hommelhoff, Die Konzernleitungspflicht, S. 71; Mertens in: Kölner-Kommentar, AktG, § 93 Rdnr. 29; Sonnenberger, GmbHRdSch.1973, 25, 28.
[467] Vgl. zur Business Judgement Rule: Abeltshauser, Leitungshaftung in Kapitalgesellschaften, S. 130 ff.; Bungert, AG 1994, 297, 297 ff.; Ebenroth, Konzernbildungs- und leitungskontrolle, S. 77; Herkenroth, Konzernierungsprozesse, S. 168 ff.; Hauschka/Roth, AG 1988, 181, 183; Hopt, Festschrift Mestmäcker, S. 909, 919 ff.; Kirchner, AG 1999, 481, 489; Lammers, Verhaltenspflichten in Übernahmeauseinandersetzungen, S. 35; Lüttmann, Kontrollwechsel in Kapitalgesellschaften, S. 108; Wagner, Standstill agreements, S. 78 ff..
[468] Bungert, AG 1994, 297, 301; Hopt, Festschrift Mestmäcker, S. 909, 919 ff..
[469] Bungert, AG 1994, 297, 301; Hopt, Festschrift Mestmäcker, S. 909, 920.
[470] Vgl. Lüttmann, Kontrollwechsel in Kapitalgesellschaften, S. 108.
[471] Hopt, Festschrift für Mestmäcker, S. 909, 920; Schaefer/Missling, NZG 1998, 441, 442 ff..
[472] BGHZ 119, 305 f., 331.

nehmerischer Entscheidungen als "pflichtwidrig" im Sinne des § 93 AktG geht.[473] Neben den drei genannten Bedingungen der „Business Judgement Rule" fordert der BGH, daß die Risikobereitschaft nicht überspannt werde und das Handeln auch nicht aus anderen Gründen pflichtwidrig sein dürfe.[474]
Dabei sei zu berücksichtigen, "daß dem Vorstand bei der Leitung der Geschäfte des Gesellschaftsunternehmens ein weiter Handlungsspielraum zugebilligt werden muß, ohne den eine unternehmerische Tätigkeit schlechterdings nicht denkbar ist."[475] Dieser weite Handlungsspielraum soll nicht nur das bewußte Eingehen geschäftlicher Risiken beinhalten, sondern auch die Gefahr von Fehlbeurteilungen und Fehleinschätzungen eines Unternehmensleiters.[476]
Trotz dieser restriktiven Rechtsprechung des BGH zur Haftung von Vorstandsmitgliedern nach § 93 AktG erweist es sich jedoch weiterhin als problematisch, wenn der Vorstand einer Bieter-AG eine Grundlagenentscheidung mit weitreichenden Folgen für Liquidität und Verschuldensgrad der Gesellschaft trifft, ohne die hierfür notwendige Entscheidung der Hauptversammlung einzuholen.
Bei einer solchen Verhaltensweise des Krupp-Hoesch Vorstands hätte es sich weder lediglich um die Eingehung eines geschäftlichen Risikos, noch um eine Fehlbeurteilung der Lage gehandelt. Vielmehr hätte der Vorstand in Kenntnis der Holzmüller-Rechtsprechung den Entscheidungsprozeß innerhalb der Gesellschaft hinsichtlich des Übernahmeangebots in unrechtmäßiger Weise verkürzt und die Anteilseigner übergangen. Hätten sich in der Folge die geplanten Vorteile nicht realisieren lassen, sondern wäre im Gegenteil die Transaktion zum Nachteil der Gesellschaft und ihrer Aktionäre geraten, hätte nach deutschem Recht dem Krupp-Hoesch-Vorstand eine Pflichtverletzung vorgeworfen und damit auch eine Schadensersatzpflicht angenommen werden können. Ein Schaden hätte angesichts der geplanten Finanzierungsmaßnahmen[477] etwa in einem Dividendenausfall gesehen werden können.
Um dieses Haftungsrisiko für den Vorstand der Krupp-Hoesch AG so weit wie möglich auszuschalten, wäre es somit im Ergebnis empfehlenswert gewesen, nicht nur eine Zustimmung der Hauptversammlung der Krupp-Hoesch AG herbeizuführen, sondern - wie letztlich auch vorgesehen - das Übernahmeangebot unter einen dementsprechenden Zustimmungsvorbehalt zu stellen.

cc) Durchsetzbarkeit der Vorstandshaftung

Zur Zeit des Krupp/Thyssen-Falls im Frühjahr 1997 hätte ein Ersatzanspruch der Krupp-Hoesch AG gegen ihren Vorstand gem. § 93 AktG entweder über § 112 AktG seitens des Aufsichtsrats oder gem. § 147 I AktG mittels eines Hauptversammlungsbeschlusses bzw. aufgrund eines Minderheitsverlangens von 10 % des Grundkapitals geltend gemacht werden können.

---

[473] BGH ZIP 1997, 883, 885, 886; vgl. Grooterhorst, ZIP 1999, 1117, 1117 ff.; Henze, NJW 1998, 3309, 3309 ff.; Ulmer, ZHR 163 (1999), 290 ff..
[474] BGH ZIP 1997, 883, 885 f.; Henze, NJW 1998, 3309, 3311; ders. BB 2001, 53, 57.
[475] BGH ZIP 1997, 883, 885.
[476] BGH ZIP 1997, 883, 885 f..
[477] Siehe S. 118 ff..

Bei der Durchsetzung der Vorstandshaftung durch den Krupp-Hoesch-Aufsichtsrat hätten jedoch insofern Zweifel bestanden, als daß auch er sich dadurch gem. §§ 93, 116 AktG einer Haftungsgefahr aufgrund nicht pflichtgemäßer Wahrnehmung seiner Organfunktion ausgesetzt hätte. Die Hürde für die Aktionärsminderheit innerhalb der Gesellschaft war zudem recht hoch, vor allem weil § 147 IV AktG a. F. noch eine weitergehende Verpflichtung der antragstellenden Minderheit vorsah, der Gesellschaft gegen sie festgesetzte Kosten zu erstatten. Ob ein Übergehen der Hauptversammlung durch den Vorstand der Krupp-Hoesch bei der Frage der Abgabe des Übernahmeangebots an die Aktionäre der Thyssen-AG daher sanktioniert worden wäre, ist aufgrund der ohnehin umstrittenen Rechtslage zu den ungeschriebenen Hauptversammlungskompetenzen bei einem Beteiligungserwerb zumindest zu bezweifeln, konnte jedoch im Rahmen der Übernahmeplanung der Krupp-Hoesch AG im Hinblick auf die Einholung der Hauptversammlungszustimmung angesichts der überwiegenden Risiken für den Vorstand keine Auswirkungen haben.
Seit der Zeit des Krupp/Thyssen-Falls ist das AktG durch das KonTraG geändert worden, wodurch u. a. die Durchsetzung der Haftung von Organmitgliedern erleichtert werden sollte.
Nach Inkrafttreten des KonTraG am 01.05.1998 kann durch den neu eingefügten § 147 III AktG bereits eine Minderheit von 5 % oder den anteiligen Betrag von 1 Mio. DM versuchen, Ersatzansprüche gegen Organmitglieder durchzusetzen, wenn Tatsachen vorliegen, die den dringenden Verdacht rechtfertigen, daß der Gesellschaft durch Unredlichkeiten oder grobe Gesetzes- oder Satzungsverletzungen Schaden zugefügt wurde. Mit dieser Regelung wollte der Gesetzgeber gerade dem Einwand Rechnung tragen, daß der Aufsichtsrat seiner Aufgabe, Schadensersatzansprüche gegen den Vorstand durchzusetzen, häufig nicht nachkomme, da er selbst in die Gefahr einer Haftung gerate.[478]
Im ARAG/Garmenbeck-Urteil vom 21.04.1997[479] hatte der BGH dem Vorstand aber nicht nur einen erheblichen Spielraum für unternehmerische Entscheidungen eingeräumt, sondern auch eine sehr weitgehende Pflicht des Aufsichtsrats zur Inanspruchnahme des Vorstands begründet. Kommt der Aufsichtsrat dieser Pflicht nicht nach, ist er gerade deshalb selbst haftbar zu machen. Vor allem in den Fällen des § 147 III AktG wird der Aufsichtsrat den Vorstand deshalb grundsätzlich in Anspruch nehmen, so daß die praktische Bedeutung dieser Gesetzesänderung eher gering einzuschätzen ist.[480] Der Anreiz für eine Minderheit, die Haftung von Organmitgliedern durchzusetzen, ist selbst nach den Änderungen durch das KonTraG nicht besonders groß, da im Fall des Unterliegens das Risiko der Kostenbelastung gem. § 147 IV AktG bestehen bleibt und im Fall des Obsiegens die Schadensersatzleistung nicht der Minderheit unmittelbar, sondern dem Gesellschaftsvermögen zugute kommt. Der Gesetzgeber hat sich damit gegen eine völlige Kostenfreistellung der Antragsteller entschieden.

---

[478] Vgl. Begründung des Regierungsentwurfs, BT-Drucks. 13/ 9712 v. 28.01.1998, S. 21.
[479] BGH ZIP 1997, 883, 885 f..
[480] So auch Lingemann/Wasmann, BB 1998, 853, 859.

6. Konsequenzen bei Anfechtung des Zustimmungsbeschlusses

Bei der Gestaltung des Übernahmeangebots stellte die Zustimmung der Hauptversammlung der Krupp-Hoesch AG zwar eine den Erwerb aufschiebende Bedingung dar. Eine Erweiterung dieser Bedingungen auf eine Nichtanfechtung des Hauptversammlungsbeschlusses wäre jedoch bereits wegen des für den Vorstand der Thyssen AG einladenden Effekts nicht in Frage gekommen, so daß das Scheitern des Übernahmeangebots aufgrund einer Anfechtungsklage anderweitig ausgeschlossen werden mußte.

Bei der Ausführung des Vorhabens trotz Anfechtung des erfolgten Zustimmungsbeschlusses hätte der Krupp-Hoesch Vorstand zunächst zu beachten gehabt, daß die Wirkung des § 93 IV S. 1 AktG nur eintritt, wenn der Beschluß der Hauptversammlung "gesetzmäßig" ist. Ein Hauptversammlungsbeschluß ist gesetzmäßig, wenn er weder nichtig im Sinne des § 241 AktG, noch anfechtbar gem. §§ 243 ff. AktG ist.

Bei einer Anfechtung des Hauptversammlungsbeschlusses ist der Beschluß jedenfalls auch dann gesetzmäßig, wenn er zwar gem. § 243 I AktG anfechtbar, die Anfechtungsfrist des § 246 AktG aber verstrichen ist.[481] Der anfechtbare Beschluß wird dann rückwirkend "gesetzmäßig" im Sinne von § 93 IV S. 1 AktG und entlastet daher den Vorstand, soweit er nicht selbst zur Anfechtung des Beschlusses verpflichtet war.[482] Voraussetzung ist nach allgemeiner Ansicht jedoch, daß der Vorstand den - gesetzmäßigen oder nicht mehr anfechtbaren - Hauptversammlungsbeschluß seinerseits nicht pflichtwidrig herbeigeführt hat.[483] So könnte eine Anfechtungsklage erst gar nicht erhoben werden, wenn den Aktionären infolge der Erteilung unrichtiger oder ungenügender Auskünfte die Kenntnis des Anfechtungsgrundes fehlen würde. Voraussetzung für eine Minimierung des Konfliktpotentials in Übernahmefällen ist daher eine sorgfältig vorbereitete Hauptversammlung, die den Aktionär mit umfassenden Informationen versorgt.

Ist der Beschluß im beschriebenen Sinne gesetzmäßig, aber dennoch von einem Aktionär grundlos angefochten, so kann und muß ihn der Vorstand grundsätzlich ausführen. In solchen Fällen steht die Rechtmäßigkeit bzw. Rechtswidrigkeit und damit die Aussicht einer Anfechtungsklage nicht abschließend fest. Nur evident rechtswidrige Beschlüsse darf der Vorstand nicht ausführen, solange eine Anfechtungsklage möglich oder anhängig ist.[484] Evident unzulässige oder unbegründete Anfechtungsklagen dür-

---

481 Hüffer, AktG, § 93 Rdnr. 25; Mertens in: Kölner Kommentar, AktG, § 93 Rdnr. 119.

482 H.M.: Hefermehl in: Geßler/Hefermehl, AktG, § 93 Rdnr. 48; Hüffer, AktG, § 93 Rdnr. 25; Mertens in: Kölner Kommentar, AktG, § 93 Rdnr. 119; Zempelin, AcP 155 (1956), S. 209, 227; a. A. das ältere Schrifttum, das davon ausging, das die materielle Rechtswidrigkeit eines Beschlusses durch den formalen Ablauf der Anfechtungsfrist nicht überwunden werde und der Beschluß daher gesetzeswidrig bleibe: Golling, Sorgfaltspflicht und Verantwortlichkeit der Vorstandsmitglieder, S. 81 ff.; Mestmäcker, Verwaltung, Konzerngewalt und Rechte der Aktionäre, S. 269; dagegen spricht jedoch, daß der Vorstand in einem solchen Fall auch nicht gem. § 83 II AktG zur Ausführung eines solchen Beschlusses verpflichtet sein kann, so daß der Unanfechtbarkeit dann keine praktische Bedeutung zukommt, vgl. Hefermehl in: Geßler/Hefermehl, AktG, § 93 Rdnr. 48.

483 Canaris, ZGR 1978, 207, 213; Hefermehl in: Geßler/Hefermehl, AktG, § 93 Rdnr. 52; Hefermehl, Festschrift Schilling, S. 159, 172; Hüffer, AktG, § 93 Rdnr. 26; Mertens in: Kölner Kommentar, AktG, § 93 Rdnr. 116.

484 Schmidt in: Großkommentar, AktG, § 243 Rdnr. 71.

fen den Vorstand von der Ausführung nicht abhalten. In Zweifelsfällen kann Aufschub geboten sein.
Da sich die den Erwerb aufschiebenden Bedingungen nicht auf die Nichtanfechtung des Hauptversammlungsbeschlusses erstreckten, hätte die Hauptversammlung der Krupp/Hoesch AG äußerst sorgfältig vorbereitet werden müssen. Nur so hätte verhindert werden können, daß der Vorstand nach bereits erfolgter Zustimmung der Hauptversammlung aufgrund einer Anfechtungsklage nicht in der Lage gewesen wäre, das Vorhaben auszuführen.

7. Zulässigkeit und Folgen einer nachträglichen Hauptversammlungszustimmung

Eine Zustimmung der Hauptversammlung der Krupp-Hoesch AG vor Abgabe des Übernahmeangebots (Einwilligung) hätte den Nachteil gehabt, daß wegen der Einberufungsfrist des § 123 I AktG der Übernahmeplan lange vor der Abgabe des Übernahmeangebots publik geworden wäre und dadurch die Chancen auf eine erfolgreiche Durchführung des hostile takeover erheblich gesunken wären. Für eine Bietergesellschaft stellt sich daher die Frage, ob die Zustimmung auch noch nachträglich - im Sinne einer Genehmigung - eingeholt werden kann. Aufgrund der Regelung des § 184 BGB muß diese Frage erst einmal grundsätzlich bejaht werden, da hier die Genehmigung als nach der Vornahme eines Rechtsgeschäfts erfolgte Zustimmung ausdrücklich vorgesehen ist.
Eine nachträgliche Zustimmung seitens der Hauptversammlung hätte einer bereits erhobenen oder bevorstehenden Unterlassungs- oder Wiederherstellungsklage ebenso wie einer einstweiligen Verfügung den Boden entzogen.[485] Eine einstweilige Verfügung hätte bei nachfolgender Zustimmung nur dann Aussicht auf Erfolg, wenn der Zustimmungsbeschluß anfechtbar und angefochten wäre und das über die Verfügung entscheidende Gericht zu der Auffassung käme, daß der Anfechtungsklage gewisse Erfolgs- chancen beizumessen seien.
Für den Vorstand der Krupp/Hoesch AG hätte eine nachträgliche Zustimmung jedoch im Hinblick auf die Gefahr einer Haftung negative Wirkungen erzeugt. Nach § 93 IV S. 1 AktG tritt der Gesellschaft gegenüber die Ersatzpflicht nur dann nicht ein, wenn die Handlung auf einem gesetzmäßigen - der Handlung vorhergehenden Beschluß der Hauptversammlung - *beruht*. Dies bedeutet nach allgemeiner Meinung, daß ein nachträglicher, das Verhalten des Vorstands billigender Beschluß der Hauptversammlung nicht genügt.[486] Die Billigung durch eine Aktionärsmehrheit entzieht daher zwar Unterlassungs- und Wiederherstellungsklagen sowie entsprechenden einstweiligen Verfügungen die Grundlage, hat aber keine haftungsbefreiende Wirkung im Sinne des § 93 IV S. 1 AktG, so daß der Vorstand in einem solchen Fall nach den allgemeinen Regeln haftet.

---

485 BGHZ 83, 122, 135.

486 Hefermehl in: Geßler/Hefermehl, AktG § 93 Rdnr. 51; Hüffer, AktG, § 93 Rdnr. 25; Mertens in: Kölner Kommentar, AktG, § 93 Rdnr. 115; a. M. noch Godin/Wilhelmi, AktG, § 93 Anm. 22, wonach eine Billigung noch solange zuzulassen sei, wie noch kein Schaden entstanden wäre - heute wird der Grund für den Ersatzanspruch der Gesellschaft jedoch übereinstimmend bereits in der Vornahme der pflichtwidrigen Handlung gesehen.

Die Frage ist allerdings, was "nachträglich" in diesem Sinn bedeutet. In jedem Fall darf die ohne Zustimmung der Hauptversammlung pflichtwidrige Handlung des Vorstands noch nicht vorgenommen sein.[487]

Im vorliegenden Übernahmefall hätte bereits die Abgabe des Übernahmeangebots der Zustimmung der Hauptversammlung unterstellt werden müssen. Die Abgabe eines unbedingten Angebots an die Aktionäre der Thyssen AG als Zielgesellschaft wäre danach pflichtwidrig gewesen. Hätte diese Maßnahme in der Folge zu einem Schaden bei der Krupp-Hoesch AG geführt, wäre eine Schadensersatzverpflichtung des Vorstands nicht mehr durch eine dem Übernahmeangebot nachfolgende Billigung seitens der Hauptversammlung der Krupp-Hoesch AG ausgeschlossen worden. In diesem Fall hätte die schadensstiftende Handlung des Vorstands nicht im Sinne des § 93 IV S. 1 AktG auf einem Beschluß der Hauptversammlung beruht. Anders wäre dies aber dann gewesen, wenn das Übernahmeangebot nicht bindend, sondern - wie letztlich vorgesehen[488]- unter dem Vorbehalt der Zustimmung der Krupp-Hoesch Hauptversammlung abgegeben worden wäre. In diesem Fall hätte die Übernahme der Thyssen AG nicht stattgefunden, wenn die Hauptversammlung ihr nicht von vornherein zugestimmt hätte und im Falle der Zustimmung hätte die Übernahme dann auf dem Beschluß der Hauptversammlung beruht. Daher ist für die Schadensersatzhaftung aus § 93 IV S. 1 AktG nicht maßgebend, ob die Zustimmung der Hauptversammlung zeitlich vor oder nach der Abgabe des Angebots erfolgt, sondern vielmehr, ob das Angebot unter dem Vorbehalt der Zustimmung der Hauptversammlung der Bieter-AG steht oder nicht.

8. Zusammenfassung

Festzuhalten ist zunächst, daß bei der Planung des Übernahmeangebots durch den Krupp-Hoesch-Vorstand satzungstechnische Probleme nicht bestanden. Der statutarische Unternehmensgegenstand der Krupp-Hoesch AG deckte sich annähernd mit dem Betätigungsfeld der Thyssen AG und die Satzung ermächtigte zudem generell zum Erwerb einer Beteiligung, so daß das Erfordernis einer derartigen Konzernbildungsklausel nicht weiter eruiert werden mußte.

Demgegenüber bildete die Frage nach der Notwendigkeit der Zustimmung der eigenen Hauptversammlung zu dem mit der Abgabe des Übernahmeangebots an die Thyssen-Aktionäre untrennbar verbundenen Beteiligungserwerb in Anwendung der „Holzmüller"- Grundsätze einen Schwerpunkt bei der Ausarbeitung der Übernahmepläne.

Zu untersuchen war zunächst, ob eine Hauptversammlungszustimmung im konkreten Fall überhaupt notwendig war oder dem Krupp-Hoesch-Vorstand die Alleinentscheidungsfähigkeit zugesprochen werden konnte. Aufgrund der hier aufgestellten Grundsätze mußte in Anwendung der „Holzmüller"-Grundsätze die Krupp-Hoesch-Hauptversammlung der Abgabe des öffentlichen Übernahmeangebots mit einer Dreiviertel-Mehrheit zustimmen. An dem Zustimmungserfordernis hätte sich auch bei Einschaltung einer Tochtergesellschaft der Krupp-Hoesch AG nichts geändert, da noch immer eine schwerwiegende Strukturänderung vorgelegen hätte, die in die Mitgliedschafts- und Vermögensrechte der Aktionäre eingegriffen hätte.

---

[487] Hefermehl in: Geßler/Hefermehl, AktG, § 93 Rdnr. 51.

[488] Siehe S. 71.

Das Zustimmungserfordernis ergibt sich entgegen der Ansicht des BGH jedoch nicht aus § 119 II AktG, sondern aus einer Gesamtanalogie zu den übrigen Konzernierungsvorschriften, die bei derartigen Strukturmaßnahmen eine Mitwirkung der Aktionäre vorsehen. Im Einklang mit dem vom BGH untersuchten Holzmüller-Fall, tritt eine derartige Konzernbildungskontrolle jedoch erst ab einem Beteiligungsumfang von über 50 % in Kraft, da im Hinblick auf die gesetzlich fixierte aktienrechtliche Zuständigkeitsordnung das Regel-Ausnahme-Verhältnis bei der Entscheidungskompetenz zwischen Vorstand und Hauptversammlung aufrecht erhalten werden soll. Wird der Schwellenwert von 50 % - wie im Krupp/Thyssen-Fall - überschritten, hängt das Erfordernis der ungeschriebenen Hauptversammlungszustimmung anschließend von weiteren Einzelfallfaktoren zur Feststellung einer mit dem Holzmüller-Fall vergleichbaren wirtschaftlichen Umstrukturierung ab. Diese Faktoren berücksichtigen vornehmlich, in wie weit die Konzernbildung einen Einfluß auf die Rechtsstellung der Aktionäre hat.
Im Falle eines öffentlichen Übernahmeangebots sind dabei insbesondere maßgeblich die Größe der Zielgesellschaft, der Umfang der Fremdkapitalaufnahme sowie die Veränderung von Aktionärsstruktur und Konzernaufbau nach erfolgter Übernahme. Im Hinblick auf die Übernahme des doppelt so großen Thyssen-Konzerns, den dazu erforderlichen riskanten Finanzierungsmaßnahmen, die das Ausfallrisiko der Aktionäre erheblich erhöht hätten und der anschließend vorgesehenen Verschmelzung, war eine Mitwirkung der Krupp-Hoesch-Aktionäre an der Entscheidung über die Abgabe des Übernahmeangebots unerläßlich.
Hätte der Vorstand der Krupp-Hoesch AG im Wissen um die „Holzmüller"-Doktrin die Zustimmung ihrer Hauptversammlung hingegen nicht ersucht, wäre der Beteiligungserwerb wegen § 82 I AktG zwar nicht unwirksam gewesen, jedoch hätte sich der Vorstand einem nicht nur unerheblichen Haftungsrisiko ausgesetzt. Es wäre die Gefahr hinzugekommen, daß die Übernahme durch Klage oder einstweilige Verfügung eines einzigen Aktionärs, der auch dem Vorstand der Thyssen AG hätte nahestehen können, gestoppt hätte werden können. Hätte demgegenüber die Hauptversammlung der Krupp-Hoesch AG dem Vorhaben zugestimmt, wäre weder eine Unterlassungs- oder Wiederherstellungsklage, noch eine entsprechende einstweilige Verfügung in Betracht gekommen.[489] Ferner wäre der Gesellschaft gegenüber gem. § 93 IV S. 1 AktG seitens ihres Vorstandes keine Schadensersatzhaftung eingetreten.
Das mit der Einberufung der Hauptversammlung vor Abgabe des öffentlichen Übernahmeangebots verbundene frühzeitige Bekanntwerden der Übernahmeabsichten steht bei einem hostile takeover jedoch dem Interesse der Bieter-AG an einer die Durchführung erheblich erleichternden Geheimhaltung der Übernahmepläne entgegen. Dem Vorstand der Krupp-Hoesch AG verblieb daher nur die Möglichkeit, eine nachträgliche Zustimmung ihrer Hauptversammlung in Erwägung zu ziehen, welche allerdings den Nachteil gehabt hätte, daß ihr gem. § 93 IV S. 1 AktG keine haftungsbefreiende Wirkung zugekommen wäre. Trotz einer Genehmigung zur Abgabe des öffentlichen Übernahmeangebots hätte der Krupp-Hoesch-Vorstand nur dann zugleich auch der Gefahr einer Schadensersatzhaftung entgehen können, wenn das Übernahmeangebot unter dem Vorbehalt der Zustimmung der Hauptversammlung abgegeben worden wä-

[489] Vgl. BGHZ 83, 122, 135.

re. In diesem Fall hätte die pflichtwidrige Handlung gem. § 93 IV S. 1 AktG noch immer auf einem - gesetzmäßigen - Hauptversammlungsbeschluß beruht, so daß diese Lösung bei der Durchführung von feindlichen Übernahmen generell zu favorisieren ist.

IV. Die Finanzierung des Erwerbs der Thyssen-Aktien

Der Erfolg eines Übernahmeangebots ist mit der Finanzierung des Erwerbs der Aktien der Zielgesellschaft untrennbar verbunden. Im Folgenden sollen daher die Möglichkeiten analysiert werden, die der Krupp-Hoesch AG zum Erwerb der Thyssen-Aktien zur Verfügung standen.

1. Cash Offer

a) Finanzielle Strategie der Krupp-Hoesch AG

Im Krupp/Thyssen-Fall ergab sich bei einer Cash Offer unter der Annahme, daß alle außenstehenden Aktien zu übernehmen gewesen wären, ein zu finanzierender Maximalbetrag von 13,616 Mrd. DM (31, 3 Mio. Aktien x 435 DM/Stück). Aus der Sicht des Bieters ist bei einem reinen Barangebot insofern die über dem Kurswert der Aktie zu zahlende Prämie nachteilig, die zur Attraktivität des Angebotes für die Aktionäre der Zielgesellschaft beiträgt.
Die Finanzierung einer Übernahme kann als Investition mittels Eigen- oder Fremdkapital vorgenommen werden.[490] Eine Innenfinanzierung durch Erzielung von Gewinnen unter Verzicht auf deren Ausschüttung oder eine Finanzierung aus freigesetztem Kapital etwa durch Vermögensumschichtungen oder die Auflösung von Rückstellungen ist bei Übernahmen der hier angesprochenen Größenordnung keinesfalls ausreichend, um das erforderliche Kapital zu beschaffen.[491] Im Rahmen der Eigenkapitalfinanzierung kann daher als Außenfinanzierung eines Übernahmevorhabens zur Aufstockung des Kapitals erwogen werden, eine Kapitalerhöhung gem. §§ 182 ff. oder §§ 202 ff. AktG durchzuführen.
Krupp-Hoesch als der kleinere der beiden Konzerne hatte sich aus Gründen der Verfahresökonomie bei der Durchführung der feindlichen Übernahme hingegen dafür entschieden, den Erwerb der Thyssen-Aktien mittels Fremdkapital zu finanzieren. Die detaillierten Finanzierungsbedingungen hatte die Krupp-Hoesch AG mit der Deutschen Bank AG, der Dresdner Bank AG und Goldman Sachs Credit Partners L. P. ausgehandelt.[492] Das Bankenkonsortium hatte einen Konsortialkredit von 15 Mrd. DM zum Erwerb von 100 % der Thyssen-Aktien zur Verfügung gestellt.[493] Der Kreditrahmen hätte der Krupp-Hoesch AG daher bei der Preisbestimmung einen Spielraum bis

[490] Vgl. zur Finanzierung von Investitionen: Bestmann, Kompendium der Betriebswirtschaftslehre, S. 403 ff.; Schierenbeck, Grundzüge der BWL, S. 409.
[491] Schierenbeck, Grundzüge der BWL, S. 409; Süchting, Unternehmensfinanzierung, S. 9 f..
[492] FAZ, 19.03.1997, S. 19.
[493] Fahrholz, Neue Formen der Unternehmensfinanzierung, S. 114; Scheule, Diplomarbeit, S. 14; Handelsblatt, 18.03.1997, S. 1 schätzte den Kreditrahmen damals sogar auf 18 Mrd. DM.

zu 476 DM je Thyssen-Aktie ermöglicht. Die Besicherung des Konsortialkredites wäre bis zur Verschmelzung beider Gesellschaften mittels Verpfändung der erworbenen Aktien erfolgt. Nach der Fusion hätten auch die hard assets der Thyssen AG dem direkten Zugriff der Banken unterlegen.[494]

b) Gefahren der ausschließlichen Fremdfinanzierung der Akquisition

Im Falle der erfolgreichen Durchführung der feindlichen Übernahme hätten sich die bisherigen Brutto-Finanzschulden des Krupp-Konzerns in Höhe von rd. 3,1 Mrd. DM (31.12.1996) um die Brutto-Finanzschulden des Thyssen-Konzerns in Höhe von rd. 5,0 Mrd. DM und um die Verbindlichkeiten aus der Finanzierung der Übernahme in Höhe von 13,6 Mrd. DM erhöht. Bevor diese Finanzschulden aufgrund der beabsichtigten Verschmelzung in die gemeinsame Gesellschaft überführt hätten werden können, wären die Gesamtschulden der Krupp-Hoesch AG auf 21,7 Mrd. DM angestiegen. Die Fremdfinanzierung der geplanten feindlichen Übernahme hätte im Falle ihres Erfolgs und anschließender Verschmelzung durch Aufnahme der Thyssen AG aber auch zu einer erhöhten Verschuldung des erweiterten Konzerns geführt. Während die Zinsbelastung stark angestiegen wäre, hätte sich die Quote des bilanziellen Eigenkapitals an der erhöhten Bilanzsumme in dem verschmolzenen Unternehmen reduziert. Auf die mit der hohen Verschuldung der Krupp-Hoesch AG verbundenen Gefahren hatte nach dem vorzeitigen Bekanntwerden der Übernahmepläne auch ein Strategiepapier der Thyssen AG hingewiesen. Das Papier enthielt eine Empfehlung an die Thyssen-Aktionäre, ihre Aktien nicht an Krupp-Hoesch zu verkaufen, da zur Reduzierung der Schulden eine Ausschlachtung des Konzerns drohe.
Inwieweit sich diese seitens der Thyssen AG geäußerte Befürchtung bewahrheiten hätte können, hing von den mit den kreditgewährenden Banken vereinbarten Rückführungsbedingungen des Konsortialkredites ab. Der zügige Abbau der hohen Finanzschulden wäre in erster Linie aus dem operativen Cash-Flow, den erwarteten erheblichen Synergien und aus sofort wirkenden Desinvestitionen von nicht zum Kerngeschäft des verschmolzenen Unternehmens gehörenden Geschäftsfeldern erfolgt.
Operative Verbundvorteile hätten sich zwar insbesondere in der Produktion, im Einkauf, im Vertrieb, in der Forschung und Entwicklung sowie in der Organisation ergeben können. Jedoch haben empirische Untersuchungen ergeben, daß hinsichtlich der Realisierung von Synergieeffekten eine vorsichtige Einschätzung angebracht ist, da deren angestrebter Umfang oder deren vorgesehener Zeitpunkt häufig nicht erreicht wird.[495] Die Einschätzung der Desinvestitionsmöglichkeiten bei der Thyssen AG gestaltete sich für die Krupp-Hoesch AG schwierig, da eine Due Diligence bei einer feindlichen Übernahme aus tatsächlichen Gründen ausscheidet. Die geplanten Desinvestitionen bei nicht zu den Hauptgeschäftsfeldern der Krupp-Hoesch AG gehörenden Unternehmen sahen jedoch zumindest einen Verkauf der Thyssen Immobilien AG, der Thyssen Telecom AG, der Thyssen Polymer GmbH und des Öl- und Kohlehandels

[494] Vgl. hierzu Fahrholz, Neue Formen der Unternehmensfinanzierung, S. 126.
[495] Vgl. Bühner, Unternehmenszusammenschlüsse, S. 50 ff.; Fahrholz, Neue Formen der Unternehmensfinanzierung, S. 108 f.; Kaufer, Konzentration und Fusionskontrolle, S. 65 ff..

vor. Vermutet wird des weiteren, daß die Krupp-Hoesch AG die Thyssen Werften GmbH und die Thyssen Aufzüge GmbH zu verkaufen beabsichtigte.[496]
Zur Reduzierung der Finanzschulden hätte die Krupp-Hoesch AG daher einige nicht zu ihren Hauptgeschäftsfeldern gehörende eigene Unternehmen und solche der Thyssen AG verkauft. Für die im Strategiepapier der Thyssen AG prophezeite „Ausschlachtung" im Sinne des Verkaufs der wertvollsten Vermögensgegenstände oder gar des ganzen Vermögens des Zielunternehmens bestehen jedoch keine konkreten Anhaltspunkte.
Allerdings waren mit der ausschließlichen Fremdfinanzierung des Erwerbs der Thyssen-Aktien weitere ökonomische Gefahren verbunden, die bei einem sog. Leveraged-Buy-Out auftreten. Ein Leveraged-Buy-Out (LBO)[497] ist dadurch gekennzeichnet, daß die Finanzierung einer Akquisition primär durch Fremdkapital und nur sehr begrenzt durch Eigenkapital erfolgt. Das Fremdkapital wird mit den Vermögensgegenständen des erworbenen Unternehmens besichert und die Fremdkapitalbedienung und –tilgung erfolgt mittels des Cash-Flow, d. h. auf der Basis der vorhandenen und erwarteten zukünftigen finanziellen Ressourcen.[498] Die namensgebende Hebelwirkung setzt voraus, daß die Gesamtkapitalrendite höher ist, als die für die Fremdkapitalaufnahme aufzuwendenden Zinsen. Führen die aus der Zielgesellschaft erworbenen Kapitalrückflüsse zu einer solchen Gesamtkapitalrendite, so bewirkt die kontinuierliche Rückführung des aufgenommenen Fremdkapitals eine erhebliche Wertsteigerung des eingesetzten Eigenkapitals. Dem aufgenommenen Fremdkapital kommt daher ein Hebeleffekt auf die Eigenkapitalrendite zu.[499]
Aus dieser Finanzierungsform ergeben sich die Nachteile fremdfinanzierter Unternehmensübernahmen.[500] Hierzu zählen neben der vertraglichen Abfederung des Zinsrisikos[501] eine realistische Einschätzung der langfristig eintretenden Geschäftsentwicklung, um die Bedienung und Tilgung des Fremdkapitals zu ermöglichen. Eine verfehlte Rückführungsstrategie, Managementversagen oder wirtschaftliche Rezessionsphasen können einen Ertragsrückgang bewirken und so das Überschuldungs- und Illiquiditätsrisiko erheblich erhöhen. Eine verfehlte Berechnung der Synergiegewinne, der von Dr. Vogel erhobene Vorwurf[502] einer Überschätzung der durch die Desinvestitionen geplanten Erlöse in Höhe von 8,803 Mrd. DM[503] oder eine Fehleinschätzung des

---

[496] Vgl. hierzu und zu den geplanten Desinvestitionen innerhalb des Krupp-Hoesch-Konzerns: Scheule, Diplomarbeit, S. 14 ff.; Der Spiegel, 24.03.2997, S. 92, 96; Wirtschaftswoche, Heft 13, 51. Jg., S. 56, 57

[497] Lever = Hebel; vgl. zu den gesellschaftsrechtlichen Problemen der Finanzierung von LBO's im Hinblick auf §§ 57 I, 71 a AktG: Becker, DStR 1998,1429, 1430 ff.; Fleischer, AG 1996, 494, 494 ff.; Lutter/Wahlers, AG 1989, 1, 1 ff..

[498] Hitschler, BB 1990, 1877, 1877; Lerbinger, Die Bank 1986, S. 133, 133; Lutter/Wahlers, AG 1989, 1, 1; Otto, DB 1989, 1389, 1389; Scherer, Interne Leveraged-Buy-Outs, S. 82.

[499] Otto, DB 1989, 1389, 1389; Scherer, Interne Leveraged-Buy-Outs, S. 90 f..

[500] Vgl. zu den Risiken bei einem LBO: Becker, DStR 1998, 1429, 1430; Hitschler, BB 1990, 1877 ff.; Lerbinger, Die Bank 1986, 133, 141; Otto, DB 1989, 1389, 1390.

[501] Die Zinszahlungen für den Konsortialkredit der Krupp-Hoesch AG sollten 245 Mio. DM im Jahr 1997 und 315 Mio. DM im Jahr 1998 betragen, vgl. Der Spiegel, 24.03.1997, S. 92, 95; nach Scheule ergibt sich daraus eine niedrig bemessene Verzinsung für 1997 von 3, 9 % p.a.; er vermutet, daß die Banken eine Vergütung in anderer Form erhalten haben oder sich für das Übernahmegeschäft in Deutschland einen guten Ruf schaffen wollten, Scheule, Diplomarbeit, S. 14.

[502] manager-magazin, Mai 1997, S. 46, 48 – Dr. Vogel behauptete an dieser Stelle, daß die anfallenden Ertragssteuern nicht ausreichend berücksichtigt und die Verkaufserlöse zu hoch angesetzt worden seien.

[503] Scheule, Diplomarbeit, S. 15.

Managements – insbesondere bezüglich des von konjunkturellen Schwankungen gekennzeichneten Stahlsektors -, hätten im vorliegenden Übernahmefall für das verschmolzene Unternehmen ein deutlich erhöhtes Insolvenzrisiko zur Folge gehabt.

2. Cash und Paper Tender Offer

In der Vorbereitungsphase des Übernahmeversuchs wurde angesichts der vorstehend erörterten Gefahren die Überlegung angestellt, eine Cash und Paper Tender Offer (75 % Cash / 25 % Paper) als Übernahmeoption zu wählen,[504] um den Liquiditätsabfluß und die Fremdverschuldung gegenüber einer reinen Cash Tender Offer um ein Viertel zu verringern.
Um für eine Cash und Paper Tender Offer eigene Aktien zum Tausch gegen Thyssen-Aktien anbieten zu können, wären aus der Sicht der Krupp-Hoesch AG zwei Wege denkbar gewesen. Zunächst konnte ein Rückkauf der eigenen Aktien bedacht werden. Der Erwerb eigener Aktien ist jedoch nur unter engen Voraussetzungen zulässig gewesen. Die Gesellschaft darf eigene Aktien erwerben, um Aktionäre im Fall einer Verschmelzung abzufinden, §§ 71 I Nr. 3 AktG, 29 I UmwG. Krupp-Hoesch hatte die eigenen Aktien jedoch nicht dafür vorgesehen, Aktionäre nach dem Verschmelzungsbeschluß abzufinden, sondern um die Thyssen AG zunächst einmal im Vorfeld der Verschmelzung akquirieren zu können. Für diesen Zweck sah § 71 AktG bei der Planung des Übernahmeversuchs durch die Krupp-Hoesch AG im Winter 1996/97 keinen Tatbestand vor, der es ihnen erlaubt hätte, eigene Aktien zu erwerben.
Seit Einführung des KonTraG[505] ist nun in § 71 I Nr. 8 AktG festgelegt, daß eine Gesellschaft aufgrund einer höchstens 18 Monate geltenden Ermächtigung der Hauptversammlung eigene Aktien erwerben darf. Die Ermächtigung hat den niedrigsten und höchsten Gegenwert sowie den Anteil am Grundkapital, der 10 % nicht übersteigen darf, zu enthalten. Der Ermächtigungsbeschluß muß den Erwerbszweck nicht nennen,[506] so daß bei einer feindlichen Übernahme keine unmittelbare Publizitätsgefahr besteht. Die sich im eigenen Bestand des Unternehmens befindlichen Aktien können seither zur Übernahmefinanzierung im Rahmen eines Tauschangebots eingesetzt werden. Die mittels Aktienrückkaufs finanzierte Übernahme[507] findet ihre Begrenzung allerdings in der Beschränkung des Anteils an erworbenen Aktien auf max. 10 % des Grundkapitals, so daß zur Finanzierung größerer Transaktionen der Erwerb eigener Aktien allein nicht ausreicht.[508]
Aufgrund dessen stellt sich für Bietergesellschaften noch immer die Frage, welche Nachteile bei der Schaffung des Papiers zu berücksichtigen sind.

Der Krupp-Hoesch AG blieb vor Einführung des KonTraG allein die Möglichkeit, eine Kapitalerhöhung zur Schaffung der zum Tausch erforderlichen Aktien zu erwägen. Bei

[504] Siehe S. 71 und S. 162 ff..
[505] KonTraG, BGBl. I Nr. 24 v. 27.04.1998, S. 786 ff..
[506] Lingemann/Wasmann, BB 1998, 853, 860; anders noch der Referententwurf, abgedruckt in: ZIP 1996, 2129, 2130.
[507] Dazu eingehend Böhm, in: v. Rosen/Seifert, Übernahme börsennotierter Unternehmen, 327 ff.; Schander, ZIP 1998, 2087, 2087 ff..
[508] Schander, ZIP 1998, 2087. 2089 f..

größeren Transaktionen kann die Finanzierung einer mittels Umtauschangebots durchzuführenden Übernahme hingegen heute kombiniert aus Aktienrückkauf und Kapitalerhöhung erfolgen.
Bei einer Kapitalerhöhung sind drei Vorgehensweisen denkbar: Die ordentliche Kapitalerhöhung gegen Einlagen, §§ 182 ff. AktG, die bedingte Kapitalerhöhung, §§ 192 ff. AktG und das genehmigte Kapital, §§ 202 ff. AktG. Da Krupp-Hoesch die neuen Aktien zum Tausch gegen Thyssen-Aktien bereitzustellen beabsichtigt hätte, hätte das Bezugsrecht der Krupp-Hoesch Aktionäre auf diese Aktien ausgeschlossen sein müssen. Eine Kapitalerhöhung aus Gesellschaftsmitteln mußte daher von vornherein ausscheiden, weil die Aktionäre die neuen Aktien in diesem Fall kraft Gesetzes automatisch mit der Eintragung der Kapitalerhöhung erwerben, § 212 AktG.

a) Ordentliche Kapitalerhöhung gem. §§ 182 ff. AktG

aa) Voraussetzungen

Denkbar war zunächst, eine ordentliche Kapitalerhöhung nach §§ 182 ff. AktG gegen Einbringung der Thyssen-Aktien als Sacheinlage gem. § 183 AktG durchzuführen.
Eine Kapitalerhöhung gegen Einlagen erfordert einen Hauptversammlungsbeschluß, der gem. § 182 I S. 1 AktG regelmäßig mit einer Mehrheit von mindestens drei Viertel des bei der Beschlußfassung vertretenen Grundkapitals gefaßt werden muß. Zusätzlich bedarf der Erhöhungsbeschluß aber auch der einfachen Stimmenmehrheit des § 133 I AktG. Im Erhöhungsbeschluß ist der Erhöhungsbetrag festzulegen. Die Hauptversammlung kann sich aber damit begnügen, eine Höchstgrenze anzugeben und für die Bestimmung des endgültigen Erhöhungsbetrages genaue Maßstäbe zu setzen.[509]
Sind mehrere Aktiengattungen vorhanden, muß zusätzlich zum Erhöhungsbeschluß der Hauptversammlung für jede Aktiengattung jeweils ein gesonderter Zustimmungsbeschluß (sog. Sonderbeschluß) gefaßt werden, § 182 II S. 2 AktG. Der Erhöhungsbeschluß stellt eine Satzungsänderung dar, was zur Folge hat, daß Bestandteile der Satzung, Grundkapitalziffer und Zahl der Aktien, § 23 III Nr. 3 und 4 AktG, geändert werden müssen. Eine Kapitalerhöhung soll gem. § 182 IV S. 1 AktG nicht erfolgen, solange noch Einlagen auf das bisherige Kapital ausstehen und erlangt werden können. Ein Verstoß gegen § 182 IV AktG macht den Erhöhungsbeschluß zwar nicht nichtig oder anfechtbar, jedoch muß das Registergericht die Eintragung ablehnen.[510]
Ungeachtet des Bezugsrechtsausschlusses ist für die Kapitalerhöhung selbst kein sachlicher Grund erforderlich.[511] Wenn im Fall Krupp/Thyssen allerdings Thyssen-Aktien als Einlage geleistet worden wären, hätte es sich um eine Kapitalerhöhung gegen Sacheinlage gehandelt, für die weitere besondere Voraussetzungen gegolten hätten.
Insbesondere muß die Person, von der die Gesellschaft den Gegenstand erwirbt, und der Gegenstand selbst im Erhöhungsbeschluß genannt und zuvor in der Tagesordnung in den Gesellschaftsblättern bekanntgemacht werden, § 183 I S. 2 AktG. Damit wäre

---

[509] Hüffer, AktG, § 182 Rdnr. 12; Hefermehl/Bungeroth in: Geßler/Hefermehl, AktG, § 182 Rdnr. 54.
[510] Krieger in: Münchener Hdb., Bd. 4, § 56 Rdnr. 3, 4.
[511] Krieger in: Münchener Hdb., Bd. 4, § 56 Rdnr. 7.

aber die Absicht der Krupp-Hoesch AG, ein Übernahmeangebot abzugeben, bereits aufgedeckt gewesen. Zudem ist bei einer Sacheinlage eine Wertüberprüfung durch unabhängige Prüfer erforderlich, § 183 III AktG, so daß sich diese Form der Kapitalerhöhung in der Praxis als umständlich erweist.
Um die Übernahmepläne weiterhin geheimzuhalten, hätte der Krupp-Hoesch-Vorstand die Einschaltung eines Intermediärs erwägen können. Bei der Zwischenschaltung eines Intermediärs, etwa einer Bank oder eines Bankenkonsortium, hätte dieser die Aktien gem. § 185 AktG gezeichnet, den gesetzlichen Mindestbetrag von gem. §§ 188 II, 36 a I AktG ein Viertel des Nennbetrags und das volle Agio auf die geschuldete Einlage geleistet und danach die Kapitalerhöhung beim Handelsregister angemeldet und eingetragen. Ein solches Vorgehen hätte allerdings die Entstehung einer verdeckten Sacheinlage zur Folge gehabt.[512] Eine verdeckte Sacheinlage führt gem. § 183 II S. 3 AktG zu der Sanktion, daß der Intermediär weiterhin zur Bareinlage verpflichtet bleibt. Das Schuldgeschäft zur Verschaffung der Thyssen-Aktien und das Erfüllungsgeschäft über bereits gelieferte Aktien wäre nichtig gewesen. Die Krupp-Hoesch AG hätte dann von dem Intermediär die Zahlung der Bareinlage unter dem besonderen Schutz der §§ 62 ff. AktG verlangen und zusätzlich die Rückzahlung des Erwerbspreises für die gelieferten Aktien nach Bereicherungsrecht fordern können. Die Krupp-Hoesch AG selbst hätte gem. § 56 I AktG wegen des Verbots von Vorratsaktien keine Aktien zeichnen dürfen.

bb) Problematik des Bezugsrechtsausschlusses

Ein besonderes Rechtsproblem der Sachkapitalerhöhung hätte der Ausschluß des Bezugsrechts dargestellt. Grundsätzlich steht jedem Aktionär gem. § 186 I AktG ein Bezugsrecht auf die jungen Aktien zu. Da die neuen Aktien nicht den Krupp-Hoesch Aktionären zum Erwerb angeboten werden sollten, sondern den Thyssen-Aktionären, hätte § 186 IV AktG - der vorsieht, daß ein Bezugsrechtsausschluß dann nicht vorliegt, wenn nach dem Beschluß die neuen Aktien von einem Kreditinstitut mit der Verpflichtung übernommen werden sollen, sie den Aktionären zum Bezug anzubieten - hier nicht eingegriffen, selbst wenn ein Kreditinstitut als Intermediär eingeschaltet worden wäre.
Das Bezugsrecht kann gem. § 186 III S. 1 AktG nur im Erhöhungsbeschluß unter bestimmten Voraussetzungen ausgeschlossen werden. In diesem Fall bedarf der Beschluß gem. § 186 III S. 2, 3 AktG einer Mehrheit von mindestens drei Viertel des bei der Beschlußfassung vertretenen Grundkapitals, wobei die Satzung eine größere Mehrheit und weitere Erfordernisse vorschreiben kann. Eine solche größere Mehrheit sah die Satzung der Krupp/Hoesch AG jedoch nicht vor.
Des weiteren muß sich der Bezugsrechtsausschluß deutlich aus dem Erhöhungsbeschluß ergeben.[513] Das Vorhaben, das Bezugsrecht auszuschließen, muß vor der Hauptversammlung gem. § 124 AktG ordnungsgemäß und ausdrücklich bekanntgemacht werden, § 186 IV S. 1 AktG. Eine kurzgefaßte Umschreibung der Beschlußge-

[512] Vgl. BGHZ 83, 319, 319 ff. "Holzmann"; Brandner, Festschrift Boujong, S. 36, 37 ff; Groß, AG 1991, 217, 217 ff.; Röhricht in: Großkomm., AktG, § 27 Rdnr. 188 ff.; Ulmer, ZHR 154 (1990), 128, 128 ff..
[513] Lutter in: Kölner Kommentar, AktG, § 186 Rdnr. 53.

genstände, wie sie § 124 II S. 2 AktG erlaubt, genügt hier nicht.[514] Der Vorstand hat der Hauptversammlung einen schriftlichen Bericht über den Grund für den Ausschluß des Bezugsrechts vorzulegen, wobei gem. § 186 IV S. 2 AktG auch der vorgeschlagene Ausgabebetrag zu begründen ist. Der Bericht muß vom Zeitpunkt der Einberufung der Hauptversammlung an in den Geschäftsräumen der Gesellschaft ausliegen und jedem Aktionär auf Verlangen unverzüglich und vollständig übersandt werden. Darüber hinaus ist entsprechend § 124 II S. 2 2. Alt. AktG der wesentliche Inhalt des Berichts mit der Einberufung der Hauptversammlung in den Gesellschaftsblättern bekanntzumachen. Spätestens hierdurch wären aber auch die tragenden Beweggründe der Krupp-Hoesch AG für den Bezugsrechtsausschluß bekanntgemacht und daher die Geheimhaltungsabsicht unterlaufen worden.

Der Bezugsrechtsausschluß bedarf zudem – auch bei einer Sachkapitalerhöhung – einer sachlichen Rechtfertigung. Mit dem Gesetz für kleine Aktiengesellschaften und zur Deregulierung des Aktienrechts vom 02.08.1994 ist ein Sonderfall zulässigen Bezugsrechtsausschlusses in § 186 III S. 4 AktG geregelt worden. Voraussetzung für das Eingreifen des § 186 III S. 4 AktG ist jedoch, daß eine Barkapitalerhöhung vorliegt. Bei einem stock-for-stock-exchange im Rahmen eines Cash und Paper Tender Offer hätten jedoch Aktien der Thyssen AG als Sacheinlagen geleistet werden sollen, so daß § 186 III S. 4 AktG nicht eingriffen hätte.

Liegen die Voraussetzungen des § 186 III S. 4 AktG nicht vor, sind die von der Rechtsprechung entwickelten materiellen Kriterien für einen Bezugsrechtsausschluß zu beachten.[515]

Der Bezugsrechtsausschluß muß im Interesse der AG liegen. Grundsätzlich kann daher jedes Ziel in Betracht kommen, das nach sorgfältiger Abwägung dem Besten der Gesellschaft zu dienen scheint. Es muß nicht notwendigerweise um den Bestand oder die Abwendung einer Gefährdung der Gesellschaft gehen. Bei dem geplanten Zusammenschluß der Krupp-Hoesch AG und der Thyssen AG ging es primär um die Erzielung von Synergien und daher um die Wahrnehmung einer erheblichen Gewinnchance. Die Plausibilität der Gewinnchance konnte aus der Erwartung von Größenvorteilen unter Nutzung der bereits erworbenen Branchenkenntnis abgeleitet werden, so daß der Ausschluß im Interesse der Krupp-Hoesch AG gelegen hätte.

Der Bezugsrechtsausschluß muß zudem im Hinblick auf das spezifische Interesse der AG geeignet und erforderlich sein.[516] Geeignet ist er dann, wenn er die Erreichung des Zieles fördern kann.

Die Ausgabe neuer Aktien an die Thyssen-Aktionäre hätte diese in die Lage versetzt, auch zukünftig am Ergebnis ihrer Gesellschaft wenigstens mittelbar zu partizipieren. Aus diesem Grund war es wahrscheinlich, daß einige Aktionäre der Thyssen AG erst durch einen Umtausch ihrer Aktien gegen Aktien der Krupp-Hoesch AG zur Veräußerung der Aktien überhaupt hätten bewogen werden können, so daß der Bezugsrechtsausschluß im Sinne der Rechtsprechung geeignet gewesen wäre. Er hätte zudem erforderlich sein müssen. Erforderlich ist der Ausschluß, wenn er das einzige oder das

[514] Lutter in: Kölner Kommentar, AktG, § 186 Rdnr. 55.
[515] Grundlegend BGHZ 71, 40, 40 ff. "Kali und Salz"; BGHZ 83, 319, 319 ff. "Holzmann".
[516] Lutter in: Kölner Kommentar, AktG, § 186 Rdnr. 62; Grunewald, Gesellschaftsrecht, S. 287 f..

deutlich bessere Mittel zur Erreichung des Zieles der AG gewesen wäre. Diese Voraussetzung ist hier in Frage zu stellen.
Zwar kann der Bezugsrechtsausschluß bei einer Barkapitalerhöhung erforderlich sein, um eine Kooperation mit einem anderen Unternehmen zu ermöglichen, wenn der Geschäftspartner eine Beteiligung verlangt. Im vorliegenden Fall war es jedoch im Planungsstadium der Übernahme gerade nicht eindeutig, ob nicht auch ein reines Cash-Geschäft ausgereicht hätte, um die erforderliche Beteiligung von Krupp-Hoesch an Thyssen zu erlangen. Zudem hätten auch Schuldverschreibungen in Betracht gezogen werden können.
Ein Bezugsrechtsausschluß der Krupp-Hoesch AG wäre insgesamt mit einem erheblichen Risiko verbunden gewesen. Ein Erhöhungsbeschluß mit rechtswidrigem Bezugsrechtsausschluß hätte gem. § 243 I AktG mit Erfolg angefochten werden können. Zur Anfechtungsklage wäre jeder Aktionär befugt gewesen, der in der Hauptversammlung gegen einen solchen Erhöhungsbeschluß gem. § 245 I AktG Widerspruch zur Niederschrift erklärt hätte. Eine Anfechtungsklage hätte in einem solchen Fall auf die Begründung gestützt werden können, der Einlagewert der Thyssen-Aktien stehe in keinem angemessenen Verhältnis zu dem Ausgabekurs der dafür gewährten Krupp-Hoesch-Aktien.[517]
Der Bezugsrechtsausschluß ist untrennbarer Bestandteil des Erhöhungsbeschlusses. Ist daher der Bezugsrechtsausschluß fehlerhaft, ist im Zweifel auch der gesamte Erhöhungsbeschluß fehlerhaft, § 139 BGB. Eine Anfechtung des Erhöhungsbeschlusses wegen eines fehlerhaften Bezugsrechtsausschlusses hätte im Erfolgsfall den gesamten Erhöhungsbeschluß aufgehoben und daher die Kapitalerhöhung insgesamt scheitern lassen.[518]

cc) Bezugsrechtsverzicht der Großaktionäre der Krupp-Hoesch AG

Ein Bezugsrechtsausschluß, der die Gefahr der Anfechtung in sich birgt, hätte vermieden werden können, wenn die Großaktionäre der Krupp-Hoesch AG bereit gewesen wären, auf ihr Bezugsrecht zu verzichten, um die erforderlichen Aktien für den Paper-Anteil des Geschäfts zur Verfügung zu stellen.
Aufgrund des in § 53 a AktG verankerten Gleichbehandlungsgrundsatzes ist es Aktionären nicht zuzumuten, Sondernachteile hinzunehmen. Eine Kapitalerhöhung zur Generierung des Paper-Anteils zum Erwerb der Thyssen-Aktien wäre daher erst dann in Betracht gekommen, wenn nicht nur einer, sondern alle drei Großaktionäre, die zusammen 78, 47 % des Großkapitals hielten, zusammengewirkt und die Akquisition befürwortet hätten. Da sie einen Pool hätten bilden können, wäre eine Vereinbarung möglich gewesen, daß jeder der drei Großaktionäre auf sein Bezugsrecht verzichtete. Hierdurch hätte wirksam die Gefahr ausgeschlossen werden können, daß einer der drei Großaktionäre sein Bezugsrecht behalten und einen Sondervorteil hätte erlangen können, indem er seinen Bezugsanspruch im Falle der Kapitalerhöhung veräußerte, während die anderen beiden Großaktionäre wirksam ausgeschlossen gewesen wären.

---

[517] Vgl. Hüffer, AktG, § 182 Rdnr. 17 - „Anfechtungsklage kann bei Ausschluß des Bezugsrechts darauf gestützt werden, daß Ausgabekurs unangemessen ist" -; Schmidt in: Großkommentar, AktG, § 255 Rdnr. 3, 6.
[518] Vgl. Lutter in: Kölner Kommentar, § 186 Rdnr. 52.

Für diesen Bezugsrechtsverzicht boten sich verschiedene Varianten an:

- Jeder Großaktionär hätte mit der Krupp-Hoesch AG, vertreten durch ihren Vorstand, einen Vertrag abschließen können, in dem er sich verpflichtete, auf sein Bezugsrecht zu verzichten. Da dieser Schuldvertrag unentgeltlich erfolgt wäre, kann er gem. § 516 I BGB als Schenkungsvertrag qualifiziert werden. Die auf den Abschluß dieses Schenkungsvertrages gerichtete Willenserklärung des jeweiligen Großaktionärs hätte daher gem. § 518 I BGB der notariellen Beurkundung bedurft. Wäre dieses Formerfordernis allerdings nicht beachtet worden, so wäre der Formmangel durch die Bewirkung der versprochenen Leistung gem. § 518 II BGB geheilt worden. Die versprochene Leistung wäre ein Erlaßvertrag im Sinne des § 397 I BGB mit dem Inhalt gewesen, daß der Großaktionär auf seinen Bezugsrechtsanspruch gegenüber der Krupp-Hoesch AG verzichtete. Da ein antizipierter Erlaßvertrag geschlossen werden kann, wäre es auch unerheblich gewesen, daß das Bezugsrecht als konkreter Anspruch des Aktionärs gegen die Krupp-Hoesch AG vor der Kapitalerhöhung noch nicht entstanden wäre. Der Abschluß eines antizipierten Erlaßvertrages bedarf keiner Form und hat die Wirkung, daß ein Anspruch erst gar nicht entsteht.[519] Mit dem Erlaßvertrag wäre die versprochene Leistung bewirkt, denn einseitig kann sich der versprechende Großaktionär von ihm nicht mehr lösen. Werden der Schenkungs- und der Erlaßvertrag zugleich geschlossen, wäre der Verzicht auf das Bezugsrecht ohne notarielle Beurkundung des gesamten Vorgangs rechtsgültig.
- Als zweite Alternative hätten die Großaktionäre der Krupp-Hoesch AG ihre zukünftigen Bezugsrechte aufgrund der nächsten Kapitalerhöhung durch Gesellschaftsvertrag in den Pool, als eine Gesellschaft bürgerlichen Rechts im Sinne der §§ 705 ff. BGB, einbringen können. Daraufhin hätte die Pool-GbR gegenüber der Krupp-Hoesch AG nach dem oben beschriebenen Muster auf das Bezugsrecht verzichten können.
- Möglich wäre es auch gewesen, daß entweder jeder Großaktionär oder die Pool-GbR ihr Bezugsrecht durch Abtretung auf das Emissionskonsortium übertragen hätte.
- Letztlich hätten die Großaktionäre, die Krupp-Hoesch AG und das Emissionskonsortium gemeinsam in der Weise einen Vertrag schließen können, daß die Großaktionäre auf ihr Bezugsrecht verzichtet hätten oder dieses auf das Emissionskonsortium mit der Bestimmung übertragen worden wäre, daß die neuen Aktien gegen Aktien der Thyssen AG umzutauschen seien.

dd) Ungewißheit des Zeichnungsumfangs

Neben der Problematik des Bezugsrechtsausschlusses bzw. des Verzichts auf das Bezugsrecht hätte sich für die Krupp-Hoesch AG bei einer ordentlichen Kapitalerhöhung das weitere Problem ergeben können, daß gem. § 185 AktG eine Vollzeichnung der jungen Aktien erforderlich gewesen wäre. Zum Zeitpunkt der Beschlußfassung über die Kapitalerhöhung hätte jedoch im Hinblick auf die Regelungen des § 185 I S. 3 Nr.

[519] Heinrichs in: Palandt, BGB, § 397 Rdnr. 2; Zeiss in: Soergel, BGB, § 397 Rdnr. 5; BGH BB 1956, 1086, 1086.

4 und § 185 II AktG noch gar nicht feststehen können, wieviele Aktionäre der Thyssen-AG das Umtauschangebot annehmen würden, so daß Ungewißheit über die Zahl der benötigten jungen Aktien geherrscht hätte.

Eine Kapitalerhöhung kann nach § 189 AktG mit Eintragung in das Handelsregister nur wirksam werden, wenn sie in ihrem tatsächlichen Umfang dem Kapitalerhöhungsbeschluß entspricht.[520] Das ist nur dann der Fall, wenn sich das Zeichnungsergebnis mit dem Betrag im Kapitalerhöhungsbeschluß deckt oder zumindest in die festgelegte Bandbreite fällt.[521] Wird eine Kapitalerhöhung, deren Umfang dem Kapitalerhöhungsbeschluß nicht entspricht, dennoch eingetragen, verhindert dies nicht, daß die Zeichnung unverbindlich wird.[522]

Als zulässig wird es deshalb angesehen - auch bei Kapitalerhöhungen, die nicht zum Zwecke eines Übernahmeangebotes durchgeführt werden – im Erhöhungsbeschluß einen Mindest- und einen Höchstbetrag der Erhöhung festzusetzen und eine eng begrenzte maximal sechs Monate dauernde Zeichnungsfrist zu bestimmen.[523] Zweifel an der Zulässigkeit dieses Verfahrens können im Hinblick auf den Zweck der genannten Beschränkungen bei einer ordentlichen Kapitalerhöhung bestehen, die verhindern sollen, daß die Grenze zum genehmigten Kapital nicht in unzulässigerweise überschritten wird.[524] Aus diesem Grund kann die von *Lutter* genannte Frist von sechs Monaten nicht als feste Grenze verstanden werden, sondern ist als einzelfallbedingt einzustufen. Im Krupp/Thyssen-Fall hätte jedoch der Gefahr begegnet werden müssen, daß die Frist aufgrund der Besonderheiten des Übernahmeangebotes nicht derartig verlängert worden wäre, daß eine unzulässige Überschreitung der Grenze zum genehmigten Kapital vorgelegen hätte. In einem solchen Fall wäre der Kapitalerhöhungsbeschluß gem. § 241 Nr. 3 AktG nichtig gewesen. Die Festlegung einer lediglich zu langen Frist hätte den Beschluß gem. §§ 243 I, 255 I AktG anfechtbar gemacht.[525] In jedem Fall hätten derartige Klagen die Übernahmepläne der Krupp-Hoesch AG erheblich gefährdet.

Da der Krupp-Hoesch-Vorstand nicht an die Stelle der Hauptversammlung hätte treten dürfen, wäre er an den Mindest- und Höchstbetrag und die Zeichnungsfrist gebunden gewesen. Daher wäre es unzulässig gewesen, die Festlegung des genauen Erhöhungsbetrages dem Ermessen des Krupp-Hoesch-Vorstands zu überlassen.[526] Es genügt jedoch, lediglich einen Höchstbetrag zu bestimmen und die Kapitalerhöhung im übrigen auf den ggf. geringeren Betrag zu richten, für den sich Übernehmer von neuen Aktien finden.[527] Wird ein solcher Mindest- und Höchstbetrag angegeben, muß eine zeitlich begrenzte Zeichnungsfrist festgelegt werden, um den Umfang der Kapitalerhöhung

---

520 Hefermehl-Bungeroth in: Geßler/Hefermehl, AktG, § 182 Rdnr. 53; Lutter in: Kölner Kommentar, AktG, § 182 Rdnr. 17.

521 Hüffer, AktG, § 182 Rdnr. 12.

522 Hefermehl-Bungeroth in: Geßler/Hefermehl, AktG, § 185 Rdnr. 64.

523 Lutter in: Kölner Kommentar, AktG, § 182 Rdnr. 17; ohne Angabe einer genauen Frist: Hefermehl/ Bungeroth in: Geßler/Hefermehl, AktG, § 182 Rdnr. 52 f.; Hüffer, AktG § 182 Rdnr. 12.

524 Hefermehl/Bungeroth in: Geßler/Hefermehl, AktG, § 182 Rdnr. 56; Hüffer, AktG, § 182 Rdnr. 17; Nirk/Reuter/Bächle, Hdb. AG, Rdnr. 1440.

525 Vgl. Krieger in: Münchener Hdb., Bd. 4, § 56 Rdnr. 20; Lutter in: Kölner Kommentar, AktG, § 182 Rdnr. 17.

526 Dazu Hüffer, AktG, § 182 Rdnr. 12.

527 LG Hamburg, AG 1995, 92, 93; Wiedemann in: Großkommentar, AktG, § 182 Rdnr. 55; Hüffer, AktG, § 182 Rdnr. 12.

ausschließlich vom Zeichnungserfolg abhängig zu machen und nicht der Vorstand einer AG Zeit und Umfang der Geldbeschaffung bestimmen kann.
Bei einer Kapitalerhöhung gegen Sacheinlagen gem. § 183 AktG muß zudem der Wert der Sacheinlage - hier die Thyssen-Aktien - dem Nominalwert der dafür ausgegebenen Aktien entsprechen. Der Kapitalerhöhungsbeschluß hätte daher eine Bestimmung über den Wert der Thyssen-Aktien sowie eine Bestimmung über den Nennwert der dafür auszugebenden Krupp-Hoesch-Aktien enthalten müssen. Die von einem Sachverständigen zu prüfende Relation hätte die Werthaltigkeit der Sacheinlage auch dann gesichert, wenn anstelle eines festen Kapitalerhöhungsbetrages ein empfehlenswerter Mindest- oder Höchstbetrag angegeben worden wäre, so daß ein solches Vorhaben auch bei einer Kapitalerhöhung gegen Sacheinlagen zulässig ist.
Vor diesem Hintergrund hätte es sich bei der gerade erläuterten Übernahme- und Finanzierungsvariante für das Vorhaben der Krupp-Hoesch AG angeboten, das Übernahmeangebot an die Thyssen-Aktionäre zeitlich unmittelbar nach dem Kapitalerhöhungsbeschluß zu erklären. Innerhalb des zulässigen zeitlichen Rahmens der Durchführungs- und Zeichnungsfristen hätte der genaue Umfang der Erhöhung danach bestimmt werden können, wieviele Thyssen-Aktionäre das Übernahmeangebot angenommen hätten.

ee) Verknüpfung des Kapitalerhöhungsbeschlusses mit einer Bedingung

Aufgrund der soeben erörterten Problematik, Gewißheit über die benötigte Zahl junger Aktien zu erlangen, kann die Überlegung angestellt werden, den Kapitalerhöhungsbeschluß an die Bedingung zu knüpfen, daß ein bestimmter Anteil der Aktionäre der Zielgesellschaft dem Übernahmeangebot zustimmt.
Ebenso wie bei einem Beschluß über eine Satzungsänderung kann die Hauptversammlung den Vorstand bei einem satzungsändernden Beschluß über eine Kapitalerhöhung anweisen, den Beschluß nur bei Eintritt eines bestimmten Ereignisses beim Handelsregister anzumelden, sog. unechte Bedingung. Allerdings darf die Bedingung dem Vorstand keinen Entscheidungsspielraum einräumen. Daher hätte die Hauptversammlung der Krupp-Hoesch AG den Vorstand im Kapitalerhöhungsbeschluß anweisen können, die Anmeldung des Beschlusses erst vorzunehmen, wenn eine bestimmte Anzahl von Thyssen-Aktionären dem Übernahmeangebot zugestimmt hätte. Allerdings hätte auch bei einer Ausgestaltung des Kapitalerhöhungsbeschlusses mit einer Bedingung für die Krupp-Hoesch AG weiterhin die bereits erläuterte Gefahr der Anfechtbarkeit oder Nichtigkeit des Kapitalerhöhungsbeschlusses bestanden.

ff) Möglichkeit der Einschaltung einer Bank

In Übernahmefällen bei denen die Finanzierung mittels einer ordentlichen Kapitalerhöhung zumindest im Planungsstadium in Betracht zu ziehen ist, kann erwogen werden, die Gefahr einer Nichtigkeit oder Anfechtbarkeit des Kapitalerhöhungsbeschlusses durch die Einschaltung einer Bank auszuräumen.
Nach dem Übernahmekodex, der eine invitatio ad offerendum im Gegensatz zu § 17 WpÜG als zulässig ansah, konnte sich die Bank zur Zeichnung der jungen Aktien ver-

pflichten, wobei sie vor der Zeichnung aber zunächst die einzelnen Aktionäre der Zielgesellschaft zur Abgabe von Umtauschangeboten auffordern mußte. Aus dem Umfang der Aktien der Zielgesellschaft, die auf die invitatio ad offerendum der Bank seitens der Zielaktionäre zum Tausch gegen Aktien der Bietergesellschaft angeboten wurden, ergab sich bei dieser der erforderliche Umfang der Kapitalerhöhung. Die Bank zeichnete die jungen Aktien der Bietergesellschaft und tauschte sie gegen Aktien der Zielgesellschaft, die sie anschließend an die Bietergesellschaft weitergab. Der Kapitalerhöhungsbeschluß durch die Hauptversammlung der Bieter-AG sollte bei dieser Konstruktion erst nach der Abgabe des Übernahmeangebotes gefaßt werden, wenn feststand, in welchem Umfang Aktien zur Erfüllung des Übernahmeangebotes benötigt wurden.[528]

Die Annahme der Angebote der Zielaktionäre ging nicht von der Bank aus, da diese im anderen Fall zur Lieferung der Bieter-Aktien verpflichtet hätte werden können. Vielmehr mußte das Angebot von der Bietergesellschaft angenommen werden oder diese mußte zumindest aus der Annahmeerklärung zur Lieferung der Aktien verpflichtet sein.

Mit dem Angebot der Aktionäre der Zielgesellschaft zum Umtausch ihrer Aktien gegen Aktien der Bietergesellschaft war der Umtausch im Hinblick darauf, daß die Erfüllung der Gegenleistung vom Kapitalerhöhungsbeschluß der Hauptversammlung der Bietergesellschaft abhängig war, noch nicht hinreichend gesichert. Um die Erfüllung der Gegenleistung sicherzustellen, war das Übernahmeangebot in Form der invitatio ad offerendum durch die Bank an die Bedingung des Hauptversammlungsbeschlusses über eine ordentliche Kapitalerhöhung zu binden.

War der Übernahmekodex von der Bieter-AG anerkannt worden, mußte diese Bedingung jedoch im Einklang mit Art. 9 des Kodex – heute § 18 I WpÜG - stehen, wonach das Angebot nur an Bedingungen geknüpft werden darf, deren Eintritt der Bieter nicht selbst herbeiführen kann. Die Bank als Bieter konnte die Bedingung in Form des Kapitalerhöhungsbeschlusses zwar nicht herbeiführen, doch war letztlich zu beachten, daß die Einschaltung der Bank nur aus organisatorischen Gründen erfolgte. In jedem Fall mußten die Aktionäre der Zielgesellschaft im Hinblick auf den geplanten Aktientausch davon in Kenntnis gesetzt werden, welche AG hinter der Bank stand. Selbst wenn aufgrund einer formalen Betrachtungsweise ein Verstoß gegen Art. 9 des Übernahmekodex verneint werden konnte, mußte der Bietergesellschaft aufgrund der hier unklaren Rechtslage und trotz greifbarer Sanktionen zumindest das Risiko eines Verstoßes gegen den Übernahmekodex bewußt sein.

Aus diesem Grund und aufgrund der befürchteten fehlenden Akzeptanz des Übernahmeangebots bei den Aktionären der Zielgesellschaft, war auch vor Erlaß des WpÜG die Einschaltung einer Bank im Rahmen einer ordentlichen Kapitalerhöhung zur

[528] Vergleichbar wurde im Fall des Zusammenschlusses der Daimler-Benz AG und der Chrysler Corp. verfahren. Die Deutsche Bank wurde bei diesem Zusammenschluß bereits im Rahmen des Übernahmeangebots eingeschaltet. Das Übernahmeangebot an die Aktionäre der Daimler-Benz AG wurde hier aber nicht von der Deutschen Bank AG, sondern von der DaimlerChrysler Corp. selber abgegeben, während die Erfüllung der Verpflichtungen aus dem Übernahmeangebot durch die Deutsche Bank AG sichergestellt wurde, indem diese im Rahmen der Sachkapitalerhöhung die Zeichnung der jungen Aktien und die Einbringung der Daimler-Benz-Aktien durchführte; zum Zusammenschluß Daimler-Benz und Chrysler vgl. Thoma/Reuter, M&A Review 7-8/1999, S. 314 ff..

Schaffung junger Aktien im Ergebnis nicht zu empfehlen. Im Falle einer invitatio ad offerendum hatten die Aktionäre der Zielgesellschaft ihr Angebot abzugeben, obwohl nicht gesichert war, daß die Kapitalerhöhung durchgeführt werden würde. Insofern zeigt sich auch an dieser Stelle, daß das Verbot einer invitatio ad offerendum im Übernahmeverfahren nach § 17 WpÜG in der Praxis keine allzu große Bedeutung beigemessen werden kann.

b) Genehmigte Kapitalerhöhung gem. §§ 202 ff. AktG

Für die Krupp-Hoesch AG hätte weiterhin in Betracht kommen können, die jungen Aktien im Wege einer genehmigten Kapitalerhöhung gem. § 202 AktG zu schaffen.
Der Einsatz genehmigten Kapitals ermöglicht die Ausgabe neuer Aktien ohne die aufwendige und zeitraubende Durchführung einer Hauptversammlung unmittelbar vor der Kapitalerhöhung.[529] Durch satzungsändernden Beschluß der Hauptversammlung kann der Vorstand gem. § 202 I, II AktG für höchstens fünf Jahre nach Eintragung der Satzungsänderung im Handelsregister ermächtigt werden, das Grundkapital bis zu einem bestimmten Nennbetrag durch Ausgabe neuer Aktien gegen Einlagen zu erhöhen. Bei Unternehmenszusammenschlüssen hat das genehmigte Kapital den Vorteil, daß im Zeitpunkt der Beschlußfassung die Zusammenschlußabsicht noch nicht bekannt gegeben zu werden braucht.
Der Nennbetrag des genehmigten Kapitals darf gem. § 202 III S. 1 AktG die Hälfte des Grundkapitals vor der Ermächtigung nicht überschreiten Bei der Berechnung des Grundkapitals ist auch ein bereits bestehendes genehmigtes Kapital mitzurechnen, soweit dieses noch nicht ausgenutzt ist. Wird bei einer genehmigten Kapitalerhöhung der zulässige Höchstbetrag überschritten, ist der Ermächtigungsbeschluß nichtig, kann aber mit der Nichtigkeitsfeststellungsklage angefochten werden. Nach § 242 AktG ist der Beschluß heilbar mit der Folge, daß dann die gesetzlichen Höchstgrenzen gelten.
Für die Schaffung genehmigten Kapitals hätte die Krupp-Hoesch AG gem. § 202 II AktG einen Hauptversammlungsbeschluß mit mindestens einer Mehrheit von drei Vierteln des bei der Beschlußfassung vertretenen Kapitals bedurft. Sind mehrere Gattungen stimmberechtigter Aktien vorhanden, bedarf der Beschluß der Hauptversammlung zu seiner Wirksamkeit der Zustimmung der Aktionäre jeder Gattung durch jeweils einen Sonderbeschluß für jede Gattung, §§ 202 II, 182 II AktG. Gem. § 204 I S. 2 AktG kann der Vorstand mit Zustimmung des Aufsichtsrates die Entscheidung ob, wann und in welchem Umfang von dieser Ermächtigung Gebrauch gemacht werden soll, in eigenem Ermessen treffen. Auch die Festsetzung der Bedingungen der Kapitalerhöhung, insbesondere die Festsetzung des Ausgabekurses, kann weitgehend der Verwaltung überlassen werden.[530]
Im Krupp/Thyssen-Fall hätte aufgrund der Einlage von Aktien der Thyssen AG eine Sachkapitalerhöhung vorgelegen. Gem. § 205 I AktG ist eine solche Sachkapitalerhöhung zulässig, wenn sie in der Ermächtigung vorgesehen wird, wobei auch eine allgemeine Gestattung möglich ist.[531] Gem. § 205 III AktG hat auch hier eine Prüfung der

[529] Krieger in: Münchener Hdb., Bd. 4, § 58 Rdnr. 1; Nirk/Reuter/Bächle, Hdb. AG, Rdnr. 1493 ff..
[530] Krieger in: Münchener Hdb., Bd. 4, § 58 Rdnr. 1.
[531] Hüffer, AktG, § 205 Rdnr. 3; Hirte in: Großkomm., AktG; § 205 Rdnr. 7 ff..

Sacheinlage stattzufinden. Allerdings hätte der Vorstand der Krupp-Hoesch AG den Gegenstand der Sacheinlage, die Person, von der die Gesellschaft den Gegenstand erwirbt, und den Nennbetrag der bei der Sacheinlage zu gewährenden Aktien festsetzen können, wenn dies nicht bereits in der Ermächtigung geschehen wäre, § 205 II S. 1 AktG. Die Entscheidung des Vorstandes wäre eine Geschäftsführungsmaßnahme gewesen, die gem. § 205 II S. 2 AktG der Zustimmung des Aufsichtsrates bedurft hätte. Wird dieses Zustimmungserfordernis nicht beachtet, so ist die Maßnahme nicht unwirksam, wenn ansonsten eine fehlerfreie Festsetzung erfolgt ist. Jedoch begeht der Vorstand im Innenverhältnis eine Pflichtverletzung.[532] Gem. § 205 II S. 1 AktG sind die Festsetzungen dann in den Zeichungsschein aufzunehmen.

Gem. § 203 II AktG kann der Vorstand über den Ausschluß des Bezugsrechts entscheiden, wenn der Ermächtigungsbeschluß der Hauptversammlung dies vorsieht. Gem. § 204 I S. 2 2. HS. AktG bedarf die konkrete Entscheidung des Vorstands wiederum der Zustimmung des Aufsichtsrats. Allerdings kann die Hauptversammlung unter Beachtung der formellen und materiellen Voraussetzungen, die bei einer ordentlichen Kapitalerhöhung erforderlich sind, von vornherein das Bezugsrecht selbst ausschließen.[533]

Soll hingegen der Vorstand gem. § 203 AktG ermächtigt werden, durch eigene Entscheidung das Bezugsrecht der Aktionäre auszuschließen, sind einige Besonderheiten zu beachten:

Die Ermächtigung des Vorstands selbst bedarf bereits einer besonderen sachlichen Rechtfertigung im Interesse der Gesellschaft, so daß die Ermächtigung nur aus konkretem Anlaß erteilt werden kann. Als äußerst problematisch hätte es sich im Krupp/Thyssen-Fall aber gerade herausgestellt, wenn der Vorstand die Hauptversammlung über den konkreten Anlaß der genehmigten Kapitalerhöhung, den Plan zur Abgabe eines feindlichen Übernahmeangebots, hätte informieren müssen. Eine Notwendigkeit zur Information der Krupp-Hoesch Hauptversammlung hätte sich aber daraus ergeben können, daß der Hauptversammlung vom Vorstand gem. §§ 203 II S. 2, 186 IV S. 2 AktG ein schriftlicher Bericht über den Grund für die gewünschte Ermächtigung zum Bezugsrechtsausschluß vorzulegen gewesen wäre.[534]

Diese aus dem „Holzmann"-Urteil[535] abzuleitende Anforderung hätte für die Krupp-Hoesch AG, wie für jede Bietergesellschaft, erneut die Gefährdung der Geheimhaltung der Übernahmepläne bedeutet. Zwar hätte der Vorstand im Interesse der Gesellschaft nicht die Planung in Einzelheiten aufzudecken brauchen, jedoch hätten der Hauptversammlung der Krupp-Hoesch AG zumindest so viele Tatsachen mitgeteilt werden müssen, daß sie sich eine konkrete Meinung über die Erforderlichkeit des Bezugsrechtsausschlusses hätte bilden können. Aufgrund dieser Mitteilungen wäre die Verwaltung der Thyssen AG aller Wahrscheinlichkeit nach auf die Absichten des Vorstands der Krupp-Hoesch AG gestoßen worden, so daß im zu untersuchenden Fall eine Ermächtigung des Vorstands, durch eigene Entscheidung das Bezugsrecht der Aktionäre auszuschließen, nicht in Betracht kommen konnte. Darüber hinaus hätte der Be-

---

[532] Hüffer, AktG, § 205 Rdnr. 4.

[533] Hüffer, AktG, § 203 Rdnr. 10.

[534] Zur Extensivität der Berichtspflicht vgl. BGHZ 83, 319, 319 ff.- Holzmann - BGH ZIP 1997, 1499, 1499 ff. - Siemens/Nold -.

[535] BGHZ 83, 319, 319 ff..

zugsrechtsausschluß selbst ebenfalls einer besonderen materiellen Rechtfertigung bedurft. Sind die Voraussetzungen des § 186 III S. 4 AktG - wie im vorliegenden Fall - nicht gegeben, müssen die entwickelten materiellen Kriterien für einen Bezugsrechtsausschluß beachtet werden.
Aus diesen Gründen wäre es für die Krupp-Hoesch AG besonders günstig gewesen, das Bezugsrecht beizubehalten und die Großaktionäre nach dem bereits bei der ordentlichen Kapitalerhöhung beschriebenen Muster zu veranlassen, auf das Bezugsrecht zu verzichten. Durch diese Taktik hätte das Risiko minimiert werden können, daß Dritte, insbesondere das Management der Thyssen AG, durch die Ankündigung des Bezugsrechtsausschlusses alarmiert worden wären. Je später die Thyssen AG von den Übernahmeplänen erfahren hätte, desto weniger Gelegenheit hätte sie gehabt, Maßnahmen gegen die feindliche Übernahme einzuleiten. Auch wäre die Gefahr geringer gewesen, daß ein Konkurrent eine Gegenofferte hätte vorbereiten können.
Die "Holzmann"-Rechtsprechung des BGH[536] wurde allerdings im Fall "Siemens-Nold" aufgehoben, welcher allerdings erst am 21.4.1997 und damit erst nach Abschluß der bereits seit Ende 1996 in Planung befindlichen feindlichen Übernahme der Thyssen AG vom BGH entschieden worden war.
Nach der neueren und daher für künftige Übernahmen relevanten Rechtsprechung, die noch im Hinblick auf ihre Relevanz bei Abwehrmaßnahmen einer Zielgesellschaft ausführlich zu diskutieren sein wird,[537] muß die Maßnahme, zu deren Durchführung der Vorstand ermächtigt werden soll, allgemein umschrieben und in dieser Form der Hauptversammlung bekanntgegeben werden. Ferner muß sie im Interesse der Gesellschaft liegen. Sind der Hauptversammlung außer dem abstrakt umschriebenen Vorgang bei der Beschlußfassung keine weiteren Tatsachen bekannt, hat sie die Prüfung, ob der Bezugsrechtsausschluß im Gesellschaftsinteresse liegt, an den abstrakt umschriebenen Umständen auszurichten. Der Vorstand ist verpflichtet, im Rahmen seines unternehmerischen Ermessens sorgfältig zu prüfen, ob der ihm allein bekannte vollständige Sachverhalt die Durchführung des Hauptversammlungsbeschlusses im Gesellschaftsinteresse rechtfertigt.[538]
Ein Hauptversammlungsbeschluß, der den genannten Anforderungen genügt, ist nicht anfechtbar. Den Aktionären einer Bietergesellschaft bleibt lediglich noch die Möglichkeit, eine etwaige Pflichtwidrigkeit des Vorstands bei der Umsetzung der Ermächtigung zum Gegenstand einer Feststellungs- oder Unterlassungsklage zu machen, soweit diese noch möglich ist.
Dem „Siemens/Nold"-Urteil ist nicht unmittelbar zu entnehmen, ob der Vorstand konkrete Angaben in seinem Ermächtigungsbericht einzubringen hat, wenn ihm das Vorhaben, für das die genehmigte Kapitalerhöhung beschlossen werden soll, bereits hinreichend konkret bekannt ist. Ein wesentlicher Aspekt für den Wandel der Rechtsprechung in diesem Punkt ist jedoch gewesen, daß – wie am Beispiel Krupp/Thyssen zu erkennen – die Anforderungen nach dem Holzmann-Urteil es praktisch unmöglich machten, der Hauptversammlung Einzelheiten aus Vorgängen, die auch im Interesse der Gesellschaft insgesamt noch geheimhaltungsbedürftig waren, bekannt zu geben,

[536] BGHZ 83, 319, 319 ff..
[537] BGH ZIP 1997, 1499, 1499 ff. - Siemens/Nold - , vgl. S. 182 ff..
[538] BGH ZIP 1997, 1499, 1501.

ohne dadurch zumindest die für das Konkurrenzunternehmen bedeutsamen Unternehmensstrategien vorzeitig durchschaubar zu machen.[539]
Angesichts der am Krupp/Thyssen-Fall bereits aufgezeigten Konsequenzen eines vorzeitigen Bekanntwerdens von Übernahmeplänen sollten auch dann keine strengeren Anforderungen an den Inhalt des Ermächtigungsberichts zu stellen sein, wenn der Vorstand den Hauptversammlungsbeschluß über die genehmigte Kapitalerhöhung im Bewußtsein eines konkreten Vorhabens durchführt. Soweit das Gesellschaftsinteresse die Maßnahme rechtfertigt und der Vorstand von seiner Ermächtigung erst nach pflichtgemäßer Ermessensausübung Gebrauch macht, bedarf es für den Ermächtigungsbericht des Vorstands bei Beschluß der Hauptversammlung über die genehmigte Kapitalerhöhung keiner genauen Angaben über das Vorhaben. Insoweit reicht als Begründung für die Beschlußfassung gem. §§ 203 II S. 2, 186 IV S. 2 AktG allein der Hinweis auf die Möglichkeit, Beteiligungen gegen Überlassung von Aktien eines Konkurrenzunternehmens erwerben zu können, aus. Aus praxisnaher Sicht ist allerdings bereits allein die Ermächtigung zur Kapitalerhöhung mit Bezugsrechtsausschluß in Höhe der Hälfte des Grundkapitals einer Publikumsgesellschaft ausreichend, um Übernahmespekulationen und -gerüchte erheblich zu schüren.

c) Bedingte Kapitalerhöhung gem. §§ 192 ff. AktG

Eine bedingte Kapitalerhöhung ist nur zu den in § 192 II AktG erwähnten Zwecken zulässig.[540] Nach § 192 II Nr. 2 AktG zählt hierzu auch die Vorbereitung des Zusammenschlusses mehrerer Unternehmen. Dabei muß es sich um ein bestimmtes Unternehmen handeln.[541] Als Zusammenschluß im Sinne des § 192 II Nr. 2 AktG werden zunächst alle Fälle gesehen, in denen aus mehreren Unternehmen eine rechtliche Einheit gebildet wird. Darüber hinaus zählen hierzu auch solche Gestaltungen, in denen die Unternehmen rechtlich selbständig bleiben. Auch das Übernahmeangebot an die Mitglieder eines anderen Unternehmens ist danach ein Anwendungsfall des § 192 II Nr. 2 AktG, obwohl damit der Zusammenschluß weniger vorbereitet, als vielmehr nur angestrebt wird.[542] Demnach hätte auch für die Krupp-Hoesch AG zur Bedienung der Lieferungsansprüche der Thyssen-Aktionäre aus dem Übernahmeangebot eine bedingte Kapitalerhöhung in Betracht kommen können. Gem. § 192 II AktG darf auch hier der Nennbetrag der Kapitalerhöhung die Hälfte des Grundkapitals, das zur Zeit der Beschlußfassung über die Kapitalerhöhung vorhanden ist, nicht übersteigen.
Bei Übernahme eines Unternehmens gegen Hingabe eigener Aktien ist eine Sacheinlage gegeben, für die gemäß § 194 IV AktG eine Prüfung durch unabhängige Prüfer und durch das Registergericht zu erfolgen hat. Zudem muß die Einbringung von Sacheinlagen ausdrücklich und ordnungsgemäß bekanntgemacht werden, §§ 194 I S. 2, 124 I AktG.
Die Hauptversammlung hat gem. §§ 192 I, 193 I AktG über eine bedingte Kapitalerhöhung mit einer Mehrheit von mindestens drei Vierteln des bei der Beschlußfassung

539 BGH ZIP 1997, 1499, 1500.
540 Vgl. Lutter in: Kölner Kommentar, AktG, § 192 Rdnr. 3.
541 Bungeroth in: Geßler/Hefermehl, AktG, § 192 Rdnr. 33.
542 BGHZ 24, 279, 279 ff.; Lutter in: Kölner Kommentar, AktG, § 192 Rdnr. 14.

vertretenen Grundkapitals zu beschließen. Zusätzlich ist die einfache Stimmenmehrheit nach § 133 I AktG erforderlich. Im Beschluß müssen der Zweck der bedingten Kapitalerhöhung, der Kreis der Bezugsberechtigten und der Ausgabebetrag oder die Grundlagen, nach denen dieser Betrag berechnet wird, angegeben werden. Als problematisch erweisen sich die Anforderungen an den Inhalt des Beschlusses über die bedingte Kapitalerhöhung, die dem Zweck eines Unternehmenszusammenschlusses im Sinne des § 192 II Nr. 2 AktG dienen soll. Da der Kapitalerhöhungsbeschluß das konkrete Vorhaben und daher auch das betroffene Unternehmen mit Firma, Sitz und Rechtsform benennen muß, damit die Bezugsberechtigten gem. § 193 II Nr. 2 AktG eindeutig bestimmbar sind, scheitert eine bedingte Kapitalerhöhung bei einer feindlichen Übernahme bereits an dem Bekanntwerden des takeover bid. Bei einer bedingten Kapitalerhöhung gegen Sacheinlagen gilt zudem noch gem. § 194 I S. 3 AktG die Bekanntmachungsvorschrift des § 124 I AktG, so daß diese Finanzierungsvariante für die Krupp/Hoesch AG ebenfalls nicht in Betracht kommen konnte.

3. Ergebnis

Zur Finanzierung der Thyssen-Aktien mußte die Krupp-Hoesch AG einen Maximalbetrag von 13, 616 Mrd. DM aufbringen. Im Planungsstadium hatte sie zwischen den Vor- und Nachteilen einer Cash Offer und einer Cash und Paper Offer abzuwägen. Sie entschied sich letztlich trotz der mit einer Fremdfinanzierung verbundenen Gefahren für eine Cash Offer, die über ein Konsortialkredit finanziert werden sollte.
Die Entscheidung gegen eine Cash and Paper Offer fiel aus Gründen der Verfahrensökonomie, da die Schaffung der zum Tausch erforderlichen Papiere mit erheblichen rechtlichen Problemen behaftet war. Dies galt insbesondere für die verschiedenen Möglichkeiten einer Kapitalerhöhung aufgrund derer junge Aktien hätten entstehen können. Der Durchführung einer ordentlichen Kapitalerhöhung stand der erforderliche Bezugsrechtsausschluß und die damit verbundene Gefahr der Anfechtbarkeit des Kapitalerhöhungsbeschlusses entgegen. Dagegen sprach ebenfalls die bei der Planung vorhandene Ungewißheit über die genaue Zahl der benötigten jungen Aktien und vor allem auch die zwangsläufige Offenbarung der Übernahmepläne, die es der Thyssen AG ermöglicht hätte, über einen längeren Zeitraum Gegenstrategien zu entwickeln. Gegen eine genehmigte Kapitalerhöhung sprach aus Sicht der Krupp-Hoesch AG aus dem gleichen Grund das Erfordernis der sachlichen Rechtfertigung des Bezugsrechtsausschlusses gegenüber der Hauptversammlung, da die Liberalisierung des Bezugsrechtsausschlusses durch das „Siemens-Nold"-Urteil erst zu einem späteren Zeitpunkt eintrat.
Einer bedingten Kapitalerhöhung hätte gem. § 192 II Nr. 2 und § 194 I S. 3 i. V. m. § 124 AktG ebenfalls die mit der Rechtfertigungspflicht einhergehende Bekanntmachung der Übernahmepläne entgegen gestanden.
Auch die übrigen Finanzierungsmöglichkeiten wären angesichts der Höhe des zu finanzierenden Betrages für die Krupp-Hoesch AG aus Gründen der Risikoreduktion und der Verfahrensökonomie nicht praktikabel gewesen.
Zur Schaffung von Vorzugsaktien kommt ebenfalls nur eine Kapitalerhöhung in Betracht. Für den Ablauf der Kapitalerhöhung gelten im wesentlichen die erörterten Me-

thoden sowie die damit verbundenen Nachteile. Für den Bezugsrechtsausschluß hätten sich bei der Schaffung von Vorzugsaktien durch die Krupp-Hoesch AG gegenüber der Ausgabe von Stammaktien keine Änderungen ergeben.
Die Ausgabe von Wandelanleihen wird wiederum regelmäßig mit der Schaffung bedingten Kapitals verbunden, um sicherzustellen, daß eine Gesellschaft ihren Verpflichtungen gegenüber den Wandelanleihegläubigern, dies wären hier die Thyssen-Aktionäre gewesen, nachkommen kann. Auf Wandelschuldverschreibungen haben die Aktionäre gem. § 221 IV S. 1 AktG grundsätzlich ein Bezugsrecht. Dieses kann gem. §§ 221 IV S. 2, 186 III S. 4 AktG ausgeschlossen werden, wobei der Ausschluß aber wiederum an den genannten materiellen Kriterien der Rechtsprechung zu messen ist.
Wie bei den Wandelschuldverschreibungen haben die Aktionäre auch auf Genußscheine ein Bezugsrecht, welches gem. §§ 221 IV S. 2, 186 AktG ausgeschlossen werden kann. Auch für den Ausschluß des Bezugsrechts auf Genußrechte kann eine sachliche Rechtfertigung erforderlich sein. Ob und in welchem Umfang eine sachliche Rechtfertigung im Krupp/Hoesch-Fall erforderlich gewesen wäre, hätte vom konkreten Inhalt des Genußrechts abhängig gemacht werden müssen.[543]

Aus diesen mit der Schaffung von Papieren für eine Cash und Paper Tender Offer verbundenen Nachteilen für die geplante feindliche Übernahme folgte letztlich die Entscheidung der Krupp-Hoesch AG für eine fremdfinanzierte Cash Offer.

V. Die Rolle der Banken bei der Planung der Übernahme

Im Fall Krupp/Thyssen spielten deutsche Banken zunächst bei der Finanzierung des Übernahmeangebots eine herausragende Rolle. Der Krupp-Hoesch AG mußte ein maximaler Kapitalbetrag von DM 13,616 Mrd. für die Übernahme der Thyssen AG zur Verfügung stehen, der durch die Aufnahme von Fremdmitteln beschafft werden sollte. Die Finanzierung der Übernahmepläne der Krupp-Hoesch AG wurde, wie erörtert, mittels eines Konsortialkredites von der Deutschen Bank und der Dresdner Bank getragen.
Nachdem die Finanzierung der Übernahme sichergestellt war, hätte nach der Abgabe des Übernahmeangebots die Zusammenarbeit zwischen den beteiligten Banken und der Krupp-Hoesch AG bei der Abwicklung erfolgen müssen.

1. Interessenkonflikte von Bankvertretern in Aufsichtsräten

Das von der Krupp-Hoesch AG unter Einbeziehung der Deutschen Bank und der Dresdner Bank geplante Übernahmeangebot hatte zunächst erheblich zu der Annahme beigetragen, daß nun auch in Deutschland die Banken bereit waren, feindliche Übernahmeangebote zu begleiten.
Ronaldo Schmitz, damals Vorstandsmitglied der Deutschen Bank, bestätigte, daß sich der Vorstand einer Signalwirkung der Entscheidung zur finanziellen Unterstützung der Krupp-Hoesch AG durchaus bewußt gewesen war.[544]

---

[543] BGHZ 120, 141, 146; OLG Bremen AG 1992, 268, 269 f..; vgl. auch Hirte, ZIP 1988, 477, 486.
[544] Schmitz, Wirtschaftsdienst 1997/V, 251, 252.

Angesichts des Scheiterns der Übernahmepläne der Krupp-Hoesch AG und des ausgeübten öffentlichen und politischen Drucks ist es aufgrund der Gefahr eines erheblichen Imageverlustes zwar in naher Zukunft zweifelhaft, daß sich deutsche Banken regelmäßig zur Finanzierung feindlicher Übernahmen bereit erklären. Jedoch werden sich die deutschen Großunternehmen und damit auch die hierzulande angesiedelten Großbanken in absehbarer Zeit den fortgeschrittenen Entwicklungen im anglo-amerikanischen Raum im Bereich der hostile takeovers nicht verschließen können, wenn sie mit der fortschreitenden Globalisierung stand halten wollen.
Zu diesem Zeitpunkt wird sich angesichts der noch immer vielfältigen personellen Verflechtungen zwischen deutschen Unternehmen das bereits durch den Krupp/Thyssen-Fall aktualisierte Problem stellen, Interessenkonflikte von einzelnen Bankvertretern in Aufsichtsräten zu vermeiden.

a) Personelle Verflechtungen zwischen Vorstand und Aufsichtsrat verschiedener Unternehmen

Die Behandlung von Interessenkonflikten von Bankvertretern in Aufsichtsräten wurde bereits weit vor den Ereignissen im Frühjahr 1997 kontrovers diskutiert,[545] hat aber durch die Verflechtungen der Vertreter der Deutschen Bank im Übernahmefall Krupp/Thyssen neuen Auftrieb bekommen.[546] Nach dem vorzeitigen Bekanntwerden der Übernahmepläne wurde insbesondere Ulrich Cartellieri, einem Vorstandsmitglied der in die Übernahmepläne der Krupp-Hoesch AG involvierten Deutschen Bank, der zugleich ein Aufsichtsratsmandat bei der Thyssen AG inne hatte, vorgeworfen, sich in einem solchen Interessenkonflikt befunden zu haben.[547]
Für die Zugehörigkeit von Bankenvertretern zu Aufsichtsräten gibt es verschiedene Motive. Zunächst sind die Unternehmen darauf bedacht, in ihren Aufsichtsräten einen Finanzfachmann zu haben, der einen umfassenden Branchenüberblick besitzt und daher auch zukünftige Entwicklungen abschätzen kann. Ein weiteres Motiv kann in der Wahrung der Interessen von Klein- oder Minderheitsaktionären liegen, welche durch fachkundige Personen vertreten werden sollen. Letztlich kommt als Motiv für die Übernahme von Aufsichtsratsmandaten ein vorhandener Anteilsbesitz des Kreditinstituts an der Gesellschaft, welche als Kapitalanlage kontrolliert werden soll, in Betracht.[548]
Die Stellung eines Aufsichtsratsmitgliedes zeichnet sich dadurch aus, daß es unabhängig und keinem Wählerauftrag verpflichtet ist.[549] Wie vor allem die Zahl der pro Per-

---

[545] Böhm, Der Einfluß von Banken auf Großunternehmen, S. 194 ff; 257 ff.; Deckert, DZWir 1996, 406, 407 ff.; Dreher, JZ 1990, 896, 896 ff.; Hammsen, ZHR 160 (1996), 133, 133 ff.; Heermann, WM 1997, 1689, 1689 ff.; Herkenroth, AG 2001, 33, 34; Raiser, NJW 1996, 2257, 2257 ff.; Lutter, RdW 1987, 314, 314 ff.; Lutter, ZHR 145 (1981), 224, 224 ff; Lutter, ZHR 159 (1995), 287, 287 ff; Reichert/Schlitt, AG 1995, 241, 241 ff.; Werner, ZHR 145, (1981), 252, 252 ff.; s. zu dieser Thematik insgesamt auch: Mülbert, Empfehlen sich gesetzliche Regelungen zur Einschränkung des Einflusses der Kreditinstitute auf Aktiengesellschaften ?, Gutachten E für den 61. Deutschen Juristentag.

[546] Baums, Wirtschaftsdienst 1997, 259, 259 f.; Heermann, WM 1997, 1689, 1689 ff.; Schmitz, Wirtschaftsdienst 1997, 251, 251 ff; Wenger, Wirtschaftsdienst 1997, 254, 257.

[547] Siehe S. 26 f..

[548] Werner, ZHR 145, (1981), 252, 253.

[549] Lutter, ZHR 145 (1981), 224, 226; Raiser, ZGR 1978, S. 391, 399 f..

son zugelassenen Mandate in § 100 II Nr. 1, II S. 2 AktG zeigt, geht das Aktiengesetz jedoch davon aus, daß die Mitgliedschaft im Aufsichtsrat nebenberuflich ausgeübt wird. Aus dem Verbot der Überkreuzverflechtung in § 100 II S. 1 Nr. 3 AktG läßt sich zudem schließen, daß das Gesetz die Zugehörigkeit des Vorstandsmitglieds einer Gesellschaft zu dem Aufsichtsrat einer anderen Gesellschaft zuläßt und lediglich die Gefahren aus einer doppelten Verflechtung zwischen zwei Gesellschaften abwenden will. Der Gesetzgeber des Aktiengesetzes von 1965 hat trotz der Zulassung der Wahrnehmung von Vorstands- und Aufsichtsratsmandaten nur in §§ 100 II S. 1 Nr. 2 und 3, 105 AktG Inkompatibilitätsvorschriften geschaffen, so daß er die darüber hinausgehende Problematik von Interessenkonflikten für nicht regelungsbedürftig hielt.[550]
Gerade wenn zwei Unternehmen durch eine Person verbunden werden, die gleichzeitig in dem einen Unternehmen ein Vorstandsmandat und in dem anderen Unternehmen ein Aufsichtsratsmandat inne hat - wie die Deutsche Bank AG und die Thyssen AG durch Dr. Ulrich Cartellieri - kann es jedoch zu Interessenkonflikten kommen. Aufgrund großer Unterschiede in den Aufgaben und der Verbundenheit zu dem jeweiligen Unternehmen wird dieser Konflikt in der Regel zu Lasten des Unternehmens ausgehen, in welcher die Person die Funktion als Aufsichtsratsmitglied wahrnimmt.
Als Vorstandsmitglied der Deutschen Bank AG führte Dr. Cartellieri hauptberuflich die Geschäfte, hatte Handlungsvollmachten- und pflichten und war über alle wesentlichen geschäftlichen Angelegenheiten - zu denen die Finanzierung eines feindlichen Übernahmeangebotes in einem Volumen von max. 13,6 Mrd. DM zweifelsfrei gehört - unmittelbar informiert. Als nebenberufliches Aufsichtsratsmitglied der Thyssen AG bezog Dr. Cartellieri seine Informationen indirekt vom Vorstand und konnte lediglich bei Zustimmungsvorbehalten unmittelbaren geschäftspolitischen Einfluß ausüben.
Wie *Pfannschmidt* darstellt, nehmen aus der Sicht der beteiligten Unternehmen derartige Vorstand-Aufsichtsrat-Verflechtungen hinsichtlich des Informationsaustauschs und der Einflußmöglichkeiten einen asymmetrischen Charakter an.[551]
Als Aufsichtsratsmitglied hatte Dr. Cartellieri Anspruch auf alle Informationen über die Thyssen AG, die er zur Erfüllung seines Überwachungsauftrags benötigte. Vertrauliche Angaben über die Thyssen AG, z. B. hinsichtlich möglicher Abwehrmaßnahmen gegen eine feindliche Übernahme, durfte er jedoch gem. §§ 116, 93 AktG nicht weitergeben. Gleichzeitig war er gem. § 93 AktG aber verpflichtet, über vertrauliche Angaben und Geheimnisse, über die er als Vorstandsmitglied der Deutschen Bank hinsichtlich der Übernahmepläne der Krupp-Hoesch AG verfügte, Stillschweigen zu bewahren. Gerade in solchen Konstellationen besteht die Gefahr, daß die Person, die aufgrund ihres Vorstandsmandates stärker mit einem Unternehmen verbunden ist, Informationen aus der Aufsichtsratstätigkeit im Zuge der Geschäftsführung des anderen Unternehmens verwendet. Aus derartigen personellen Verflechtungen resultieren daher grundsätzlich Asymmetrien der Unternehmen gegenüber dem Mehrmandatsträger, die sich dahingehend auswirken können, daß der Informationsstand aufgrund der personellen Verflechtung in dem Unternehmen, in welchem die Person als

[550] Herkenroth, AG 2001, 33, 34; Werner, ZHR 145 (1981), 252, 257.
[551] Pfannschmidt, Personelle Verflechtungen über Aufsichtsräte, S. 67 f.

Vorstandsmitglied tätig ist, besser ist, als in dem Unternehmen, wo lediglich nebenberuflich die Funktion als Aufsichtsratsmitglied wahrgenommen wird.[552]

b) Mittel zur Bewältigung des Interessenkonflikts

aa) Einschränkung der geschäftlichen Tätigkeit der Bank?

Die Situation, in der sich Dr. Cartellieri während der Planung des Übernahmeversuchs befand, sieht *Lutter* als unlösbaren Konflikt an. Durch die Gewährung des Übernahmekredits an die Krupp-Hoesch AG durch die Deutsche Bank AG wäre seiner Ansicht nach ein unlösbarer Loyalitätskonflikt zwischen drei ihm aufgetragenen rechtlichen Interessen entstanden. Die Interessen der Bank, deren Vorstandsmitglied er war, kollidierten mit den Interessen der angegriffenen Thyssen AG und denen der kreditsuchenden, übernahmewilligen Krupp-Hoesch AG. *Lutter* sieht die einzige Lösung dieses Konflikts in der Rechtspflicht der Bank zur Einschränkung ihrer geschäftlichen Tätigkeiten. Der Konflikt lasse sich nur dadurch vermeiden, daß die Bank die Finanzierung der Übernahme ablehne, wozu sie aus der Tätigkeit ihres Vorstandsmitglieds im Aufsichtsrat des anderen Unternehmens oder auch als Hausbank des Zielunternehmens aufgrund gesteigerter Loyalitätspflicht angehalten sei.[553] Die Deutsche Bank wäre dementsprechend wegen der Aufsichtsratstätigkeit von Dr. Cartellieri in der Thyssen AG daran gehindert gewesen, die Übernahmepläne der Krupp-Hoesch AG zu finanzieren.

Dagegen, die geschäftliche Tätigkeit der Banken einzuschränken, um den vorliegenden Interessenkonflikt zu lösen, bestehen jedoch erhebliche Bedenken.
Die Treuepflicht beruht auf der Organstellung des Bankvertreters im Zielunternehmen. Verbunden mit dieser Organstellung ist der Zugang zu vertraulichen Informationen, welche aufgrund des in §§ 116, 93 I S. 2 AktG statuierten Verschwiegenheitsgebots nicht weitergegeben werden dürfen. Aufgrund der auf diese Weise abgesicherten persönlichen Verantwortlichkeit muß bei der Lösung von Interessenkonflikten immer davon ausgegangen werden, daß nur die jeweilige Person und nicht die dahinterstehende Bank oder sonstige Institution im Aufsichtsrat sitzt.[554]
Bei Interessenkonflikten der hier vorliegenden Art greift die Treuepflicht des Bankvertreters gegenüber der Zielgesellschaft aus diesem Grund nicht auf die Bank durch. Die Treue- und Loyalitätspflicht des Aufsichtsratsmitgliedes besteht ausschließlich gegenüber der Gesellschaft und hat zur Konsequenz, daß im Falle eines Interessenkonfliktes den Interessen der Gesellschaft uneingeschränkt der Vorrang einzuräumen ist.[555] Interessen aus anderen Rechtsverhältnissen, auch aus der Tätigkeit als Vorstandsmitglied müssen demgegenüber zurücktreten.[556] Eine Art Drittwirkung der rein persönlichen Treuepflicht eines Aufsichtsratsmitgliedes ist nicht anzuerkennen, so daß die Bank zur Einschränkung ihrer geschäftlichen Tätigkeiten nicht aufgrund der Tätig-

[552] Pfannschmidt, Personelle Verflechtungen über Aufsichtsräte, S. 68.
[553] Lutter, ZHR 145, (1981), 224, 224 f..
[554] So auch Lutter, ZHR 145, (1981), 224, 226; Schmitz, Wirtschaftsdienst 1997/V, 251, 253.
[555] BGHZ 36, 296, 307.
[556] Deckert, DZWir 1996, 406, 407; Schilling, BB 1997, 1909, 1911 f.; Werner, ZHR 145 (1981), 252, 257.

keit ihres Vorstandsmitgliedes im Aufsichtsrat des Zielunternehmens verpflichtet werden kann.
Ob sich eine solche Verhaltensregel der Bank selbst aus einer erhöhten Loyalitätspflicht als Hausbank des Zielunternehmens ergeben kann, ist ebenso zweifelhaft. Zwar trifft die von *Lutter* getroffene Feststellung einer gesteigerten Loyalitätspflicht der Hausbank auch auf Zustimmung[557], jedoch reicht diese nicht so weit, daß eine rechtlich zulässige, wenn auch nicht in Abstimmung mit der Verwaltung des Zielunternehmens geplante Übernahme nicht durch diese Bank finanziert werden darf, der dadurch ein vorteilhaftes Geschäft entgeht.
Eine solche Einschränkung der Bankgeschäfte hätte die mit dem Zweck der Besetzung des Aufsichtsrates unvereinbare Nebenwirkung, daß sich aus seiner Zusammensetzung für potentielle Zielgesellschaften eine weitere Abwehrmaßnahme ergeben würde. Ein Bankvertreter im Aufsichtsrat eines potentiellen Zielunternehmens würde ausreichen, um zu verhindern, daß seine Bank durch eine Bietergesellschaft zur Finanzierung einer feindlichen Übernahme eingesetzt werden kann und die Bietergesellschaft daher auf andere, aufgrund ihrer finanziellen Ausstattung und geringeren Erfahrung mit M & A-Transaktionen weniger geeigneten Banken, ausweichen müßte.[558]

bb) Einsatz milderer Mittel zur Konfliktbewältigung

Um solch unerwünschte Nebenwirkungen – die zur Unterlassung ökonomisch sinnvoller Übernahmen führen können - bei der Bekämpfung von Interessenkonflikten zu vermeiden, sind zunächst mildere Mittel auf der Seite des Aufsichtsrats der Zielgesellschaft oder der Seite der finanzierenden Bank zu suchen.
Der Übernahmekodex enthielt zu der Frage des Verhältnisses zwischen Bank und Bieter- bzw. Zielgesellschaft keine Regelungen. Nur Art. 6 des Übernahmekodex empfahl dem Bieter die Hinzuziehung eines "Wertpapierdienstleistungsunternehmens", wobei es sich regelmäßig um eine Bank handelte. § 13 I WpÜG enthält nun in Abs. II die mit einem Schadensersatzanspruch verbundene zwingende Regelung, daß sich der Bieter bei einem Barangebot von einem unabhängigen Wertpapierdienstleistungsunternehmen schriftlich bestätigen lassen muß, daß er die notwendigen Maßnahmen getroffen hat, um die Finanzierung des Angebots sicherzustellen
Bietergesellschaften sind in Deutschland daher bei einem Übernahmeangebot zur Bewältigung der Finanzierung und Abwicklung des Übernahmegebots regelmäßig gezwungen, Banken hinzuziehen, wobei aufgrund des hohen Kapitalvolumens jedoch zumeist nur wenige große Banken in Betracht kommen. Aufgrund dieser Situation wird bei einer Zunahme an Übernahmeangeboten auch der Konflikt in diesem Dreierverhältnis verschärft werden. Als Lösung des Problems könnte man die von *Ronaldo Schmitz* vorgesehenen Vereinbarungen zwischen Banken und Zielgesellschaften ansehen, die bereits eine andauernde Geschäftsverbindung pflegen. Hieraus resultiert jedoch die bereits erwähnte und nicht zu unterschätzende Gefahr, daß solche Vereinbarungen als präventive Abwehrmittel gegen Übernahmeangebote eingesetzt werden.

---

[557] Heermann, WM 1997, S. 1689, 1695.
[558] Vgl. Heermann, WM 1997, 1689, 1695.

In der Literatur sind zu dem bereits seit langer Zeit bekannten Problem der Wahrnehmung von Mehrfachmandaten in Vorstand und Aufsichtsrat verschiedene Lösungsvorschläge zur Konfliktbewältigung entwickelt worden.
Eine Rechtspflicht zur Unterlassung der Unterstützung eines feindlichen Übernahmeangebots gegen eine Zielgesellschaft, die Geschäftsverbindungen mit der Finanzierungsbank der Bietergesellschaft unterhält, kann ausschließlich auf einer entsprechenden Vereinbarung beruhen. Derartige Vereinbarungen sind allerdings in der Geschäftspraxis der Banken noch recht selten und bestanden auch zwischen der Deutschen Bank und der Thyssen AG nicht.[559]
Auch eine Konfliktvermeidung ist in solchen Fällen, wie dem hier untersuchten, nur äußerst selten möglich, weil bei Übernahme des Aufsichtsratsmandats durch den Bankvertreter keinerlei Anzeichen für einen später eintretenden Interessenkonflikt vorliegen. Nur bei vorhersehbaren Interessenkonflikten ist es den Banken überhaupt möglich, darauf zu achten, in welchen Unternehmen ihre Vertreter die Überwachungstätigkeit ausüben. Zur Vermeidung – und nicht erst zur Bewältigung - eines Interessenkonflikts haben aber interne Maßnahmen im Rahmen der Bankorganisation eine effektivere Wirkung. Neben der Bildung von Vertraulichkeitsbereichen, der sog. chinese walls, ist dabei an Verhaltensregeln für Leitungsorgane der Bank bei der Beschlußfassung im Vorstand zu denken, die die Bank in Ergänzung zu den gesetzlichen Tatbeständen errichten kann und, angesichts einer erwarteten Zunahme an Übernahmen in Deutschland, auch errichten sollte. Bei der Existenz solcher Verhaltensregeln in der Deutschen Bank wäre es auch Dr. Cartellieri erspart geblieben, den Konflikt in dem er sich befand, durch eine Krankmeldung am Tag der letzten Abstimmung zu umgehen.
Bei der Konfliktbewältigung von Interessenkollisionen unter Beteiligung von Aufsichtsratsmitgliedern findet sich in der Literatur häufig eine Differenzierung nach der Nähe des Konfliktherdes zu den Pflichten, die sich für das Vorstands- bzw. Aufsichtsratsmitglied aus seinem jeweiligen Amt ergeben.[560] Im Anschluß an *Ulmer*[561] wird aufgrund dessen eine Unterteilung in verschiedene Fallgruppen vorgenommen.
Handelt ein Mandatsträger unmittelbar als Aufsichtsratsmitglied, soll dem Interesse der zu überwachenden Aktiengesellschaft uneingeschränkter Vorzug zukommen. Handelt das Aufsichtsratsmitglied hingegen außerhalb der Geschäftssphäre der Aktiengesellschaft in seinem Hauptamt oder einem anderen Nebenamt, soll nur insofern eine Loyalitäts- und Treuepflicht bestehen, als daß das Willkürverbot oder die eigennützige Verwertung von Kenntnissen aus der Funktion als Aufsichtsratsmitglied betroffen ist. Bei den Mischfällen, die durch Interessenkollisionen bei Rechtsgeschäften mit der AG oder sonstigen externen Einflußnahmen auf diese gekennzeichnet sind, soll die Mitwirkung des Aufsichtsratsmitglieds der AG als Verhandlungspartner auf der Gegenseite gestattet sein und grundsätzlich keine Äquivalenzstörung zulassen.
Übertragen auf den Interessenkonflikt von Dr. Cartellieri im Krupp/Thyssen-Fall zeigt sich jedoch, daß dieser Lösungsansatz nicht greift, wenn sich die Tätigkeitsfelder von

[559] Schmitz, Wirtschaftsdienst 1997/V, 251, 252.
[560] Deckert, DZWiR 1996, 406, 406 f.; Mertens in: Kölner Kommentar, AktG, § 116 Rdnr. 26; Raiser, Recht der Kapitalgesellschaften, § 15 Rdnr. 106; Ulmer, NJW 1980, 1603, 1603 ff..
[561] Ulmer, NJW 1980, 1603, 1603 ff. - im Anschluß an BGH AG 1980, 111 zum Bankrott der Herstatt-Bank.

Haupt- und Nebenamt nicht mehr exakt isolieren lassen. Dr. Cartellieri handelte als Teil des Leitungsorgans der Deutschen Bank AG bei der Beschlußfassung über die Finanzierung des Übernahmeversuchs der Krupp-Hoesch AG zwar außerhalb der Geschäftssphäre der von ihm mitkontrollierten Thyssen AG. Trotzdem kann er als Bankvertreter die von ihm dort erlangten internen Informationen bei der Entscheidungsfindung nicht vollständig ausräumen; zumindest aber steht in einem solchen Fall stets der Verdacht der Voreingenommenheit im Raum.

Auf der Seite des Aufsichtsrats der Thyssen AG, als auch auf der Seite des Vorstands der Deutsche Bank AG hätten jedoch andere Konfliktbewältigungsmaßnahmen ins Blickfeld rücken müssen. So wäre für Dr. Cartellieri nach der Einbeziehung der Deutsche Bank AG in die Vorbereitung und Abwicklung der Unternehmensübernahme ein Stimmverbot oder eine Stimmenthaltung sowie die Möglichkeit einer freiwilligen Amtsniederlegung oder eine Abberufung aus wichtigem Grund gem. § 103 III AktG in Betracht zu ziehen gewesen.

Im Schrifttum diskutiert wird die Frage, ob in den Fällen erheblicher oder schwerwiegender Interessenkonflikte die analoge Anwendung von § 34 BGB angezeigt ist, die zu einem Stimmverbot des betroffenen Aufsichtsratsmitgliedes führt.[562] Dagegen wird jedoch zurecht eingewandt, daß das Gesetz hierfür keine ausreichende Grundlage biete und eine Ausdehnung des Stimmverbots mit Rechtssicherheitserwägungen nicht zu vereinbaren sei.[563] Vermehrt wird daher lediglich eine Pflicht zur Stimmenthaltung bei unbehebbaren Konflikten in Einzelfragen bei Abstimmungen angenommen, sofern die Mitwirkung entbehrlich ist.[564] Auch in den im Jahr 2000 entwickelten „Corporate-Governance-Grundsätzen für börsennotierte Gesellschaften" ist ein derartiges Stimmenthaltungsgebot für Aufsichtsratsmitglieder im Falle von Interessenkonflikten vorgesehen.[565]

Wann eine Pflicht eines Aufsichtsratsmitgliedes zur freiwilligen Amtsniederlegung besteht, ist im Einzelfall ebenfalls noch nicht geklärt. Zum Teil wird eine Pflicht bereits bei dauernden erheblichen Interessenkonflikten angenommen[566], zum Teil erst bei unlösbaren Pflichtenkonflikten.[567]

Die Möglichkeit der Abberufung eines Aufsichtsratsmitgliedes, die sich aus § 103 III AktG ergibt, ist mit Unsicherheiten behaftet, die das Vorliegen der Voraussetzung des wichtigen Grundes betreffen. Eine Abberufung aus wichtigem Grund kommt nach der Rechtsprechung in Betracht, wenn ein „kraß gesellschaftswidriges Verhalten" des

[562] Befürwortend Schneider, BB 1995, 365, 370, Redding, NJW 1956, 48, 50; ablehnend Deckert, DZWiR 1996, 406, 409; Dreher, JZ 1990, 896, 901 m. w. N. aus der älteren Literatur Ulmer, NJW 1980, 1603, 1605; Werner, ZHR 145 (1981), 252, 267.

[563] Deckert, DZWiR 1996, 406, 409; Dreher, JZ 1990, 896, 901.

[564] Vgl. Deckert, DZWiR 1996, 406, 409; nach a. A. ist eine Stimmenthaltung allein nicht ausreichend, erforderlich sei eine ausdrückliche Beschlußablehnung oder die Amtsniederlegung, Geßler in: Geßler/ Hefermehl, AktG, § 116 Rdnr. 21; Ulmer, NJW 1980, 1603, 1605.

[565] Vgl. Abschnitt III 4 b), abgedruckt in: AG 2000, 109, 113; dazu auch Peltzer/v. Werder, AG 2001, 1, 1 ff..; in der Endfassung heißt es hingegeben unter Punkt 5.5.3.:" Wesentliche und nicht nur vorübergehende Interessenkonflikte in der Person eines Aufsichtsratsmitglieds sollen zur Beendigung des Mandats führen." – vgl. NZG 2002, 273, 276.

[566] Mertens in: Kölner Kommentar, AktG, § 103 Rdnr. 54; Fischer, Gedächtnisschrift Duden, S. 55, 66; ähnlich Schander/Posten, ZIP 1997, 1534, 1536 f..

[567] Dreher, JZ 1990, 896, 902; ähnlich Lutter, ZHR 145 (1981), 224, 246.

Aufsichtsratsmitgliedes vorliegt,[568] wenn im Falle eines „fremdbestimmten" Aufsichtsratsmitgliedes „eine vertrauensvolle Zusammenarbeit nicht mehr möglich" ist[569] oder wenn ein „unüberbrückbarer Konflikt" vorliegt.[570] Im Schrifttum wird eine Abberufungsmöglickeit teilweise bei schwerwiegenden Interessenkonflikten angenommen, die sich zu Dauerkonflikten verhärten.[571]
In der Konstellation, in der sich Dr. Cartellieri im Krupp/Thyssen-Fall befand, wäre ihm prinzipiell zu empfehlen gewesen, bereits nach den ersten Anzeichen eines sich anbahnenden Interessenkonflikts – d. h. unmittelbar nach dem ersten Kontakt der Krupp Hoesch AG mit der Deutschen Bank zwecks Sondierung der Übernahmepläne – sein Aufsichtsratsmandat in der Thyssen AG freiwillig niederzulegen.[572] Allerdings hätte ein solches Vorgehen seinerseits Anlaß zu Nachforschungen über seine Motive gegeben, so daß eine Abwägung zwischen der Gefährdung eines sich in Vorbereitung befindlichen Übernahmeangebots und der Vermeidung eines möglichen Interessenkonflikts getroffen werden muß.
Dabei muß auch berücksichtigt werden, ob auf der Seite des Vorstands der zur Finanzierung eingeschalteten Bank Konfliktbewältigungsmaßnahmen ergriffen werden können, die nicht auf eine Einschränkung der geschäftlichen Tätigkeit der Bank hinauslaufen. Insofern hätte daran gedacht werden können, Dr. Cartellieri ein Stimmverbot in Vorstandssitzungen der Deutschen Bank aufzuerlegen, soweit diese den geplanten Übernahmeversuch der Krupp-Hoesch AG und dessen Finanzierung zum Tagesordnungspunkt hatten. Hätte ein auf der Treue- und Loyalitätspflicht beruhendes Stimmverbot von Dr. Cartellieri aufgrund der umstrittenen rechtlichen Anerkennung in der Praxis zu diesem Zeitpunkt keine Anwendung finden können, so wäre in jedem Fall aufgrund des offensichtlichen Interessenkonflikts und der Bedeutung des Krupp/Thyssen - Falles für den gesamten deutschen Übernahmemarkt eine Stimmenthaltung zur Konfliktbewältigung eine erforderliche und angemessene Maßnahme gewesen.

Die Einschränkung der geschäftlichen Tätigkeit der Bank hätte angesichts der aufgezeigten Möglichkeiten jedoch als ultima ratio der Konfliktbewältigung in der hier erörterten Konstellation nicht in Erwägung gezogen werden sollen.[573]

---

568 BGHZ 39, 116, 123.
569 LG Frankfurt a. M., NJW 1987, 5051.
570 OLG Hamburg, WM 1990, 311, 312; dazu näher Herkenroth, AG 2001, 33, 38.
571 Schneider, BB 1995, 365, 370.
572 Für die Amtsniederlegung oder zumindest für ein Ruhen des Aufsichtsratsmandats in der Zielgesellschaft spricht sich auch Ronaldo Schmitz als Vorstandsmitglied der Deutschen Bank aus, wenn Vorstands- und Aufsichtsratsmandat in der finanzierenden Bank und dem Zielunternehmen in Übernahmefällen zusammentreffen, Wirtschaftsdienst 1997/V, 251, 253; ebenso Baums, Wirtschaftsdienst 1997/V, 259, 259 mit Hinweis auf den Straftatbestand des § 404 AktG; a. A. Wenger, Wirtschaftsdienst 1997/V, 254, 257, der die gleichzeitige Präsenz der deutschen Großbanken im Aufsichtsrat von Krupp und Thyssen als mißverstandenen Interessenkonflikt bezeichnet und die Vorenthaltung von Informationen der Aktionärsöffentlichkeit gegenüber anprangert.
573 Ähnlich Heermann, WM 1997, 1689, 1695 „Im allgemeinen kann bei Übernahmefällen hingegen ein Zwang der Banken, von der finanziellen Beteiligung an dem Übernahmeversuch des Angreifers Abstand zu nehmen, nur als ultima ratio angenommen werden".

c) Keine Anerkennung ungeschriebener Inkompatibilitäten

Sieht man die milderen Mittel zur Bewältigung dieses Interessenkonflikts allerdings mit einem Teil des Schrifttums nicht als ausreichend an, stellt sich die Frage nach der Anerkennung ungeschriebener spezieller Inkompatibilitäten.

Die im geltenden Aktienrecht niedergelegten Inkompatibilitätsvorschriften sind lediglich in den §§ 105, 100 AktG enthalten. § 105 I AktG untersagt die gleichzeitige Mitgliedschaft in Vorstand und Aufsichtsrat, wenn keiner der in § 105 II AktG geregelten Ausnahmefälle vorliegt. § 100 II Nr. 2 AktG verbietet es einem Vorstandsmitglied einer Tochtergesellschaft zudem, Aufsichtsrat der Muttergesellschaft zu werden, da anderenfalls eine Abberufung des Vorstandes der Mutter durch ihn mitgetragen werden könnte. § 100 II Nr. 3 AktG enthält des weiteren eine Inkompatibilitätsvorschrift bei Überkreuzverpflechtungen. In den Fällen des § 100 I, II AktG ist dann die Bestellung zum Aufsichtsratsmitglied gem. § 250 AktG nichtig.

Ein Teil des Schrifttums folgert aus den genannten Inkompatibilitätsvorschriften einen allgemeinen Rechtsgedanken, der zu der Annahme ungeschriebener Inkompatibilitäten bei vergleichbaren erheblichen Interessenkonflikten führen müsse. Die Annahme einer solchen Inkompatibilität, die über den Anwendungsbereich der §§ 100, 105 AktG hinausgeht, aber ebenfalls ein Wählbarkeitshindernis darstellen würde, wird für den Fall befürwortet, daß ein Aufsichtsratsmitglied zugleich im Vorstand oder Aufsichtsrat eines Konkurrenzunternehmens vertreten ist.[574]

Im Krupp-Thyssen-Fall war Dr. Cartellieri als Aufsichtsratsmitglied zwar nicht zugleich im Vorstand oder Aufsichtsrat der Krupp-Hoesch AG vertreten, sondern als Vorstandsmitglied der Finanzierungsbank des Übernahmeangebots lediglich mittelbar in die Pläne der Krupp-Hoesch AG eingebunden.

Bereits aus dieser Konstellation lassen sich die Schwächen der soeben genannten Auffassung ableiten. Offen bleibt danach etwa die Frage, ob auch eine derartige mittelbare Einbindung als ausreichend angesehen wird, einen analogiebedürftigen Interessenkonflikt hervorzurufen, der zudem erst zu einem späteren Zeitpunkt - nach der Wahl des Aufsichtsrates - entstand.[575] Die Annahme ungeschriebener Inkompatibilitäten führt insofern zu einer zu weitreichenden Rechtsunsicherheit, da die Fälle ihrer Anerkennung nicht hinreichend umschrieben werden können. Der Gesetzgeber hat aber gerade deshalb die Inkompatibilitätsfälle beschränkt, um durch fehlerhafte Besetzungen des Aufsichtsrats nicht die Gefahr nichtiger oder anfechtbarer Aufsichtsratsbeschlüsse hervorzurufen.[576]

---

[574] Lutter/Krieger, Rechte und Pflichten des Aufsichtsrats, S. 26; Säcker, Festschrift Rebmann, S. 781, 788 ff.; Schefler, DB 1994, 793, 795; Reichert/Schlitt, AG 1995, 241, 244 ff..

[575] Decher, ZIP 1990, 277, 287 befürwortet eine ungeschriebene Inkompatibilität nur in den Fällen einer direkten personellen Verflechtung, die im Krupp/Thyssen-Fall eben nicht vorlag.

[576] Dreher, JZ 1990, 896, 899.

Zuzustimmen ist aus diesen Gründen den überwiegenden Stimmen, die die Anerkennung allgemeiner Inkompatibilitätsvorschriften als vom Gesetzgeber nicht gewollt ablehnen.[577]

Das Gesetz unterscheidet vielmehr zwischen enumerativ aufgeführten Inkompatibilitätsregelungen und einem auf den Einzelfall bezogenen gerichtlichen Abberufungsverfahren. Eine Ausweitung der niedergelegten Inkompatibilitätsvorschriften verbietet sich bereits deshalb, weil darin nicht nur ein unzulässiger Eingriff in die Hauptversammlungsautonomie gesehen werden kann, sondern auch eine Aufweichung des gerade für die verbleibenden Fälle vorgesehenen gerichtlichen Abberufungsverfahrens.[578]
Darüber hinaus besteht für die Anerkennung ungeschriebener Inkompatibilitäten bereits kein Grund, da Interessenkonflikte innerhalb der Aufsichtsratsarbeit nicht von vornherein verhindert werden können und bei dauernden Konflikten mildere Mittel – wie das bereits erörterte Teilnahmeverbot oder die Niederlegung des Mandats – eingreifen.[579] Schließlich führt ein Wettbewerbsverbot für Aufsichtsratsmitglieder zu einer ungerechtfertigten Beeinträchtigung eines Unternehmeraktionärs bei der Wahrnehmung seiner Beteiligungsinteressen.

2. Zusammenfassung

Interessenkonflikte im Aufsichtsrat werden sich auch in Zukunft aufgrund der Konzeption der Aufsichtsratsmitgliedschaft als Nebentätigkeit nicht vermeiden lassen und angesichts der geringen Auswahl an Großbanken in Übernahmefällen eher weiter zunehmen.
Trotzdem ist eine Einschränkung der geschäftlichen Tätigkeit der betroffenen Banken nur als ultima ratio zu befürworten. Können Mittel der Konfliktvermeidung nicht mehr greifen, ist auf solche der Konfliktbewältigung zurückzugreifen, wobei insbesondere die Stimmenthaltung erwogen werden sollte. Dies gilt gerade auch in Fällen feindlicher Übernahmen, da eine Stimmenthaltung im Gegensatz zur freiwilligen Niederlegung des Mandats grundsätzlich nicht an die Öffentlichkeit gelangt. Aufgrund der vorliegenden milderen Mittel und der gesetzlichen Konzeption kommt eine Anerkennung ungeschriebener spezieller Inkompatibilitäten somit nicht in Betracht.

---

[577] Dreher, JZ 1990, 896, 898 ff.; Häuser, Interessenkollisionen durch Wahrnehmung des Aufsichtsratsmandats, S. 91; Henn, Hdb. Aktienrecht, S. 300 ff. Hommelhoff, Die Konzernleitungspflicht, S. 244; Hoffmann-Becking in: Münchener Hdb., Bd. 4 ,§ 33 Rdnr. 44; Matthiesen, Stimmrecht und Interessenkollision im Aufsichtsrat, S. 202; Mertens, AG 1980, 67, 74; Schneider, BB 1995, 365, 365 ff.; Wiedemann, Organverantwortung und Gesellschafterklagen in der AG, S. 26 ff.; grundsätzlich auch Ulmer, NJW 1980, 1603, 1604.
[578] Dreher, JZ 1990, 896, 899.
[579] Dreher, JZ 1990, 896, 900; Ulmer, NJW 1980, 1603, 1605.

VI. Fusionskontrolle bei Unternehmensübernahmen

1. Entscheidung der EU-Kommission nach der FKVO

Das zurückgestellte Übernahmeangebot der Krupp/Hoesch AG sah vor, daß die durch dessen Annahme zustandegekommenen Kauf- und Übertragungsverträge aufschiebend bedingt durch eine kartellrechtliche Genehmigung der Europäischen Kommission hätten sein sollen. Durch diese wäre der Kontrollerwerb über die Thyssen AG aufgrund der Verordnung (EWG) Nr. 4064/89 vom 21. Dezember 1989 über die Kontrolle von Unternehmenszusammenschlüssen („FKVO") mit dem Gemeinsamen Markt für vereinbart erklärt worden. Die Verordnung (EWG) Nr. 4064/89[580] wurde nachfolgend am 1. März 1998 geändert durch die Verordnung (EG) Nr. 1370/97.[581]
Das über ein öffentliches Übernahmeangebot einzuleitende Zusammenschlußvorhaben der Krupp-Hoesch AG mit der Thyssen AG hätte nur dann von der EU-Kommission für unbedenklich erklärt werden können, wenn der in der FKVO vorgesehene Zeitrahmen eingehalten worden wäre, der im Hinblick auf den Beschleunigungsgrundsatz eigene komplexe Verfahrensfristen beinhaltet. Aufgrund dieses festgelegten Zeitrahmens hat bereits während der Vorbereitung eines Übernahmeangebots die Planung für die Zusammenschlußkontrolle zu erfolgen, deren wesentliche Grundlagen auf Basis der Verordnung (EG) Nr. 1370/97 hier geschildert werden sollen.

a) Ablauf und Zeitrahmen der europäischen Fusionskontrolle nach der FKVO

Häufig kommt Übernahmen, die als Instrument des Kontrollerwerbs durch öffentliches Übernahmeangebot erfolgen sollen und unter die Zusammenschlußdefinition des Art. 3 I lit. b) FKVO fallen,[582] aufgrund der Überschreitung der in Art. 1 II FKVO verankerten Umsatzschwellenwerte gemeinschaftsweite Bedeutung zu. Gem. § 21 II FKVO können die Mitgliedstaaten ihr innerstaatliches Wettbewerbsrecht dann nicht auf derartige Zusammenschlußvorhaben anwenden ("one-stop-shop").[583] Aufgrund der in Art. 1 III FKVO vorgenommenen Absenkung der Schwellenwerte für Mehrfachnotifizierungen mit der Verordnung (EG) Nr. 1370/97[584] hat die EG-Fusionskontrolle und die Einhaltung des dazugehörigen Verfahrens angesichts des weiteren Einzugsbereichs bei Zusammenschlüssen mit grenzüberschreitender Wirkung noch weiter an Erheblichkeit für übernahmebereite Unternehmen gewonnen.
Der sowohl bei einem freundlichen, als auch einem feindlichen takeover häufig geplante Zusammenschluß ist zum Scheitern verurteilt, wenn er nach den Vorschriften

580 Abl. Nr. L 395 vom 30.12.1989; berichtigte Fassung: Abl. Nr. L 257 vom 21.9.1990, S. 13.
581 Abl. Nr. L 180 vom 9.7.1997, S. 1.
582 Vgl. Koch in: Grabitz/Hilf, Komm. z. EU-VO Nr. 4064/89, Rdnr. 11.
583 Vgl. Bechtold in: Übernahme börsennotierter Unternehmen, S. 485, 485 f..
584 Vgl. Baron, WuW 1997, 579, 583 ff.; Hirsbrunner, EuZW 1998, 69, 71.

der FKVO untersagt wird.[585] Daher ist es bereits im Zusammenhang mit der Planung eines Übernahmeangebots unerläßlich, sich mit den in der FKVO und ihrer Durchführungsverordnung festgelegten fusionskontrollrechtlichen Abläufen und deren Zeitrahmen auseinanderzusetzen, die an dieser Stelle dargestellt werden sollen.

Organisatorisch ist im Rahmen der Kommission für die Zusammenschlußkontrolle die Merger Task Force (MTF) der Generaldirektion für Wettbewerb zuständig.
Erwägungsgrund 10 der VO 447/98[586] sieht vor, daß die MTF zu Beginn des Verfahrens den Anmeldern und anderen Beteiligten auf deren Wunsch bereits vor Abgabe des öffentlichen Übernahmeangebots und vor Anmeldung des Zusammenschlußvorhabens Gelegenheit zu informellen und vertraulichen Gesprächen gibt. Daher ist davon auszugehen, daß auch die Krupp-Hoesch AG bei der Vorbereitung des Übernahmeangebots von der Möglichkeit der Kontaktaufnahme mit der MTF unter äußerster Geheimhaltung Gebrauch gemacht hat. Auf diese Weise hätte sie die Aussichten einer kartellrechtlichen Genehmigung ihrer nachfolgend geplanten Fusion mit Thyssen erkunden können.
Eine Woche nach Veröffentlichung des Übernahmeangebots – zu welcher es im Krupp/Thyssen-Fall aufgrund des vorzeitigem Bekanntwerdens der Übernahmepläne nicht mehr gekommen ist - ist die Anmeldung gem. Art. 4 I FKVO mit dem nach dem Formblatt CO notwendigen Inhalt einzureichen.[587] Danach ist die Anmeldung von dem Bieter vorzunehmen.[588] Die Vollständigkeit der Anmeldung ist insofern wesentlich, als die Anmeldung erst zu diesem Zeitpunkt wirksam wird, und weitere Verfahrensschritte in Gang gesetzt werden.[589]
In den letzten Jahren ist bei der Kommission eine Tendenz zu erkennen, über die letztlich immer in ihrem Ermessen stehende negative Beantwortung der Frage der Vollständigkeit der Anmeldung "die Uhren schon zu Beginn der Fusionskontrolle anzuhalten".[590]
Praktisch wird es schwierig sein, bereits vor Veröffentlichung des Übernahmeangebots an ausreichende Informationen über das Zielunternehmen zu gelangen. Das wird bei einer feindlichen Übernahme der Fall sein, da eine Due Diligence hier erst gar nicht in Betracht kommt. Zudem ist die 1-wöchige Frist des Art. 4 I FKVO bei komplexen Zu-

---

585 Bezüglich der nach dem Scheitern des Übernahmeangebots eingeleiteten Fusionierung der Thyssen AG und der Krupp-Hoesch AG im Wege der Verschmelzung durch Neugründung, s. Anhang, haben die beiden Unternehmen am 14. 4 1998 gem. Art. 4 FKVO ihr Fusionsvorhaben angemeldet. Die EG-Kommission hat in ihrer Entscheidung vom 2.6.1998, IV/M.180, abgedruckt in: WuW 9/1998, S. 896 ff. festgestellt, daß das angemeldete Vorhaben in den Anwendungsbereich der FKVO fällt und daß aufgrund der von Krupp abgegebenen Zusagen zur Verhinderung der Entstehung oder Verstärkung einer marktbeherrschenden Stellung auf dem Markt für Rolltreppen keine ernsthaften Bedenken hinsichtlich der Vereinbarkeit des Zusammenschlusses mit dem Gemeinsamen Markt und dem Abkommen über den Europäischen Wirtschaftsraum bestehen.

586 Verordnung Nr. 447/98 über die Anmeldungen, über die Fristen sowie über die Anhörung nach der Verordnung (EWG) Nr. 4064/89 des Rates über die Kontrolle von Unternehmenszusammenschlüssen, Abl. EG L/2 vom 02.03.1998, vgl. dazu Hirsbrunner, EuZW 1998, 613, 613 ff..

587 Dazu kritisch Bechtold in: Übernahme börsennotierter Unternehmen, 485, 490, der die Anmeldepflicht als unnötig ansieht, da gem. Art. 7 I VO 4067/89 der Vollzug des Zusammenschlusses vor der Anmeldung nicht gestattet ist.

588 Form CO D S. 3.

589 Art. 4 II S. 2 VO 447/98 i. V. m. Form CO B lit. (a), S. 1.

590 XXIV. Bericht über die Wettbewerbspolitik 1994, TZ 325-329.

sammenschlußvorhaben extrem kurz bemessen, so daß es trotz der möglichen Verlängerung der Anmeldefrist häufig notwendig sein wird, die in Form CO B lit. f) vorgesehene Möglichkeit in Anspruch zu nehmen, einen Antrag an die Kommission auf Anerkennung der Vollständigkeit der Anmeldung mit der Begründung zu stellen, daß ihnen in dem Formblatt verlangte Angaben oder Teile davon nicht zugänglich sind.
Bis spätestens 1 Monat nach dem Folgetag des Anmeldungseingangs[591] entscheidet die Kommission im Vorverfahren gem. Art. 6 I lit. a) – c) FKVO darüber, ob der angemeldete Zusammenschluß gem. Art. 1 und 3 FKVO überhaupt subsumtionsfähig ist, sie eine positive fusionsrechtliche Entscheidung nach der neuen Fassung des Art. 6 FKVO ggf. unter Bedingungen und Auflagen fällen kann, oder das Hauptverfahren eingeleitet werden muß.

Das Hauptverfahren wird spätestens 4 Monate nach dessen Einleitung durch eine Vereinbarkeitsentscheidung, gegebenenfalls unter Auflagen und Bedingungen, oder eine Unvereinbarkeitsentscheidung beendet, Art. 8 II, III i. V. m. Art. 10 III FKVO.
Erläßt die Kommission keine Entscheidung nach Art. 8 II oder III FKVO innerhalb der 4-Monats-Frist, wird die Vereinbarkeit des Zusammenschlusses mit dem Gemeinsamen Markt gem. Art. 10 VI FKVO fingiert. Hinsichtlich des Zeitpunkts des Eintritts der Vereinbarkeitsfiktion ist jedoch die Möglichkeit einer in Art. 10 IV FKVO in Verbindung mit Art. 9 VO 447/98 vorgesehenen Fristhemmung zu beachten.
Wird die Arbeit der Kommission durch unvollständige bzw. nicht fristgerechte Auskünfte oder durch die Weigerung, eine Nachprüfung zu dulden, erschwert, kann sich die Kommission mit Hilfe einer förmlichen Entscheidung gem. Art 11 V bzw. § 13 III FKVO durchsetzen. Dadurch wird die 4-Monats-Frist gem. Art. 9 II VO 447/98 um die Zeit verlängert, die sie zur Einholung der Auskünfte und Informationen zusätzlich benötigt hat.[592]
Hinsichtlich der in Art. 11 V FKVO vorgesehenen Auskunftsentscheidung stellt sich das gerade bei einer feindlichen Übernahme erhebliche Problem, daß Auskunftsverlangen auch an die Veräußerer und die zu übernehmenden Unternehmen als andere Beteiligte im Sinne der Definition des Art. 11 lit. b) VO 447/98 gerichtet werden können.[593]
Aufgrund der Interessenlage bei einem "hostile takeover" wird der Vorstand der Zielgesellschaft nach Bekanntwerden des Übernahmeangebots häufig keine Veranlassung sehen, die angeforderten Auskünfte zu erteilen. Soweit ersichtlich, sind die in diesem Zusammenhang bestehenden Risiken aufgrund der Sanktionsmöglichkeiten der Art. 14 (Geldbußen) und 15 (Zwangsgelder) FKVO jedoch als gering einzuschätzen. Gem. § 93 II S. 1 AktG wären die Vorstandsmitglieder infolge der Nichterteilung der Auskunft zudem der Gesellschaft zum Ersatz des ihr durch die Sanktionen entstandenen Schaden verpflichtet.
Des weiteren ist zu beachten, daß gem. Art. 10 IV FKVO die bereits erwähnte Fristhemmung nur dann eintritt, wenn die Anforderung der Auskunft oder die Anordnung

[591] Die Berechnung der Monatsfrist des Art. 10 I S. 1 FKVO erfolgt in Verbindung mit Art. 6 IV (Fristbeginn), Art. 7 IV (Fristende) und Art. 8 VO 447/98 (Ausgleich von Feiertagen), jeweils wiederum in Verbindung mit Art. 21 VO 447/98.
[592] Immenga in: Immenga/Mestmäcker, EG-Wettbewerbsrecht, Bd. 1, S. 1032.
[593] Vgl. Art. 9 lit a) VO 447/98.

der Nachprüfung im Wege der Entscheidung durch Umstände erforderlich wird, die von einem an dem Zusammenschluß beteiligten Unternehmen zu vertreten sind.
In diesem Zusammenhang findet sich in der Literatur die These, daß bei einer Verweigerung der Auskunft oder der Verhinderung einer Nachprüfung durch das Zielunternehmen kein "Vertretenmüssen" im Sinne von Art. 10 IV FKVO gegeben sei.[594] Angesichts der Differenzierung zwischen den am "Zusammenschluß beteiligten Unternehmen" in Art. 10 IV FKVO und "anderen beteiligten Unternehmen" in Art. 9 lit. a), Art. 11 lit. b) VO 447/98 läßt sich für diese These keine haltbare Begründung finden. Vielmehr kann aus der unterschiedlichen Benennung gefolgert werden, daß auch bei einer Auskunftsverweigerung des Zielunternehmens als am Zusammenschluß beteiligtes Unternehmen ein "Vertretenmüssen" gem. Art. 10 IV FKVO gegeben sein soll und daher auch in diesem Fall eine Fristhemmung eintritt.

Zusammenfassend beträgt die Dauer des Fusionskontrollverfahrens unter den Prämissen, daß

- 1 Woche nach Veröffentlichung des Übernahmeangebots vollständig angemeldet wird,
- 6 Wochen nach Anmeldung das Verfahren eingeleitet wird,
- das Verfahren 4 Monate nach seiner Einleitung beendet wird,

4 Monate und 7 Wochen, was bei einer entsprechenden Verlängerung der Anmeldefrist um eine Woche auf eine Gesamtverfahrensdauer von max. 6 Monaten hinausläuft. Entschließt sich die Kommission angesichts eines Verweisungsantrages eines Mitgliedsstaates, den Fall erst während des Verfahrens bis spätestens 3 Monate nach Anmeldung gemäß dem geänderten Wortlaut des Art. 9 III lit. b) FKVO teilweise oder ganz abzugeben, so kann das Verfahren ab Zeitpunkt der Anmeldung 7 Monate dauern, da die Behörde des Mitgliedsstaates gem. Art. 9 VI FKVO bis zu 4 Monate nach Verweisung Zeit hat, Schlußfolgerungen aus der Untersuchung bekannt zu machen.
Schließlich wird das FKVO-Verfahren zeitlich hinausgezögert, wenn die Anmeldung zurückgezogen wird, um einer unvermeidlichen Unvereinbarkeitsentscheidung zu entgehen, dann jedoch mit einer neuen Anmeldung, die den bereits geäußerten Bedenken der Kommission Rechnung trägt, eine Vereinbarkeitsentscheidung herbeigeführt werden soll.[595] Auch ist es denkbar, daß die Kommission ihre Bestätigung über die Vollständigkeit gem. Art. 4 VO 447/98 noch nachträglich widerruft bzw. auf ein späteres Datum verlegt – dies jedoch nur bei wesentlichen Änderungen der in der Anmeldung enthaltenen Tatsachen, welche der Anmelder kennen oder kennen muß, und wenn diese wesentlichen Änderungen erhebliche Auswirkungen auf die Beurteilung des Zusammenschlusses haben können.
Ungeachtet der regulären Dauer des EG-Fusionskontrollverfahrens ist schließlich zu beachten, daß die in der FKVO vorgesehenen Entscheidungen der Kommission nach Art. 21 I FKVO der Rechtmäßigkeitskontrolle durch den Europäischen Gerichtshof unterliegen.[596] Der gerichtliche Rechtsschutz kann somit erheblich dazu beitragen, daß

[594] Happe, EuZW 1995, 303, 307.
[595] Immenga in: Immenga/Mestmäcker, EG-Wettbewerbsrecht, Bd. 1, S. 962.
[596] Immenga in: Immenga/Mestmäcker, EG-Wettbewerbsrecht, Bd. 1, S. 1089 ff..

eine abschließende Entscheidung über die Vereinbarkeit eines Zusammenschlusses mit dem gemeinsamen Markt hinausgezögert wird.

b) Konsequenzen des Vollzugsverbotes für die Durchführung öffentlicher Übernahmeangebote

Bis zum Inkrafttreten der Verordnung (EG) Nr. 1310/97 zur Änderung der FKVO am 01.03.1998 enthielt Art. 7 I FKVO ein Vollzugsverbot des angemeldeten Zusammenschlusses für die Dauer von drei Wochen. In dieser Zeit sollte eine Prävention der Zusammenschlußkontrolle durch die Verhinderung aller rechtlichen oder tatsächlichen Handlungen gewährleistet werden, die zur Verwirklichung des Zusammenschlusses führen könnten.

Gab der Zusammenschluß Anlaß zu ernsthaften Befürchtungen um die Aufrechterhaltung wirksamen Wettbewerbs auf dem Gemeinsamen Markt, konnte die EU-Kommission von der Möglichkeit Gebrauch machen, das Vollzugsverbot nach Art. 7 II FKVO zu verlängern. Die Dauer des Vollzugsverbotes lag dann in ihrem Ermessen.

Die neue Regelung des Art. 7 I FKVO sieht vor, daß der Vollzug grundsätzlich solange ausgesetzt bleiben muß, bis der Zusammenschluß durch eine Freigabe nach Art. 6 I lit. b) oder Art. 8 II FKVO oder durch Fristablauf nach Art. 10 VI FKVO für vereinbar mit dem Gemeinsamen Markt erklärt worden ist. Aufgrund dieser Änderung wurde somit die für das Vollzugsverbot geltende Frist mit der 4-wöchigen Verfahrensfrist des Vorverfahrens in Übereinstimmung gebracht und der nun überflüssig gewordene Art. 7 II FKVO gestrichen.[597]

Die Rechtsfolgen eines Verstoßes gegen das Vollzugsverbot des Art. 7 I FKVO ergeben sich aus Art. 7 V, Art. 14 II lit. b), Art. 8 IV FKVO.[598] Gem. Art. 7 V FKVO sind als Vollzug zu qualifizierende Rechtshandlungen nur aufschiebend bedingt wirksam. Ergeht eine Unvereinbarkeitsentscheidung, verlieren die Rechtsgeschäfte endgültig ihre Wirksamkeit. Dagegen endet der Zustand schwebender Unwirksamkeit, sobald die Kommission das geplante Zusammenschlußvorhaben für zulässig erklärt oder gem. Art. 10 VI FKVO die Fiktion einer Zusammenschlußfreigabe eintritt. Gem. Art. 14 II lit. b) FKVO wird der Verstoß gegen das Vollzugsverbot des Art. 7 I FKVO mit einem Bußgeld geahndet, wobei ein Betrag von bis zu 10 % des Gesamtumsatzes festgesetzt werden kann. Letztlich sieht Art. 8 IV FKVO bei einer Mißachtung des Vollzugsverbotes die Rückgängigmachung der Transaktion durch nachträgliche Entflechtung vor.

[597] Löffler in: Langen/Bunte, Komm. z. dt. u. europ. Kartellrecht, Art. 7 Rdnr. 2 FKVO.
[598] Immenga in: Immenga/Mestmäcker, EG-Wettbewerbsrecht, Bd. 1, S. 993.

aa) Vor- und Nachteile eines Vollzugs ohne Stimmrechtsausübung gem. Art. 7 III FKVO

Für unter der FKVO angemeldete öffentliche Kauf- oder Tauschangebote ist der Art. 7 III FKVO einschlägig. Danach kann der Erwerber das Angebot verwirklichen, sofern er entweder die mit den Anteilen verbundenen Stimmrechte nicht ausübt oder die Stimmrechte nur zur Erhaltung des vollen Wertes seiner Investition und aufgrund einer von der Kommission nach Abs. 4 erteilten Befreiung einsetzt.

Aufgrunddessen kann aus der Sicht der FKVO ein öffentliches Übernahmeangebot jederzeit vollzogen werden, wenn die Erwerberin auf die Ausübung der neuen Stimmrechte und somit auf ihren Einfluß am Zustandekommen von Hauptversammlungsbeschlüssen der Zielgesellschaft verzichtet. Nur bei Bedarf könnte eine auch begrenzte Ausübung von Stimmrechten in Betracht kommen und als taktische Maßnahme beantragt werden.

Vorteilhaft kann dieser Weg insofern sein, als schon die potentielle Stimmrechtsausübung Einfluß signalisieren kann. Durch eine solche Maßnahme wird verdeutlicht, daß die Erwerberin mit recht großer Erfolgswahrscheinlichkeit jederzeit einschreiten könnte, wenn bei der Zielgesellschaft wertverändernde Entscheidungen erfolgen sollten.

Ein Vollzug ohne Stimmrechtsausübung bietet sich aber nur dann an, wenn die dadurch erfolgende Neutralisierung der zukünftigen Stimmrechte der Erwerberin keine schädlichen Auswirkungen auf die Stimmverhältnisse bei der Zielgesellschaft hat.

Ein früher Vollzug ohne Stimmrechtsausübung, aber mit der Möglichkeit, im Falle wichtiger Entwicklungen aufgrund einer Fall-zu-Fall-Erlaubnis durch die Kommission zu agieren, kann dann nachteilig werden, wenn die Erwerbergesellschaft schon zu einem frühen Zeitpunkt das volle wirtschaftliche Risiko der Stimmrechtsausübung der Transaktion übernehmen muß. So ist es denkbar, daß eine Vereinbarkeitsentscheidung der Kommission bei einer kartellrechtlich bedenklichen Übernahme nur dadurch erreicht werden kann, daß erhebliche Desinvestitionen getätigt werden müßten, die die Transaktion insgesamt unter unternehmerischen Aspekten in Frage stellen könnten. In solch einem Fall ist es für die Erwerberin günstiger, wenn sie die genauen Auswirkungen der Vereinbarkeitserlaubnis abschätzen kann.

Eine zusätzliche Problematik stellt sich für den Fall, daß die Bietergesellschaft zum Zeitpunkt der Abgabe des öffentlichen Übernahmeangebots bereits Minderheitsaktionär der Zielgesellschaft ist. Im Hinblick auf den unklaren Wortlaut des Art. 7 III FKVO, der von den "mit den Anteilen verbundenen Stimmrechten" spricht, stellt sich die Frage, ob auch die bereits vor Abgabe der Offerte vorhandenen Stimmrechte aufgrund des Vollzugsverbotes nicht ausgeübt werden dürfen.

Das Vollzugsverbot bezweckt, alle rechtlichen oder tatsächlichen Handlungen zu vermeiden, die zur Verwirklichung des Zusammenschlusses führen könnten. Die Unterscheidung der FKVO zwischen dem Zusammenschluß und seiner Durchführung wird gerade durch das Stimmverbot des Art. 7 III FKVO verdeutlicht.[599] Eine Durchführung des Zusammenschlusses allein durch die vor Abgabe der Offerte erlangten Anteile eines Minderheitsaktionär ist jedoch nicht möglich, so daß ein umfassendes

[599] Immenga in: Immenga/Mestmäcker, EG-Wettbewerbsrecht, Bd. 1, S. 991.

Stimmverbot im Hinblick auf die teleologische Ausrichtung des Art. 7 III FKVO nicht gerechtfertigt ist.
Grund für ein Stimmverbot könnte noch eine sich aus der Ausübung der bereits vorhandenen Stimmrechte ergebende Interessenkollision sein. Eine solche ist jedoch nicht ersichtlich, da sich mit der Abgabe des öffentlichen Übernahmeangebots das Interesse der Bietergesellschaft an werterhaltenden oder -steigernden Maßnahmen hinsichtlich des Zielunternehmens im Vergleich zur Position als Minderheitsaktionär nur noch steigert.
Zudem hätte eine Ausdehnung des Stimmrechtverbots auf bereits vorhandene Anteile zur Folge, daß bis zur Entscheidung der EU-Kommission der Einfluß auf die Geschäftspolitik der Zielgesellschaft sinken würde. Aufgrunddessen würde die Bedeutung der Stimmrechte der übrigen Aktionäre, die nun ohne den Minderheitsaktionär Beschlüsse fassen können, ansteigen, obwohl gerade in der Phase der Vollzugshemmung für den Bieter der Schutz vor wertverändernden Geschäften der Zielgesellschaft gewahrt sein muß. Dementsprechend sah auch Art. 3 Übernahmekodex vor, daß die Zielgesellschaft während der Angebotsfrist verpflichtet ist, alles zu unterlassen, was außergewöhnliche Kursbewegungen bei ihren Wertpapieren auslösen könnte.[600]
Der Bieter kann somit die häufig schon im Vorfeld eines öffentlichen Übernahmeangebots erlangten Stimmrechte trotz des Vollzugsverbots des Art. 7 III FKVO ausüben und so seinen Einfluß auf die Zielgesellschaft in diesem Umfang wahren.

bb) Voraussetzungen für eine Stimmrechtsausübung während des FKVO-Verfahrens gem. Art. 7 III, IV FKVO

Die Erwerberin ist gem. Art. 7 III FKVO zur Stimmrechtsausübung während der kartellrechtlichen Prüfung nur berechtigt, wenn sie zur Erhaltung des vollen Investitionswertes notwendig ist. Für die Bedeutung des Merkmals "Erhaltung des vollen Wertes der Investition" ist die Entscheidung Nestlé/Perrier aufschlußreich.[601]
In diesem Fall hatte Nestlé unter anderem beantragt, auf der ordentlichen Hauptversammlung seine Stimmrechte zur Genehmigung des Jahresabschlusses und zur Entlastung des Vorstandes für das laufende Geschäftsjahr auszuüben. Diesem Antrag entsprach die Kommission, da das Unterlassen der Beschlüsse innerhalb einer bestimmten Frist zu einem Verstoß gegen französisches Gesellschaftsrecht geführt hätte. Den weitergehenden Antrag Nestlés auf Einsetzung eines neuen Vorstandes lehnte die Kommission jedoch ab. Nach ihrer Ansicht hätte dies dem Erwerber ein aktives Mitwirken an der Geschäftsführung von Perrier ermöglicht und nicht lediglich dem Erhalt des vollen Wertes seiner Investitionen gedient.
Ist eine solche Stimmrechtsausübung jedoch bei anderen geplanten Übernahmen nicht ähnlich zwingend, besteht immer die Gefahr, daß die von der Erwerbergesellschaft nicht ausübbaren Stimmrechte zwangsläufig zu einer möglicherweise gefährlichen Aufwertung der Stimmrechte der anderen Gesellschafter der Zielgesellschaft führt.
Eine nach Art. 7 III i. V. m. IV FKVO weiterhin für die Stimmrechtsausübung der Erwerbergesellschaft erforderliche Befreiung steht im Ermessen der Kommission und

---

[600] Vgl. auch § 3 V WpÜG.
[601] Nestlé/Perrier, 17.3.1992/190 – n. v..

kann nur auf Antrag erteilt werden, der jederzeit, d. h. auch schon vor der Anmeldung oder nach der Verwirklichung, gestellt werden kann. Dabei sind jedoch die Anhörungsrechte Beteiligter und Dritter gem. Art. 18 FKVO zu wahren.
Im Unterschied zur bisherigen Regelung werden die materiellen Voraussetzungen, unter denen die Unternehmen eine solche Befreiung beantragen können, gelockert und der Kommission mithin eine größere Flexibilität bei der Entscheidung eingeräumt. So ist es nicht mehr notwendig, daß den am Zusammenschluß beteiligten Unternehmen oder Dritten als Folge des Aufschubs des Vollzugs schwerer Schaden entsteht.[602] Diese Regelung führte dazu, daß in den meisten Fällen nur dann eine Befreiung genehmigt wurde, wenn es um die Übernahme von Unternehmen ging, die sich in akuten finanziellen Schwierigkeiten befanden[603] oder der drohende Eintritt möglicher Illiquidität durch einen schnellen Vollzug abgewendet werden sollte.[604]
Art. 7 IV FKVO fordert statt dessen lediglich, daß bei der Prüfung des Befreiungsantrages die Auswirkungen des Vollzugsaufschubs auf ein oder mehrere am Zusammenschluß beteiligte Unternehmen oder Dritte sowie eine mögliche Gefährdung des Wettbewerbs durch den Zusammenschluß berücksichtigt werden müssen. Dies hat den Vorteil, daß die Kommission dem Bieter des öffentlichen Übernahmeangebots eine Befreiung vom Vollzugsverbot unter Abwägung aller Gesichtspunkte (z. B. auch erheblicher steuerlicher Gründe) erteilen kann, um so durch die Stimmrechtsausübung den vollen Wert seiner Investition zu erhalten.
Die Regelung des Art. 7 IV FKVO gewährt künftigen Erwerbergesellschaften hinsichtlich der Befreiungsvorausetzungen somit eine erhebliche Erleichterung für ihre Stimmrechtsausübung und damit auch für eine frühzeitigere Einflußnahme auf die Geschäftspolitik der Zielgesellschaft.

2. Zusagepraxis der EU-Kommission nach der FKVO

Die Kommission kann zunächst erhobene Bedenken gegen die Vereinbarkeit eines Zusammenschlusses mit dem Gemeinsamen Markt fallen lassen, nachdem die Beteiligten ihr verbotsabwendende Zusagen gemacht haben.[605]
Verbotsabwendende Zusagen enthalten Erklärungen der am Zusammenschluß beteiligten Unternehmen, in denen sie sich gegenüber der Kommission zu bestimmten Maßnahmen verpflichten, die verhindern sollen, daß durch den Zusammenschluß eine marktbeherrschende Stellung entsteht oder verstärkt wird.[606] Die angebotenen Änderungen können darauf gerichtet sein, die Marktmacht der übernahmewilligen Unternehmen zu verringern und/oder die Wettbewerbsfähigkeit Dritter zu stärken.

---

[602] Vgl. Hawk/Huser, European Community Merger Control: A practioner's guide, S. 304.
[603] Kelt/American Express, 20.8.1991/116 – n. v.; Zürich/MMI, 2.4.1993/286 – n. v..
[604] Deutsche Bank/Banco de Madrid, 28.5.1993/341 – n. v..
[605] Dementsprechend hat beim Kontrollverfahren zur Gesamtfusion Thyssen/Krupp nach dem Scheitern des Übernahmeangebots die Zusage der Krupp-Hoesch AG zur Nichtwahrnehmung und zum Abbau von - mit einer Beteiligung von 10 % verbundenen - Kontrollrechten nach Ansicht der EU-Kommission die Gefahr der Entstehung oder Verstärkung einer marktbeherrschenden Stellung auf einem Teilmarkt beseitigt, vgl. dazu WuW 9/1998, S. 896, 896 ff..
[606] Vgl. zur Zusagenpraxis etwa: Fuchs, WuW 1996, 269, 269 ff.; Heidenhain, EuZW 1994, 135, 135 ff.; Mülbert, ZIP 1995, 699, 699 ff..

Zu ihrer Zusagepraxis hat die EU-Kommission am 21. Dezember 2000 eine Mitteilung verabschiedet, die, aufgrund der Erfahrungen mit der Entgegennahme von Zusagen in der Vergangenheit, Grundsätze für die Zukunft aufstellt, um für die betroffenen Unternehmen die Transparenz des Verfahrens zu erhöhen.[607] Innerhalb der Zusagepraxis ist zwischen Zusagen innerhalb der 1-monatigen Phase nach Anmeldung und vor Einleitung eines Verfahrens und der zweiten Phase des bis zu 4-monatigen Hauptverfahrens zu unterscheiden.

a) Zusagen im Vorverfahren

Gemäß Erwägungsgrund 10 S. 2 VO 447/98[608] hält die Kommission nach der Anmeldung enge Verbindung zu den am Zusammenschluß Beteiligten, um etwaige tatsächliche oder rechtliche Probleme, die sie bei der ersten Prüfung des Falles entdeckt hat, mit ihnen zu erörtern und, wenn möglich, im gegenseitigen Einvernehmen auszuräumen. Aufgrund dieser Forderung, die sich auch aus dem von der Kommission zu beachtenden Verhältnismäßigkeitsgrundsatz ergibt, sind eindeutig identifizierbare Probleme, für die sich klare Lösungen bieten, schon im Vorverfahren zu lösen. Daraus folgt, daß die Kommission grundsätzlich bereit ist, schon in diesem frühen Stadium des Verfahrens aufgrund von Zusagen (z. B. die Veräußerung kritischer Unternehmensbereiche betreffend) auf weitere Ermittlungen zumindest hinsichtlich der Bereiche, die von der Zusage umfaßt sind, zu verzichten.[609]

aa) Sicherungsmöglichkeit von Zusagen im Vorverfahren

Vor der Neufassung der FKVO wurde eine Zusagenpraxis während des Vorverfahrens dadurch erschwert, daß die Kommission in diesem Zeitraum wegen eines entsprechenden Redaktionsversehens in Art. 6 I lit. b) FKVO keine Möglichkeit hatte, sie durch Bedingungen und/oder Auflagen zu sichern und damit wirksam durchzusetzen.[610] Somit basierte die Einhaltung von Zusagen im Vorverfahren weitgehend nur auf Vertrauen. Die Diskussion über die Annahme der Kommission, bei Nichterfüllung der Zusagen im Vorverfahren die Freigabeentscheidung der Kommission analog Art. 8 V lit. b) FKVO widerrufen zu können[611], hat sich seit Inkrafttreten der geänderten FKVO erledigt.

Art. 6 II FKVO läßt nun ausdrücklich zu, daß die Kommission im Vorverfahren Zusagen der Unternehmen entgegennimmt, mit denen Bedenken gegen den Zusammenschluß ausgeräumt werden sollen. Auch in der ersten Prüfungsphase kann die Einhaltung der Zusagen nun wie im Hauptverfahren durch Bedingungen und Auflagen sichergestellt werden.

---

[607] Mitteilung der Kommission über im Rahmen der Verordnung (EWG) Nr. 4064/89 und der Verordnung (EG) Nr. 447/98 der Kommission zulässige Abhilfemaßnahmen, Abl. EG 01 C 68/3.

[608] Vgl. Verordnung Nr. 447/98 über die Anmeldungen, über die Fristen sowie über die Anhörung nach der Verordnung (EWG) Nr. 4064/89 des Rates über die Kontrolle von Unternehmenszusammenschlüssen, Abl. EG L/2 vom 02.03.1998.

[609] Vgl. Elf Aquitaine-Thyssen/Minol, 4.9.1992/235; - n. v.; Air France/Sabena, 5.10.1992/157; British Airways/TAT, 27.11.1992/259; Unilever France/Ortiz Miko (II), 15.3.1994/422.

[610] Vgl. Grünbuch über die Revision der Fusionskontrollverordnung vom 31.1.1996, Tz. 124 f..

[611] Vgl. Drauz/Schröder, Praxis der europ. Fusionskontrolle, S. 206; Mülbert, ZIP 1995, 699, 706.

Eine Auflage ist selbständig vollstreckbar und kann auch noch nach Beendigung des fusionskontrollrechtlichen Verfahrens erfüllt werden. Bei Abgabe eines öffentlichen Übernahmeangebots hat diese Möglichkeit zur Folge, daß die Bieterin die zugesagten und geforderten Maßnahmen erst dann vorzunehmen braucht, wenn sie die Zielgesellschaft bereits beherrscht. Dementsprechend kann sie grundsätzlich auch Betriebsteile und Unternehmen der Zielgesellschaft als "auflagentaugliche" Objekte in Betracht ziehen.

Zudem muß bei der Nichterfüllung einer Auflage die Vereinbarkeitsentscheidung durch gesonderten Akt aufgehoben werden, während der Charakter der Bedingung selbstausführend ist. Dieser scheinbare Vorteil wird jedoch dadurch in Frage gestellt, daß oft nur schwer festgestellt werden kann, wann eine zur Bedingung erhobene Maßnahme rechtzeitig und vollständig durchgeführt worden und somit die "self execution" eingetreten ist. Wird eine Vereinbarkeitsentscheidung unter einer aufschiebenden Bedingung getroffen, besteht die erhöhte Gefahr, daß die Bedingung außerhalb der zu beachtenden Fristen des Art. 10 III, VI FKVO eintritt. Wenn zum Teil eine analoge Anwendung der Freistellungsvorschrift des Art. 8 VI FKVO auf diesen Fall befürwortet wird,[612] ist es nach der Neufassung nun nicht mehr erklärlich, warum eine solche Vorschrift keinen Eingang in die FKVO gefunden hat.

Wird eine Vereinbarkeitsentscheidung unter einer auflösenden Bedingung getroffen, kann der Vollzug des Zusammenschlusses nach der Regelung des Art. 7 I FKVO nur bis zum Erlaß der bedingten Vereinbarkeitsentscheidung ausgesetzt werden, so daß der Zusammenschluß bereits vor Erfüllung der Zusagen wirksam vollziehbar ist. Beim Eintritt der auflösenden Bedingung muß die Kommission den Zusammenschluß ausdrücklich untersagen und gegebenenfalls eine Entflechtungsanordnung treffen, da der Eintritt an sich zwar rückwirkend die Vereinbarkeitsentscheidung beseitigt, aber nicht zur Nichtigkeit des Zusammenschlusses führt. Aufgrund der so bei einer Freigabe unter Bedingungen auftretenden Probleme sind in der Praxis, soweit erkennbar, sämtliche bisherigen Freigabeentscheidungen lediglich mit Auflagen verbunden worden.[613]

bb) Einordnung und Durchsetzung von Zusagen

Geeignete Zusagen müssen auf Maßnahmen gerichtet sein, die verhindern, daß der Zusammenschluß eine marktbeherrschende Stellung entstehen läßt oder verstärkt, durch die ein wirksamer Wettbewerb im Gemeinsamen Markt erheblich behindert würde.

Die von den Unternehmen abgegebenen marktstrukturorientierten Zusagen lassen sich ihrer Intention zufolge unterschiedlich einordnen:

- Veräußerungszusagen beziehen sich auf die Trennung von Kapitalanteilen, Betriebsteilen oder Vermögensgegenständen und sollen die Marktanteile der beteiligten Unternehmen auf dem relevanten Markt reduzieren bzw. die Wettbewerbsfähigkeit eines konkurrierenden Unternehmens stärken[614]

---

[612] Fuchs, WuW 1996, 269, 280.
[613] Ebenso Fuchs, WuW 1996, 269, 279; Heidenhain, EuZW 1994, 135, 136.
[614] Bzgl. Art. 6 I lit. b) FKVO: Elf Atochem/ Rütgers, Tz. 55; Repola/Kymmene, Tz. 64

- Marktöffnungszusagen zielen darauf ab, abgeschottete Märkte aufzubrechen oder zumindest Marktzutrittsschranken abzubauen, insbesondere durch die Beendigung vertikaler Verflechtungen[615]
- Sonstige Entflechtungzusagen betreffen die Beendigung finanzieller, personeller oder vertraglicher Verbindungen zu Konkurrenten[616]

Die EU-Kommission hält Veräußerungszusagen für die grundsätzlich am besten geeignete Zusageart sowohl für die Beseitigung von Marktanteilsadditionen, als auch zur Zerschlagung struktureller Bindungen zwischen Wettbewerbern oder zur Lösung vertikaler Probleme.

Beim Veräußerungsgegenstand muß es sich „um ein lebensfähiges Geschäft handeln, daß in den Händen eines fähigen Käufers wirksam und auf Dauer mit dem durch die Fusion entstandenen Unternehmen konkurrieren kann". Bei feindlichen Übernahmen seien vorzugsweise die Aktivitäten des übernehmenden Unternehmens zu veräußern, weil das Wettbewerbspotential des Zielunternehmens nicht feststehe.[617] Hinsichtlich des Veräußerungsverfahrens muß die Zusage neben Fristsetzungen auch festlegen „welche Art von Vereinbarung – verbindliche Absichtserklärung, abschließende Vereinbarung, Übertragung des Eigentumsrechts – bis zu welchem Zeitpunkt geschlossen werden muß".[618]

Verhaltenszusagen haben im Gegensatz zu den strukturbedingten Zusagen nur eine relativ geringe Bedeutung und werden lediglich im Rahmen einer Gesamtbetrachtung herangezogen. Die EU-Kommission nimmt diese nur "zur Kenntnis".[619]

Die Durchsetzbarkeit der Zusagen über die Ausgestaltung der Auflagen oder Bedingungen ist bereits im Vorverfahren rechtlich abgesichert worden:

Bei unrichtigen oder bewußt falschen Angaben der Unternehmen oder bei nachträglicher Zuwiderhandlung gegen die Auflagen, kann die Kommission seit der Revision gem. Art. 6 III FKVO die Genehmigung widerrufen. Die Ermessensentscheidung des Art. 6 III FKVO muß jedoch den Grundsätzen der Rechtssicherheit, des Vertrauensschutzes und der Verhältnismäßigkeit entsprechen und die Art. 18 I FKVO (Anhörung der beteiligten Unternehmen) und Art. 19 III FKVO (Anhörung des Beratenden Ausschusses) berücksichtigen.

Widerruft die Kommission ihre Vereinbarkeitsentscheidung, so wird ihr gem. Art. 6 IV FKVO der Weg eröffnet, ohne Bindung an die vorgeschriebene Frist des Art. 10 I FKVO gem. Art. 6 I lit. c) FKVO die Unvereinbarkeit des Zusammenschlusses zu erklären. Im Ergebnis wird Art. 6 III FKVO als Drohpotential somit ausreichen, um die angeordneten Auflagen bzw. Bedingungen schon im Vorverfahren durchzusetzen.

Damit genügend Zeit für die Konsultation der Mitgliedstaaten und betroffener Drittpersonen zur Verfügung steht, sieht ein neu eingefügter Unterabsatz in Art. 10 I FKVO vor, daß die Dauer des Vorverfahrens von einem Monat auf sechs Wochen er-

---

615 Bzgl. Art. 6 I lit. b) FKVO: Grand Metropolitan/Cinzano, Tz. 12; Fiat Geotech/Ford New Holland, Tz. 30 f. Unilever France/Ortiz Miko II, Tz. 41.

616 Bzgl. Art. 6 I lit. b): Swissair/Sabena, Tz. 48.

617 Mitteilung der EU-Kommission, Abl. EG 01 C 68/3 Rdnr. 14.

618 Mitteilung der EU-Kommission, Abl. EG 01 C 68/3 Rdnr. 48.

619 Tetra Pak/Alfa-Laval, 22.7.1991 – n. v..

streckt wird, wenn die Parteien Zusagen über die Änderung ihres Zusammenschlußvorhabens angeboten haben.
Die Frist für die Einreichung von Zusagen im Vorverfahren hat die Kommission gem. Art. 18 VO 447/98 auf höchstens drei Wochen nach Eingang der Anmeldung festgelegt. Das impliziert, daß schon zu diesem Zeitpunkt klar festgelegt werden können muß, mit welcher Zusage die Vereinbarkeitsentscheidung herbeigeführt werden kann. Bei komplexen Transaktionen wie sie sich häufig infolge öffentlicher Übernahmeangebote ergeben, dürfte die Einhaltung der Änderungsfrist aufgrund fehlender Informationen über das Zielunternehmen Schwierigkeiten bereiten.
Nach der Mitteilung zu ihrer Zusagenpraxis akzeptiert die EU-Kommission nach Ablauf der nicht verlängerbaren 3-Wochen-Frist nur noch Änderungen fristgerecht angebotener Zusagen „wenn sie als sofortige Antwort auf die Ergebnisse der Beratungen vorgelegt werden" und Klarstellungen, Verfeinerungen und/oder sonstige Verbesserungen, die sicherstellen, daß die Verpflichtungen durchführbar und wirksam sind", umfassen.[620]
Wenn erst nach Ablauf der 3-Wochen-Frist eine Zusage gefunden werden kann, die geeignet ist, eine Vereinbarkeitsentscheidung herbeizuführen, gibt es jedoch zur Wahrung der Verfahrensgarantien die praktische Möglichkeit, daß die Anmeldung formal zurückgezogen wird und sofort eine neue Anmeldung erfolgt, die die Zusage schon zum Inhalt der Anmeldung macht.[621]
Die Kommission wird jedoch immer dann das Hauptverfahren einleiten, wenn bei ihr gem. Art. 9 FKVO ein Verweisungsantrag eines Mitgliedsstaates eingeht, jedoch eine Verweisung nicht erfolgt.[622]

b) Zusagen im Hauptverfahren

Gem. Art. 8 II S. 2 FKVO kann die Kommission ihre Entscheidung mit Bedingungen und Auflagen verbinden, um sicherzustellen, daß die beteiligten Unternehmen auch im Hauptverfahren ihren Zusagen nachkommen.[623]
Trotz der schon vor der Revision in Art. 8 II S. 2 FKVO vorgesehenen Möglichkeit, die Durchsetzbarkeit verbotsabwendender Zusagen durch Nebenbestimmungen zu sichern, hat die Kommission sich in der Vergangenheit des öfteren auf eine Zusage verlassen, ohne die abschließende Vereinbarkeitsentscheidung mit Auflagen und/oder mit Bedingungen zu versehen und dadurch zu sichern. Angesichts des damit verbundenen Risikos, daß die involvierten Unternehmen durch den Zusammenschluß bei Nichteinhaltung der Zusagen sanktionslos einen wettbewerbswidrigen Zustand schaffen, ist diese Praxis zu kritisieren.[624] Gemäß der neuen Mitteilung der EU-Kommission soll die Erfüllung der Zusage selbst nun aber in der Zukunft stets zur Bedingung gemacht

---

[620] Mitteilung der EU-Kommission, Abl. EG 01 C 68/3, Rdnr. 37.
[621] Vgl. XXIV. Wettbewerbsbericht (1994), 1995, Tz. 315 a. E.; Procter & Gamble/VP Schickedanz II, 21.6.1994/430; Tractebel/Distragaz II, 1.9.1994/493.
[622] Hawk/Huser, European Merger Control: A practioner ' s guide, S. 112 m. w. N..
[623] Vgl. zu Veräußerungszusagen: Magneti/MarelliCEA, Tz. 19 f.; Nestlé/Perrier, Tz. 136; Du Pont/ICI, Tz. 48; Procter& Gamble/VP Schickedanz, Tz. 186 f.; Orkla/Volvo, Tz. 123; ABB/Daimler-Benz, Tz. 139; Crown Cork&Seal/Carnaud Metalbox Tz. 115; Kimberly-Clark/Scott, Tz. 233 f.; zu Marktöffnungszusagen: Alcatel/Telettra, Tz. 45 f; zu Entflechtungszusagen: Varta/Bosch, Tz. 33 ff..
[624] Ebenso Fuchs, WuW 1996, 269, 278.

werden, während die zur Durchführung erforderlichen Begleitmaßnahmen Gegenstand von Auflagen werden sollen.[625]

Gem. Art. 8 V lit. b) FKVO kann die Kommission, in Parallele zur Regelung des Art. 6 III FKVO für das Vorverfahren, die unter einer Nebenbestimmung ergangene Vereinbarkeitsentscheidung widerrufen, wenn die Unternehmen unrichtige Angaben machen oder der Auflage bzw. Bedingung zuwider handeln. Daran anschließend kann sie ohne an die 4-Monats-Frist des Art. 10 III FKVO gebunden zu sein, gem. Art. 8 III FKVO eine Unvereinbarkeitsentscheidung treffen, was ihr gem. Art. 8 IV FKVO wiederum gestattet, in einer gesonderten Entscheidung die Trennung der zusammengefaßten Unternehmen anzuordnen.

Zusätzlich ist die Kommission befugt, im Hauptverfahren bei Nichtbeachtung von Auflagen gem. Art. 14 II lit. a) FKVO Geldbußen und gem. Art. 15 II lit. a) FKVO Zwangsgelder zu verhängen.

Gem. Art. 18 II VO 447/98 ist hinsichtlich des zeitlichen Verlaufs der Verhandlungen vorgesehen, daß die Verpflichtungen der Unternehmen der Kommission nicht später als drei Monate nach dem Zeitpunkt der Einleitung des Verfahrens vorzulegen sind. Die Frist ist bei Vorliegen außergewöhnlicher Umstände verlängerbar. Nach Ablauf der Frist akzeptiert die Kommission nur noch Änderungen fristgerecht angebotener Zusagen, „wenn sie – auf der Grundlage ihrer Würdigung der im Laufe des Verfahrens erhaltenen Informationen, einschließlich der Ergebnisse früherer Markttests und ohne daß es eines weiteren Markttests bedürfte – eindeutig feststellen kann, daß durch die Verpflichtungen, wenn sie einmal durchgeführt sind, die festgestellten Wettbewerbsprobleme gelöst werden, und wenn genügend Zeit für eine angemessene Konsultation der Mitgliedsstaaten verbleibt“.[626]

In der Praxis gestaltet sich das Verfahren zumeist wie folgt: Etwa 6-8 Wochen nach Einleitung des Verfahrens werden den Betroffenen die möglichen Einwände der Kommission in Beschwerdepunkten zusammengefaßt übermittelt. Darauf folgt ein 2-wöchiges Anhörungsverfahren. In dem anschließenden Zeitraum bis zum Ablauf von 3 Monaten nach Einleitung des Verfahrens gibt es dann Zeit und Gelegenheit, über die Auflagen zu verhandeln.

§ 2 Rechtsfragen einer feindlichen Übernahme aus der Sicht der Zielgesellschaft

I. Reichweite und Umfang der Neutralitätspflicht

1. Reaktionen der Thyssen AG nach dem vorzeitigen Bekanntwerden der Übernahmepläne

Die von der Krupp-Hoesch AG geplante Transaktion sollte lediglich als ultima ratio auch ohne Zustimmung der Verwaltung der Thyssen AG erfolgen. Aufgrund des vorzeitigen Bekanntwerdens des feindlichen Übernahmeversuchs hatten jedoch zwischen dem Management der Krupp-Hoesch AG und dem der Thyssen AG noch keine Ge-

[625] Mitteilung der EU-Kommission, Abl. EG 01 C 68/3 Rdnr. 43.

[626] Vgl. Mitteilung der EU-Kommission, Abl. EG 01 C 68/3, Rdnr. 43.

spräche stattgefunden. Infolgedessen sah der Thyssen-Vorstand die geplante Übernahme als feindlich an und kündigte verschiedene Maßnahmen zur Abwehr an.
Nach der Herausgabe der Ad-hoc-Mitteilung gem. § 15 WpHG am 17.03.1997 riet der Thyssen-Vorstand seinen Aktionären zunächst dazu, ihre Aktien nicht an den Bieter zu verkaufen. Zur Begründung führte Dr. Vogel an, der wahre innere Wert der Thyssen-Aktie sei erheblich höher, als das durch das Angebot der Krupp-Hoesch AG in Höhe von 435 DM je Aktie zum Ausdruck käme. Zum Beweis für den inneren Wert der Thyssen-Aktie wurde die Veröffentlichung einer Unternehmensbewertung angekündigt. Darüber hinaus schürte der Vorstandsvorsitzende der Thyssen-AG die Angst vor der Gefahr einer Verschuldung und „Ausschlachtung“ und einer damit verbundenen Rationalisierungswelle, die der lediglich halb so große Bieter auslösen könne. Verbunden mit dieser Argumentationsstrategie - beruhend insbesondere auf dem angeblich drohenden Arbeitsplatzabbau - war die Mobilisierung der Gewerkschaften und Politik, die sich vehement gegen die Pläne von Dr. Cromme wehrten. Die derart erzeugte Negativstimmung löste bei den Arbeitnehmern beider Konzerne Proteste und zeitweilige Arbeitsniederlegungen aus, die ihren Höhepunkt am 25. März 1997 bei einer Kundgebung in Frankfurt fanden, welche von der IG Metall und dem Konzernbetriebsrat der Thyssen AG einberufen wurde und sicherlich im Interesse des Vorstands der Thyssen AG stand.[627] Daneben hatte Dr. Vogel in einem Interview mit dem Verkauf der Stahlbranche gedroht, die der Krupp-Hoesch AG nach einem erfolgreichen Übernahmeangebot äußerst erhebliche Synergieeffekte eingebracht hätte.
Letztlich läßt die Entwicklung vom Scheitern des Übernahmeangebots bis zur Gründung des Stahl-Joint Venture die Annahme zu, daß zwischen beiden Konzernen ein sog. Stillhalteabkommen abgeschlossen worden ist, das zumindest die vorläufige Zusicherung der Krupp-Hoesch AG enthielt, das Angebot nicht abzugeben und statt dessen mit der Thyssen AG in Fusionsverhandlungen einzutreten, die letztlich zur Gründung der Thyssen Krupp Stahl AG rückwirkend zum 01.April 1997 führten.

2. Kompetenzen des Vorstands der Zielgesellschaft

Der Versuch des Beteiligungserwerbs mittels eines hostile takeover vollzieht sich innerhalb eines rechtlichen Konfliktrahmens, der sich in der Frage widerspiegelt, wann Abwehrmaßnahmen der usurpierten Zielgesellschaft mit gesellschaftsrechtlichen Vorgaben kollidieren. Ist eine Antwort auf diese Frage gefunden, läßt sich beurteilen, ob der Vorstand der Thyssen-AG durch sein Verhalten nach dem Bekanntwerden der Krupp-Hoesch-Pläne gegen gesellschaftsrechtliche Vorgaben verstoßen hat oder welche Abwehrmöglichkeiten ihm des weiteren zur Verfügung gestanden hätten.
Bei der Abwehr einer feindlichen Übernahme kann man in zeitlicher Hinsicht zwischen Maßnahmen unterscheiden, die vorbeugend gegen einen zukünftigen Übernahmeversuch eingesetzt werden (Vorbeugungsmaßnahmen oder prophylaktische Verteidigungsstrategien) und solchen Maßnahmen, die der Reaktion auf eine akute Übernahmedrohung oder bereits der direkten Abwehr von vorliegenden Übernahmeversuchen dienen (Verteidigungsmaßnahmen oder ad-hoc-Verteidigungsstrategien). Die Gemeinsamkeit dieser Maßnahmen besteht darin, daß sie stets die Erlangung der Kon-

[627] Börsen-Zeitung, 26.03.1997, S. 3; Handelsblatt, 26.03.1997, S. 1.

trolle in der Zielgesellschaft durch den Bieter verhindern oder zumindest erschweren sollen.
Die vorbeugenden Abwehrmaßnahmen fallen häufig in den Zuständigkeitsbereich der Hauptversammlung der potentiellen Zielgesellschaft. Sie sind zumeist mit einer Satzungsänderung verbunden und ermöglichen ggf. die direkte Abwehr von Übernahmen durch den Vorstand. Als Vertretung der Anteilseigner ist die Hauptversammlung weitgehend frei in der Wahl ihrer Abwehrmittel, so daß grundsätzlich keine Bedenken gegen die Zulässigkeit derartiger von der Hauptversammlung beschlossener Vorkehrungen bestehen.[628]
Für die Abwehr direkter Angriffe mittels eines Übernahmeangebots erwies sich die Vorgehensweise der Hauptversammlung jedoch häufig als zu schwerfällig. Innerhalb der in Art. 11 Übernahmekodex vorgesehenen maximalen Angebotsfrist von 60 Tagen war eine Hauptversammlung bei großen Publikumsgesellschaften wie der Thyssen AG in der Praxis kaum durchführbar.[629] In diesen Fällen war der Vorstand der Zielgesellschaft daher geneigt, selbständig Abwehrmaßnahmen einleiten zu wollen.
Der für die Thyssen AG bei der Vorbereitung ihrer Abwehrmaßnahmen maßgebliche Art. 19 Übernahmekodex sah lediglich für die Zeit nach Bekanntgabe eines öffentlichen Übernahmeangebots bis zur Offenlegung der Ergebnisse des Angebots vor, daß das Leitungsorgan einer Zielgesellschaft keine Maßnahmen ergreifen durfte, die dem Interesse der Wertpapierinhaber, von dem Angebot Gebrauch zu machen, zuwidergelaufen wären.[630]
Nach Inkrafttreten des WpÜG am 01.01.2002 sieht § 33 I S. 1 WpÜG nunmehr vor, daß der Vorstand keine Handlungen vornehmen darf, durch die der Erfolg des Angebots verhindert werden kann. Dieser Grundsatz wird durch einzelne Ausnahmen eingeschränkt (Vornahme von Maßnahmen, die auch von einem ordentlichen Geschäftsleiter vorgenommen worden wären, Suche nach einem konkurrierenden Angebot, „White Knight“[631] und Maßnahmen, denen der Aufsichtsrat der Zielgesellschaft zugestimmt hat). Des weiteren sind in gewissen Grenzen in § 33 II WpÜG Vorratsbeschlüsse der Hauptversammlung zugelassen.[632]
Die Neutralitätspflicht stellte im Zuge der Vorbereitungen des WpÜG einen wesentlichen Diskussionspunkt dar. Im Folgenden sollen Umfang und Grenzen des Verhaltens der Zielgesellschaft bei der Abwehr von Übernahmeangeboten unter Bezugnahme auf den Krupp-Thyssen-Fall untersucht werden.

a) Umfang und Grenzen des Neutralitätsgebots

Die Thyssen-AG war bei der Abwehr des drohenden Übernahmeversuchs der Krupp-Hoesch AG verpflichtet, die ihr als Verwaltungsorgan gesellschaftsrechtlich vorgege-

[628] Assmann/Bozenhardt, Übernahmeangebote, S. 114; Ebenroth/Daum, DB 1991, 1157, 1157.
[629] Nunmehr geändert durch § 16 III WpÜG.
[630] Vgl. für das englische Recht: General Principle 7 und Rule 21 des City Code, wonach es der Verwaltung untersagt ist, nach Unterbreiten eines Übernahmeangebots oder nach Vorliegen guter Gründe für ein bevorstehendes Angebot, Maßnahmen ohne Hauptversammlungsbeschluß zu ergreifen, die das Angebot in seiner Zielsetzung gefährden könnten.
[631] Dazu s. S. 197 ff..
[632] Vgl. dazu Zschocke, DB 2002, 79, 83 f..

benen Pflichten zu erfüllen und ihren Aufgabenbereich nicht zu überschreiten. Die Frage aber, inwieweit die selbständige Einleitung von Abwehrmaßnahmen von der Geschäftsführungskompetenz des Vorstandes gem. § 76 AktG umfaßt ist, ist aufgrund der mit ihnen verbundenen Gefahren in der Literatur umstritten.[633]

Trotz des in aktienrechtlicher Hinsicht vorliegenden gemeinsamen Ausgangspunktes - Verpflichtung des Vorstands zur Unterlassung von Maßnahmen, die neue Aktionäre am Eintritt und alte Aktionäre am Austritt aus der Gesellschaft hindern - werden Umfang und Grenzen einer eigenständigen Befugnis des Vorstands, Abwehrmaßnahmen zu ergreifen, im Schrifttum unterschiedlich ausgelegt.

aa) Umfassende Neutralitätspflicht

Die ganz überwiegende Meinung im Schrifttum fordert, daß der Vorstand eine umfassende Neutralität zu wahren habe.[634] Danach habe sich der Vorstand, insbesondere nach Abgabe des Übernahmeangebots, aller Abwehrmaßnahmen zu enthalten, die nicht die ausdrückliche Zustimmung der Hauptversammlung gefunden hätten.[635]

Im Zuge von Unternehmensübernahmen werde die Kontrolle von Unternehmen verteilt. Um den Markt für Unternehmenskontrolle effizient zu gestalten, müßten die rechtlichen Rahmenbedingungen derart beschaffen sein, daß bei ökonomischer Betrachtungsweise eine Unternehmensübernahme zu einer bestmöglichen Funktionsfähigkeit der Kontrolle von Unternehmen führen könne.

Von den zahlreichen Vertretern der Theorie vom Markt für Unternehmenskontrolle[636] wird daher die Offenhaltung des „market for corporate control“ verlangt. Ausgehend von der Theorie effizienter Kapitalmärkte und der Prämisse, daß der Börsenkurs alle

---

[633] Vgl. dazu Adams, AG 1990, 243, 245; Assmann/Bozenhardt, Übernahmeangebote, S. 113; Becker, ZHR 165 (2001), 280, 280 ff.; Bungert, ZHR 159 (1995), 261, 267; Bungert, NJW 1998, 488, 492; Ebenroth/Daum, DB 1991, 1157, 1158; Hopt, ZGR 1993, 534, 534 ff.; Hirte/Schander, in: v. Rosen/Seifert, Übernahme börsennotierter Unternehmen, 341, 341 ff.; Lüttmann, Kontrollwechsel in Kapitalgesellschaften, S. 168; Mertens in: Kölner Kommentar, § 76 Rdnr. 26; Knoll, Übernahme von Kapitalgesellschaften, S. 273 ff.; Körner, DB 2001, 367, 367 ff.; Krause, NZG 2000, 217, 217 ff.; Martens, Festschrift Beusch, S. 529, 549 ff.; Mülbert, IStR 1999, 83, 87 ff.; Müller, Festschrift Semler, S. 195, 210 f.; Rümker, Festschrift Heinsius, S. 683, 688; Werner, Probleme feindlicher Übernahmen, S. 16 f.; Wiese/Demisch, DB 2001, 849, 849 ff..

[634] Adams, AG 1990, 243, 245; Assmann/Bozenhardt, Übernahmeangebote, 113 f.; Ebenroth/Daum, DB 1991, 1157, 1158; Immenga/Noll, Feindliche Übernahmeangebote aus wettbewerbspolitischer Sicht, S. 14 ff., 32 ff.; Hirte/Schander in: v. Rosen/Seifert, Übernahme börsennotierter Unternehmen, 341, 348; Hopt, ZGR 1993, 534, 548 ff.; Knoll, Übernahme von Kapitalgesellschaften, 273 ff.; Krause, AG 2000, 217, 218ff.; Mülbert, IStR 1999, 83, 87 ff..

[635] Adams, AG 1990, 243, 243 ff.; Assmann/Bozenhardt, Übernahmeangebote, S. 113 f.; Ebenroth/Daum, DB 1991, 1157, 1160 f.; Kessler, AG 1995, 120, 130; Rümker, Festschrift Heinsius, S. 683, 690; zu der für die Praxis unerheblichen Frage, ob es sich bei dem Neutralitätsgebot um eine negative Kompetenznorm oder um eine Organpflicht handelt, vgl. näher van Aubel, Vorstandspflichten bei Übernahmeangeboten, S. 155 ff.; Hopt, ZGR 1993, 534, 548 f..

[636] Während das Bestehen eines Marktes für Unternehmenskontrolle in den USA weitestgehend anerkannt ist, ist dieses Konzept zwar auch in Deutschland rezipiert worden, findet jedoch noch immer Gegner, die die Existenz eines solchen Marktes anzweifeln; vgl. aus dem umfangreichen Schrifttum nur Easterbrook/Fishel, The proper role of a target's management in responding to a tender offer, 94 Harv. L. Rev. (1981), 1161, 1161 ff.; Adams, AG 1989, 33, 33 ff.; ders., AG 1990, 63, 63 ff.; Immenga/Noll, Feindliche Übernahmeangebote aus wettbewerbspolitischer Sicht, S. 14 ff., 32 ff.; Meier-Schatz, ZHR 149 (1985), 76, 84 ff.; Röhrich, Feindliche Übernahmeangebote, S. 42 ff. m. w. N.; kritisch: Reul, Die Pflicht zur Gleichbehandlung der Aktionäre bei privaten Kontrolltransaktionen, S. 138 ff., Lenel in: Gröner, Der Markt für Unternehmenskontrollen, S. 9 und S. 27.

öffentlich zugänglichen Informationen über die Gesellschaft widerspiegelt, steigt danach die Wahrscheinlichkeit einer Übernahme an, je schlechter der Börsenkurs im Verhältnis zum Unternehmenswert steht. Aufgrund dieser Wahrscheinlichkeit solle bereits die Übernahmegefahr dazu dienen, ineffektive Managements zu disziplinieren und durch den Vollzug einer Übernahme unfähige Managements zu liquidieren.[637] Zur Erhaltung dieses Mechanismus müßte der Vorstand der betroffenen Zielgesellschaft jedoch gerade dazu verpflichtet werden, sich jeglicher Abwehrmaßnahmen gegen die Übernahme enthalten, so daß Möglichkeiten des Managements zur Abwehr die Theorie vom Markt für Unternehmenskontrolle weitgehend außer Kraft setzten.[638] Der Erfolg von Abwehrmaßnahmen könne demgegenüber dazu führen, daß Wertsteigerungen verhindert und die Verwaltung nicht mehr genügend durch den Markt kontrolliert werde.[639]

Gefahren von Abwehrmaßnahmen werden zudem aus der Vermutung hergeleitet, daß bei Entscheidungen des Vorstands in Übernahmeauseinandersetzungen dessen Interesse an der eigenen Stellung überwiegen könnte. Zwar ist es im Rahmen seiner Treuepflicht gegenüber der Gesellschaft dem Vorstand verboten, seine gesellschaftsrechtlichen Machtbefugnisse zugunsten eigennütziger Interessen einzusetzen, so daß die Abwehr eines Übernahmeversuchs mit Gesellschaftsmitteln zur Stärkung der Position des Vorstands unter § 93 AktG fällt.[640] Jedoch sei es ungeachtet dessen innerhalb des Konflikts zwischen Aktionärsinteresse und dem Interesse der Manager an der Erhaltung ihrer Position und ihrer Unabhängigkeit regelmäßig nicht zu erwarten, daß der Vorstand des Zielunternehmens tatsächlich in der Lage sei, ausschließlich und objektiv im Sinne der Unternehmens- und Aktionärsinteressen zu entscheiden.[641]

Nach der in diesem Zusammenhang diskutierten Principal-Agent-Theorie wird die Unternehmensführung als Geschäftsführer für den Geschäftsherrn, den Prinzipal, tätig, sog. Agency-Beziehung.[642] Mit dieser Entscheidungdelegation ist ein Informationsvorsprung für den Geschäftsführer verbunden, die dieser zum Vorteil seines Geschäftsherrn nutzen soll, wobei jedoch nicht nur die Interessen der Anteilseigner, sondern auch die der sog. stakeholder, der Arbeitnehmer und sonstiger Gläubiger, zu berücksichtigen sein können. Es besteht für den Geschäftsführer aufgrund seines Informationsvorsprungs aber auch die Möglichkeit, aus eigenen Interessen heraus unternehmerische Entscheidungen zu fällen und danach zu handeln.

Die Principal-Agent-Theorie hat verschiedene Ansätze zur Lösung des beschriebenen Interessenkonflikts geboten. Neben dem Ausbau des Kontroll- und Überwachungssystems und der Schaffung eines optimierenden Anreizsystems wird im Zusammen-

---

[637] Adams, AG 1990, 243, 244; Bozenhardt, Freiwillige Übernahmeangebote, S. 60; Franks/Mayer, Journal of Financial Economics 40 (1996), 163, 163 ff.; Hahn, Die feindliche Übernahme, Eine juristisch-ökonomische Analyse, S. 67 ff.; Prantl, Konzernbildung, Konzernrecht und Minderheitenschutz, S. 151 ff.; Watter, Unternehmensübernahmen, S. 93.

[638] Diese Position findet sich seit langem im englischen Recht, vgl. City Code General Principles 7 und Rule 21; vgl. dazu Bittner, RIW 1992, 182; Davies in: Hopt/Wymeersch, European Takeovers, Law and Practice, S. 199 ff..

[639] So auch Mülbert/Birke, WM 2001, 708, 709.

[640] Mertens in: Kölner Kommentar, AktG, § 93 Rdnr. 61.

[641] Ebenroth/Daum, DB 1991, 1157, 1158; Hopt, ZGR 1993, 534, 540.

[642] Vgl. Herkenroth, Konzernierungsprozesse, S. 336 ff.; Kirchner, AG 1999, 481, 484; Schwintowski, JZ 1998, 581, 585 f.; Wiese/Demisch, DB 2001, 849, 849 f..

hang mit möglichen Abwehrstrategien bei feindlichen Übernahmen der fast vollständige Kompetenzentzug der Geschäftsführung befürwortet, dem die strikte Neutralitätspflicht entspricht.
Abwehrmaßnahmen gegen feindliche Übernahmeangebote führten bei einem darauf beruhenden Scheitern des Übernahmeangebots schließlich zwangsläufig dazu, daß die Zusammensetzung des Aktionärskreises in der Zielgesellschaft sich nicht zugunsten des Bieters ändere. Auch im Hinblick auf eine gegen den Willen der Verwaltung der Zielgesellschaft geplante Übernahme fehle dem Vorstand einer AG aufgrund der Trennung von Eigentum und Herrschaftsmacht aber grundsätzlich das Recht, auf die Aktionärsstrukturen Einfluß zu nehmen.[643] Darüber hinaus sei zu beachten, daß Abwehrmaßnahmen häufig nicht nur für sich genommen teuer seien[644], sondern auch insgesamt die Übernahmekosten erheblich steigerten und damit die Erträge des Bieters schmälern könnten.
Bei der selbständigen Einleitung von Abwehrmaßnahmen durch den Vorstand sei zudem der in § 53 a AktG verankerte Gleichbehandlungsgrundsatz zu beachten.
§ 53 a AktG verbietet zwar nicht jegliche Differenzierung, aber eine willkürliche Ungleichbehandlung von Aktionären auch durch den Vorstand.[645] Daher sei der Vorstand auch zur Unterlassung solcher Maßnahmen verpflichtet, die „ohne durch sachliche unternehmerische Gesichtspunkte geboten zu sein, Auseinandersetzungen zwischen Aktionären in parteiischer Weise beeinflussen".[646] Die Abwehr einzelner unerwünschter Aktionäre durch den Vorstand der Zielgesellschaft widerspreche jedoch diesem Gebot.
Feindliche Übernahmeangebote seien selbst dann nicht per se gesellschaftsschädlich, wenn stille Reserven des Zielunternehmens angegriffen werden könnten,[647] so daß allein aus dem Vorliegen eines hostile takeover oder einer drohenden „Überfremdungsgefahr" kein sachlicher Grund abgeleitet werden könne, der beeinflussende Maßnahmen des Vorstands rechtfertige.
Über eine Stellungnahme zum Übernahmeangebot[648] und der Suche nach einem sog. White Knight[649] - die von dieser Ansicht zumeist nicht als Abwehrmaßnahme im engeren Sinn qualifiziert und daher zugelassen wird[650] - hinausgehende Abwehrmaßnahmen sollen dieser Ansicht nach lediglich dann ergriffen werden dürfen, wenn die Hauptversammlung ihnen noch zustimme oder ihnen bereits im Vorfeld zugestimmt habe. Auf diese Weise werde der Aktionärsautonomie im Hinblick auf die Zusammensetzung des Aktionärskreises, dem Fortbestand der Gesellschaft oder deren Umstruktu-

643 Adams, AG 1990, 243, 246; Grunewald, WM 1989, 1233, 1237; Mertens in: Kölner Kommentar, AktG, § 76 Rdnr. 26.
644 Vgl. allein die Werbeschlacht im Fall Mannesmann/Vodafone, die allein mindestens 400 Mio. DM gekostet haben soll, vgl. FAZ v. 9. 2. 2000, S. 21; die Kosten eines eigenen Gegenangebots bspw. können noch weit darüber hinausgehen.
645 Lutter/Zöllner in: Kölner Kommentar, AktG, § 53 a Rdnr. 6.
646 Mertens in: Kölner Kommentar, AktG, § 76 Rdnr. 18.
647 Mertens in: Kölner Kommentar, AktG, § 76 Rdnr. 26; ähnlich Lammers, Verhaltenspflichten in Übernahmeauseinandersetzungen, S. 131; Rümker, Festschrift Heinsius, S. 683, 688.
648 Vgl. dazu S. 194 ff..
649 Vgl. dazu S. 197 ff..
650 Für eine sehr strikte Interpretation des Neutralitätsgebots Lammers, Verhaltenspflichten in Übernahmeauseinandersetzungen, S. 130 ff.; Krause, AG 2000, 217, 217 ff..

rierung am ehesten Rechnung getragen. Zudem werde die Gefahr einer Rechtsunsicherheit vermieden, die entstehen könne, wenn Ausnahmen vom Neutralitätsgebot gemacht würden.[651]

bb) Aufweichung der strikten Neutralitätspflicht in Ausnahmefällen

Nach einer anderen im Schrifttum vertretenen Ansicht ist der Vorstand zwar grundsätzlich zur Neutralität verpflichtet, es sollen jedoch bei der drohenden Schädigung der Gesellschaft Ausnahmen von diesem Gebot gemacht werden.[652]
In diesen Fällen soll der Vorstand der Zielgesellschaft ohne Zustimmung der Hauptversammlung gegen das Übernahmeangebot gerichtete Maßnahmen ergreifen und daher Einfluß auf die Zusammensetzung der Aktionärsstruktur nehmen dürfen.
Für legitim gehalten werden vom Vorstand eingeleitete Abwehrmaßnahmen von *Hopt* in zwei Fällen. Zur Verhinderung von Gesetzesverstößen und zur Abwehr von Gefahren für Existenz und Wohlergehen des Unternehmens am Markt. Für die erste Fallgruppe sei danach jedoch zwingend, daß ein ernsthafter, nicht unerheblicher Gesetzesverstoß drohe, der in unmittelbarem Zusammenhang mit der Übernahme stehe. Die bloße Befürchtung, es könne zu Gesetzesverstößen kommen, sei jedoch nicht ausreichend. Beispielhaft für ein rechtswidriges Verhalten wird die finanzielle Ausbeutung oder Zerschlagung des übernommenen Unternehmens („asset stripping") oder eine verbotene Inanspruchnahme des Vermögens der Zielgesellschaft zur Finanzierung des der Übernahme dienenden Kredits genannt.[653]
Die zweite Fallgruppe soll eingreifen, wenn die Änderung der Aktionärsstruktur eine unmittelbare Gefahr für die Existenz oder das Wohlergehen des Unternehmens am Markt mit sich bringt, dem Unternehmen ein nicht unerheblicher Nachteil droht und die Aktionärsstruktur beeinflussende Maßnahmen zwingend geboten seien.
Durch diese enge Eingrenzung der Ausnahmen vom Neutralitätsgebot könne weder der Markt für Unternehmenskontrolle noch die Rechtssicherheit in negativer Hinsicht beeinträchtigt werden.[654] Hierunter kann auch das von *Mertens* angeführte Beispiel eingeordnet werden, der Abwehrmaßnahmen jedenfalls dann für legitim ansieht, wenn durch Gesellschaftsbeteiligung einer Mafia-Organisation oder eines politisch exponierten ausländischen Staates erhebliche wirtschaftliche Gegenreaktionen der Kunden ausgelöst und die Marktchancen der Aktiengesellschaft dadurch erheblich beeinträchtigt würden.[655]

cc) Nichtanerkennung eines Neutralitätsgebots

Eine Mindermeinung wendet sich gegen die Anerkennung eines umfassenden Neutralitätsgebots, hält auch die Ausweitung in Ausnahmefällen zu restriktiv und wendet sich

---

[651] Rümker, Festschrift Heinsius, S. 683, 690.
[652] Grunewald, WM 1989, 1233, 1237; Hopt, ZGR 1993, S. 534, 553 ff.; Mertens in: Kölner Kommentar, AktG, § 76 Rdnr. 26; ähnlich: Immenga, SAG 1975, 89, 101.
[653] Hopt, ZGR 1993, S. 534, 554; Mertens in: Kölner Kommentar, AktG, § 76 Rdnr. 26; ähnlich Immenga, SAG 1975, 89, 101.
[654] Hopt, ZGR 1993, S. 534, 555 u. 558.
[655] Mertens in: Kölner Kommentar, AktG, § 76 Rdnr. 26; Mertens, AG 1990, 252, 258 f..

generell gegen eine zu weitgehende Einschränkung der dem Vorstand in § 76 AktG zugewiesenen Leitungsbefugnis.[656]
Zugunsten von Abwehrmaßnahmen der Verwaltung findet sich häufig der Hinweis, daß dieses Vorgehen dazu beitrage, den Druck auf die Aktionäre zur Annahme eines Übernahmeangebots abzuschwächen, der aufgrund des sog. prisoner's dilemma entstehen kann. In Publikumsgesellschaften mit breiter Anteilsstreuung ist es den Aktionären grundsätzlich nicht möglich, die Reaktion auf ein Übernahmeangebot untereinander zu koordinieren. Bei einem erfolgreichen Übernahmeangebot können die Aktien einer Minderheit aber weniger wert sein, als vor der Angebotsabgabe.[657] Aufgrund dessen wird befürchtet, daß die Entscheidung über Annahme oder Ablehnung des Übernahmeangebots nicht allein auf die individuelle Beurteilung des Angebots gestützt werde, sondern auch auf die jeweilige Einschätzung der Frage, wie die Mitaktionäre entscheiden werden.[658]
Nach *Martens* sind dem Vorstand der Zielgesellschaft über die Stellungnahme hinausgehende Abwehrmaßnahmen nicht verwehrt. Darunter soll die Mobilisierung zum Widerstand gegen die Übernahme ebenso fallen, wie die Erhöhung der Übernahmebarrieren und die Initiierung von Hauptversammlungsbeschlüßen. Der von der Gegenauffassung angeführte im Aktienrecht verbürgte Rechtsschutz gegen rechtswidrige Übernahmefolgen habe keine Auswirkungen auf das Bedürfnis der Aktionäre, eine beabsichtigte Übernahme vorbeugend zu verhindern und allein auf eine Schadensreparation abzustellen. Eine Berufung auf den schädlichen Eingriff in den Markt für Unternehmenskontrolle könne im Interesse der Wahrung des einzelwirtschaftlichen Gesellschaftsinteresses ebenfalls nicht als ausreichend angesehen werden, um die Entwicklung eines „konkreten Handlungsprogramms“ durch Vorstand und Aufsichtsrat der Gesellschaft zu unterbinden. Jede Übernahme ist demnach am Gesellschaftsinteresse zu messen und nicht an ihrer Nützlichkeit aus gesamtwirtschaftlicher Sicht.[659]
Am Interesse der Gesellschaft orientiert sich auch *Werner*, der die Auffassung vertritt, daß das Neutralitätsgebot eine Zuständigkeitsunterwerfung unter die Kompetenzen des Vorstandes rechtfertige, da der Vorstand nicht nur für das Wohl der Aktionäre, sondern gerade auch für das der Gesellschaft zu sorgen habe. Das Wohl der Gesellschaft aber könne es erforderlich machen, daß der Vorstand Abwehrmaßnahmen treffe, die einem der Gesellschaft schädlichen Anteilseignerwechsel vorbeugten. Wie bereits die Regelung des § 68 II AktG zeige, sei die Zusammensetzung des Aktionärskreises dem Einfluß des Vorstands auch nach den Wertungen des Aktienrechts nicht vollständig entzogen, so daß auch nach Abgabe des Übernahmeangebotes verwirklichte Abwehr-

---

[656] Bungert, ZHR 159 (1995), 261, 267; ders. NJW 1998, 488, 492; Martens, Festschrift Beusch, S. 529, 549 ff.; Müller, Festschrift Semler, S. 195, 210 f.; Werner, Probleme feindlicher Übernahmen, S. 16 f..

[657] Es bestehen verschiedene Möglichkeiten für die Mehrheit, die Minderheit aus der Gesellschaft zu verdrängen, etwa gem. § 319 AktG die Eingliederung oder seit in Kraft treten des WpÜG das sog. „squeeze-out“, vgl. §§ 327 a ff. AktG, dazu Land, DB 2001, 1707 1713; Habersack, ZIP 2001, 1230, 1230 ff.; Halm, NZG 2000, 1162, 1162 ff.; Zschocke, DB 2002, 79, 85.

[658] Vgl. zum Begriff des prisoner's dilemma: Herkenroth, Konzernierungsprozesse, S. 336 ff.; Herrmann, Zivilrechtliche Abwehrmaßnahme, S. 20; Lüttmann, Kontrollwechsel in Kapitalgesellschaften, S. 38 ff., 73 ff.; Meier-Schatz, WuR 1987, 16, 24 f.; Röhrich, Feindliche Übernahmeangebote, S. 84 f.; Witt, Transparenz der Beteiligungsverhältnisse, S. 82 ff.; ders., NZG 2000, 809, 811 ff..

[659] Martens, Festschrift Beusch, S. 529. 549 ff..

strategien der Zielgesellschaft seitens des Vorstandes mit dem AktG in Einklang stünden.[660]

dd) Alternative einer qualifizierten Business Judgement Rule

In neuerer Zeit wird unter Hinweis auf die Mängel der Neutralitätspflicht die Anwendung einer sog. Business Judgement Rule[661] nach amerikanischem Vorbild auch in Übernahmefällen befürwortet.
Als Mangel der Neutralitätspflicht wird insbesondere hervorgehoben, daß durch die Neutralitätspflicht die Entscheidungskompetenz über Abwehrmaßnahmen der Verwaltung entzogen werde, die Hauptversammlung aber aufgrund von organisatorischen Problemen praktisch nicht in der Lage sei, diese Entscheidungskompetenzen statt dessen auszuüben. Auch verhindere es die Neutralitätspflicht, dass im Interesse der Aktionäre deren Prämien mittels Durchführung von Abwehrmaßnahmen erhöht würden.[662]

Im Zusammenhang mit einer Unternehmensübernahme könne es schließlich zu einem Konflikt zwischen der Verpflichtung des Vorstands auf das Unternehmensinteresse unter Einbeziehung der Arbeitnehmerinteressen einerseits und der Neutralitätspflicht kommen.
Der Vorstand hat im Rahmen seiner Pflicht zur Wahrung des Unternehmensinteresses einen weiten Handlungsspielraum, in welchem er sein unternehmerisches Ermessen ausüben kann.[663] Bei einer Unternehmensübernahme können jedoch die Interessen der Anteilseigner mit den Interessen der sog. stakeholder, insbesondere der der Arbeitnehmer, kollidieren. Während die Anteilseigner ein besonderes Interesse daran haben, daß nur solche Abwehrmaßnahmen durchgeführt werden, von denen eine unternehmenssteigernde Wirkung zu erwarten ist, können Arbeitnehmer aufgrund drohender Arbeitsplatzverluste bei einer erfolgreichen Übernahme ein erhöhtes Interesse an der Vornahme von Abwehrmaßnahmen haben. In diesen Fällen kann die Neutralitätspflicht des Vorstands mit der Pflicht zur Wahrung des Unternehmensinteresses kollidieren.
Um dem damit zusammenhängenden Agency-Problem zu entgehen, das darauf beruht, daß die Kontrolle des Vorstands bei sich widersprechenden Interessen der Prinzipale schwieriger und kostspieliger wird, wird zum Teil in der Literatur eine sog. qualifizierte Business Judgement Rule befürwortet. Nach US-amerikanischem Vorbild könne der Vorstand an Stelle einer Neutralitätspflicht durch eine qualifizierte haftungsbewehrte Verpflichtung an das Unternehmensinteresse gebunden werden. Entsprechend diesen Vorbildes und der ARAG/Garmenbeck-Entscheidung des BGH[664] könne dem Vorstand als Leitungsorgan der Zielgesellschaft dann ein Ermessensspielraum in bezug auf Abwehrmaßnahmen gegen feindliche Übernahmen zugestanden werden. Dementsprechend solle auch in Deutschland der Vorstand jedenfalls zu solchen Ab-

[660] Werner, Probleme feindlicher Übernahme, S. 16 f..
[661] Siehe dazu bereits S. 110 ff..
[662] Kirchner, AG 1999, 481, 486; ders., WM 2000, 1821, 1824.
[663] Siehe dazu S. 110 ff..; BGHZ 64, 325, 329; BGH ZIP 1997, 883 ff.; vgl. auch Mülbert, ZGR 1997, 129, 140 ff.; Semler, Leitung und Überwachung der AG, Rdnr. 57.
[664] BGH ZIP 1997, 883, 883 ff.; vgl. dazu bereits S. 110 ff..

wehrmaßnahmen befugt sein, die den Unternehmenswert steigerten und zugleich die Stakeholder-Interessen schützen. Hierfür treffe den Vorstand die Darlegungslast.[665]
Durch eine derart qualifizierte Business Judgement Rule ließen sich nicht nur Agency-Problem lösen, sondern es komme dadurch auch zu einer Gleichbehandlung der unterschiedlichen Fälle von Unternehmenszusammenschlüssen. Bei anderen Formen von Unternehmenszusammenschlüssen würden als Beurteilungsmaßstab neben den Interessen der Anteilseigner auch die der Stakeholder berücksichtigt. Die durch die Neutralitätspflicht hervorgerufene positive Diskriminierung feindlicher Übernahmen entfiele dadurch ebenso wie die damit verbundene Verzerrung der Kapitalmarktes.[666]
Die Anwendung der qualifizierten Business Judgement Rule habe zudem den Vorteil, daß auch Verzerrungen des Kapitalmarktes durch den unterschiedlichen Zugriff auf Abwehrmaßnahmen vermieden würden. Diese resultierten aus der unterschiedlichen rechtlichen Gestaltung der Neutralitätspflicht einerseits und der Business Judgement Rule andererseits, je nachdem, ob die versuchte Kontrollerlangung mittels einer feindlichen Übernahme in Europa oder in den USA unternommen werde..[667]

ee) Stellungnahme

Dem Neutralitätsgebot ist im Rahmen von feindlichen Übernahmen Geltung zu verschaffen, wobei auch unkalkulierbare Aufweichungen nicht akzeptabel sind.
Neben den bereits angeführten wesentlichen Gesichtspunkten, die für das Neutralitätsgebot sprechen, – kapitalmarktrechtlicher Gleichbehandlungsgrundsatz, Funktion des Vorstandes als Interessenwahrer der Aktionäre, kein Eingriff in den Markt für Unternehmenskontrolle, Treuepflicht des Vorstandes gegenüber den Aktionären[668] – sind auch die vorgetragenen Bedenken gegen das Neutralitätsgebot weitestgehend zu entkräften.
Die Kritik, daß die Entscheidungskompetenz über Abwehrmaßnahmen entgegen der gesetzlichen Regelung praktisch nicht von der Hauptversammlung ausgeübt werden könne, war bis zum Zeitpunkt des Inkrafttretens des WpÜG, also zum Zeitpunkt des Krupp-Thyssen-Falles, durchaus berechtigt, ist jedoch nunmehr entkräftet. Durch § 16 III WpÜG wird die Annahmefrist auf 10 Wochen ab Veröffentlichung der Angebotsunterlage verlängert, wenn im Zusammenhang mit dem Angebot nach der Veröffentlichung der Angebotsunterlage eine Hauptversammlung der Zielgesellschaft einberufen wird, so daß der Hauptversammlung die Wahrnehmung der Entscheidungsbefugnis über Abwehrmaßnahmen nunmehr effektiv möglich gemacht wird.
Kritisiert wird von den Gegnern des Übernahmeangebots des weiteren, daß Bieterauktionen zuungunsten der Aktionäre verhindert würden. Jedoch läßt sich der Effekt einer Bieterauktion, für die Aktionäre eine möglichst hohe Prämie zu erlangen, auch ohne Verzicht oder Beschränkung des Neutralitätsgebotes erreichen.[669] Die Befürwortung

---

[665] Kirchner, AG 1999, 481, 489 f.; derselbe, WM 2000, 1821, 1824; annähernd auch Thümmel, DB 2000, 461, 463.
[666] Kirchner, AG 1999, 481, 489; Wiese/Demisch, DB 2001, 849, 851.
[667] Kirchner, AG 1999, 481, 490.
[668] Vgl. bereits S. 160 ff..
[669] Dazu auch Mülbert/Birke, WM 2001, 705, 712; Merkt, ZHR 165 (2001), 224, 238.

einer strikten Neutralitätspflicht schließt die Befugnis des Vorstandes nicht aus, konkurrierende Übernahmeangebote sog. „White Knights“ zu erlangen.[670]
Auch gegen die Aufweichung des Neutralitätsgebots sind berechtigte Bedenken geltend zu machen. Eine erhebliche Gefahr eines Gesetzesverstoßes ist in Streitfällen ebenso verhältnismäßig einfach zu behaupten, wie eine Gefahr für das Unternehmen am Markt.[671] Die drohende Beeinträchtigung des Unternehmensinteresses rechtfertigt daher keine Ausnahme vom Neutralitätsgebot. Bei dem Begriff des Unternehmensinteresses handelt es sich um eine unbestimmten Rechtsbegriff, der gerichtlicher Nachprüfung nur schwer zugänglich ist. Würde man es dem Vorstand gestatten, sich zur Rechtfertigung seines Verhaltens in einem Übernahmekampf auf einen derart vagen Begriff zu stützen, wäre ein praktisch unkontrollierbarer Verhaltensspielraum die Folge.[672] Beispielsweise kann eine Ausplünderung des Unternehmens nicht nur deshalb angenommen werden, weil durch den Übernehmer neue Kerngeschäftsfelder definiert und aus diesem Grund bestehende Kerngeschäftsfelder abgestoßen werden.
Eine real bestehende Liquidationsabsicht des Übernehmers ermächtigt den Vorstand ebenfalls nicht zu eigenmächtigen Abwehrmaßnahmen, da die Entscheidung über eine Liquidation bei der Hauptversammlung liegt und ein gefällter Liquidationsbeschluß von der Unternehmensführung zu akzeptieren ist.[673] Der Ausplünderungsgefahr, die durch die Inanspruchnahme des Vermögens der Zielgesellschaft zur Finanzierung der Übernahme entsteht, kann schließlich mit den aktienrechtlichen Mitteln bekämpft werden, vgl. §§ 93 III, V S. 1, 116 i. V. m. 117 und §§ 311, 317 AktG.
Auch der Vorwurf, aufgrund der Neutralitätspflicht wäre der Vorstand nicht in der Lage, die Stakeholder-Interessen miteinzubeziehen, kann nicht zu deren Aufweichung führen. Über die Einbeziehung von Stakeholder-Interessen und deren Gewichtung ist in der deutschen Literatur noch nicht entschieden worden, zumal die Ansicht, die die aktienrechtliche Zielbestimmung ausschließlich im Gesellschaftsinteresse begründet sieht, sich mit dem Eigentümerstatus der Aktionäre gut begründen läßt.[674] Allerdings ist in diesem Zusammenhang die Position des BVerfG zu berücksichtigen, das festgestellt hat, daß Unternehmensinteressen „nicht notwendig mit den Aktionärsinteressen identisch sind“.[675]
Gegen die Befürwortung einer das Ermessen eröffnenden Business Judgement Rule im Rahmen von Übernahmefällen sprechen zunächst die bestehenden Unterschiede des deutschen Rechts zur US-amerikanischen Rechtsgestaltung, aus welcher die Business Judgement Rule entnommen wird.
Das US-amerikanische Gesellschaftsrecht setzte seit jeher großes Vertrauen in die Entscheidungskompetenz des Managements. Die aus dem Common Law entwickelte Business Judgement Rule wird richterrechtlich kontrolliert durch erhebliche Sorgfalts- und Treuepflichten. Im US-amerikanischen Recht hat auf Basis dieser Pflichten jeder Aktionär die Möglichkeit, das Verhalten des Board of directors im Rahmen eines

[670] Vgl. § 16 I WpÜG: die Mindestangebotsdauer von mindestens 4 bis 10 Wochen gibt potentiellen weiteren Bietern ausreichend Überlegungsfrist.
[671] Baums in: v. Rosen/Seifert, Übernahme börsennotierter Unternehmen, S. 165, 177.
[672] Mülbert, IStR 1999, 83, 86.
[673] Krause, AG 1996, 209, 214; Rümker, Festschrift Heinisus, 1991, S. 683, 691.
[674] So etwa Mülbert, IStR 1999, 83, 84; a. A.: Kort, Festschrift Lutter, 1421, 1435; Horn, ZIP 2000, 473, 481.
[675] Bereits BVerfG, DB 1979, 593, 593; nunmehr BVerfG, NJW 2000, 129, 129.

Übernahmekampfes gerichtlich überprüfen zu lassen. Bei der gerichtlichen Überprüfung besteht für die Directors die Pflicht, ihr Vorgehen und die dafür bestehenden Gründe konkret darzulegen.[676]
Demgegenüber herrschte in Deutschland seit jeher eher Skepsis gegenüber der Ausweitung von Kompetenzen zugunsten der Aktionäre. Während die Literatur bereits Jahre zuvor die Quasi-Allzuständigkeit der Verwaltung angriff, fand die Kompetenzverteilung zugunsten der Aktionäre erst 1982 in der Holzmüller-Entscheidung auch gerichtliche Legitimation.
Diese Kompetenzverteilungsentwicklung findet bei Übernahmen nunmehr ihren Fortklang in der Anerkennung des Neutralitätsgebots. Die Anwendung der Business Judgement Rule in Übernahmefällen wäre daher systemwidrig und unter den gegebenen Voraussetzungen nicht integrationsfähig.
Die mangelnde Integrationsfähigkeit wird auch dadurch bestätigt, daß das deutsche Recht für diesen Fall eine Klagemöglichkeit für den Einzelaktionär nicht vorsieht, so daß der Vorstand nicht gehalten ist, sich nur auf zulässige Abwehrmaßnahmen zu beschränken.[677] Aufgrund dessen besteht die Gefahr, daß der Vorstand bei der Abwehr eines Übernahmeversuchs lediglich vorgibt, im Unternehmensinteresse zu handeln, um die Verfolgung allein eigener Interessen zu legitimieren bzw. zu verschleiern.[678]
Aufgrund dieser Konfliktlage des Vorstands wird im übrigen auch in den USA bei der Abwehr feindlicher Übernahmen lediglich eine modifizierte Business Judgement Rule angewandt, die weit differenzierende und einschränkende Verhaltensstandards vorgibt.[679]

§ 33 I S. 1 WpüG sieht nunmehr vor, daß der Vorstand der Zielgesellschaft von der Ankündigung bis zur Veröffentlichung des Ergebnisses grundsätzlich keine Handlungen vornehmen darf, durch die der Erfolg des Angebots verhindert werden könnte.
Als bedeutenste Ausnahme dieses Verhinderungsverbotes legt § 33 I S. 2 3. Alt. WpÜG fest, daß der Vorstand Handlungen vornehmen darf, denen der Aufsichtsrat zustimmt.
Die aktienrechtliche Zuständigkeitsverteilung soll durch diese Regelung unberührt bleiben. Hieraus folgt, daß, sofern nach dem AktG oder der Rechtsprechung ein Beschluß der Hauptversammlung erforderlich ist, § 33 WpÜG verdrängt wird.Auch im übrigen gelten die aktienrechtlichen Grundsätze der §§ 76, 93 AktG, insbesondere die Orientierung am Gesellschaftsinteresse fort, und sind domit bei der Anwendung des § 33 I S. 2 3. Alt. WpÜG zu berücksichtigen.[680]
Die im ARAG/Garmenbeck-Urteil enthaltenen Privilegien gelten aufgrund der bereits zuvor dargestellten Konfliktlage des Vorstands nicht. Vielmehr hat der Vorstand in der

676 Davies in: Hopt/Wymeersch, European Takeovers – Law and Practice, S. 195, 203 ff..
677 Vgl. LG Düsseldorf, AG 2000, S. 233 ff. – Ablehnung einer einstweiligen Verfügung von Mannesmann-Aktionären gegen den Vorstand des Mannesmann-AG: „Aktionäre haben grundsätzlich keinen Unterlassungsanspruch gegenüber Geschäftsführungsmaßnahmen des Vorstandes. Dies gilt auch, wenn die Gesellschaft Gegenstand eines Übernahmeangebots ist und der Vorstand sich bemüht dies abzuwehren".
678 Mülbert, IStR 1999, 83, 86; Horn, ZIP 2000, 473, 481; Hopt, Festschrift Lutter, 1361, 1376 f..
679 Vgl. Krause, BB 2002, 1053, 1058 mit Auflistung der einschlägigen amerikanischen Rechtsprechung; Hirte, ZGR 2002, 623, 644.
680 Vgl. hierzu Bayer, ZGR 2002, 588, 598 ff.; Hirte, ZGR 2002, 623, 642; Krause, NJW 2002, 705, 711 ff.; Zschocke, DB 2002, 79, 82 ff..

konkreten Übernahmesituation zwischen dem Gesellschaftsinteresse insgesamt sowie dem speziellen Aktionärsinteresse an der Annahme des Angebotes abzuwägen. Im Zweifelsfall hat er die Zustimmung der Hauptversammlung einzuholen.[681]

b) Vorverlagerung des Eingreifens der Neutralitätspflicht

Der Vorstand der Thyssen-AG hatte sich schon vor Bekanntmachung des – letztlich zurückgestellten Übernahmeangebots – auf der Grundlage des wirtschaftlichen Konzepts, das ihrer Ansicht nach dem angekündigten Angebot zugrunde lag, gegen die Übernahmepläne der Krupp-Hoesch AG ausgesprochen.[682]

Kritikpunkt war insbesondere die hohe Verschuldung des Konzerns und die dadurch entstandene geringe Eigenkapitalquote.[683] Auf diesem Weg wurden bereits vor Abgabe des offiziellen Übernahmeangebots Abwehrstrategien eingeleitet, ohne daß sich der Thyssen-Vorstandsvorsitzende an die Neutralitätspflicht gebunden fühlte.[684] Hierzu gehörte beispielsweise auch die Inszenierung von Demonstrationen von Arbeitnehmern vor den an dem Übernahmeangebot beteiligten Banken, die wiederum vielfältige Reaktionen in der Politik auslösten.

Aufgrund dieser Vorkommnisse stellt sich die Frage, ob das Eingreifen der Neutralitätspflicht vorverlagert werden sollte, denn Art. 19 des Übernahmekodex beschränkte die Stillhalteverpflichtung auf die Zeit nach Bekanntgabe des öffentlichen Übernahmeangebots bis zur Offenlegung des Ergebnisses des Angebots. Ebenso ist die in § 33 I S. 1 WpÜG verankerte Neutralitätspflicht auf die Zeit nach der Veröffentlichung der Entscheidung zur Abgabe eines Angebots beschränkt.

Tatsächlich müßte die Pflicht zur Neutralität des Vorstandes der Zielgesellschaft aber bereits mit der Ankündigung des Übernahmeangebots beginnen, da bereits in der Zeit von der Ankündigung bis zur öffentlichen Bekanntmachung die Interessen der Aktionäre der Zielgesellschaft durch den Vorstand der Zielgesellschaft gefährdet werden können. Dementsprechend sieht der englische City Code nach Rule 21 nicht nur vor, daß alle Verteidigungsmaßnahmen wegen der Interessenkonflikte für die Verwaltung Sache der Aktionäre sind, sondern es genügt bereits, daß das Management annehmen muß, daß ein Übernahmeangebot unmittelbar bevorsteht.[685] Zu einem späteren Zeitpunkt nach Beendigung des Krupp/Thyssen-Falles wies auch die Börsensachverständigenkommission daraufhin, daß eine Vorverlagerung des für die Stillhalteverpflichtung maßgeblichen Zeitpunktes auf die Herausgabe einer Mitteilung von einem unmittelbar bevorstehenden Angebot vertretbar erscheint.[686] Gerüchte über ein Angebot allein dürfen aufgrund der wirtschaftlichen Bedeutung der Stillhalteverpflichtung aber nicht ausreichen.

---

[681] Vgl. Winter/Harbarth, ZIP 2002, 1, 10; Hirte, ZGR 2002, 623, 642.

[682] Wie Dr. Vogel betont, gab es mangels Vorliegens des öffentlichen Übernahmeangebots aber keine Empfehlung an die Aktionäre, manager-magazin, Mai 1997, S. 46, 47.

[683] Vgl. Börsen-Zeitung, 19.03.1997, S. 1; FAZ vom 19.3.1997, S. 15.

[684] So der damalige Vorstandsvorsitzende Dr. Vogel, manager-magazin, Mai 1997, S. 46, 47.

[685] „..has reason to believe that a bona fide offer might be imminent"; vgl. dazu auch Zinser, RIW 2001, 481, 485; das französische Recht geht in eine ähnliche Richtung, vgl. Art. 3 du Reglement n. 89-03 de la COB relatif aux offres publiques et aux acquisitions de blocs de contrôle, vgl. Klein/Stucki, RIW 2001, 488, 491 ff..

[686] Standpunkte der Börsensachverständigenkommission zur künftigen Regelung von Unternehmensübernahmen, S. 24.

Die Abstellung auf den Zeitpunkt der Ankündigung bietet im Gegensatz zu dem Begriff des „hinreichenden Anlasses" aber genügend Rechtssicherheit. Auch die Befürchtung, die Vorverlagerung der Neutralitätspflicht könne kontraproduktiv wirken, kann nicht überzeugen, denn ein Management wird sich ungeachtet des genauen Zeitpunktes der Stillhalteverpflichtung im Ernstfall ohnehin schon weit im Vorfeld von Übernahmesituationen Gedanken über präventive Abwehrstrategien machen.[687]

II. Mögliche Maßnahmen des Thyssen-Vorstandes im Spiegel des Neutralitätsgebots

Aufgrund der unterschiedlichen Auslegung des Neutralitätsgebotes stellt sich nun die differenziert zu betrachtende Frage, ob der Thyssen-Vorstand durch bereits eingeleitete Abwehrmaßnahmen gegen die Neutralitätspflicht verstieß oder ob dem Vorstand des Konzerns noch weitergehende Abwehrstrategien zur Verfügung gestanden hätten, zu deren Einsatz sie ggf. auch die Zustimmung der Hauptversammlung benötigten.
In diesem Rahmen sollen die einer Zielgesellschaft generell zur Verfügung stehenden Verteidigungsmaßnahmen auf ihre Vereinbarkeit mit dem deutschen Recht überprüft werden.

1. Präventive Abwehrstrategien

Je nachdem ob eine feindliche Übernahme bereits begonnen hat, sind präventive und aktuelle Abwehrstrategien zu unterscheiden.
Bei den präventiven Abwehrstrategien hat zunächst die Frage nach den Angriffsflächen des eigenen Unternehmens im Vordergrund zu stehen (interessante strategische Positionen, Aktionärsstruktur, Entwicklung des Aktienkurses, mögliche Interessenten). Aufgrund dieser Analyse können die möglichen einzelnen Maßnahmen ergriffen werden. Die Ergreifung der im folgenden beschriebenen Maßnahmen und deren Niederlegung in einem Verteidigungsstrategiepapier setzt wiederum organisatorische Maßnahmen voraus, etwa die Verpflichtung eines Investment-Banking-Teams, die Analyse möglicher feindlicher Bietergesellschaften sowie die Kommunikation mit Aktionären und Analysten.[688]

a) Einfluß der Geschäfts- und Dividendenpolitik der Thyssen-AG

Der Vorstand der Thyssen-AG hätte zunächst durch die allgemeine Geschäfts- und Dividendenpolitik einer feindlichen Übernahme vorbeugen können.[689]
Vor allem solche Gesellschaften sind durch eine Übernahme gefährdet, deren Wert sich nicht in den Aktienkursen ausdrückt und somit vom Erwerber günstig zu kaufen sind. Die Geschäftspolitik potentieller Zielgesellschaften muß deshalb so ausgerichtet

---

[687] So Merkt, ZHR 165 (2001), 224, 251.
[688] Vgl. dazu Buddenbrook in: v. Rosen/Seifert, Übernahme börsennotierter Unternehmen, S. 277, 285 ff..
[689] Daum, Unkoordinierte Übernahme einer AG, S. 183 f.; Immenga, SAG 1975, 89, 103.

sein, daß der Aktienkurs zumindest annähernd den wahren Wert des Unternehmens wiedergibt.[690]

In den Wochen vor dem vorzeitigen Bekanntwerden des Übernahmeversuchs bewegte sich der Kurs der Thyssen-Aktie um 360 DM während das Angebot der Krupp-Hoesch AG an die Anteilseigner bei 435 DM lag. Nach dem Bekanntwerden kündigte Dr. Vogel an, eine Unternehmensbewertung durchführen zu lassen, um den wahren inneren Wert der Aktie zu ermitteln, die er auf ca. 550 DM schätzte.

Die angekündigte Studie über den inneren Wert ist nach dem Scheitern der Übernahmepläne nicht mehr veröffentlicht worden. Hätte sich der von Dr. Vogel geschätzte hohe Wert der Aktie bewahrheitet – der die Unangemessenheit des geplanten Krupp-Hoesch-Angebots untermauern sollte -, wäre seine Geschäftspolitik insofern zu kritisieren gewesen, als daß sich der wahre Wert der Thyssen-AG nicht annähernd in dem Aktienkurs widergespiegelt hätte und das Management potentiellen Bietern dadurch eine größere Angriffsfläche geboten hatte.[691]

Auch eine konstante Dividendenpolitik ist geeignet, eine Übernahme zu erschweren. Gerade im Vorfeld möglicher Übernahmen dient sie dazu, die Aktionäre von der Richtigkeit ihrer Anlage zu überzeugen, so daß bei einem bereits begonnenen Übernahmeverfahren die Aktionäre mit dem Ausscheiden aus der Gesellschaft zögern werden. Zudem wird durch eine Dividendenankündigung der Kursanstieg begünstigt und dadurch der Übernahmepreis für den Bieter erhöht.

Die Thyssen-AG hätte mit der Ankündigung einer höheren Dividende dafür sorgen können, daß weniger Thyssen-Aktionäre dazu bereit gewesen wären, aus der Gesellschaft auszuscheiden und die Pläne der Krupp-Hoesch AG, die auf ein Erreichen der 75 % Quote angewiesen war, dadurch zumindest erschweren können. Allerdings hätte die Erhöhung der Aktienrentabilität nur dann ein Übernahmeangebot nachhaltig verhindern können, wenn auch die Ertragslage eine Konstanz der Dividendenpolitik versprochen hätte.

b) Erwerb eigener Aktien gem. §§ 71 ff. AktG

Durch den Erwerb eigener Aktien kann die Differenz zwischen Börsenkurs und innerem Unternehmenswert vermindert oder aufgehoben werden und dadurch der Kurs einer Aktie derart in die Höhe getrieben werden, daß die Übernahme unattraktiv wird. Auch kann mit dieser Abwehrmaßnahme die Zahl der verfügbaren Aktien vermindert werden und die Gesellschaft kann dann sogar die auf diese Weise erworbenen Aktien bei einem befreundeten Investor plazieren.[692] Zu bedenken ist jedoch auch, daß durch die Verminderung der Aktienanzahl die Zahl der durch ein Übernahmeangebot zum Zwecke des Kontrollerwerbs erreichbaren Aktien vermindert wird, so daß ein Bieter zwar einen höheren Preis pro Aktie aufbringen, aber dafür nur eine geringere Anzahl erwerben muß.

---

690 Bird/Camman in: Siegwart/Mahari/Caytas/Rumpf, M&A, S. 321, 323 f..

691 Vgl. S. 233 ff. zur Ermittlung des Wertes in der nachfolgenden Verschmelzung durch Neugründung nach Scheitern des geplanten Übernahmeangebots.

692 Michalski, AG 1997, 152, 154; Schander ZIP 1998, 2087, 2089; Schanz, NZG 2000, 337, 345.

Als präventives Abwehrmittel hätte es sich für die Thyssen AG allein aufgrund ihres hohen Streubesitzanteils anbieten können, eigene Aktien gem. §§ 71 ff. AktG zu erwerben. Durch den Rückerwerb über die Börse oder mittels eines öffentlichen Rückkaufangebotes wäre das Gesamtvolumen des freien Aktienbesitzes und der für die Krupp-Hoesch AG als Übernehmer leicht zu erwerbende Streubesitzanteil der Aktien verringert worden. Hierdurch wäre der Markt für Aktien der Thyssen AG eingeschränkt und somit die Übernahmebestrebung seitens der Krupp-Hoesch AG erschwert worden.

Vor Inkrafttreten des KonTraG am 2. April 1998 hätte zur Abwehr unerwünschter Übernahmen für die Thyssen AG zunächst nur der Ankauf eigener Aktien nach § 71 I Nr. 1 AktG in Betracht kommen können, der jedoch einen unmittelbar bevorstehenden und schweren Schaden für die Gesellschaft voraussetzt.

Vom Schrifttum wird es ganz überwiegend abgelehnt, einen solchen Schaden in der unerwünschten Beteiligung Dritter oder in einer Überfremdung des Unternehmens zu sehen.[693] Hinsichtlich der Schadensbetrachtung ist danach lediglich auf die Gesellschaft abzustellen und nicht auf Beeinträchtigungen, die einzelnen Aktionären drohen.[694] Einer differenzierenden Ansicht zu Folge soll der Erwerb in besonderen Ausnahmefällen zulässig sein.[695] Im Anschluß an die Minimax II - Entscheidung des BGH[696] etwa dann, wenn die Kontrollerlangung zum Zwecke der Zerstörung und Zerschlagung des Unternehmens erfolgt. Aufgrund dieser engen Ausnahmeregelung vom grundsätzlichen Verbot des Erwerbs eigener Aktien kann § 71 I Nr. 1 AktG zur Abwehr einer Übernahme regelmäßig nicht genutzt werden und kam auch für die Thyssen AG nicht in Betracht.

Der Gesetzgeber hatte bis zum Inkrafttreten des KonTraG die strikte Ansicht vertreten, daß der Erwerb eigener Aktien gegen das Verbot der Einlagenrückgewähr gem. § 57 AktG verstoße,[697] gesellschaftsrechtliche Schutzinteressen (Gleichbehandlung der Aktionäre, Gläubigerschutz) beeinträchtige und zu einem ungerechtfertigten Einfluß des Managements führe.[698]

Seit Inkrafttreten des KonTraG darf eine potentielle Zielgesellschaft gem. § 71 I Nr. 8 AktG Aktien nun auch aufgrund einer Ermächtigung der Hauptversammlung erwerben, die den niedrigsten und höchsten Gegenwert festlegt, wobei 10 % des Grundka-

---

693 Vgl. hierzu Hauschka/Roth, AG 1988, 181, 187; Herrmann, Zivilrechtliche Abwehrmaßnahmen, S. 92 ff.; Hopt, WM-Festgabe für Heinsius, WM 1991, 22, 27; Klein, NJW 1997, 2085, 2087; Otto, DB-Beilage, Nr. 12/88, 4, 8; Piepenburg, BB 1996, 2582, 2584; Salje, JA1990, 321, 323; Schander, BB 1997,1801,1803.

694 Aha, AG 1992, 218, 220; Assmann/Bozenhardt, Übernahmeangebote, S. 133, Hauschka/Roth, AG 1988, 181, 187; Lutter in: Kölner Kommentar, AktG, § 71 Rdnr. 24, Klein, NJW 1997, 2085, 2087; Kübler, Gesellschaftsrecht, S. 54 f.; Mestmäcker, Verwaltung, Konzerngewalt und Rechte der Aktionäre, S. 143 ff.; Michalski, AG 1997, 152, 155; Otto, DB-Beilage, Nr. 12/88, 2, 8; Rümker, Festschrift Heinsius, S. 683, 703; Ziebe, AG 1982, 175, 176; vgl. auch BFH v. 16.02.1977, AG 1977, 230 f.; a. A. wonach „eine Überfremdung einen schweren Schaden darstellt" Barz in: Großkomm., AktG, 3. Aufl., § 71 Anm. 7.

695 Gamerdinger/Saupe, AG 1976, 29, 34; Hefermehl-Bungeroth in: Geßler/Hefermehl, AktG, § 71 Rdnr. 56; Hüffer, AktG, § 71 Rdnr. 9.

696 BGHZ 33, 175, 176.

697 Der Rückerwerb entspricht wirtschaftlich der Rückgewährung einer Einlage und kann zu einer Aushöhlung des Grundkapitals und daher zur Gefährdung von Gläubigern führen, Claussen, DB 1998, 177, 179; Hüffer, AktG, § 71 Rdnr. 1; Lutter in: Kölner Kommentar, AktG, § 57 Rdnr. 32 u. § 71 Rdnr. 10.

698 Lutter in: Kölner Kommentar, § 71 Rdnr. 10, 12 mit Hinweis auf Begr. Reg.E zu § 68 bei Kropff, S. 90 f.; von Rosen/Helm, AG 1996, 434, 434 ff..

pitals gem. § 71 II AktG nicht überschritten werden dürfen.[699] Der Erwerb muß zudem aus freien Rücklagen erfolgen und es dürfen lediglich voll eingezahlte Aktien erworben werden. Vorgeschrieben ist aber nicht, daß der Ermächtigungsbeschluß den Erwerbszweck nennt, daher kann der Zweck des Eigenerwerbs durch die Hauptversammlung selbst festgelegt werden, ohne daß es hierfür eine inhaltliche Vorgabe gibt. Will die Hauptversammlung zudem in Abweichung vom Gleichbehandlungsgrundsatz die Aktien frei oder an Dritte zuteilen, so ist dies gem. § 71 I Nr. 8 S. 5 AktG zulässig, wenn die von der Rechtsprechung für den Bezugsrechtsausschluß geforderten Voraussetzungen vorliegen.[700] Allerdings muß die Hauptversammlung die Abweichung vom Gleichheitsgrundsatz beschließen; eine freie Zuteilung oder eine Zuteilung durch Dritte durch den Vorstand der Gesellschaft wäre als Verstoß gegen die Neutralitätspflicht zu qualifizieren.
Publikumsgesellschaften mit erhöhtem Streubesitz bekommen daher seit Inkrafttreten des KonTraG die Möglichkeit, die Übernahmegefahr durch den max. 10 %igen Erwerb eigener Aktien zu verringern, da sich neben der Verringerung des Streubesitzes die Aktienkurse wegen der gesteigerten Nachfrage erheblich erhöhen. Aufgrund der für die Durchführung des Rückkaufs notwendigen Ermächtigung der Hauptversammlung und des damit verbundenen langwierigen Einberufungsverfahrens kommt diese Maßnahme nur präventiv zur Abwendung von Übernahmeversuchen in Betracht. Allerdings besteht die Möglichkeit, „auf Vorrat" einen Beschluß über ein Rückkaufprogramm zu fassen, der allerdings nach 18 Monaten erneuert werden muß.[701]
Allerdings kann ein geplanter Erwerb eine kursrelevante Tatsache im Sinne des Insiderrechts darstellen und daher bei Vorliegen der Voraussetzungen des § 15 WpHG oder § 21 WpHG entsprechende Verhaltenspflichten auslösen, die den Vorgang transparent machen.
Seit Inkrafttreten des WpÜG ist schließlich die Frage aufgeworfen worden, ob der Aktienrückerwerb als ein Anwendungsfall einzuordnen ist. Diese Frage ist im Ergebnis zu bejahen. Zwar läßt sich aus § 2 I WpÜG keine konkrete Antwort herleiten, jedoch ergibt sich eine solche aus den Schutzzielen des Gesetzes. Abzustellen ist auf § 3 WpÜG und dem darin enthaltenen Übereilungsschutz, der auch bei Aktienrückkäufen notwendig ist.[702] Des weiteren widerspricht es im Rahmen feindlicher Übernahmen dem Grundsatz der Waffengleichheit, die Zielgesellschaft, die den Aktienrückerwerb als Abwehrmittel einsetzt, gegenüber außenstehenden Bietern zu privilegieren. Im Ergebnis ist somit zu folgern, daß auf ein öffentliches Angebot zum Rückerwerb eigener Aktien die Vorschriften der §§ 10 ff. WpÜG anwendbar sind.[703]

c) Wechselseitige Beteiligungen

Die Erfolgsaussichten feindlicher Übernahmen können des weiteren dadurch verringert werden, daß Aktiengesellschaften Aktien befreundeten Unternehmen überlassen,

[699] Vgl. Escher-Weingart/Kübler, ZHR 162 (1998), 537, 542 ff.; von Rosen/Helm, AG 1996, 434, 437 ff.; Kindl, DStR 1999, 1276, 1276 ff..
[700] Lingemann/Wasmann, BB 1998, 853, 860; Schander, NZG 2000, 339, 345.
[701] Schander, BB 1998, 2087, 2089.
[702] Fleischer/Körber, BB 2001, 2589, 2592.
[703] Vgl. Fleischer/Körber, BB 2001, 2589, 2595.

die ihrerseits wiederum dem angegriffenen Unternehmen Aktien zukommen lassen.[704] Über derartige wechselseitige Beteiligungen kann die Unternehmensverwaltung Anteile der eigenen Gesellschaft mittelbar über eine oder mehrere Gesellschaften kontrollieren. Der Einsatz wechselseitiger Beteiligungen ist lediglich im Hinblick auf die Höhe der Beteiligung und die Ausübung des Stimmrechts reglementiert.[705]
Durch den präventiven oder aktuellen Erwerb wechselseitiger Beteiligungen[706] verringert sich für den Übernehmer der Streubesitzanteil während gleichzeitig der Einfluß des Vorstands der Zielgesellschaft zunimmt.[707] Als Nachteile dieses durchaus wirksamen Abwehrmittels sind insbesondere der Flexibilitätsverlust aufgrund der gegenseitigen Abhängigkeit und die Verwässerung des Kapitals zu nennen.[708]
Wird die Schwelle einer Sperrminorität von 25 % erreicht, indem genügend Aktien aus dem freien Handel gezogen werden können, kann ein potentieller Übernehmer eine qualifizierte Mehrheit (z. B. im Hinblick auf § 103 I AktG) nicht mehr erreichen. Aufgrund wechselseitiger Beteiligungen - die nicht als unzulässige Einlagenrückgewähr zu qualifizieren sein dürfen[709] -, ist ein Übernahmeinteressent zudem gezwungen, in beiden beteiligten Unternehmen maßgeblichen Einfluß mittels hohen finanziellen Aufwandes zu erlangen. Stimmen die befreundeten Unternehmen in der Hauptversammlung des jeweils anderen im gegenseitigen Einverständnis ab, wird der Anteil freier Aktien ebenso reduziert wie die Aussichten einer erfolgreichen Übernahme.[710]
Der Erwerb einer Unternehmensbeteiligung macht im Hinblick auf die Holzmüller-Entscheidung nach der hier vertretenen Auffassung erst ab einer Beteiligung von mehr als 50 % eine ungeschriebene Mitwirkungsbefugnis der Hauptversammlung notwendig.[711] Einfache wechselseitige Beteiligungen fallen daher unter die Geschäftsführungskompetenz des Vorstandes.
Der Vorstand der Thyssen-AG hätte daher im Austausch gegen Aktien eines befreundeten Unternehmens eine wechselseitige Beteiligung erwerben können, um den Streubesitzanteil und damit die Chancen eines feindlichen Übernahmeangebotes zu verringern. Hierbei bestand aber das Problem, daß der Vorstand der Thyssen-AG nicht mit einem Angriff gerechnet hatte und erst kurz vor der geplanten Bekanntgabe des Angebotes von den Übernahmeplänen erfuhr. Daher konnten konkrete Abwehrmaßnahmen

---

[704] Zu wechselseitigen Beteiligungen näher: Adams, AG 1990, 63, 70 f.; Assmann/Bozenhardt, Übernahmeangebote, S. 134 ff.; Daum, Unkoordinierte Übernahme einer AG, S. 179 f.; Ebenroth/Rapp, DWiR 1991, 2, 5; Salje, JA 1990, 321, 324; Herrmann, Zivilrechtliche Abwehrmaßnahmen, S. 53 ff.; Klein, NJW 1997, 2085, 2089; Lutter/Schneider, ZGR 1975, 182, 197; Otto, DB-Beilage, Nr. 12/88, 2, 10; Rümker, Festschrift Heinsius, S. 683, 703 f..

[705] So greift insbesondere bei einfachen wechselseitigen Beteiligungen gem. § 19 AktG die Regelung des § 328 AktG ein; im Falle der Beherrschung i. S. v. § 17 AktG gelten für beherrschte Unternehmen die Restriktionen der §§ 71 d, 71 AktG, vgl. dazu näher Otto, DB-Beilage Nr. 12/88, 2, 10; Schanz, NZG 2000, 337, 346.

[706] Einfache wechselseitige Beteiligungen im Sinne von § 19 AktG sind gegeben, wenn jedem der beiden aneinander beteiligten Unternehmen jeweils mindestens 25 % der Anteile des anderen gehören. Besitzt hingegen ein Unternehmen eine Mehrheitsbeteiligung am anderen oder besteht ein beherrschender Einfluß gem. § 17 AktG, liegt eine qualifiziert wechselseitige Beteiligung vor; Münchener Kommentar, AktG, § 19 Rdnr. 33 ff.; Herrmann, Zivilrechtliche Abwehrmaßnahmen, S. 54 ff..

[707] Eingehender Herrmann, Zivilrechtliche Abwehrmaßnahmen, S. 53.

[708] Assmann/Bozenhardt, Übernahmeangebote, S. 135..

[709] Hettlage, AG 1981, 92, 97; Lutter in: Kölner Kommentar, AktG, § 57 Rdnr. 35.

[710] Adams, AG 1990, 63, 71; Salje, JA 1990, 321, 324.

[711] Vgl. S. 102 ff..

nur kurzfristig vorbereitet werden, während sich die Krupp-Hoesch AG bereits Monate vorher auf mögliche Abwehrstrategien der Thyssen AG einstellen konnte.
Um die Vorteile einer wechselseitigen Beteiligung angesichts einer drohenden Übernahme nutzen zu können, hätte zunächst ein geeignetes befreundetes Unternehmen gefunden werden müssen. Insbesondere wäre auszuschließen gewesen, daß ein solches Unternehmen nicht im nachhinein auf die Seite der Krupp-Hoesch AG getreten wäre. Dann hätte eine hinreichende Anzahl von Thyssen-Aktien aus dem Handel gezogen und dem befreundeten Unternehmen – im Gegenzug gegen deren Aktien - überlassen werden müssen. Aufgrund der nicht unerheblichen Vorbereitungszeit für eine derartige Abwicklung, ist eine wechselseitige Beteiligung zur präventiven Abwehr eher geeignet, als wenn eine konkrete Übernahme bereits droht. Dieses Abwehrmittel hätte daher für den Thyssen-Vorstand nur in dem Fall in Betracht gezogen werden können, daß bereits im Vorfeld Absprachen mit Unternehmen für den Fall eines feindlichen Übernahmeversuchs getroffen worden waren.

d) Unzulässigkeit sog. „Poison Pills"

Unter der in den USA als Vorbeugungsmaßnahme gebräuchlichen Ausgabe besonderer Vorzugstitel, sog. „Poison Pills" (Giftpillen), versteht man den vorsorglich gefaßten satzungsmäßigen Ausschluß des Übernehmers von der Ausübung von Rechten, die allen anderen Aktionären für den Fall eines Übernahmeversuchs zustehen.[712]
In der Praxis werden zumeist drei Grundformen der Poison Pills unterschieden. Flip-Over Plans bezeichnen das Recht der Aktionäre der Zielgesellschaft, Aktien der übernehmenden Gesellschaft zu besonders günstigen Konditionen zu erwerben. Diese günstigen Konditionen stehen jedoch nicht dem Übernehmer zu, so daß er von diesem Vorzugsrecht ausgeschlossen wird. Der Unterschied der Flip-In Plans besteht lediglich darin, daß bei einem takeover die Zielgesellschaft selbst berechtigt sein soll, die verbilligten Aktien des Übernehmers zu erwerben. Bei den sog. Back-End Plans oder der verfeinerten Variante der Poison Debts macht die Verwaltung der Zielgesellschaft allen Aktionären – nicht aber dem Übernehmer – das Angebot, ihre Aktien bei der Gesellschaft gegen Schuldverschreibungen einzutauschen.[713]
Erreicht wird durch die verschiedenen Formen dieser Methode zumeist die Verwässerung des Aktienbesitzes des Übernehmers ab dem Erreichen eines bestimmten Schwellenwertes.[714] Diese Bestimmungen sind jedoch insgesamt nach deutschem Recht unzulässig, weil sie gegen den Gleichbehandlungsgrundsatz des § 53a AktG verstoßen.[715] Die Gestaltung eines Flip-over plans kann zudem einen unzulässigen Vertrag zu Lasten Dritter darstellen, da der Übernehmer von den günstigen Konditio-

---

712 Vgl. Daum, Unkoordinierte Übernahme einer AG, S. 180 ff.; Ebenroth/Eyles, RIW 1988, 413, 424; von Falkenhausen, Festschrift Stiefel, S. 163, 182; Frank/Moreland, RIW 1989, 764, 764 ff.; Hauschka/Roth, AG 1988, 181,189, Meier-Schatz, SAG 1988, 106, 108; Menichetti, WiSt 1990, 521, 521 ff.; Paefgen, AG 1991, 189, 189 ff.; Peltzer, ZIP 1989, 69, 73; Watter, Unternehmensübernahmen, S. 355; Trockels, ZVglRWiss 89, (1990) 56, 98 ff.; Weimar/Breuer, BB 1991, 2309, 2314 ff..

713 Vgl. zu den verschiedenen Formen der Poison Pills: Ebenroth/Eyles, RIW 1988, 413, 424; Hauschka/Roth, AG 1988, 81, 189 f.; Weimar/Breuer, BB 1991, 2309, 2315 f..

714 Peltzer, ZIP 1989, 69, 73; Weimar/Breuer, BB 1991, 2309, 2316.

715 Daum, Unkoordinierte Übernahme einer AG, S. 180 f.; Hauschka/Roth, AG 1988, 181, 190; Weimar/Breuer, BB 1991, 2309, 2316.

nen ausgeschlossen wird.[716] Bei den Back-End plans liegt ein Verstoß gegen § 71 AktG vor, wenn mehr als 10 % der Aktionäre von dem Angebot Gebrauch machen und keine Kapitalherabsetzung gem. §§ 237 ff AktG stattfindet.[717]
Aufgrund des Verstoßes der Poison Pills gegen das deutsche Gesellschaftsrecht schieden die damit verbundenen Möglichkeiten der Abwehr feindlicher Übernahmen für die Thyssen AG aus.

e) Stimmrechtsbeschränkung und Ausgabe vinkulierter Namensaktien

Nach § 134 I S. 2 AktG a. F. konnten bis zur letzten Aktienrechtsreform mittels entsprechender Satzungsbestimmung die Stimmrechte einzelner Aktionäre auf einen bestimmten Prozentsatz beschränkt werden.[718] Allerdings entfaltete die Einführung von Höchststimmrechten als Abwehrmaßnahme in der Praxis nicht immer ihre Wirkung, da sie durch Strohmänner oder Stimmrechtskonsortien relativ einfach zu umgehen waren.[719]
Als Schutzmechanismus waren die Höchststimmrechte insbesondere aber aufgrund der mit ihnen verbundenen negativen Effekte rechtspolitisch umstritten. Die für die Funktionsfähigkeit des Kapitalmarktes erforderliche Fungibilität der Aktie, die Stärkung der Verwaltungsposition gegenüber den Aktionären und die Steigerung des Bankeneinflusses aufgrund des Depotstimmrechts waren Gründe für die Abschaffung des Höchststimmrechts. Nach der Änderung des AktG durch das KonTraG ist die Möglichkeit der Einführung von Höchststimmrechten gem. § 134 I S. 2 AktG auf nicht börsennotierte Gesellschaften begrenzt worden.[720]
Die Thyssen-AG hatte zur Zeit des Übernahmeversuchs ein derartiges Höchststimmrecht ohnehin nicht verankert, so daß der Einsatz dieser Abwehrmaßnahme entfiel.

Schutz vor feindlichen Übernahmen hätte ebenfalls die Schaffung vinkulierter Namensaktien gem. § 68 II AktG bieten können, welche nur nach Zustimmung durch die Gesellschaft veräußert werden dürfen. Zu beachten ist hierbei, daß, wenn kein Fall des § 68 II Nr. 4 AktG vorliegt, das zuständige Gesellschaftsorgan die Zustimmung zur Übertragung nicht allein deshalb verweigern darf, weil ein feindlicher Übernahmeversuch abgewehrt werden soll. Die Verweigerung der Zustimmung wird als rechts-

---

716 Hauschka/Roth, AG 1988, 181, 190.
717 Daum, Unkoordinierte Übernahme einer AG, S. 182; Hauschka/Roth, AG 1988, 181, 190; Peltzer, ZIP 1989, 69, 74.
718 Zu § 134 I S. 2 a. F. AktG: Adams, AG 1990, 63, 70 f.; Assmann/Bozenhardt, Übernahmeangebote, S. 120 ff.; Baums AG 1990, 221, 221 ff.; Bozenhardt, Freiwillige Übernahmeangebote, S. 169; Daum, Unkoordinierte Übernahme einer AG, S. 149; Haberlandt, BB 1975, 353, 353 ff.; Herrmann, Zivilrechtliche Abwehrmaßnahmen, S. 24 ff.; Knoll, Übernahme von Kapitalgesellschaften, S. 247; Otto, DB-Beilage Nr. 12/88, 2, 6 f.; Salje, JA 1990, 321, 323; Werner, Probleme feindlicher Übernahmen, S. 20 ff.; Zöllner/Noack, AG 1991, 117, 118.
719 Bereits die Übernahme der Hoesch AG durch die Krupp AG hatte trotz einer bestehenden Stimmrechtsbeschränkung bei der Hoesch AG nicht verhindert werden können, vgl. zur Übernahme Krupp-Hoesch: Wirtschaftswoche, 18.10.1991, S. 170 ff.; Der Spiegel, Nr. 42/1991, S. 156 ff..
720 Vgl. dazu Lingemann/Wasmann, BB 1998, 853, 854 f..

mißbräuchlich angesehen, wenn sie allein aus dem Grund erfolgt, einen neuen Mehrheitsgesellschafter abzuwehren.[721]
Bei der nachträglichen Schaffung von vinkulierten Namensaktien ist jedoch gem. § 180 II AktG die Zustimmung aller Aktionäre erforderlich, die bei einer Publikumsgesellschaft wie der Thyssen-AG praktisch nicht erhältlich war.[722]

f) Einsatz genehmigten Kapitals unter Ausschluß des Bezugsrechts

Obwohl auf der Hauptversammlung der Thyssen AG am 14. März 1997 der Vorstand auf entsprechende Anfrage erklärt hatte, daß Kapitalmaßnahmen nicht geplant seien, hatte sich die Situation nach dem Bekanntwerden der Übernahmepläne der Krupp-Hoesch AG grundlegend geändert.
Die Thyssen AG verfügte über ein genehmigtes Kapital in Höhe von DM 350 Mio. (sog. Genehmigtes Kapital I), bei dem ein Bezugsrechtsausschluß der Aktionäre grundsätzlich nicht möglich war. Sie verfügte zudem über ein genehmigtes Kapital in Höhe von DM 150 Mio. (sog. Genehmigtes Kapital II), bei dem gem. § 186 III S. 4 AktG das Bezugsrecht ausgeschlossen werden konnte.
Mit der zu diesem Zeitpunkt bei deutschen Aktiengesellschaften verbreiteten Schaffung des sog. Genehmigten Kapitals II, das als Finanzierungsinstrument auf den Ausschluß des Bezugsrechts angelegt war, hatte sich die Thyssen AG auf die durch das „Holzmann"-Urteil rigide Rechtslage eingestellt. Die Beschlußfassung über das Genehmigte Kapital II wurde in der Hauptversammlung von dem Beschluß über das Genehmigte Kapital I, bei dem das Bezugsrecht nicht ausgeschlossen wurde, separiert. Die Beschlußfassung über das Genehmigte Kapital II bildete einen selbständigen Tagesordnungspunkt mit der Folge, daß die befürchteten Anfechtungsklagen ebenfalls auf diesen Punkt beschränkt werden mußten.[723]
Das „Genehmigte Kapital" ist vom Gesetzgeber in den §§ 202 ff. AktG als Verfahren zur erleichterten Kapitalaufnahme ausgestaltet und sowohl als Finanzierungsinstrument der Gesellschaft als auch unter gewissen Voraussetzungen als Abwehrmittel gegen feindliche Übernahmen einsetzbar.[724] Der Thyssen-Vorstand war daher gezwungen, auch Kapitalmaßnahmen zur Abwehr des Übernahmeangebots zu erwägen.
Der Einsatz des Genehmigten Kapital I, bei welchem den Thyssen-Aktionären das gesetzliche Bezugsrecht belassen wird, hätte bewirken können, daß durch die Erhöhung des Gesamtbestandes an Thyssen-Aktien die Krupp-Hoesch AG gezwungen gewesen wäre, zusätzliches Kapital aufzubringen, um die Kontrolle zu erlangen. Wenn, wie beim Genehmigten Kapital II, das Bezugsrecht der Aktionäre ausgeschlossen und darüber hinaus die neuen Aktien befreundeten Dritten überlassen worden wären, hätten sich hingegen die Beteiligungsquoten zuungunsten der Krupp-Hoesch AG verschoben.

---

[721] Marquardt, WIB 1994, 537, 538; Schanz, NZG 2000, 337, 341; Ausnahme ggf. bei vorwerfbarer Schädigungsabsicht des Erwerbers, vgl. Mertens in: Kölner-Kommentar, AktG, § 76 Rdnr. 26.
[722] Vgl. zu § 68 II AktG als Abwehrmaßnahme: Assmann/Bozenhardt, Übernahmeangebote, S. 117 ff.; Bozenhardt, Freiwillige Übernahmeangebote, S. 165 ff.; Herrmann, Zivilrechtliche Abwehrmaßnahmen, S. 60 ff.; Hopt, WM-Festgabe für Heinsius, WM 1991, 22, 27; Klein, NJW 1997, 2085, 2086 f.; Otto, DB-Beilage, Nr. 12/88, 2, 6; Schander, BB 1997, 1801, 1802.
[723] Heinsius, Festschrift für Kellermann, S. 115, 115 f..
[724] Stoll, BB 1989, 301, 303; Peltzer, ZKW 1988, 577, 580; Schander, BB 1997, 1801, 1803.

aa) Genehmigtes Kapital I

Die Krupp-Hoesch AG mußte angesichts des finanziellen Risikos darauf bedacht sein, drohende Gefahren bei der Erlangung der Stimmenmehrheit durch die auch praktisch sicherste vertragliche Vorkehrungen auszuschließen. Deshalb war als Vorkehrung gegen die Nutzung des Genehmigten Kapitals I vorgesehen, daß mit der Annahme des Übernahmeangebots die Krupp-Hoesch AG gleichzeitig und unwiderruflich ermächtigt werden sollte, bis zum Wirksamwerden des Kauf- und Übertragungsvertrages bei allen etwaigen Kapitalmaßnahmen der Thyssen AG, bei denen den Aktionären ein Bezugsrecht zusteht, das Bezugsrecht im eigenen Namen und für eigene Rechnung auszuüben.[725]
Einer Verteuerung des Anteilserwerbs durch die neu ausgegebenen Thyssen-Aktien an annahmewillige Thyssen-Aktionäre hätte auch durch eine entsprechende vorbeugende Gestaltung des Angebotspreises im Übernahmeangebot entgegengewirkt werden können, wenn die Krupp-Hoesch AG zur Ausübung der Bezugsrechte im eigenen Namen und für eigene Rechte nicht ermächtigt worden wäre. In diesem Fall hätte das geplante Übernahmeangebot eine Formulierung derart enthalten müssen, daß bei Durchführung einer Kapitalmaßnahme der Thyssen AG mit Bezugsrecht der Aktionäre vor Ablauf der Annahmefrist sich der Angebotspreis sowohl für die alten Thyssen-Aktien, als auch für die neuen Aktien um einen Betrag in Höhe des Durchschnittskurses des Bezugsrechts ermäßigt.

Auf Art. 19 des Übernahmekodex hätte sich ein Anspruch der Krupp-Hoesch AG auf Unterlassung von Kapitalmaßnahmen durch Nutzung des Genehmigten Kapitals I nicht stützen können. Art. 19 des Übernahmekodex verbot dem Vorstand der Zielgesellschaft zwar, nach Bekanntgabe eines öffentlichen Angebots und bis zur Offenlegung des Ergebnisses des Angebotes Maßnahmen zu ergreifen, die dem Interesse der Wertpapierinhaber, von dem Angebot Gebrauch zu machen, zuwiderliefen. Exemplarisch wurde hierbei auch die Ausgabe neuer Wertpapiere genannt. Diese Regelung war im Zusammenhang mit Art. 3 des Übernahmekodex zu sehen, wonach die Zielgesellschaft während der Angebotslaufzeit verpflichtet war, jegliche Maßnahmen zu unterlassen, die außergewöhnliche Kursbewegungen bei ihren Wertpapieren auslösen konnte.
Aus der Anerkennung der als Empfehlungen ausgestalteten Regeln des Übernahmekodex folgte jedoch kein konkreter vertraglicher Anspruch des potentiellen Bieters auf Unterlassung von Kapitalmaßnahmen in der Zielgesellschaft. Anders als die früheren Leitsätze für Übernahmeangebote von 1979[726] erlangten die Regelungen des Übernahmekodex zwar eine gewisse Rechtsverbindlichkeit über die als privatrechtlichen

[725] Siehe S. 76 ff..
[726] Börsensachverständigenkommission beim BMF, Leitsätze für öffentliche freiwillige Kauf- und Umtauschangebote bzw. Aufforderungen zur Abgabe derartiger Angebote in amtlich notierten oder im geregelten Freiverkehr gehandelten Aktien bzw. Erwerbsrechten, Januar 1979; BMF-Finanznachrichten 6/1979 vom 31.1.1979, S. 2 ff., abgedruckt in: Baumbach-Duden-Hopt, HGB, 2. Teil (18).

Vertrag zu qualifizierende Anerkennung des Art. 21 Übernahmekodex, bildeten jedoch keine Anspruchsgrundlage.[727]
Entscheidend war jedoch, daß die maßgebliche Vorschrift des Art. 19 Übernahmekodex nicht unmittelbar den Schutz der Bietergesellschaft bezweckte, sondern den Schutz der Aktionäre der Zielgesellschaft. Diesen sollte bei Vorliegen eines Übernahmeangebotes die faire Chance gegeben werden, das Angebot zu prüfen. Konsequenterweise wurde daher deren Interesse, von dem Angebot Gebrauch zu machen, als gegenüber dem Interesse des Vorstands der Zielgesellschaft an Abwehrmaßnahmen vorrangig angesehen.[728] Hierin erschöpfte sich der Regelungszweck des Art. 19 Übernahmekodex. Dies belegte zum einen der Umstand, daß die Neutralitätspflicht des Vorstands der Zielgesellschaft nur für die Zeit zwischen öffentlicher Bekanntmachung des Angebots und der Annahmefrist vorgeschrieben wurde und zum anderen, daß die Aktionäre der Zielgesellschaft gem. Art. 19 S. 3 des Kodex das grundsätzliche Verbot von Kapitalmaßnahmen während der Angebotslaufzeit durch Zustimmung in der Hauptversammlung suspendieren konnten, ohne daß der Bieter hierauf Einfluß hätte nehmen können.[729]
Auf die fehlende Geltung der Neutralitätspflicht vor Abgabe des offiziellen Übernahmeangebots berief sich nach dessen Ankündigung durch die Krupp-Hoesch AG auch Dr. Vogel als Vorstandsvorsitzender der Thyssen AG.[730] Hieran zeigte sich erneut die Schwäche des Übernahmekodex, den Schutz der Aktionäre der Zielgesellschaft erst mit der öffentlichen Bekanntmachung einsetzen zu lassen. Kapitalmaßnahmen zwischen Ankündigung des Angebots und dessen öffentlicher Bekanntmachung können aber den gleichen Verteuerungs- und Verwässerungseffekt haben, wie nach der öffentlichen Bekanntmachung.
Der dargestellte Zweck des Art. 19 Übernahmekodex stimmt mit dem des § 33 I WpÜG überein. Trotz der nunmehr gesetzlichen Geltung der hierin verankerten Neutralitätspflicht bleibt der Schutz der Aktionäre der Zielgesellschaft maßgeblicher Zweck der Vorschrift. Die zu empfehlende zeitliche Vorverlagerung der Geltung der Neutralitätspflicht ist ungeachtet dessen nicht in das WpÜG aufgenommen worden, so daß ein Schutzeffekt erst mit der Entscheidung zur Abgabe des Übernahmeangebots einsetzt, obwohl auch bei Kapitalmaßnahmen, wie aufgezeigt, ein vorangehender Schutzbedarf besteht.

bb) Genehmigtes Kapital II

Gem. §§ 202 ff. AktG kann der Vorstand einer AG von der Hauptversammlung mit einer Dreiviertel-Mehrheit ermächtigt werden, innerhalb der nächsten fünf Jahre das Grundkapital durch die Ausgabe neuer Aktien zu erhöhen. Mit Zustimmung des Aufsichtsrats kann der Vorstand gem. § 202 III S. 2 AktG von dieser Ermächtigung Gebrauch machen und junge Aktien ausgeben. Aufgrund des in § 186 I AktG enthaltenen Verwässerungsgebots müssen solche Aktien jedoch grundsätzlich zunächst den

[727] Assmann, AG 1995, 563, 564.
[728] Anmerkungen der Übernahmekommission zum Übernahmekodex, S. 28.
[729] Vgl. Anmerkungen der Übernahmekommission zum Übernahmekodex, S. 13.
[730] manager-magazin, Mai 1997, S. 46, 54.

Altaktionären angeboten werden, die gem. § 203 I S. 1 i. V. m. § 186 I S. 1 AktG das Recht zum Erwerb der neuen Aktien entsprechend ihres Anteils haben, weil deren Stimmrechtsanteil am Grundkapital sonst sinken würde.
In seiner vollständigen Effizienz kann die genehmigte Kapitalerhöhung durch die Festlegung des Übernehmers auf niedrigere Quoten als Abwehrmittel jedoch nur eingesetzt werden, wenn der Bieter vom Bezugsrecht ausgeschlossen wird.[731] Bei einer solchen Kapitalerhöhung kann eine derart große Menge neuer Aktien bei einem Kreis befreundeter Investoren untergebracht werden und dadurch der Anteil des Streubesitzes am Grundkapital soweit abgesenkt werden, daß dessen Erwerb dem Übernahmeinteressenten erst gar nicht die erforderliche Mehrheit verschaffen würde.[732]
Das Bezugsrecht konnte im Falle des genehmigten Kapitals bisher nur unter engen formellen und materiellen Voraussetzungen ausgeschlossen werden.
Formell verlangen §§ 202, 203 i.V.m § 186 III AktG zunächst einen Beschluß der Hauptversammlung mit mindestens einer Dreiviertel-Mehrheit des bei der Beschlußfassung vertretenen Grundkapitals. Dieser Beschluß darf gem. § 186 IV AktG erst nach ausdrücklicher und ordnungsgemäßer Bekanntmachung der Tagesordnung nach § 124 AktG und Vorlage eines schriftlichen Berichts des Vorstands über den Ausschlußgrund und den Ausgabebetrag ergehen. § 186 IV AktG ist auch anzuwenden, wenn der Vorstand gem. § 203 II AktG ermächtigt worden ist, das Bezugsrecht der Aktionäre auszuschließen und den berechtigten Personenkreis selbst zu bestimmen.
Darüber hinaus hat der BGH jedoch mehrfach die rechtlichen Grenzen des Bezugsrechtsausschlusses definiert, obwohl das Aktienrecht selbst für den Bezugsrechtsausschluß keine materiellen Voraussetzungen vorsieht.[733] Grund hierfür waren die für die Altaktionäre aus einem Bezugsrechtsausschluß resultierenden Nachteile, die sich aus der Verringerung der Beteiligungsquote sowie der möglichen Verminderung des Substanzwertes und des Gewinn- und Liquidationsanteils der Altaktien ergeben können.[734]
In der „Kali und Salz"-Entscheidung des BGH von 1978[735] hat der BGH die Basis der materiellen Beschlußkontrolle gelegt. Danach durfte bei einer Kapitalerhöhung, gleich welcher Art, das Bezugsrecht der Aktionäre nur ausgeschlossen werden, wenn „sich bereits im Zeitpunkt der Beschlußfassung konkrete Entwicklungen abzeichnen, die im Falle ihres Eintritts ein sachlich berechtigtes Gesellschaftsinteresse an einem solchen Eingriff in die Vermögensrechte der Aktionäre begründen". Eine entsprechende Voraussetzung stellte der BGH im „Holzmann"-Urteil[736] für die Ermächtigung zum Bezugsrechtsausschluß bei der Beschlußfassung über ein genehmigtes Kapital nach §§ 202, 203 II AktG auf. Hierin forderte der BGH bereits für die Ermächtigung des Vorstands zum Bezugsrechtsausschluß, daß „nach der gegenwärtigen Lage der Gesell-

731 Salje, JA 1990, 321, 324; Werner, Probleme feindlicher Übernahmen, S. 23; vgl. auch Süddeutsche Zeitung vom 23.5.1989, S. 23.
732 Klein, NJW 1997, 2085, 2087 f; Hopt, WM-Festgabe für Heinsius, WM 1991, 22, 26; Otto, DB-Beilage Nr. 12/88, 2, 8.
733 BGHZ 71, 40, 46 „Kali und Salz"; 83, 319, 320 „Holzmann"; BGH ZIP 1997, 1499, 1499 ff. „Siemens/Nold".
734 Vgl. Schwark, Festschrift Claussen, S. 357, 361.
735 BGHZ 71, 40, 40 ff..
736 BGHZ 83, 319, 319 ff..

schaft und dem Stand der Pläne für ihre Zukunft konkrete Anhaltspunkte dafür gegeben sind, es könnte sich innerhalb der dem Vorstand eingeräumten Frist als notwendig und auch im Hinblick auf die Interessen der betroffenen Aktionäre als vertretbar erweisen, bei der Ausgabe neuer Aktien das Bezugsrecht auszuschließen." Eine Ermächtigung „auf Vorrat" war nach dieser Rechtsprechung unzulässig. Über die konkreten Anhaltspunkte sollte der Vorstand der Hauptversammlung, die die Ermächtigung zu beschließen hatte, Bericht erstatten. Dafür sollte es nicht ausreichen, daß die Gründe für den Bezugsrechtsausschluß nur abstrakt umschrieben oder als theoretische Möglichkeit aufgezeigt werden.[737] Die potentielle Gefahr eines zukünftigen Übernahmeversuchs konnte daher nicht als Grundlage für die Ermächtigung des Vorstandes zum Bezugsrechtsausschluß genutzt werden.[738]
Nach diesen beiden Entscheidungen des BGH kam das genehmigte Kapital als Mittel zur Abwehr feindlicher Übernahmen praktisch nicht mehr in Betracht, weil bei der Einrichtung des genehmigten Kapitals der Einsatzzweck noch nicht konkret umschrieben werden konnte und daher als verbotene Vorratsermächtigung unzulässig war.[739] Andererseits war die Hauptversammlung der Zielgesellschaft nicht flexibel genug, um bei einer drohenden feindlichen Übernahme umgehend eine Kapitalerhöhung beschließen zu können.
Mit dem sog. Gesetz für kleine Aktiengesellschaften und zur Deregulierung des Aktienrechts vom 2.8.1994[740] wurde § 186 III S. 4 AktG eingeführt. Danach ist ein Bezugsrechtsausschluß ohne weitere materielle Voraussetzungen zulässig, wenn die Kapitalerhöhung gegen Bareinlagen 10 % des Grundkapitals nicht übersteigt und der Ausgabebetrag den Börsenpreis nicht wesentlich unterschreitet. Liegen die formalen Voraussetzungen des § 186 III S. 4 AktG vor, ist das – insofern vom Gesetzgeber anerkannte – ungeschriebene Merkmal der sachlichen Rechtfertigung des Bezugsrechtsausschlusses als gegeben anzusehen. In den Fällen des § 186 III S. 4 AktG ergibt sich die sachliche Rechtfertigung daher unter den dort genannten Voraussetzungen kraft Gesetzes aus dem vom Vorstand darzulegenden Finanzierungsinteresse der Gesellschaft. Die Zielgesellschaft war jedoch gezwungen, die Grenzen dieser Vorschrift nicht zu überschreiten,[741] um der Bietergesellschaft dadurch nicht die Gelegenheit zu geben, den Einsatz dieses Abwehrmittels zu verhindern.

Die Thyssen AG verfügte über ein Genehmigtes Kapital II in Höhe von 150 Mio. DM, bei welchem das Bezugsrecht nach der Regelung des § 186 III S. 4 AktG ausgeschlos-

---

[737] BGHZ 83, 319, 320.

[738] Bungert, NJW 1998, 488, 492; Klein, NJW 1997, S. 2085, 2088; Otto, DB-Beilage. 2, 9; Rümker, Festschrift für Heinsius, S. 683, 702.

[739] Das Deutsche Bank-Urteil vom 07.03.1994 - BGHZ 125, 239, 239 ff. - brachte in dieser Hinsicht keine wesentliche Besserung. Zwar wurde hier erstmals ein unternehmerischer Ermessensspielraum für eine wirtschaftliche Prognoseentscheidung beim Bezugsrechtsausschluß anerkannt; für die Nutzung genehmigten Kapitals zur Abwehr feindlicher Übernahmen hatte dieses Urteil jedoch keine praktischen Auswirkungen.

[740] BGBl. I 1994, 1961; dazu Hoffmann-Becking, ZIP 1995, 1, 1ff.; Kindler, NJW 1994, 3041, 3041 ff.;

[741] Ein Versuch der Hypobank, die Vorschrift des § 186 III S. 4 AktG auszudehnen, war bereits 1996 gescheitert; eine mehrfache Ermächtigung des Vorstands zum Bezugsrechtsausschluß, die insgesamt die 10 % - Grenze des § 186 III S. 4 AktG übersteigt, wurde für unzulässig erklärt, vgl. LG München, AG 1996, 138, 138 und OLG München, NJW-RR 1997, 871, 871; dazu Harrer, DStR 1997, 254, 254 ff.; Kindler, DZWiR 1997, 26, 28.

sen werden konnte. Der Einsatz des genehmigten Kapitals hätte der Krupp-Hoesch AG die geplante Übernahme erschweren können. Mit der Ausnutzung des genehmigten Kapitals wäre der Gesamtaktienbestand in der Thyssen AG erhöht und damit die Erlangung eines bestimmten Schwellenwertes für die Krupp-Hoesch AG verteuert worden. Die beim genehmigten Kapital unter Ausschluß des Bezugsrechts in Betracht zu ziehende Ausgabe junger Aktien an Dritte - dem Vorstand wohlgesonnene Aktionäre[742] - im Nennbetrag von 150 Millionen hätte zudem den Kaufpreis für die Krupp-Hoesch AG um so mehr verteuern können, je günstiger die jungen Aktien den Dritten vom Thyssen-Vorstand zur Verfügung gestellt worden wären. Im Fall einer Sachkapitalerhöhung wäre himzugekommen, daß der Erwerb unter Umständen nicht zu dem unternehmerischen Konzept des Bieters gepaßt hätte.

Im Zusammenhang mit dem Genehmigten Kapital II stellt sich aufgrund dieser Auswirkungen die Frage, ob der Vorstand der Thyssen AG die Ermächtigung zu Kapitalerhöhungen mit vereinfachtem Bezugsrechtsausschluß gezielt hätte einsetzen dürfen, um ein Übernahmeangebot der Krupp-Hoesch AG abzuwehren und um bestimmte neue Aktionäre, die ihm wohlgesonnen gewesen wären, zu gewinnen.

Zu beachten sind dabei die negativen Auswirkungen einer Kapitalerhöhung unter Bezugsrechtsausschluß für die Altaktionäre, die faktisch zweifach geschädigt werden. Zum einen greift der Bezugsrechtsausschluß in ihr Mitgliedschaftsrecht ein und zum anderen wird ihnen bei einer erfolgreichen Abwehr des Übernahmeversuchs die Möglichkeit genommen, ihre bisherigen Aktien zu dem von der Bietergesellschaft gebotenen höheren Preis zu verkaufen.[743] Des weiteren ermöglicht eine Verteidigung unter Bezugsrechtsausschluß den weitgehenden Mißbrauch einer solchen Abwehrmaßnahme, da sie es der Verwaltung in Kooperation mit ihr wohlgesonnenen Dritten ermöglicht, sich dem Wettbewerb zu entziehen und auf diesem Wege die Funktionsfähigkeit des Marktes für Unternehmenskontrolle anzugreifen.[744]

Ratio der Vorschrift des § 186 III S. 4 AktG ist zudem die Erleichterung der Unternehmensfinanzierung durch Eigenkapital.[745] Eine Erhöhung des Kapitals aus dem Genehmigten Kapital II im Stadium der Übernahme der Thyssen AG durch die Krupp-Hoesch AG hätte jedoch nicht der Finanzierung des Unternehmens, sondern ausschließlich der Steuerung dessen Mitgliederkreises gedient, was insoweit nicht der gesetzgeberischen Intention entsprochen hätte. Die Instrumentalisierung des § 186 II S. 4 AktG im Rahmen einer Übernahmeauseinandersetzung dürfte mithin unter Beachtung der soeben dargestellten negativen Auswirkungen des Bezugsrechtsausschlusses unzulässig sein.

Aufgrund dessen kam für die Thyssen AG der Einsatz des Genehmigten Kapitals II als Abwehrstrategie im Ergebnis nicht in Betracht.

---

[742] Zur Einschaltung eines sog. „White Knights" noch näher S. 197 ff..

[743] Wolf, AG 1998, 212, 213.

[744] Wolf, AG 1998, 212, 213.

[745] Begründung der Fraktion, BT-Drucks. 12/6721, S. 10.

cc) Liberalisierung des Bezugsrechts durch das „Siemens-Nold"- Urteil

(1) Das„Siemens-Nold"-Urteil[746]

Der BGH hat im „Siemens-Nold"-Urteil seine Rechtsprechung zum genehmigten Kapital unter Bezugsrechtsausschluß liberalisiert und dadurch zugleich neue Perspektiven für die Abwehr feindlicher Übernahmen geschaffen, die der Thyssen AG zum damaligen Zeitpunkt noch nicht zur Verfügung standen.
Der Kläger, ein Aktionär der Siemens AG, hatte gegen die Beschlüsse der Hauptversammlung, die den Vorstand ermächtigten, das Kapital um insgesamt 800 Mio. DM zu erhöhen, wobei bezüglich des Genehmigten Kapitals II in Höhe von 300 Mio. DM das Bezugsrecht ausgeschlossen sein sollte, Anfechtungsklage erhoben.[747] Das Landgericht hatte der Klage insoweit stattgegeben, als sie sich gegen den Beschluß über das Genehmigte Kapital II richtete.[748] Das Urteil wurde vom Berufungsbericht bestätigt.[749] Nach seiner bisherigen Rechtsprechung[750] hätte der BGH den Hauptversammlungsbeschluß aufheben müssen, da bei einer Sachkapitalerhöhung das Bezugsrecht bis dahin lediglich ausgeschlossen werden durfte, wenn eine solche Maßnahme durch konkrete sachliche Gründe im Interesse der Gesellschaft gerechtfertigt werden konnte.[751] Obwohl diese Voraussetzungen nicht vorlagen, legte der BGH dem EuGH die Frage vor, ob diese Rechtsprechung mit der Zweiten Gesellschaftsrechtlichen EG-Richtlinie, der Kapitalschutzrichtlinie, zu vereinbaren sei.[752] Der EuGH bejahte diese Frage,[753] trotzdem gab der BGH seine bisherige Rechtsprechung zur sachlichen Rechtfertigung des Bezugsrechtsausschlusses im „Siemens/Nold"-Urteil vom 23.06.1997 auf.
Die mit dem neuen Urteil verbundene vollständige Aufgabe des „Holzmann"-Urteils[754] begründet der BGH damit, daß die gestellten Anforderungen an den Bezugsrechtsausschluß im Rahmen des genehmigten Kapitals „zu streng und nicht praktikabel" gewesen seien. Um dem Institut des genehmigten Kapitals die in Anpassung an den Kapitalmarkt notwendige Flexibilität wieder zu verleihen und insbesondere bei Unternehmenserweiterungen rasche Entscheidungen zu ermöglichen, müßten die Anforderungen neu bestimmt werden.[755]
Die „Siemens-Nold"-Entscheidung sieht zunächst vor, daß die Hauptversammlung im Rahmen des genehmigten Kapitals das Bezugsrecht der Aktionäre gem. §§ 203 I S. 1, 186 III AktG ausschließen oder den Vorstand gem. §§ 203 II AktG zum Bezugsrecht-

[746] BGH AG 1997, 465 ff..
[747] BGH ZIP 1997, 1499, 1499.
[748] LG München I, WM 1992, 1151, 1154 f..
[749] OLG München, WM 1993, 840, 842 ff..
[750] Vgl. noch BGHZ 125, 239, 241.
[751] Zu dem Genehmigten Kapital II wurde der Hauptversammlung im fraglichen Fall jedoch ein Vorstandsbericht vorgelegt, der die Beschränkung der Ausnutzung auf zwei Fälle vorsah. Zum einen sollten die Aktien der Belegschaft angeboten werden können, zum anderen sollte die Gesellschaft in die Lage versetzt werden, „in geeigneten Einzelfällen Beteiligungen gegen Überlassung von Stammaktien der AG erwerben zu können." Diesem wenig detailgenau umschriebenem Ziel sollte der Bezugsrechtsausschluß Rechnung tragen – vgl. BGH ZIP 1997, 1499, 1499.
[752] BGH WM 1995, 390, 390 ff..
[753] EuGH WM 1996, 2200, 2200 ff..
[754] BGHZ 83, 319, 319 ff..
[755] BGH ZIP 1997, 1499, 1500.

sausschluß ermächtigen kann, wenn die „Maßnahme, zu deren Durchführung der Vorstand ermächtigt werden soll, im wohlverstandenen Interesse der Gesellschaft liegt und der Hauptversammlung allgemein und in abstrakter Form bekannt gegeben wird“.[756]

Ein Ermächtigungsbeschluß ist danach bereits rechtmäßig ergangen, wenn die darin genannten Erwerbsmöglichkeiten noch nicht konkret feststehen, sondern lediglich in Aussicht genommen sind. Der Hauptversammlung ist eine abschließende Abwägung von Mittel und Zweck im Rahmen des Verhältnismäßigkeitsgrundsatzes auf dieser Informationsbasis nicht mehr möglich. Der BGH setzt daher nicht nur die Anforderungen an die für die Zulässigkeit des Bezugsrechtsausschlusses erforderliche Konkretisierung für die mit der Kapitalerhöhung bezweckte Maßnahme herab, sondern schränkt gleichzeitig den Verhältnismäßigkeitsgrundsatz als materielles Erfordernis des Bezugsrechtsausschlusses erheblich ein.[757] Er ermöglicht entgegen der früheren Holzmann-Doktrin durch die Liberalisierung des Bezugsrechtsausschlußes eine Vorratsermächtigung,[758] da eine abstrakte Umschreibung des Vorhabens in der Regel problemlos möglich sein wird.[759]

Neben dem allgemein und abstrakt gehaltenen Informationserfordernis und der Wahrung des Gesellschaftsinteresses zum Zeitpunkt des Ermächtigungsbeschlusses muß der Vorstand im Rahmen seines unternehmerischen Interesses bei der Ausnutzung des genehmigten Kapitals sicherstellen, daß das konkrete Vorhaben mit dem satzungsgemäßen Unternehmensgegenstand übereinstimmt, der abstrakten Umschreibung entspricht und den Bezugsrechtsausschluß im Gesellschaftsinteresse rechtfertigt.[760]

Die Wahrung des Unternehmensgegenstandes erlangt für die Rechtmäßigkeit der Vorstandsentscheidung keine wesentliche Bedeutung. Hat die Hauptversammlung den Vorstand selbst zu einer außerhalb des Unternehmensgegenstandes liegenden Maßnahme ermächtigt, enthält der Beschluß über die Kapitalerhöhung zugleich eine implizite Erweiterung des Unternehmensgegenstandes, wenn die Erfordernisse einer Satzungsänderung eingehalten werden. Im anderen Fall handelt der Vorstand ohne entsprechende Ermächtigung außerhalb des Unternehmensgegenstandes, so daß bereits die zweite vom BGH aufgestellte Voraussetzung der Übereinstimmung mit der abstrakten Umschreibung des Vorhabens in der Ermächtigung nicht mehr erfüllt ist.[761]

Läßt sich die vom Vorstand ergriffene Maßnahme keinem im Hauptversammlungsbeschluß aufgeführten „Maßnahmetypus“ zuordnen, bewegt er sich nach der jetzigen BGH-Rechtsprechung außerhalb der Ermächtigung und handelt damit rechtswidrig.

---

756 BGH ZIP 1997, 1499, 1501 – Leitsatz 1.

757 Bungert, NJW 1998, 488, 490; Wolf, AG 1998, 212, 214.

758 Vgl. Bungert, NJW 1998, 488, 490, Goette, DStR 1997, 1460, 1463; Kindler, ZGR 1998, S. 35, 62.

759 So wurde auch im „Siemens/Nold“-Fall folgende Umschreibung des Vorhabens im Vorstandsbericht vom BGH nicht beanstandet: „...soll die Gesellschaft die Möglichkeit haben, in geeigneten Fällen Beteiligungen gegen Überlassung von Stammaktien der Siemens AG erwerben zu können.“, BGH ZIP 1997, 1499, 1499; zu dem Umfang inhaltlicher Anforderungen nach Siemens/Nold nunmehr auch LG München, BB 2001, 748, 748 ff., dazu kritisch Bungert, BB 2001, 742, 742 ff.; LG Frankfurt a. M., ZIP 2000, 117, dazu Bosse, ZIP 2001, 104, 104 ff..

760 BGH ZIP 1997, 1499, 1501.

761 Kindler, ZGR 1998, S. 35, 57 ff..

Die konkrete Maßnahme muß zudem im „wohlverstandenen Interesse“ der Gesellschaft liegen. Welche mit der Kapitalerhöhung verbundene Maßnahme im Gesellschaftsinteresse liegt, hat der Vorstand nach dem „ARAG/Garmenbeck“-Urteil des BGH[762] im Rahmen seines unternehmerischen Ermessens zu beurteilen. Daneben hat der Vorstand auch zu überprüfen, ob nicht nur die Kapitalerhöhung selbst, sondern auch der Bezugsrechtsausschluß in Gesellschaftsinteresse liegt. Bei einer Barkapitalerhöhung wird nach Ansicht *Kindlers* das Gesellschaftsinteresse regelmäßig zu bejahen sein, wenn mit der Kapitalerhöhung Ziele verfolgt werden, die über eine Liquiditätsstärkung hinausgehen. Als Beispiele führt er die Ausgabe von Belegschaftsaktien oder die Begründung strategischer Allianzen an.[763] Da bei einer Sachkapitalerhöhung der Bezugsrechtsausschluß aber unumgänglich ist,[764] soll es dabei ausschließlich maßgebend sein, ob der Erwerb des als Sacheinlage einzubringenden Gegenstandes im Gesellschaftsinteresse liegt.

Nach Auffassung des BGH unterliegt die Vorstandsentscheidung – die die soeben erörterten Kriterien zu beachten hat - der ausreichenden Kontrolle von Aufsichtsrat und Hauptversammlung. Die Entscheidung des Vorstands bedürfe zunächst gem. § 204 I S. 2 2. HS AktG der Zustimmung des Aufsichtsrats. Auf der nächsten ordentlichen Hauptversammlung habe der Vorstand die Gesellschaft über „die Einzelheiten seines Vorgehens“ im Zusammenhang mit der genutzten Ermächtigung zu informieren, wobei ihm bei einer Pflichtverletzung die Entlastung verweigert werden könne. Darüber hinaus könne er bei einer Pflichtverletzung nach § 93 II AktG auf Schadensersatz in Anspruch genommen werden oder es könne eine Unterlassungs- oder Feststellungsklage gegen das Vorstandshandeln zu richten sein.[765]
Neben die Anforderungen an das Handeln des Vorstands treten die Anforderungen an den Vorstandsbericht. Beim Bezugsrechtsausschluß im Rahmen des genehmigten Kapitals hat der Vorstand gem. § 186 IV i. V. m. § 203 I S. 2 AktG der Hauptversammlung vor der Beschlußfassung einen schriftlichen Bericht über den Grund für den Bezugsrechtsausschluß vorzulegen. Nach der im „Holzmann“-Urteil vertretenen Auffassung des BGH soll der Hauptversammlung dadurch eine sachgerechte Entscheidung über den vorgeschlagenen Bezugsrechtsausschluß ermöglicht und zugleich den Gerichten eine Überprüfungsbasis hinsichtlich der inhaltlichen Wirksamkeit der Maßnahme gegeben werden.[766] Wie der BGH nun im „Siemens/Nold“-Urteil festgestellt hat, reicht es im Hinblick auf den Ermächtigungsbeschluß aus, wenn die Maßnahme lediglich allgemein und abstrakt umschrieben und der Hauptversammlung bekannt gegeben wird. Neben die abstrakte Darstellung des Vorhabens im Beschlußvorschlag tritt dann die Erläuterung des Vorhabens im Hinblick auf die Übereinstimmung mit dem Gesellschaftsinteresse, an die in Hinblick auf den Konkretisierungsgrad ebenfalls nur verminderte Anforderungen gestellt werden. Die Aufgabe der „Holzmann“-

[762] BGH WM 1997, 970, 973 f..
[763] Kindler, ZGR 1998, 35, 65 – eine Abweichung des BGH von der Ausgangsposition gleichartiger Voraussetzungen für die Bar- und die Sachkapitalerhöhung kann aus dem Urteil nicht abgelesen werden; vgl. dazu Lutter in: Kölner Kommentar, AktG, § 203 Rdnr. 10 ff.; Schwark, Festschrift Claussen, S. 357, 362.
[764] Vgl. Kindler, ZHR 158, (1994), 339, 363 f.; Hirte, DB 1995, 1113, 1113; a. A. Meilicke, DB 1996, 513, 516.
[765] BGH ZIP 1997, 1499, 1501.
[766] BGHZ 83, 319, 326.

Doktrin hat daher auch zur Folge, daß die Anforderungen an die Berichtspflicht des Vorstands bezüglich des Ermächtigungsbeschlusses vermindert werden.[767]

(2) Reaktionen auf die Wende der BGH-Rechtsprechung

Die überraschende Wende der BGH-Rechtsprechung zum Bezugsrechtsausschluß im Rahmen des genehmigten Kapitals hat in der Literatur unterschiedliche Reaktionen ausgelöst.[768]
Ablehnend äußerte sich vor allem *Lutter* gegenüber der vollständigen Aufgabe des „Holzmann"-Urteils aufgrund der damit verbundenen Reduzierung des Minderheitenschutzes in der AG und einem damit in Zusammenhang stehenden Eingriff in die Aktionärsrechte.[769] Durch das Urteil des BGH seien Vorstand und Aufsichtsrat bei einer Sachkapitalerhöhung nun gem. § 202 III AktG bis zu einem Volumen von 50 % in der Lage, allein zu entscheiden, welcher Gegenstand zu welchem Preis und gegen wieviele Aktien als Einlage akzeptiert würde. Dadurch würde annähernd jeder Schutz der Altaktionäre vor der Verwässerung des Wertes ihrer bestehenden Aktien sowie vor der Minderung ihrer mitgliedschaftlichen Herrschaftsrechte aufgehoben.[770] Die Effektivität der vom BGH angeführten Kontrollen des Vorstandshandelns werden von *Lutter* bezweifelt. Der abstrakt-generelle Inhalt des Ermächtigungsbeschlusses bilde ebensowenig eine Schranke, wie – mangels ausreichender Klagemöglichkeiten der Aktionäre – die Schadensersatzpflicht der Vorstandsmitglieder gem. § 93 II AktG. Die fehlenden Klagemöglichkeiten der Aktionäre stellten auch den entscheidenden Unterschied zur Rechtslage in den USA dar, wo das Institut des Bezugsrechts unbekannt, aber dafür jeder Aktionär berechtigt sei, die Mitglieder des board of directors auf Leistung von Schadensersatz - etwa bei einem zu niedrigen Ausgabekurs der Aktien - zu verklagen.[771]
Mit dem Urteil werde den Unternehmen sogar aufgezeigt, wie die angemessenen Wertungen des UmwG, die bei der Zusammenführung zweier Unternehmen einen Ausgleich zwischen Mehrheitsherrschaft und Minderheitenschutz schafften, durch die Ermächtigung zur Sachkapitalerhöhung unter Bezugsrechtsausschluß unterlaufen werden könnten. Angesichts dieser Minderung des aktienrechtlichen Minderheitenschutzes hat sich nach Auffassung *Lutters* der II. Senat des BGH in Wertungswidersprüche verwickelt.[772]

Mit der überwiegend in der Literatur vertretenen Ansicht ist das „Siemens/Nold"-Urteil entgegen der Ansicht *Lutters* aufgrund seines Liberalisierungseffekts zu begrüßen.

---

767 So bereits Kindler, ZGR 1998, S. 35, 60 f..
768 Bungert, NJW 1998, 488, 490 ff.; Cahn, ZHR 163 (1999), 554, 554 ff.; Goette, DStR 1997, 1460, 1460 ff.; Henze, BB 2001, 53, 54; Hirte, EWiR § 203 AktG 1/97, 1013; Kindler, ZGR 1998, S. 35, 35 ff.; Lutter, JZ 1998, 50, 50 ff.; Volhard, AG 1998, 397, 397 ff.; Wolf, AG 1998, 212, 212 ff..
769 Lutter, JZ 1998, 50, 50 f.; ebenfalls ablehnend Hirte, EWiR § 203 AktG 1/97, 1013.
770 Lutter, JZ 1998, 50, 51.
771 Lutter, JZ 1998, 50, 51.
772 Lutter, JZ 1998, 50, 52.

Mit dieser Entscheidung erkennt der BGH an, daß er in seiner bisherigen Rechtsprechung zu wenig die in den §§ 202 ff. AktG verankerte Kompetenzverteilung berücksichtigt und den Gesellschaften faktisch den flexiblen Einsatz genehmigten Kapitals unter Ausschluß des Bezugsrechts im Interesse eines umfassenden Aktionärsschutzes versperrt hat. Der Bezugsrechtsausschluß kann im Rahmen der §§ 202 ff. AktG nun aufgrund einer wertenden Gesamtbetrachtung beurteilt werden, so daß bei schwerwiegenden Gesellschaftsinteressen auch abstrakte Angaben im Bereitstellungsbeschluß der Hauptversammlung ausreichend sind.[773] Dieser positive „Liberalisierungseffekt" des „Siemens/Nold"-Urteils ist damit größer als derjenige der gesetzgeberischen Einführung des § 186 III S. 4 AktG oder des „Deutsche Bank"-Urteils.[774] Allerdings darf die Liberalisierungstendenz der Rechtsprechung in Zukunft auch keine übertriebenen Formen annehmen.
Begrüßenswert ist mit der Ansicht *Wolfs* ebenfalls, daß die neue Rechtsprechung den Weg zu einem Einsatz genehmigten Kapitals gegen konzernbegründende Übernahmen geöffnet hat. Die Problematik, das Vorstandshandeln bei der Ausführungsmaßnahme aufgrund der nur wenig detailgenauen Darlegungen kontrollieren zu können, ist im Interesse der Erweiterung der unternehmerischen Handlungsoptionen bewußt in Kauf zu nehmen.[775] Von anderer Seite wird jedoch auch darauf aufmerksam gemacht, daß die Publizitätsanforderungen an den Vorstandsbeschluß zur Kapitalerhöhung unter Ausschluß des Bezugsrechts insbesondere zur Kontrolle des Ausgabekurses der neuen Aktien den internationalen Gepflogenheiten entsprechen müßten.[776]
Volhard sieht – einem anderen Ansatzpunkt folgend – die Herabsetzung der Anforderungen an die sachliche Rechtfertigung des Beschlusses als „Quittung" dafür an, daß die Aktivitäten der sog. „räuberischen Aktionäre"[777] nicht unter Kontrolle gehalten werden konnten. Um weitere mißbräuchliche Anfechtungsklagen gegen den Bezugsrechtsausschluß - die eine Ausnutzung des genehmigten Kapitals unmöglich machten – zu verhindern, hätten die Anforderungen an die Beschlußkontrolle gelockert werden müssen. Erst dadurch könne das genehmigte Kapital die ihm gesetzlich zugedachte Funktion wieder erfüllen.[778]

dd) Ergebnis

Vor Erlaß des „Siemens/Nold"-Urteils im Juni 1997 waren aufgrund der deutschen Rechtslage in der Praxis effektive Kapitalabwehrmaßnahmen gegen feindliche Übernahmen kaum einsetzbar. Daher hatte auch die Thyssen AG keine Möglichkeit, sich gegen den bevorstehenden Übernahmeversuch der Krupp-Hoesch AG mittels Ausnutzung des Genehmigten Kapitals II zur Wehr zu setzen.
Aufgrund der neuen Rechtsprechung des BGH kann bei weiter Interpretation des Urteils nun eine Vorratsermächtigung zur Schaffung eines genehmigten Kapitals zur Abwehr einer feindlichen Übernahme als zulässig erachtet werden. Nach wie vor muß

[773] Wolf, AG 1998, 212, 214 f..
[774] Bungert, NJW 1998, 488, 491.
[775] Wolf, AG 1998, 212, 218.
[776] Hirte, EWiR § 203 AktG 1/97, 1013, 1014.
[777] So erstmals Lutter in: Das Wertpapier 1988, S. 292.
[778] Volhard, AG 1998, 397, 403 f..

das mit der Umsetzung der Ermächtigung verfolgte Vorhaben des Vorstands aber im „wohlverstandenen Interesse“ der Gesellschaft liegen. Danach muß der Vorstand innerhalb seines unternehmerischen Ermessens entscheiden, ob die Abwehr der Übernahme im Interesse seiner Gesellschaft liegt oder ob ein Übernahmeangebot vorliegt, daß – z. B. aufgrund erheblicher Synergieeffekte – der AG erhebliche Vorteile bieten kann. Die von *Lutter* in diesem Zusammenhang vertretene Auffassung, daß das Gesellschaftsinteresse immer auf die Erzielung des höchstmöglichen Preises gerichtet sei, der in der Regel von seiten des Bieters angeboten werden wird,[779] darf für die Abwägung des Vorstands nicht allein maßgebend sein. Vielmehr müssen alle mit dem Übernahmeangebot in Verbindung stehenden prognostizierbaren Vor- und Nachteile gegeneinander abgewogen werden. Auf dieser Basis ist der Vorstand dann unter Außerachtlassung eigener Interessen verpflichtet zu entscheiden,[780] ob die Zusammenführung der beiden Unternehmen oder aber die mit der Stand-alone-Lösung verbundene Abwehr des Angebots eher im Interesse der von ihm vertretenen Gesellschaft liegt.[781]
Aus dem nun in Kraft getretenen WpÜG läßt sich eine Änderung der geschilderten aktienrechtlichen Geschäftsverteilung zwischen Vorstand und Hauptversammlung nicht entnehmen.[782] Kapitalmaßnahmen ohne Hauptversammlungsbeschluß sind damit auch nach dem WpÜG als Abwehrmaßnahme ausgeschlossen. Möglich bleiben aber Kapitalmaßnahmen, die durch vorhandene Hauptversammlungsbeschlüsse dem Vorstand mit Zustimmung des Aufsichtsrates ermöglicht wurden.[783] Hierunter fällt auch der Einsatz genehmigten Kapitals.

g) Ausgabe von Wandel- und Optionsanleihen

Die Thyssen AG verfügte neben dem Genehmigten Kapital I und II zusätzlich über ein bedingtes Kapital in Höhe von DM 250 Mio. zur Bedienung von Wandlungs- und Optionsrechten bzw. zur Erfüllung von Wandlungspflichten von Inhabern.
Im Hinblick auf die Rechtmäßigkeit einer präventiven Plazierung von Wandel- und Optionsanleihen kann in weiten Teilen auf die bereits aufgestellten Grundsätze zum Genehmigten Kapital zurückgegriffen werden, da die Aktionäre bei Begebung der Wandel- und Optionsanleihen gem. § 221 IV AktG ebenfalls ein gesetzliches Bezugsrecht haben.
Auch setzen diese Instrumente als Abwehrmittel voraus, daß sie bei befreundeten Investoren plaziert werden können.
Der Thyssen-Vorstand hatte sich von der Hauptversammlung zur Ausgabe von Wandelschuldverschreibungen gem. § 221 AktG ermächtigen lassen. Nach Ankündigung eines Übernahmeangebotes durch die Krupp-Hoesch AG hätten die Inhaber der Wandelschuldverschreibungen ihre Rechte auf Umtausch in Aktien oder zum Bezug von Aktien der Thyssen AG zu einem vorher bestimmten Bezugskurs ausüben und auf die-

---

[779] Lutter in: Kölner Kommentar, AktG, § 204 Rdnr. 14.
[780] Vgl. S. 214 ff. zum Streit über die Reichweite der Neutralitätspflicht des Vorstands bei Übernahmeauseinandersetzungen.
[781] Cahn, ZHR 163 (1999), 554, 591; Kort, Festschrift Lutter, 1421, 1432; weitergehend Hopt in: Großkomm., AktG, § 93 Rdnr. 127, der den Bezugsrechtsausschluß als Abwehrmaßnahme für grundsätzlich zulässig hält.
[782] BT-Drucks. 14/7477, S. 74.
[783] Zschocke, DB 2002, 79, 83.

se Weise den Umfang der für die Stimmenmehrheit erforderlichen Aktien erhöhen können. Bei einer derartigen Strategie können die Bezugsrechtsinhaber im Falle eines feindlichen Übernahmeangebots in die Lage versetzt werden, kurzfristig die Beteiligungsverhältnisse durch Ausübung ihres Wandel- oder Optionsrechts in einer Weise zu verändern, daß nur eine verteuerte Möglichkeit zum Mehrheitserwerb besteht.[784]
Dagegen konnte durch Ausübung von Aktienumtausch- und Bezugsrechten eine Verringerung der Beteiligungsquote des Übernehmers nur erreicht werden, wenn das Bezugsrecht der Aktionäre auf Beteiligung an den Wandel- und Optionsanleihen nach den im „Kali und Salz" und „Holzmann"-Urteil festgesetzten Grundsätzen ausgeschlossen wurde.[785] Eine selektive Plazierung der Wandelschuldverschreibungen bei befreundeten Investoren setzte daher ebenfalls voraus, daß diese unter Ausschluß des nach § 221 IV i.V.m. § 186 I AktG vorgesehenen Bezugsrechts der Aktionäre ausgegeben wurden. Eine solche Ermächtigung des Vorstands unterlag den gleichen materiellen Voraussetzungen, wie sie bereits für den Fall des Bezugsrechtsausschlusses beim genehmigten Kapital dargestellt wurden.[786]
Die Thyssen AG hätte daher zum Zeitpunkt der Ankündigung des Übernahmeangebots zwar ihr bedingtes Kapital zur Begebung der ausgegebenen Wandel- und Optionsanleihen ausnutzen können. Aufgrund des Bezugsrechts der Thyssen-Aktionäre konnten die Wandelschuldverschreibungen jedoch nicht selektiv bei befreundeten Investoren untergebracht werden, so daß ihre Begebung als Abwehrmittel gegen die Übernahmepläne der Krupp-Hoesch AG nicht in ihrer effektivsten Form erfolgt wäre, sondern nur zu einer Verteuerung des Übernahmeversuchs geführt hätte.
Nach dem „Siemens/Nold"-Urteil des BGH[787] kann jedoch nun auch bei Wandelschuldverschreibungen das Bezugsrecht unter – den bereits beim genehmigten Kapital erörterten - liberalisierten Voraussetzungen ausgeschlossen werden.[788] Die Ausgabe von Wandel- und Optionsanleihen wird daher, aufgrund der mit dem „Siemens/Nold"-Urteil ebenfalls verbundenen erleichterten selektiven Plazierung der Wandelschuldverschreibungen bei befreundeten Investoren, in der Praxis als Instrument zur Abwehr feindlicher Übernahmen interessanter werden.

h) Erschwerung der Neubesetzung von Aufsichtsrat und Vorstand

Der Vorstand der Thyssen AG wäre auch nach der mittels öffentlichen Übernahmeangebots erfolgten Kontrollerlangung gegenüber der Krupp-Hoesch AG als neuem Mehrheitsaktionär weiterhin zur eigenverantwortlichen Leitung des Unternehmens gem. § 76 I AktG befugt gewesen. Zur Zusammenarbeit mit der Krupp-Hoesch AG wäre der Thyssen-Vorstand – mit Dr. Vogel als Vorstandsvorsitzendem – lediglich in Fällen verpflichtet gewesen, in denen das Unternehmensinteresse betroffen gewesen wäre. Es war jedoch zu erwarten, daß der Thyssen-Vorstand angesichts der fehlenden Zustimmung zu den Übernahmeplänen der Krupp-Hoesch AG und den zu erwartenden

[784] Assmann/Bozenhadt, Übernahmeangebote, S. 129 f.; Otto-DB-Beilage Nr. 12/88, 2, 9.
[785] Herrmann, Zivilrechtliche Abwehrmaßnahmen, S. 121 f.; Werner, Probleme feindlicher Übernahmen, S. 23 f..
[786] Klein, NJW 1997, 2085, 2088; Marquardt, WiB 1994, 537, 541.
[787] BGH ZIP 1997, 1499, 1499 ff..
[788] Busch, AG 1999, 58, 58 ff; Schanz, NZG 2000, 337, 344.

Um- und Destrukturierungsmaßnahmen eine Kooperation mit ihrem Konkurrenten abgelehnt hätte. Um die Unternehmenspolitik der Thyssen AG bestimmen zu können, hätte die Krupp-Hoesch AG daher versuchen müssen, den Thyssen-Vorstand abzuberufen und mit eigenen Vertrauensleuten zu besetzen. Gem. § 84 AktG ist jedoch allein der Aufsichtsrat zur Abberufung und Neubestellung des Vorstands berechtigt, so daß die Erschwerung der Neubesetzung von Vorstand und Aufsichtsrat von der Thyssen AG zur Abwehr der feindlichen Übernahme hätte eingesetzt werden können, wenn ihrerseits rechtzeitig entsprechende Vorkehrungen getroffen worden wären.

aa) „Staggered-board"-Bestimmungen

Bezüglich des Aufsichtsrates und des Vorstands einer potentiellen Zielgesellschaft bietet sich zunächst die zeitliche Fächerung der Bestellzeiten an. Hierdurch wird die ohnehin schon bestehende Abschreckungswirkung des two-tier-board-Systems insbesondere für ausländische Unternehmen noch intensiviert.

Die §§ 84 I, 102 I AktG regeln lediglich in zeitlicher Hinsicht die mögliche Höchstgrenze für die Bestellung von Vorstand und Aufsichtsrat, so daß die Hauptversammlung sowohl kürzere, als auch voneinander abweichende Amtszeiten für die Mitglieder beider Organe bestimmen kann.[789] Die Hauptversammlung legt für einen Teil der Vorstands- und Aufsichtsratsmitglieder dazu unterschiedlich lange Amtszeiten fest, um nach Ablauf dieser Amtszeiten die Mitglieder erneut auf fünf Jahre zu bestellen.[790] Mit Hilfe einer derartig bewirkten Fächerung der Bestellzeiten wird der Übernehmer daran gehindert, einen Zeitpunkt abzupassen, in dem die Anteilseignerseite des Aufsichtsrats komplett ausgewechselt werden kann. Der Übernehmer ist in diesem Fall auf die vorzeitige Beendigung der Amtszeit angewiesen.
Gem. § 84 I AktG darf das Entscheidungsermessen des Aufsichtsrates hinsichtlich der Bestellung des Vorstands allerdings nicht rechtlich begrenzt werden. Bei den Amtszeiten der Vorstandsmitglieder ist daher zu beachten, daß die Satzung eines potentiellen Zielunternehmens dem Aufsichtsrat nicht verbindlich vorschreiben darf, für welchen Zeitraum der Aufsichtsrat die Vorstandsmitglieder bestellt.[791]
Um zu verhindern, daß der Bieter per Satzungsänderung durch eine Erhöhung der Zahl der Aufsichtsratsmitglieder die gestaffelten Amtszeiten als Mittel zur Abwehr feindlicher Übernahmen außer Kraft setzen kann, sollte die Höchstzahl der Aufsichtsrats- und Vorstandsmitglieder in der Satzung festgelegt werden. Innerhalb beider Organe kann eine Beschränkung der Mitgliederzahl erfolgen, jedoch ist gem. § 95 AktG die

---

[789] Vgl. zu den staggered-board-Bestimmungen: Assmann/Bozenhardt, Übernahmeangebote, S. 137 f.; Daum, Unkoordinierte Übernahme einer AG, S. 173; Bird/Cammann in: Siegwart/Caytas/Mahari/Rumpf, S. 321, 334; Hauschka/Roth, AG 1988, 181, 187 f.; Herrmann, zivilrechtliche Abwehrmaßnahmen, S. 78 u. 83; Hopt, WM-Festgabe für Heinsius, 22, 27 f.; Lutter/Krieger, Rechte und Pflichten des Aufsichtsrats, S. 27 ff.; Mertens in: Kölner Kommentar, § 102 Rdnr. 7 u. § 84 Rdnr. 4 ff.; Peltzer, ZKW 1988, 577, 580; ders., ZIP 1989, 69, 75 f.; Weimar/Breuer, BB 1991, 2309, 2313; kritisch Sünner, Festschrift Quack, 457, 461; Schanz, NZG 2000, 337, 342.

[790] Vgl. BGHZ 99, 211, 215; Peltzer, ZKW 1988, 577, 580; Herrmann, Zivilrechtliche Abwehrmaßnahmen, S. 79.

[791] Hefermehl in: Geßler/Hefermehl, AktG, § 84 Rdnr. 24 ff.; Herrmann, Zivilrechtliche Abwehrmaßnahmen, S. 83; Mertens in: Kölner Kommentar, AktG, § 84 Rdnr. 9 u. 17.

Zahl der Aufsichtsratsmitglieder in Abhängigkeit von der Höhe des Grundkapitals geregelt.[792]
In Deutschland sind derartige sog. staggered-board-Bestimmungen bisher noch immer weitgehend unüblich.
Die Thyssen AG hatte zum Zeitpunkt der Übernahmepläne durch die Krupp-Hoesch AG ebenfalls keine gestaffelten Amtszeiten in ihrer Satzung verankert. Nach Ablauf der Amtsperiode des Thyssen-Aufsichtsrates und -Vorstandes standen daher jeweils alle Mitglieder beider Organe zur Wiederwahl an. Die Krupp-Hoesch AG hätte daher die Gelegenheit ergreifen können, die Verwaltung der Thyssen AG nach ihren Vorstellungen zu besetzen, indem sie für die Übernahme den Zeitpunkt gewählt hätten, in dem der Thyssen-Aufsichtsrat wiedergewählt werden mußte.

bb) Vorzeitige Abberufung von Aufsichtsrats- und Vorstandsmitgliedern gem. §§ 103 I S. 1, 84 III S. 1 AktG

Das Ziel der Krupp-Hoesch AG, den Thyssen-Vorstand abzuberufen, um die eigene Unternehmenspolitik zu gestalten, hätte nur verwirklicht werden können, wenn der für die Abberufung allein zuständige Aufsichtsrat der Thyssen AG dem entsprechenden Wunsch der Krupp-Hoesch AG gefolgt wäre. Da die Thyssen-AG dies jedoch abgelehnt hätte, um den Erfolg der Übernahme zu erschweren, hätte die Krupp-Hoesch AG zunächst nur versuchen können, die Aufsichtsratsmitglieder der Thyssen AG gem. § 103 I S. 1 AktG vorzeitig abzuberufen.[793] In Abweichung von dem Erfordernis einer qualifizierten Stimmenmehrheit in der Hauptversammlung für die vorzeitige Abberufung eines Aufsichtsratsmitglieds der Anteilseigner ohne wichtigen Grund sah § 7 III der Thyssen-Satzung gem. § 103 I S. 3 AktG lediglich eine einfache Stimmenmehrheit vor. Anstatt potentielle Übernehmer dadurch abzuschrecken, daß nach § 103 I S. 1 AktG eine qualifizierte Stimmenmehrheit gefordert oder zusätzliche Abberufungserfordernisse aufgestellt werden, hätte die Thyssen-Satzung der Krupp-Hoesch AG die vorzeitige Abberufung von Aufsichtsratsmitgliedern noch erleichtert.
Allerdings können die Aufsichtsratsmitglieder der Arbeitnehmer grundsätzlich nur von ihren Wählern vorzeitig abberufen werden.[794] Bei einer montanmitbestimmten Aktiengesellschaft liegt die Kompetenz für die Abberufung der Aufsichtsratsmitglieder der Arbeitnehmer gem. § 11 II MontanmitbestG i. V. m. § 103 I AktG bei der Hauptversammlung, wenn ein entsprechender Vorschlag der ursprünglichen Wähler dieser Aufsichtsratsmitglieder vorliegt.[795]
Darüber hinaus hätte ein Aufsichtsratsmitglied nach § 103 III AktG lediglich mittels Gerichtsbeschluß abberufen werden können, wenn der Thyssen-Aufsichtsrat dies mit einfacher Mehrheit beschlossen und in der Person des Abzuberufenden ein wichtiger Grund vorgelegen hätte. Ein solch wichtiger Grund soll grundsätzlich dann angenommen werden können, wenn das weitere Verbleiben des Aufsichtsratsmitglieds in sei-

---

792 Geßler in: Geßler/Hefermehl, AktG, § 95 Rdnr.10; Herrmann, Zivilrechtliche Abwehrmaßnahmen, S. 79.
793 Vgl. Herrmann, Zivilrechtliche Abwehrmaßnahmen, S. 79 f.; Hauschka/Roth, AG 1988, 181, 188; Werner, Probleme feindlicher Übernahmen, S. 26.
794 Hauschka/Roth, AG 1988, 181, 188.
795 Vgl. Mertens in: Kölner Kommentar, AktG, Anh. § 117 C MontanmitbestG Rdnr. 26.

nem Amt für die Gesellschaft unzumutbar ist.[796] Als ultima ratio-Vorschrift sollte von der Anwendung des § 103 III AktG jedoch nur dann Gebrauch gemacht werden, wenn einem Aufsichtsratsmitglied ein schwerwiegender Pflichtenverstoß zur Last fällt, er die Aufsichtsratsarbeit behindert, der Gesellschaft durch seine weitere Tätigkeit Gefahr droht oder er einem schwerwiegendem Interessenkonflikt unterliegt.[797] Die Vorschrift des § 103 III AktG ist daher kaum geeignet, dem Übernehmer die Aufsichtsratsmehrheit in der Zielgesellschaft zu verschaffen.

Hätte die Krupp-Hoesch AG aber mittels des Zweitstimmrechts des Aufsichtsratsvorsitzenden die Mehrheit im Thyssen-Aufsichtsrat erlangt, wäre eine vorzeitige Abberufung der Thyssen-Vorstandsmitglieder aus wichtigem Grund gem. § 84 III S. 1 AktG in Betracht gekommen.

Ein solch wichtiger Grund ist gegeben, wenn es der Gesellschaft nicht zumutbar ist, ein Vorstandsmitglied bis zum Ende seiner Amtszeit beizubehalten.[798] Ein Verschulden des Vorstandsmitglieds ist dabei unerheblich, so daß ein derart wichtiger Grund bereits in der mangelnden Kooperation mit anderen – ggf. neuen Vorstandsmitgliedern – gesehen werden kann.[799] Gem. § 84 III S. 2 3. Alt. AktG hätte aufgrund eines Mißtrauensvotum auch der Vertrauensentzug durch die Thyssen-Hauptversammlung - in welcher die Krupp-Hoesch AG nach einem erfolgreichen Übernahmeangebot die Mehrheit erlangt hätte - einen wichtigen Grund für die vorzeitige Abberufung eines Vorstandsmitglieds darstellen können. Ein solcher Vertrauensentzug bedarf keiner Begründung[800] und er ist selbst dann ausreichend, wenn er seiner sachlichen Berechtigung nach zweifelhaft ist.[801] Lediglich ein willkürlicher Vertrauensentzug führt zur Unwirksamkeit.[802] Für die Abberufung eines Vorstandsmitgliedes ist jedoch nicht allein ausreichend, daß sich die Zusammensetzung des Aktionärskreises oder die des Aufsichtsrats geändert hat.[803] § 84 III S. 4 AktG sieht allerdings vor, daß der Widerruf der Bestellung wirksam ist, bis seine Unwirksamkeit rechtskräftig festgestellt ist. Ein solcher Prozeß wird den Ablauf der Bestellung von max. fünf Jahren nicht hemmen. Diese Regelung könnte mangels effektiven Rechtsschutzes für abberufene Vorstandsmitglieder[804] daher dazu führen, daß bei einer feindlichen Übernahme der Aufsichtsrat der Übernehmergesellschaft Vorstandsmitglieder auch abberuft, obwohl die Voraussetzungen des § 84 III S. 1 AktG nicht vorliegen.

---

[796] Mertens in: Kölner Kommentar, AktG, § 103 Rdnr. 32; Geßler in: Geßler/Hefermehl, AktG, 103 Rdnr. 36; Hoffmann-Becking in: Münchener Hdb., Bd. 4, § 30 Rdnr. 54.

[797] Mertens in: Kölner Kommentar, AktG, § 103 Rdnr. 32.

[798] Hefermehl in: Geßler/Hefermehl, § 84 Rdnr. 69; Hüffer, AktG, § 84 Rdnr. 26 ; Mertens in: Kölner Kommentar, AktG, § 84 Rdnr. 103.

[799] Mertens in: Kölner Kommentar, AktG, § 84 Rdnr. 103; Krieger, Personalentscheidungen des Aufsichtsrats, S. 133; Peltzer, ZIP 1989, 69, 76.

[800] Säcker, Festschrift Gerhard Müller, S. 745, 748 ff..

[801] BGH AG 1975, 242, 244 ff..

[802] BGH AG 1960, 132, 132 ff.; Mertens in: Kölner Kommentar, § 84 Rdnr. 105.

[803] Mertens in: Kölner Kommentar, AktG, § 84 Rdnr. 109; Herrmann, Zivilrechtliche Abwehrmaßnahmen, S. 85.

[804] Peltzer, ZIP 1989, 69, 76; Werner, Probleme feindlicher Übernahmen, S. 28.

cc) Entsendungsrechte für Aufsichtsratsmitglieder gem. § 101 II AktG

Die bereits mit den erörterten staggered-board-Bestimmungen bezweckte Verzögerungs- und Abschreckungswirkung im Hinblick auf die Neubesetzung des Aufsichtsrats kann des weiteren dadurch erreicht werden, daß gem. § 101 II AktG durch die Satzung bestimmten Aktionären oder den Inhabern bestimmter Aktien das Recht zur Entsendung von Aktionärsvertretern in den Aufsichtsrat eingeräumt wird. Entsendungsrechte können gem. § 101 II S. 4 AktG allerdings höchstens für ein Drittel der Aufsichtsratsmandate der Anteilseignerseite vorgesehen werden.
Mittels des Einsatzes von Entsendungsrechten kann gewährleistet werden, daß auch nach der Erlangung der Kontrollmehrheit durch den Übernehmer die ursprünglichen Stimmenverhältnisse im Aufsichtsrat weitgehend erhalten bleiben.[805] Um dieses Ziel zu erreichen, müssen die entsendungsberechtigten Aktionäre allerdings an der Abwehr feindlicher Übernahmen und der Beibehaltung der bisherigen Geschäftspolitik ein wirtschaftliches Interesse besitzen.[806]
Die Satzung der Thyssen-AG enthielt zum Zeitpunkt des Angriffs durch die Krupp-Hoesch AG keine Entsendungsrechte im Sinne von § 101 II AktG. Ein solches Entsendungsrecht wäre jedoch insofern vorteilhaft gewesen, als daß die Krupp-Hoesch AG gegen die Stimmen der Arbeitnehmervertreter und der von den entsendungsberechtigten Aktionären bestellten Aufsichtsratsmitglieder nicht mehr in der Lage gewesen wäre, Personalentscheidungen für den Thyssen-Vorstand zu treffen. Da der Entsandte häufig verpflichtet wird, bis zur Grenze des Gesellschaftsinteresses nach den Interessen des Entsendenden zu handeln, wäre die Krupp-Hoesch AG gezwungen gewesen, mit den entsendungsberechtigten Aktionären zu verhandeln und Kompromißbereitschaft zu zeigen, um auf die Besetzung des Thyssen-Vorstandes noch Einfluß nehmen zu können. Die Thyssen AG hätte daher zur Abwehr des Angriffs seitens der Krupp-Hoesch AG von einem in der Satzung verankerten Entsendungsrecht gem. § 101 II AktG profitiert, zumal die Entsendungsrechte durch die Abgabe eines Übernahmeangebotes aufschiebend bedingt eingeräumt werden können.[807]

dd) Festlegung besonderer Mehrheitserfordernisse gem. § 133 II AktG

Hinsichtlich der Aufsichtsratswahl können andere Mehrheiten als die gesetzlich in § 133 I AktG statuierte einfache Stimmenmehrheit bestimmt werden, die einen erhöhten Schutz vor unerwünschten Übernahmen bieten. Gem. § 133 II AktG kann die Satzung sowohl Erleichterungen der Mehrheitserfordernisse, als auch Erschwerungen anordnen.[808]
Das übliche Mehrheitserfordernis könnte etwa durch eine relative Mehrheit der abgegebenen Stimmen ersetzt werden, so daß die Altaktionäre zusammen sicherstellen können, daß sie auch nach der Übernahme der Mehrheit durch einen Dritten noch

[805] Assmann/Bozenhardt, Übernahmeangebote, S. 139; Herrmann, Zivilrechtliche Abwehrmaßnahmen, S. 80 f..
[806] Daum, Unkoordinierte Übernahme einer AG, S. 171; Herrmann, Zivilrechtliche Abwehrmaßnahmen, S. 81; Werner, Probleme feindlicher Übernahmen, S. 27.
[807] Herrmann, Zivilrechtliche Abwehrmaßnahmen, S. 81.
[808] BGHZ 76, 191, 193.

Einfluß auf die Berufung der Anteilseignervertreter nehmen können.[809] Sieht die Satzung der Ziel-AG hingegen eine Mehrheitserschwerung vor, so müßte der Übernehmer eine entsprechende Aktienmehrheit erlangen, so daß das Übernahmeangebot zumindest verteuert würde. Da der Aufsichtsrat und damit der Vorstand anderenfalls nicht schnell abberufen werden können, hätte ein Übernahmeversuch kurzfristig wenig Erfolgschancen.[810]
Die Satzung der Thyssen-AG hatte keine besonderen Mehrheitserfordernisse für die Wahl des Aufsichtsrats gem. § 133 II AktG festgelegt, so daß sie auch in dieser Hinsicht keinen besonderen Schutz vor unfreundlichen Übernahmen bot.

ee) Steigerung der persönlichen Voraussetzungen bei Aufsichtsrats- und Vorstandswahlen

Mit dem Ziel, die Auswechslung der Organe und damit die Kontrollerlangung für den Übernehmer zu erschweren, kann die Zielgesellschaft die Mitgliedschaft im Aufsichtsrat an besondere persönliche Voraussetzungen knüpfen, wodurch sie die Einschränkung des für dieses Amt wählbaren Personenkreises erreicht. Die Einschränkung der Auswahlkompetenz der zur Bestellung befugten Hauptversammlung muß jedoch noch in Einklang mit der in § 119 I Nr. 1 AktG vorgesehenen unabhängigen Wahl der Aufsichtsratsmitglieder stehen.[811]
Die Thyssen-AG hat von der in § 100 IV AktG verankerten Möglichkeit keinen Gebrauch gemacht. Derartige Anforderungen hätten der Krupp-Hoesch AG jedoch die Bestellung neuer Aufsichsratsmitglieder erschweren können, wenn diese über spezielle Qualifikationen oder Merkmale hätten verfügen müssen. Die Übernahme der Kontrolle hätte durch eine solche Maßnahme aber nur behindert, nicht verhindert werden können, da die Krupp-Hoesch AG selbst bei vorgesehenen Beschränkungen geeignete Personen ihres Vertrauens für den Thyssen-Aufsichtsrat hätte finden können.
Insgesamt enthielt die Thyssen-Satzung daher keine speziellen Vorkehrungen im Zusammenhang mit der Abwehr feindlicher Übernahmen, die die Neubesetzung ihres Aufsichtsrats oder des Vorstandes für die Krupp-Hoesch AG erheblich erschwert hätte.

2. Aktuelle Abwehrstrategien

Die von dem Bekanntwerden eines Übernahmeangebots durch die Krupp-Hoesch AG überraschte Thyssen AG mußte zur Abwehr der Bedrohung nun zu aktuellen Abwehrstrategien greifen. Aufgrund dessen bestand das erste Ziel des Vorstands der Thyssen AG in der Zeitgewinnung, um eine Gegenwehr aufbauen zu können. Entscheidend war hierbei die mit der Krupp-Hoesch AG am 18. März 1997 erzielte Einigung darüber, daß das angekündigte Übernahmeangebot gegenstandslos werden sollte, wenn sich beide Konzerne innerhalb von acht Tagen auf ein tragfähiges Stahlkonzept einigten.

---

809 Assmann/Bozenhardt, Übernahmeangebote, S. 139; Daum, Unkoordinierte Übernahme einer AG, S. 172.
810 Assmann/Bozenhardt, Übernahmeangebote, S. 139; Daum, Unkoordinierte Übernahme einer AG, S. 172.
811 Vgl. bereits RGZ 133, 90, 94; Assmann/Bozenhardt, Übernahmeangebote, S. 140; Geßler in: Geßler/Hefermehl, AktG, § 100 Rdnr. 46 ff.; Herrmann, Zivilrechtliche Abwehrmaßnahmen, S. 81.

Diese acht Tage nutzte der Vorstand der Thyssen AG für den Fall des Scheiterns der Gespräche zum Aufbau einer Gegenwehr.[812]
Im Folgenden sollen nun aktuelle Abwehrstrategien dargestellt werden, die bei Abgabe eines Übernahmeangebots durch die Bietergesellschaft von der Zielgesellschaft zumindest durchdacht und bei Aussicht auf Erfolg durchgeführt werden können.

a) Information der Aktionäre der Zielgesellschaft durch den Vorstand

Im Krupp/Thyssen-Fall ist es mangels Abgabe eines Übernahmeangebotes nicht mehr zu einer offiziellen Stellungnahme des Thyssen-Vorstandes gekommen.
Grundsätzlich ist der Vorstand einer Zielgesellschaft aber nach der Abgabe eines Übernahmeangebots aus § 76 I AktG verpflichtet, eine Stellungnahme zu dem Angebot abzugeben, die die Aktionäre der Zielgesellschaft über die Bedingungen des Übernahmeversuchs und dessen Vor- und Nachteile aufklären soll.[813] Nach Art. 18 Übernahmekodex hatte die Zielgesellschaft spätestens zwei Wochen nach Veröffentlichung des Angebotes eine begründete Stellungnahme dazu abzugeben. § 27 I, III WpÜG regelt nun, daß der Vorstand und der Aufsichtsrat der Zielgesellschaft eine begründete Stellungnahme zu dem Angebot unverzüglich nach Übermittlung der Angebotsunterlage abzugeben hat, d. h. also ohne schuldhaftes Zögern.[814]

Die Abgabe einer Stellungnahme durch die Verwaltung der Zielgesellschaft ist für die Entscheidungsfindung der Aktionäre insofern wesentlich, als daß sie nicht auf einseitige Informationen des Übernehmers angewiesen sind und die eigene Verwaltung zudem ihre sachkundige Beurteilung der Ertrags- und Vermögensverhältnisse der Gesellschaft vermitteln kann.[815] Die Anteilseigner bekommen die Möglichkeit, bei einer konträren Angebotsbewertung durch Bieter- und Zielgesellschaft die ihnen dargelegten Argumente abzuwägen und sich auf dieser Basis für die Annahme oder Ablehnung der Offerte zu entscheiden.
Aufgrund dieser Relevanz der Stellungnahme für die betroffenen Aktionäre steht das Neutralitätsgebot dieser begründeten Meinungsäußerung des Vorstands gerade nicht entgegen. Die Pflicht des Vorstands zur Stellungnahme ist aus der der Gesellschaft geschuldeten Pflicht zur ordnungsgemäßen Leitung und Geschäftsführung abzuleiten.[816] Der Vorstand der Zielgesellschaft hat die Stellungnahme wahr, objektiv und vollständig zu erstellen. Er ist dabei verpflichtet, die ihm bekannten Informationen zu veröffentlichen, die für die Beurteilung der Angemessenheit und Durchführbarkeit des Übernahmeangebots von Bedeutung sein können. Ein Sorgfaltsverstoß ist somit anzu-

---

[812] manager-magazin, Mai 1997, S. 46, 49.
[813] Herrmann, Zivilrechtliche Abwehrmaßnahmen, S. 88; Knoll, Übernahme von Kapitalgesellschaften, S. 167; Mertens in: Kölner-Kommentar, AktG, § 76 Rdnr. 26; Kort, Festschrift Lutter, 1421, 1438 f.; Mülbert, IStR 1999, 83, 88; Hirte/Schander in: v. Rosen/Seifert, Übernahme börsennotierter Unternehmen, S. 341, 348.
[814] Vgl. Krause, NJW 2002, 705, 711.
[815] Immenga, SAG 1975, 89, 94; Schuster/Rudolf in: v. Rosen/Seifert, Übernahme börsennotierter Unternehmen, 41, 64 f.
[816] Assmann/Bozenhardt, Übernahmeangebote, S. 103 f.; Herrmann, Zivilrechtliche Abwehrmaßnahmen, S. 87; Kort, Festschrift Lutter, 2000, 1421, 1438; a. A: Pflicht des Vorstands resultiert aus der Treuepflicht der Vorstandsmitglieder gegenüber den Aktionären, vgl. van Aubel, Vorstandspflichten bei Übernahmeangeboten, S. 128 ff.; Mülbert, IStR 1999, 83, 88.

nehmen, wenn sich der Vorstand keine hinreichenden Informationen über den Bieter und die geplante Übernahme verschafft und den Aktionären daher eine Stellungnahme „ins Blaue hinein" präsentiert.[817] Bei der Abgabe der Stellungnahme ist jedoch das in § 53 a AktG verankerte Gleichbehandlungsgebot zu beachten, so daß alle Informationen allen Aktionären gleichermaßen offenbart werden müssen. § 53 a AktG steht es jedoch nicht entgegen, wenn einzelne Aktionäre oder Aktionärsgruppen, etwa im Rahmen einer road show, gezielt angesprochen werden, um insbesondere sie zum Widerstand gegen das Übernahmeangebot zu motivieren.[818]

Dem Vorstand der Zielgesellschaft obliegt zudem die Befugnis, wenn nicht sogar die Pflicht,[819] über das vorliegende Übernahmeangebot Werturteile abzugeben, wenn und soweit sie auf einer fundierten Tatsachenbasis beruhen.[820] Daher ist es dem Vorstand zu gestatten, sich unter Angabe von Gründen gegen das Übernahmeangebot auszusprechen, um auf diese Weise die Aktionäre von ihren eigenen Ansichten überzeugen zu können. Auch ist es dem Vorstand in diesem Rahmen erlaubt, alternative Pläne für wertsteigernde Umstrukturierungsmaßnahmen zu präsentieren.[821] Eine in der Stellungnahme enthaltene Empfehlung an die Aktionäre ist insoweit mit den Übernahmeregelungen vereinbar, als ihnen eine fundierte Tatsachenbasis zugrundeliegt und dies den Interessen der Aktionären entspricht.[822]

Darüber hinaus ist es ihm grundsätzlich im Rahmen der eigenverantwortlichen Geschäftsführung des Vorstands gem. § 76 AktG nicht verwehrt, für das von ihm entwickelte eigene unternehmerische Konzept zu werben und auf diesem Wege auf wirtschaftlich negative Beeinträchtigungen in der Zielgesellschaft, die durch die Übernahme hervorgerufen werden, hinzuweisen.[823] Insoweit ist auch der Einsatz auf Emotionen abzielender Werbung zulässig, die die Grenze der Irreführung aber nicht erreichen darf.[824] Eine von falschen Tatsachen ausgehende oder eine Tatsachen entstellende Werbemaßnahme ist mit der Sorgfaltspflicht des Vorstands in jedem Fall unvereinbar.[825]

Seit dem feindlichen Übernahmeversuch von Vodafone auf Mannesmann sind Maß und Grenzen einer derartigen Werbemaßnahme aber fraglich geworden.[826] Gegen die generelle Zulässigkeit von Werbekampagnen spricht grundsätzlich nicht, daß sie aus Mitteln der Zielgesellschaft bestritten werden. Der Einsatz dieser Mittel verfolgt nicht den Zweck, eine Maßnahme gegen den Willen der Aktionäre durchzusetzen, sondern lediglich mit dem Ziel, diesen Willen zu beeinflussen. Nach Inhalt und Aussage sowie

---

817 Kort, Festschrift Lutter, 1421, 1439.

818 Mertens in: Kölner-Kommentar, § 76 Rdnr. 26; Schanz, NZG 2000, 337, 341.

819 Mülbert, IStR 1999, 83, 88.

820 Hopt in: Großkommentar, AktG, § 93 Rdnr. 130; Rümker, Festschrift Heinsius, S. 683, 686.

821 Baums in: v. Rosen/Seifert, Übernahme börsennotierter Unternehmen, 165, 177; Mülbert, IStR 1999, 83, 91 f..

822 Anmerkungen zum Übernahmekodex der Börsensachverständigenkommission, S. 28.

823 Vgl. Hopt, Festschrift Lutter, 2000, 1361, 1382 f.; Horn, ZIP 2000, 473, 482, Martens, Festschrift Beusch, 529, 549; Kort, Festschrift Lutter, 1421, 1440; Maier-Reimer, ZHR 165 (2001), 258, 264.

824 Zulässig nach Horn, ZIP 2000, 473, 482; Kort, Festschrift Lutter, 1421, 1440; dagegen: Burgard, WM 2000, 611, 612; Thümmel, DB 2000, 461, 463.

825 Herrmann, Zivilrechtliche Abwehrmaßnahmen, S. 89.

826 Die Mannesmann AG soll für ihre derartige „Abwehrschlacht" bis zu 700 Mio. DM aufgewandt haben, FAZ, 5.2. 2000, S. 13; 400 Mio. DM nach FAZ vom 9. 2. 2000, S. 29.

dem betriebenen Aufwand muß die Werbekampagne aber angemessen sein.[827] Insofern muß der Umfang der Maßnahmen im Unternehmensinteresse liegen, wobei zu berücksichtigen ist, daß - wie im Fall Mannesmann/Vodafone - der Bieter durch die abwehrenden Werbemaßnahmen veranlaßt werden kann, das Angebot zugunsten der Aktionäre zu erhöhen.[828] Die Grenze zur Bestimmung der Angemessenheit der Kosten für abwehrende Werbemaßnahmen ist somit im Einzelfall zu bestimmen.

Gem. § 28 I WpÜG ist das Bundesaufsichtsamt als Lehre aus dem Mannesmann/Vodafone-Fall nunmehr befugt, „bestimmte Arten der Werbung" zu untersagen, um Mißständen bei der Werbung im Zusammenhang mit Angeboten zum Erwerb von Wertpapieren zu begegnen.[829]

b) Einschaltung eines „White Knight"

Von der Neutralitätspflicht des Vorstands ausgenommen ist zudem die Möglichkeit des Vorstands, sich nach dem Vorliegen eines Übernahmeangebots aktiv um bessere Konkurrenzangebote von Dritten, den sog. „White Knights" zu bemühen.[830] Auch das WpÜG eröffnet in § 33 I S. 2 die Möglichkeit der Suche nach einem konkurrierenden Angebot.

Die Befugnis des Vorstands zur Suche nach einem White Knight dient den Interessen der Aktionäre, weil ihnen hierdurch die Möglichkeit eröffnet werden kann, zwischen einer weiteren, ggf. besseren Option zu wählen und auktionsähnliche Abläufe in Gang gesetzt werden. Bei einem solchen „White Knight" handelt es sich zumeist um eine dem Management positiv gegenüberstehende Gesellschaft, die dem bedrohten Unternehmen mit einem möglichst hohen Angebot zur Seite stehen soll.[831] Für die Verwaltung der Zielgesellschaft ist jedoch bei den Erwägungen zur Einschaltung eines „White Knight" bereits im Vorfeld zu beachten, daß sie in eine Abhängigkeitsstellung zu dem dritten Unternehmen gerät.

Sofern die Verwaltung der Zielgesellschaft trotz der Abhängigkeitsgefahr versucht, einen Aktienerwerber zu finden, der ihr als Kontrollerwerber willkommener ist, als die Bietergesellschaft, ist sie nicht gehindert, ihren Aktionären im Rahmen ihrer Leitungsbefugnis gem. § 76 AktG entsprechende Veräußerungsempfehlungen zu geben.[832] Wie

---

[827] Krause, AG 2000, 217, 220; Maier-Reimer, ZHR 165 (2001), 258, 264.

[828] Horn, ZIP 2000, 473, 482.

[829] Vgl. Zschocke, DB 2002, 79, 84; dazu auch Kort, Festschrift Lutter, 1421, 1440.

[830] Zu der Einschaltung eines „White Knight" als Abwehrmaßnahme: Assmann/Bozenhardt, Übernahmeangebote, S. 143 ff.; Baums in: v. Rosen/Seifert, Übernahme börsennotierter Unternehmen, S. 165, 178; Daum, Unkoordinierte Übernahme einer AG, S. 188 ff.; Ebenroth/Eyles, RIW 1988, 413, 416; v. Falkenhausen, Festschrift Stiefel, S. 169; Hauschka/Roth, AG 1988, 181,193; Herrmann, Zivilrechtliche Abwehrmaßnahmen, S. 136 ff.; Hopt, ZGR 1993, 534, 557; Immenga/Noll, Feindliche Übernahmeangebote, S. 116; Jander/Mc Dermott, RIW 1990, 957 ff.; Knoll, Übernahme von Kapitalgesellschaften, S. 251; Lüttmann, Kontrollwechsel in Kapitalgesellschaften, S.170; Michalski, AG 1997, 152, 160; Mülbert, IStR 1999, 83, 89; Peltzer, Festschrift Zimmerer, S. 271, 285; Salje, JA 1990, 321, 325; Schander, BB 1997, S. 1801, 1803; Sünner, AG 1987, 276, 282; Stoll, BB 1989, 301, 305.

[831] Telecom Italia versuchte im Frühjahr 1999 beispielsweise die feindliche Übernahme durch Olivetti SpA durch eine Fusion mit der Deutschen Telekom abzuwehren, die als „weißer Ritter" fungieren sollte; der Plan scheiterte jedoch auch aufgrund politischer Einflußnahme, vgl. FAZ, 19.04.1999, S. 22; FAZ, 25.5.1999, S. 23 u. 25.

[832] Vgl. Mertens in: Kölner Kommentar, AktG, § 76 Rdnr. 26.

erörtert, sind in der von der Verwaltung zu veröffentlichenden Stellungnahme Werturteile und Empfehlungen nur insoweit gestattet, als ihnen eine fundierte Tatsachenbasis zugrunde liegt und dies den Interessen der Aktionäre entspricht. Daher ist der Vorstand der Zielgesellschaft verpflichtet, sowohl das Übernahmeangebot der Bietergesellschaft als auch ein Konkurrenzangebot sorgfältig zu überprüfen. Eine rechtswidrige Veräußerungsempfehlung der Verwaltung zugunsten des Konkurrenzangebotes liegt jedoch vor, wenn aufgrund der Verfolgung eigener Interessen unter Außerachtlassung der Gesellschaftsinteressen eine entsprechende Befürwortung erfolgt.[833] Eine derart einseitige Befürwortung eines öffentlichen Übernahmeangebots stellt aufgrund des Einflusses des Vorstands auf die Zusammensetzung des Aktionärskreises regelmäßig einen Verstoß gegen das Neutralitätsgebot dar.[834]
Vor der Liberalisierung des Bezugsrechtsausschlusses scheiterte die Einschaltung eines „White Knight" unter Ausnutzung des Genehmigten Kapitals II gem. § 203 II S. 1 AktG aber daran, daß eine sachliche Rechtfertigung bereits zum Zeitpunkt des Hauptversammlungsbeschlusses notwendig und die Schaffung eines genehmigten Kapitals mit Bezugsrechtsausschluß noch unzulässig war. Diese Rechtslage hat sich mit dem „Siemens/Nold"-Urteil geändert.[835]
Die Mitwirkung des Dritten kann aber auch durch eine Kapitalerhöhung ohne Bezugsrechtsausschluß erfolgen. In diesem Fall werden die von den Altaktionären nicht ausgeübten Bezugsrechte von der jeweiligen Depotbank an Dritte zum höchsten erzielbaren Kurs weitergereicht. Hierdurch wird die Übernahme des Erwerbers zumindest verteuert.
Die Thyssen-AG wird angesichts der akuten Bedrohung durch die Krupp-Hoesch AG auch die Ausnutzung ihres genehmigten Kapitals durch die Einschaltung eines sog. „White Knight" („weißer Ritter") in Erwägung gezogen haben, um schwerwiegende Eingriffe in die Selbständigkeit durch den umsatzschwächeren Konkurrenten zu verhindern. Die Einschaltung eines solchen „weißen Ritters" hätte für die Krupp-Hoesch AG in wirtschaftlicher Hinsicht zur Folge haben können, daß aufgrund der auktionsähnlichen Abläufe eine erhebliche Verteuerung der Übernahme eingetreten wäre. Angesichts der von der Krupp-Hoesch AG ohnehin bereits fremdfinanzierten 13,6 Mrd. DM wäre ein weiterer Anstieg der Kosten der Übernahme für den Ruhrkonzern und der mit ihm verbündeten Banken nicht tragbar gewesen.
Wie bereits erörtert, war der Thyssen AG der Einsatz des Genehmigten Kapitals II in Höhe von 150 Mio. DM nicht möglich,[836] so daß sie nur im Wege ihres Genehmigten Kapitals I in Höhe von 350 Mio. DM eine Verteuerung der Übernahme für die Krupp-Hoesch AG hätte in Betracht ziehen können.

---

833 Assmann/Bozenhardt, Übernahmeangebote, S. 104 f.; Ebenroth/Daum, DB 1991, 1157, 1159; Mertens in: Kölner Kommentar, AktG, § 76 Rdnr. 18, 26 u. § 93 Rdnr. 61.

834 Die Vorstandsmitglieder haften bezüglich der Stellungnahme bei einer Verletzung ihrer Informationspflichten u. U. gem. §§ 93 II, 117 I S. 1 AktG, 823 II i. V. m. einem Schutzgesetz, 826 BGB; gegenüber den Aktionären können die Vorstandsmitglieder gem. § 117 I S. 2 AktG, 823 II i. V. m. einem Schutzgesetz, 826 BGB haften, vgl. Assmann/Bozenhardt, Übernahmeangebote, S. 104 f. Knoll, Übernahme von Kapitalgesellschaften, S. 251.

835 Siehe S. 182 ff..

836 Siehe S. 179 ff..

c) Zulässigkeit weiterer Verteidigungsmaßnahmen nach deutschem Recht

Bei weiteren in den USA gebräuchlichen Verteidigungsmaßnahmen wird die Zulässigkeit nach deutschem Recht häufig zumindest dann bezweifelt, wenn sie allein vom Vorstand veranlaßt werden soll, so daß die Verwaltung der Thyssen AG als Zielgesellschaft aufgrund der rechtlichen Unwägbarkeiten hier hätte Vorsicht walten lassen müssen.

aa) „Pac-man-Verteidigung"

Bei der sog. Pac-man-Verteidigung versucht die Zielgesellschaft zur Abwehr eines feindlichen Übernahmeversuchs ihrerseits mittels eines Gegenangebots die Kontrolle über die sie bedrohende Bietergesellschaft zu erlangen.[837]
Erfolgsversprechend ist diese aggressive Verteidigungsmethode zumeist nur dann, wenn zwei ähnlich große Gesellschaften aufeinandertreffen, die Unternehmensstruktur der ursprünglichen Bietergesellschaft derart beschaffen ist, daß ein Gegenangebot aufgrund eines übernahmefähigen Anteilsbesitzes überhaupt in Betracht kommt und die Zielgesellschaft finanzielle Flexibilität aufweist.[838]
Die rechtliche Zulässigkeit dieses Vorgehens ist äußerst fraglich. Bedenken ergeben sich insbesondere aus den Regelungen über den Kauf eigener Aktien und über wechselseitige Beteiligungen. Erlangt die Zielgesellschaft zuerst die Kontrolle über die Bietergesellschaft und nicht umgekehrt, liegt ein Verstoß gegen § 71 d AktG vor.[839] Ab einer Beteiligung von 25 % greifen die Regelungen der §§ 19, 328 AktG ein. Das Gegenangebot zeigt danach aufgrund der in § 328 I AktG enthaltenen Sperrwirkung nach deutschem Recht nur dann Wirkung, wenn die Bietergesellschaft nicht bereits mehr als 25 % der Anteile an der anderen Gesellschaft hält. Anderenfalls können die Rechte aus den zur Abwehr erworbenen Anteilen der Zielgesellschaft an dem sie bedrohenden Unternehmen nicht mehr ausgeübt werden. Die aktienrechtlichen Regelungen lassen hier eine Wettbewerbssituation entstehen, in der diejenige Gesellschaft bevorzugt wird, die zuerst der anderen eine Beteiligung von mindestens 25 % am Grundkapital angezeigt hat.[840]
Darüber hinaus werden in der deutschen Literatur zurecht Zweifel an der Vereinbarkeit dieser Verteidigungsmaßnahme mit dem Neutralitätsgebot geäußert. Im Hinblick auf die Kosten und Risiken eines Gegenangebots wird überwiegend angenommen, daß

---

[837] Zur „Pac-Man-Veteidigung": Assmann/Bozenhardt, Übernahmeangebote, S. 145 f.; Daum, Unkoordinierte Übernahme einer AG, S. 190 ff.; Ebenroth/Eyles, RIW 1988, 413, 425; Schaaf, RIW 1985, 273, 279; Trockels, ZVglRWiss 89 (1990), S. 56, 86; v. Falkenhausen, Festschrift Stiefel, S. 163, 186 f.; Hauschka/Roth, AG 1988, 181, 194; Knoll, Übernahme von Kapitalgesellschaften, S. 252 f.; Menichetti, WiSt 1990, 521, 523; Michalski, AG 1997, 152, 161; Schander, BB 1997, 1801, 1803; Weimar/Breuer, BB 1991, 2309, 2320; Handelsblatt, 20.03.1997, S. 12.

[838] Assmann/Bozenhardt, Übernahmeangebote, S. 145; Daum, Unkoordinierte Übernahme einer AG, S. 191; Weimar/Breuer, BB 1991, 2309, 2320.

[839] Assmann/Bozenhardt, Übernahmeangebote, S. 145; Daum, Unkoordinierte Übernahme einer AG, S. 190.

[840] Schander, BB 1997, 1801, 1803; Weimar/Breuer, BB 1991, 2309, 2320.

der Vorstand einer AG gem. §§ 76, 93 I AktG bei diesem Gang in die Offensive sein pflichtgemäßes Verhalten überschreitet.[841]
Für die Beteiligung an der Bietergesellschaft gibt es – abgesehen von der Abwehr der Übernahme – keine betriebswirtschaftliche Begründung. Auch kann im Hinblick auf die genannten Vorschriften über den Erwerb eigener Aktien und über die wechselseitigen Beteiligungen das feindliche Übernahmeangebot unter Umständen sogar verhindert werden, so daß die „Pacman-Defense" mit Art. 19 Übernahmekodex/§ 33 I S. 1 WpÜG nicht in Einklang steht, anders nur, wenn die Hauptversammlung sie beschließt.[842]
Der Thyssen AG wäre es als im Vergleich zur Krupp-Hoesch AG fast doppelt so großem finanzstarkem Konzern ihrerseits zwar u. U. möglich gewesen, ein Gegenangebot zu unterbreiten. Da die Krupp-Hoesch AG mit Blick auf ihre Aktionärsstruktur jedoch nicht über ausreichenden übernahmefähigen Anteilsbesitz verfügte – es bestand zum Zeitpunkt des Übernahmeversuchs nur ein Streubesitz von 21, 53 % - kam diese Verteidigungsmaßnahme für die Thyssen AG nicht in Betracht.[843]

bb) Verkauf der „Crown-jewels"

Weitere sich anbietende Möglichkeit zur Abwehr einer feindlichen Übernahme bildet der Verkauf der wertvollsten Vermögensgegenstände der Zielgesellschaft (sog. „Crown-jewels"), worunter sowohl einzelne Ressourcen, als auch vollständige Unternehmenszweige fallen können. Hierdurch kann der Vorstand die Zielgesellschaft unattraktiver machen, wenn der Übernehmer gerade an den sog. Crown-jewels interessiert ist, um möglichst hohe Synergieeffekte zu erzielen oder seine wettbewerbliche Stellung zu stärken.[844] Auch im Falle der Finanzierung mittels eines Leveraged-Buyouts würde die Übernahme verhindert, da der Übernehmer auf die Mittel der Zielgesellschaft, die zur Refinanzierung genutzt werden sollten, nicht mehr zurückgreifen kann.[845] Interessant ist diese Vorgehensweise für den Übernehmer vor allem dann, wenn er die Vermögensgegenstände zu einem späteren Zeitpunkt wieder zurückkaufen kann.

---

841 Assmann/Bozenhardt, Übernahmeangebote, S. 146; van Aubel, Vorstandspflichten bei Übernahmeangeboten, S. 170; Hopt, Festschrift Lutter, 1361, 1389 f.; Knoll, Übernahme von Kapitalgesellschaften, S. 253; Mülbert, IStR 1999, 83, 89; a. A.: Daum, Unkoordinierte Übernahmeangebote, S. 191; Ebenroth/Daum BB 1991, 1157, 1160; Hauschka/Roth, AG 1988, 181, 194.

842 Hopt, Festschrift Lutter, 1361, 1390.

843 Angewandt wurde die Pac Man Defense aber in Frankreich bei dem Gegenangebot der Elf Aquitaine in dem Übernahmekampf mit Total Fina, vgl. FAZ, 28.7.99, S. 17.

844 Vgl. zu dieser Form der Abwehr: Assmann/Bozenhardt, Übernahmeangebote, S. 140 ff.; Bess, AG 1976, 206, 208; Bär in: Siegwart/Caytas/Mahari/Rumpf, M&A, S. 163; Daum, Unkoordinierte Übernahme einer AG, S. 193; v. Falkenhausen, Festschrift Stiefel, S. 163, 183; Hauschka/Roth, AG 1988, 181, 191; Herrmann, Zivilrechtliche Abwehrmaßnahmen, S. 195 ff.; Immenga, SAG 1975, 89, 102; Immenga/Noll, Feindliche Übernahmeangebote aus wettbewerbspolitischer Sicht, S. 105 f.; Knoll, Übernahme von Kapitalgesellschaften, S. 215 ff.; Lüttmann, Kontrollwechsel in Kapitalgesellschaften, S. 170; Michalski, AG 1997, 152, 159 f.; Schaaf, RIW 1988, 273, 279; Trockels, ZVglRWiss 89 (1990), 56, 82 ff.; Werner, Probleme feindlicher Übernahmen, S. 29.

845 Daum, Unkoordinierte Übernahme einer AG, S. 193; Immenga/Noll, Feindliche Übernahmeangebote aus wettbewerbspolitischer Sicht, S. 106; Werner, Probleme feindlicher Übernahmen, S. 29.

Sofern die Verwaltung der Thyssen AG vermutete, daß die Übernahme in erheblichem Maße durch das Interesse der Krupp-Hoesch AG an bestimmten assets motiviert war, hätte sie versuchen können, die Attraktivität ihres Unternehmens als Übernahmeobjekt durch die Veräußerung der attraktiven Assets zu mindern. Attraktives Asset war im Hinblick auf die dortige Höhe der erwarteten Synergieeffekte und der Stärkung der Wettbewerbsstellung im Stahlbereich für die Krupp-Hoesch AG insbesondere der Stahlbereich der Thyssen AG, der durch die neuen Gießwalzanlagen im Werk Bruckhausen einen noch höheren Stellenwert erlangt hatte.[846] Der damalige Vorstandsvorsitzende der Thyssen AG äußerte sich dahingehend, daß zwei Konzerne ernste Zusagen zum Kauf des Stahlbereichs des Unternehmens bereits getätigt hatten.[847]
Geklärt werden soll daher an dieser Stelle, in wie weit die Verwaltung der Thyssen AG zur Veräußerung ihres Stahlbereichs befugt gewesen wäre, um der konkreten Bedrohung durch die Krupp-Hoesch AG zu entgehen.
Bei der Beurteilung der Veräußerung von Crown Jewels sind zunächst die Fälle abzuschichten, in denen die Verwaltung Vermögen der Gesellschaft in kollusivem Zusammenwirken mit Dritten zu Schleuderpreisen veräußert. In diesem Fall ist das Veräußerungsgeschäft gem. § 138 BGB nichtig.[848] Dieser Mangel schlägt auch auf das dingliche Verfügungsgeschäft durch, so daß die Gesellschaft ihr Eigentum an den betroffenen Gegenständen des Aktivvermögens nicht verloren hätte. Die Verwaltung der Zielgesellschaft verstößt in einem solchen Fall zudem gegen die durch § 266 I 2. Alt. StGB strafbewehrte Pflicht, keine Maßnahmen zu ergreifen, die zum Schaden der Aktionäre dem Erhalt des ihr anvertrauten Vermögens entgegenlaufen.[849]
Erfolgte der Verkauf hingegen zu einem angemessenen Gegenwert,[850] so ist die Verwaltung im Lichte des Neutralitätsgebots insoweit befugt, als die Veräußerung noch als Maßnahme der Geschäftsführung betrachtet werden kann, die nicht der Zustimmung der Hauptversammlung bedarf, welche aufgrund des Holzmüller-Urteils oder der Veräußerung des nahezu gesamten Gesellschaftsvermögens im Sinne von § 179 a AktG erforderlich sein kann.[851] Werden daher zur Abwehr einer feindlichen Übernahme wesentliche Teile des Vermögens veräußert, so kann damit die Qualität einer Strukturmaßnahme von erheblicher Bedeutung erreicht sein, die nach den Grundsätzen der Holzmüller-Entscheidung der Zustimmung der Hauptversammlung bedarf.[852]

---

[846] Zugleich konnte der Thyssen-Vorstand versuchen, den Verkauf von „Tafelsilber" zu verhindern, wobei zur Schuldentilgung insbesondere der Anteil an E-Plus von 30, 15 % für die Krupp-Hoesch AG in Frage gekommen wäre, vgl. manager-magazin, Mai 1997, S. 46, 54.

[847] manager-magazin, Mai 1997, S. 46, 54.

[848] BGH NJW 1966, 1911 ff.; Hefermehl in: Geßler/Hefermehl, AktG, § 82 Rdnr. 39.

[849] Michalski, AG 1997, 152, 159 f..

[850] Die Veräußerung zum Marktpreis hat lediglich eine Veränderung der Zusammensetzung – nicht des Wertes - des Gesellschaftsvermögens zur Folge, so daß dem Übernehmer dadurch das „asset-stripping" erleichtert werden könnte; sollte der Übernehmer mit dem hostile takeover aber anderweitige Ziele verfolgen, kann in dem Verkauf der sog. „Crown Jewels" eine taugliche Abwehrmaßnahme liegen, vgl. Assmann/Bozenhardt, Übernahmeangebote, S. 141; a. A. Michalski, AG 1997, 152, 159.

[851] Lüttmann, Kontrollwechsel in Kapitalgesellschaften, S. 170; Hauschka/Roth, AG 1988, 181, 191; a.A. Assmann/Bozenhardt, Übernahmeangebote, S. 141; Daum, Unkoordinierte Übernahme einer AG, S. 193, die der Ansicht sind, daß der Vorstand einer Zielgesellschaft ausschließlich zu Abwehrzwecken zur Veräußerung von Vermögensgegenständen überhaupt nicht befugt sei.

[852] Nach der hier vertretenen Auffassung – vgl. S. 102 ff..- , besteht das Erfordernis der Hauptversammlungszustimmung erst, wenn mehr als 50 % der Aktiva der Zielgesellschaft verkauft werden.

Darüber hinaus ist auf die Einholung einer Hauptversammlungszustimmung zu achten, wenn der Verkauf wesentlicher Vermögensgegenstände nicht dazu geeignet ist, zur Erreichung des Unternehmensgegenstandes beizutragen und daher eine „faktische Satzungsänderung“ vor- liegt.[853]
In diesem Zusammenhang ist allerdings aus praxisnaher Sicht erneut darauf aufmerksam zu machen, daß auch eine zustimmungsbedürftige Veräußerung wegen der im Außenverhältnis unbeschränkbaren Vertretungsmacht des Vorstands gem. § 82 I AktG wirksam ist. Zudem kann die Zustimmung der Hauptversammlung der Zielgesellschaft auch nachträglich eingeholt werden.[854]

Im zu untersuchenden Übernahmefall stellte sich zudem die Frage, ob das Initiativrecht des § 122 AktG von der Krupp-Hoesch AG nach Durchführung eines Market Sweep[855] hätte genutzt werden können, um Veräußerungsmaßnahmen der Verwaltung der Thyssen AG zu durchkreuzen, wenn diese sich über das Erfordernis der Einholung einer Hauptversammlungszustimmung hinweggesetzt hätte.
Für die Beantwortung dieser Frage ist zu unterscheiden zwischen Geschäftsführungsmaßnahmen und solchen Maßnahmen, die über die Geschäftsführung hinausgehen. Will die Minderheit über Geschäftsführungsmaßnahmen eine Beratung der Hauptversammlung herbeiführen, so ist ein solches Verlangen gem. § 122 AktG unzulässig, da es kein Beschluß der Hauptversammlung zum Gegenstand hat. Zwar kann der Vorstand gem. § 119 II AktG bedeutende Geschäftsführungsmaßnahmen freiwillig der Hauptversammlung zur Beantwortung und Beschlußfassung überstellen. Eine solche Initiative kann jedoch nicht von der Minderheit erzwungen werden.[856]
Fraglich ist, ob dies auch für solche Maßnahmen gilt, die aufgrund des Holzmüller-Urteils als Geschäftsführungsmaßnahmen von besonderem Gewicht qualifiziert werden und daher der Zustimmung der Hauptversammlung bedürfen. Hierzu wird die Auffassung vertreten, daß § 83 AktG auf diese Fälle anwendbar sei, da die Entscheidung darüber, ob eine Holzmüller-Maßnahme aufgegriffen werden soll, allein durch den Vorstand zu entscheiden sei.[857]
Diese Auffassung trifft zwar auf § 83 AktG zu, beantwortet jedoch nicht die Frage, ob eine Hauptversammlung über § 122 AktG erzwungen werden kann, wenn der Vorstand zwar das Ob einer Maßnahme bejaht hat, aber gleichwohl nicht die nach Maßgabe der Rechtsprechung erforderliche Hauptversammlung einberuft. Insofern ist zwischen Initiativrecht gem. § 83 AktG und Einberufung einer Hauptversammlung nach § 122 AktG zu unterscheiden.
Mit § 122 AktG soll der Minderheit Gelegenheit gegeben werden, dafür zu sorgen, daß die Hauptversammlung zusammentritt und sich mit Angelegenheiten befaßt, für die sie zuständig ist.[858] Daher stellt sich die Frage, ob es für diese Zuständigkeit ausreicht, wenn sie aufgrund höchstrichterlicher Rechtsprechung begründet worden ist oder ob ausschließlich durch Gesetz oder Satzung angeordnete Zuständigkeiten maßgeblich

853 Herrmann, Zivilrechtliche Abwehrmaßnahmen, S. 130; Michalski, AG 1997, 152, 159.
854 Siehe S. 102 ff..
855 Vgl. S. 58 ff..
856 Werner in: Großkomm., AktG, § 122 Rdnr. 27.
857 Werner in: Großkomm., AktG, § 122 Rdnr. 28 f..
858 Eckardt in: Geßler/Hefermehl, AktG, § 122 Rdnr. 2; Hüffer, AktG, § 122 Rdnr. 1.

sind, wie es der Wortlaut des § 121 I AktG nahelegt. Für § 121 AktG ist jedoch – trotz der grundsätzlichen Ablehnung der Holzmüller-Entscheidung durch Teile des Schrifttums – anerkannt, daß es auch eine Pflicht gibt, die Hauptversammlung einzuberufen, wenn dies aufgrund richterlicher Rechtsfortbildung geboten ist. Das Wohl der Gesellschaft erfordere es, die nach der Rechtsprechung bestehende Verpflichtung des Vorstands von seinem Einberufungsrecht nach § 119 II AktG Gebrauch zu machen, zu respektieren.[859]

Besteht indes eine Pflicht des Vorstands zur Einberufung aufgrund einer richterrechtlich begründeten ungeschriebenen Hauptversammlungszuständigkeit, so muß auch die Minderheit berechtigt sein, darauf ein Einberufungsverlangen gem. § 122 AktG zu stützen, wenn der Vorstand dieser Pflicht nicht nachkommt, wie es in gleicher Weise für gesetzlich oder durch Satzung begründete Hauptversammlungszuständigkeiten der Fall gewesen ist.

In den sog. Holzmüller-Fällen besteht sogar ein über die Fälle der gesetzlichen oder satzungsmäßig begründeten Zuständigkeiten hinausgehendes Interesse der Aktionäre an der umgehenden Einberufung der Hauptversammlung zu diesem Beschlußgegenstand, da eine unter Verstoß gegen die Holzmüller-Rechtsprechung ohne Hauptversammlung durchgeführte Maßnahme im Außenverhältnis Wirksamkeit entfaltet. Gelingt es der Minderheit dem Vorstand durch eine Hauptversammlung vor Augen zu führen, daß die Maßnahme nicht von einer Mehrheit getragen wird, so wird dieser voraussichtlich keine Maßnahmen ergreifen, die dem expliziten Willen der Hauptversammlung zuwiderlaufen.

Die Krupp-Hoesch AG hätte daher nach Durchführung eines Market Sweep die ohne Zustimmung der Hauptversammlung bestehenden Veräußerungsabsichten der Thyssen AG insoweit durchkreuzen können, als daß sie in einem Holzmüller-Fall die Einberufung der Hauptversammlung der Thyssen AG über § 122 AktG hätte erzwingen können.

cc) „Golden Parachutes"

Die in den USA gebräuchliche Abwehrmaßnahme der sog. „Golden Parachutes" (goldene Fallschirme) hätte die Thyssen AG aufgrund des Verstoßes gegen die §§ 84, 87 AktG nicht einsetzen können. Hierunter sind Sonderkonditionen für das Management der Zielgesellschaft zu verstehen, die im Falle einer erfolgreichen Übernahme den Verlust des Arbeitsplatzes mit hohen Abfindungen kompensieren sollen. Auf diesem Weg soll dem Übernehmer die Übernahme weiter erschwert werden, da diese Abfindungen für den Übernehmer durch die Verteuerung sanktionierend wirken.[860]

Solche Abfindungsregeln sind jedoch in Deutschland zunächst im Hinblick auf § 87 I AktG nicht zulässig. Der Aufsichtsrat entscheidet danach über die Bezüge der Vor-

---

[859] Werner in: Großkommentar, AktG, § 121 Rdnr. 21.

[860] Vgl. zu den „Golden Parachutes": Assmann/Bozenhardt, Übernahmeangebote, S. 142 f.; Daum, Unkoordinierte Übernahme einer AG, S. 194; Hauschka/Roth, AG 1988, 181, 192; Herrmann, Zivilrechtliche Abwehrmaßnahmen, S. 84; Immenga/Noll, Feindliche Übernahmeangebote aus wettbewerbspolitischer Sicht, S. 107 f.; Knoll, Übernahme von Kapitalgesellschaften, S. 218 f.; Kurth, Aktionärsschutz und öffentliche Kaufangebote, S. 26 f.; Lüttmann, Kontrollwechsel in Kapitalgesellschaften, S. 169; Michalski, AG 1997, 152, 160; Peltzer, ZIP 1989, 69, 74; Sünner, AG 1987, 276, 282; Trockels, ZVglRWiss 89 (1990), 56, 89.

standsmitglieder und kontrolliert ihre Angemessenheit. Gem. §§ 83, 87 AktG sind daher angemessene Abfindungen zwar nicht zu beanstanden.[861] Da unangemessen hohe Abfindungen aber die Gesellschaft schädigen, würden sich die Aufsichtsratsmitglieder gegenüber der AG gem. §§ 116, 93 AktG schadensersatzpflichtig machen. Auch die begünstigten Vorstandsmitglieder könnten gem. § 93 II AktG schadensersatzpflichtig sein.[862] § 84 I AktG soll wiederum gewährleisten, daß der Aufsichtsrat bei seiner Entschließungsfreiheit über die Neubestellung von Vorstandsmitgliedern unabhängig entscheiden kann.[863] Da erhebliche Abfindungsvergütungen zugunsten der Altvorstände geeignet sind, diese Entscheidungsfreiheit zu beeinträchtigen, würde aus ihrer Vereinbarung eine § 84 I AktG widersprechende Zwangslage erwachsen.[864] Die Vereinbarung von „Golden Parachutes" mit ihren Managern[865] kam daher für die Thyssen AG nicht in Betracht.

d) Standstill Agreement

Die unter dem Einfluß von Politikern und Gewerkschaften stehende Entwicklung der Übernahmeauseinandersetzung zwischen Krupp-Hoesch und Thyssen läßt darauf schließen, daß beide Parteien im März 1997 eine Vereinbarung über den Abschluß eines Stillhalteabkommens getroffen hatten. Inhaltlicher Bestandteil des Stillhalteabkommens war die Abstandnahme der Krupp-Hoesch AG von der Abgabe des Übernahmeangebots sowie der Eintritt in Fusionsverhandlungen im Stahlbereich, welche durch die Bildung des Joint ventures „Thyssen Krupp Stahl AG" rückwirkend zum 01. April 1997 erfolgreich beendet worden sind.[866]

Ein standstill agreement stellt eine schuldrechtliche Vereinbarung zwischen der Zielgesellschaft und dem (potentiellen) Bieter dar, in welcher die Parteien im Gegenseitigkeitsverhältnis stehende Verpflichtungen eingehen. Hauptzweck eines standstill agreements ist es, im Verhältnis zwischen der Zielgesellschaft und dem (potentiellen)

---

[861] Ob eine solche noch in der rund 60 Mio. DM hohen Abfindung für den ehemaligen Vorstandsvorsitzenden der Mannesmann AG, Klaus Esser, gesehen werden kann, hat zu Kontroversen geführt, vgl. FAZ, 18. 2. 2000, S. 22; Börsen-Zeitung, 22. 2. 2000, S. 10; FAZ, 7. 3.2000, S. 21; Binz/Sorg, BB 2002, 1, 1; Burgard, WM 2000, 611, 612; Horn, ZIP 2000, 473, 482. In einem Rechtsgutachten, das von seiten Vodafones in Auftrag gegeben wurde, wird die Abfindung, die der ehemalige Mannesmann-Vorstandsvorsitzende Klaus Esser in Höhe von ca. 29 Mio. DM erhalten hat und die zusätzliche sog. Anerkennungsprämie von etwa 32 Mio. DM, als mit dem Aktienrecht vereinbar angesehen. Die Rechtfertigung einer hohen Vergütung könne mit der außergewöhnlich schwierigen Lage der Gesellschaft, als auch mit dem Marktwert eines Vorstandsmitgliedes am Markt für Führungskräfte begründet werden, vgl. FAZ, 02.11.2001, S. 22 unter Bezugnahme auf ein Gutachten von Prof. Dr. Theodor Baums.

[862] Daum, Unkoordinierte Übernahme einer AG, S. 194; Hauschka/Roth, AG 1988, S. 181, 192; Herrmann, Zivilrechtliche Abwehrmaßnahmen, S. 84; Michalski, AG 1997, 152, 160.

[863] BGHZ 8, 360; BGH NJW 1957, 1278, 1278.

[864] Assmann/Bozenhardt, Übernahmeangebote, S. 143; Hefermehl in: Geßler/Hefermehl, AktG, § 84 Rdnr. 42; Lüttmann, Kontrollwechsel in Kapitalgesellschaften, S. 169; Mertens in: Kölner Kommentar, § 84 Rdnr. 9, 11.

[865] Die Vergütung für Aufsichtsratsmitglieder wird gem. § 113 AktG durch die Satzung geregelt oder durch die Hauptversammlung mit einfacher Stimmenmehrheit bewilligt; gegen „Golden Parachutes" zugunsten von Aufsichtsratsmitgliedern spricht daher nicht nur das Erfordernis der Angemessenheit der Vergütung in § 113 I S. 2 AktG, sondern auch die Frage, warum ein Aktionär Mitglieder des Aufsichtsrats zu Lasten der Gesellschaftskasse begünstigen sollte.

[866] Siehe S. 217 ff.

Bieter für Stabilität, Gewißheit und Kooperation zu sorgen.[867] Die Vereinbarung eines standstill agreements kann zwar in verschiedenen Konstellationen in Betracht kommen – Befriedung einer Übernahmeauseinandersetzung, Abwehr eines drohenden oder gegenwärtigen Übernahmeangebots oder Bestandteil einer Due Diligence – wird jedoch insgesamt als Abwehrinstrument im Rahmen einer Übernahmeauseinandersetzung angesehen.[868]

Im der hier untersuchten Übernahmeauseinandersetzung zwischen Krupp-Hoesch und Thyssen haben die Verwaltungen der beiden Konzerne das standstill agreement ohne vorherige Zustimmung der Hauptversammlung geschlossen. Hieran anschließend stellt sich die Frage, inwiefern der Verwaltung der Thyssen AG die Befugnis zum Abschluß eines derartigen Abkommens im Rahmen ihrer Leitungsbefugnis gem. § 76 AktG zugekommen ist.

In der Literatur wird eine konstitutive Zustimmung der Hauptversammlung zu einem standstill agreement verneint, so daß grundsätzlich der Verwaltung der Zielgesellschaft die Abschlußkompetenz zukommt.[869] Dafür sprechen insbesondere die sowohl im Gesellschafts- als auch im Aktionärsinteresse liegenden positiven Effekte einer derartigen Vereinbarung, die die Kosten eines Übernahmekampfes vermindert und die Geschäftsbeziehungen stabilisiert. Nach *Wagner* soll lediglich dann eine Hauptversammlungszustimmung notwendig sein, wenn mehrjährige standstill agreements abgeschlossen werden oder nach Abgabe des Übernahmeangebots ein angebotsoptimierendes standstill agreement vereinbart werden soll.[870] Ein derartiges Stillhalteabkommen wurde zwischen den beiden Vorständen der Krupp-Hoesch AG und der Thyssen AG jedoch nicht abgeschlossen. Vielmehr handelte es sich um ein nur kurze Zeit geltendes Abkommen im Vorfeld des drohenden Übernahmeangebots, daß der Abwendung der Abgabe des takeover bids durch Krupp-Hoesch und damit einer langfristigen Übernahmeauseinandersetzung zwischen den beiden deutschen Konzernen dienen sollte. Folglich kam dem Vorstand der Thyssen AG die Befugnis zum Abschluß des Stillhalteabkommens mit der Krupp-Hoesch AG zu, das in einem ersten Schritt den Weg zu Fusionsverhandlungen von Krupp-Hoesch und Thyssen – zunächst im Stahlbereich – freimachte.

e) Politische Ökonomie

Nach dem vorzeitigen Bekanntwerden der Übernahmepläne der Krupp-Hoesch AG ergriffen Bundes- und Landespolitiker, Gewerkschaften und Verbände Maßnahmen, um die nicht in Abstimmung mit der Verwaltung der Thyssen AG in Angriff genommene Übernahme zu verhindern. Politiker verschiedener Parteien begründeten ihre Haltung mit dem gefürchteten Abbau von Arbeitsplätzen, der „Filetierung" der Thys-

[867] Herrmann, Zivilrechtliche Abwehrmaßnahmen, S. 133; Trockels, ZVglRWiss 89 (1990), S. 56, 92 ff.; Wagner, Standstill Agreements, S. 18 m. w. N..

[868] Herrmann, Zivilrechtliche Abwehrmaßnahmen, S. 133 ff.; Wagner, Standstill Agreements, S. 40 ff, 46, der die zwischen der Krupp-Hoesch AG und der Thyssen AG getroffene Vereinbarung als angebotsoptimierendes standstill agreement einordnet, wobei aber seitens der Bietergesellschaft immer bedacht werden sollte, daß die für die Angebotsoptimierung genutzte Zeit der Zielgesellschaft zugleich auch als Vorbereitungszeit für Abwehrmaßnahmen dient.

[869] Herrmann, Zivilrechtliche Abwehrmaßnahmen, S. 133 f.; Wagner, Standstill Agreements, S. 180 ff.

[870] Wagner, Standstill Agreements, S. 180 ff..

sen AG und der Aufoktroyierung eines anderen wirtschaftlichen und gesellschaftlichen Systems. In diesem Zusammenhang wurde sogar von „Wildwest-Manieren“ gesprochen, die es in Deutschland zu verhindern gelte.[871]
Diese ablehnende Haltung machte sich vor allem Dr. Vogel als damaliger Vorstandsvorsitzender der Thyssen AG erfolgreich zu nutze, um die eigenen Aktionäre, Arbeitnehmer und die Öffentlichkeit von den negativen Auswirkungen einer erfolgreichen Übernahme zu überzeugen und den Vorstand der Krupp-Hoesch AG dadurch zur Nichtabgabe des Angebots zu bewegen. Unter dem derart erzeugten Druck stimmte Krupp-Hoesch dem standstill agreement zu, das neben der Nichtabgabe des Übernahmeangebots den Eintritt in Fusionsverhandlungen im Stahlbereich vorsah. Das geplante Übernahmeangebot wurde nie abgegeben.

aa) Ökonomische Theorie der Politik

Der Verlauf des Krupp/Thyssen-Falles macht den bestehenden engen Zusammenhang zwischen Wirtschaft und Politik deutlich. Daher soll zunächst der wirtschaftspolitische Hintergrund in Deutschland verdeutlicht werden, der im Zusammenspiel mit anderen Faktoren dazu führen konnte, daß die Krupp-Hoesch AG das Übernahmeangebot an die Aktionäre der Thyssen AG letztlich nicht abgab.
Unter dem Begriff Wirtschaftspolitik versteht man in diesem Zusammenhang die Gesamtheit aller staatlichen Vorgaben und Maßnahmen, die ein effizientes arbeitsteiliges Wirtschaften auf Dauer ermöglichen und Störungen der Wirtschaftsentwicklung eingrenzen oder korrigieren sollen.[872]
Innerhalb westlicher Gesellschaftssysteme lassen sich bei der Erfassung der komplexen Zusammenhänge zwischen dem wirtschaftlichen und dem politischen System drei verschiedene Entscheidungsebenen unterscheiden. Die erste Entscheidungsebene ist die der dezentralen wirtschaftlichen Einheiten und des Marktes, in die bereits staatliche Instanzen als Eigentümer öffentlicher Unternehmer oder in ihrer Eigenschaft als öffentliche Haushalte eingegliedert sind. Die zweite Ebene bilden die organisierten Gruppen und Verbände, die Entscheidungen und Interessen entweder in direkten Verhandlungen oder durch die Beeinflussung politischer Entscheidungsprozesse durchsetzen. Organisierte Interessen als institutionelle Bindeglieder zwischen Wirtschaft und Politik haben „quasipolitischen“ Charakter.[873] Die dritte Entscheidungsebene ist die der staatlichen Einrichtungen, auf welchen die eigentlichen politischen Entscheidungsprozesse ablaufen. Der Staat als eine Vielzahl von öffentlich-rechtlichen Körperschaften in Bund, Ländern und Gemeinden hat im Zusammenhang mit dem wirtschaftlichen System sowohl die Aufgabe, ökonomische und politische Kollektivgüter zu verteilen, als auch die dezentral geplanten Wirtschaftsprozesse indirekt zu beeinflussen.[874]
Die wirtschaftspolitische Beeinflussung der Marktprozesse verfolgt verschiedene Ziele. Umfaßt werden zunächst die sog. Grundziele, d. h. das Recht der individuellen Le-

---

[871] Vgl. S. 23.
[872] Welfens, Grundlagen der Wirtschaftspolitik, S. 29.
[873] Leipold, Helmut, Wirtschafts- und Gesellschaftssysteme im Vergleich, S. 120.
[874] Leipold, Wirtschafts- und Gesellschaftssysteme, S. 120; vgl. auch Welfens, Grundlagen der Wirtschaftspolitik, S. 53 ff..

bensgestaltung, eine sozial gerecht empfundene Einkommens- und Vermögensverteilung und allgemeiner Wohlstand. Ferner obliegt dem Staat die Sorge für die Erreichung der gesamtwirtschaftlichen Ziele in Form der Preisniveaustabilität, einem hohen Beschäftigungsstand, einem angemessenen Wirtschaftswachstum und dem Zahlungsbilanzausgleich. Daneben treten die Strukturziele, die in Infra,- Regional- und Branchenstrukturziele untergliedert werden.[875]
Die wirtschaftspolitischen Ziele werden regelmäßig in Ordnungs- und Prozeßpolitik unterteilt. Während die Ordnungspolitik alle rechtlich-organisatorischen Maßnahmen beinhaltet, die langfristige Rahmenbedingungen für den Wirtschaftsprozeß schaffen, versteht man unter Prozeßpolitik alle Instrumente, die sich bei gegebener Ordnung auf den Wirtschaftsprozeß selbst richten. Hauptträger der Prozeßpolitik sind die Regierung, die Verwaltung und die Notenbank. Mittels der Ordnungs- und Prozeßpolitik findet auch die sog. Einzelsteuerung statt, die einzelne Wirtschaftszweige, Personengruppen und Märkte beeinflußt.[876]
Das politische Element in der wirtschaftspolitischen Beeinflussung zeigt sich in der Möglichkeit der Politiker, bindende Entscheidungen zu treffen und durchzusetzen. Die Phasen der Konsensbildung und der Konflikthandhabung verlagern sich in die Phase der politischen Willensbildung, wobei die Knappheit der zu verteilenden Mittel das den politischen Entscheidungsprozeß prägende Problem darstellt. Als Ansatz zur Erklärung dieses politischen Prozesses ist die Ökonomische Theorie der Politik entwickelt worden, die häufig mit der sog. „Neuen Politischen Ökonomie" gleichgesetzt wird.[877]
Die Ökonomische Theorie der Politik umfaßt die Anwendung der Denkweise und des Instrumentariums der modernen Wirtschaftstheorie auf politische Prozesse.[878] Im Rahmen der Neuen Politischen Ökonomie wird insbesondere das Entscheidungsverhalten von Politikern sowie der staatlichen Bürokratie untersucht. Eine Gemeinwohlorientierung der Politik wird danach verneint. Vielmehr werden die politischen Entscheidungsträger als rein rational-nutzenmaximierend eingeschätzt. Analog zur Annahme der Gewinnmaximierung wird dabei unterstellt, daß die Politiker versuchen, die auf sie entfallenden Wählerstimmen zu maximieren.[879] Aus der Verhaltensannahme der Stimmenmaximierung folgt dann, daß die Politiker solche Maßnahmen zu vermeiden versuchen, die mehr Wählerstimmen kosten als sie durch die Maßnahme gewinnen. Politiker als Stimmenmaximierer bieten daher keine Gewähr für eine ursachenadäquate Reaktion auf ein Marktversagen.[880] In diesem Zusammenhang ist es auch als wesentlich zu erachten, daß die Kontrolle der Politiker durch die Wähler unvollkommen ist. Vielmehr besteht in der Regel eine Informationsasymmetrie zuungunsten der Wähler, da diese nicht über das Insiderwissen der Politiker verfügen und daher die

[875] Leipold, Wirtschafts- und Gesellschaftssysteme, S. 124.
[876] Leipold, Wirtschafts- und Gesellschaftssysteme, S. 125.
[877] Vgl. zu dieser Thematik insgesamt: Bernholz/Breyer, Grundlagen der Politischen Ökonomie, Bd. 2; Frey, Moderne Politische Ökonomie; Kirsch, Neue Politische Ökonomie, Kramm, Politische Ökonomie; Lehner, Einführung in die Neue Politische Ökonomie.
[878] Frey, Moderne Politische Ökonomie, S. 91; Kirsch, Neue Politische Ökonomie, S. 9 f..
[879] Vgl. die Darstellung bei Behrens, Die ökonomischen Grundlagen des Rechts, S. 277 ff..
[880] Leipold, Wirtschafts- und Gesellschaftssysteme, S. 127 ff. m. w. N..

Sinnhaftigkeit von Maßnahme und Handlungsalternative wesentlich schwerer beurteilen können.[881]
An den zu treffenden Entscheidungen im Marktgeschehen sollen jedoch nicht nur Politiker teilhaben, sondern im Interesse der Koordination wirtschaftlicher Aktivitäten alle Wirtschaftssubjekte. Neben den Kammern und Verbänden soll die Entscheidungsbeteiligung der Arbeitnehmer durch die Mitbestimmung garantiert werden. Zu unterscheiden sind dabei die Mitbestimmung im Betrieb (Betriebsverfassungsgesetz von 1972), die Mitbestimmung im Unternehmen und die überbetriebliche, gesamtwirtschaftliche Mitbestimmung (z. B. durch Mitbestimmung im Bereich der berufsständischen Selbstverwaltung). Die Mitbestimmung im Unternehmen bezieht sich auf das Recht der Arbeitnehmer, an Entscheidungen der leitenden Unternehmensorgane mitzuwirken.[882] Für die Mitbestimmung im Unternehmen sind neben der im Betriebsverfassungsgesetz geregelten Drittelbeteiligung der Arbeitnehmer in den Aufsichtsräten bestimmter Kapitalgesellschaften das Montan-Mitbestimmungsgesetz von 1951 und das Mitbestimmungsgesetz von 1976 maßgebend.
Die Montan-Mitbestimmung – die bei der Thyssen AG galt – sieht für Kapitalgesellschaften des Bergbaus und der eisen- und stahlerzeugenden Industrie mit mehr als 1000 Beschäftigten die paritätische Mitbestimmung vor, bei der Pattsituationen im Aufsichtsrat durch einen sog. neutralen Mann aufgelöst werden können, der weder im Unternehmen tätig, noch an ihm ein wirtschaftliches Interesse haben darf und nicht gegen die Mehrheit der Arbeitnehmervertreter im Aufsichtsrat zu bestellen ist.[883]
Das weniger weitgehende Mitbestimmungsgesetz – das bei der Krupp-Hoesch AG galt -, erfaßt alle Kapitalgesellschaften, die mehr als 2000 Arbeitnehmer beschäftigen. Bei paritätischer Besetzung der Aufsichtsräte mit Arbeitnehmervertretern und Anteilseignern fehlt nach dieser Mitbestimmungsregelung der neutrale Dritte. Der Aufsichtsratsvorsitzende und sein Stellvertreter werden vom Aufsichtsrat mit einer Zwei-Drittel-Mehrheit gewählt. Wird diese Mehrheit nicht erreicht, wählen die Aufsichtsratsmitglieder der Anteilseigner aus ihrer Mitte den Aufsichtsratsvorsitzenden, die der Arbeitnehmervertreter den Stellvertreter. In Pattsituationen hat der Aufsichtsratsvorsitzende bei Abstimmungen eine personengebundene Zweitstimme, die das Patt aufgrund der Wahlkonstruktion häufig zugunsten der Anteilseignerseite auflösen wird. Die Einführung des leitenden Angestellten auf der Arbeitnehmerseite sowie das Fehlen eines besonderen Bestellungsmodus des Arbeitsdirektors im Vorstand sind weitere wesentliche Abweichungen der Mitbestimmungsregelung von 1976 von der Montan-Mitbestimmung, die das Gewicht der Arbeitgeberseite eher verstärken.[884] Eine solche Entscheidungsbeteiligung darf jedoch nicht zu gravierenden Funktionsmängeln im Wirtschaftssystem führen. Ökonomische Funktionserschwernisse durch Entscheidungsbeteiligung sind nach dem Grundsatz der Verhältnismäßigkeit zu beurteilen.[885]

[881] Fritsch/Wein/Ewers, Marktversagen und Wirtschaftspolitik, S. 271 f..
[882] Oetker in: Großkomm., MitbestG, Vorbem. Rndr. 9 ff.; Schönwitz/Weber, Wirtschaftsordnung, S. 98.
[883] Vgl. Urteil des BVerfG zur Montanmitbestimmung, ZIP 1999, 410, 410 ff..
[884] Oetker in: Großkomm., MitbestG, Vorbem. Rdnr. 9.
[885] Schönwitz/Weber, Wirtschaftsordnung, S. 99 f..

bb) Bedeutung des wirtschaftspolitischen Einflusses im Krupp/Thyssen-Fall

Wie bereits dargestellt haben Politiker, Gewerkschaften und Verbände durch Stellungnahmen und Gesprächen mit den betroffenen Unternehmensverwaltungen versucht, die Abgabe des feindlichen Übernahmeangebots durch Krupp-Hoesch zu verhindern oder haben zumindest ihrer negative Haltung gegen eine derartige Kontrollerlangung Ausdruck gegeben. Die Gründe für die Ablehnung waren vielfältiger Art.
Geht man mit dem Ansatz der Neuen Ökonomischen Theorie davon aus, daß die Politiker primär auf Stimmenmaximierung ausgerichtet sind, so fürchteten insbesondere die Landespolitiker negative Auswirkungen auf die regionale wirtschaftliche Struktur und wirkten dementsprechend im Wege der Einzelsteuerung auf die beiden Unternehmen ein. Infolge des mit der Übernahme der Thyssen AG einhergehenden Rationalisierungseffekts wurde ein erheblicher Arbeitsplatzabbau befürchtet. Da die Übernahme zu einem ganz überwiegenden Teil hätte fremdfinanziert werden müssen, hätte die Krupp-Hoesch AG in den Folgejahren aufgrund der hohen Verschuldung kaum Steuern zahlen müssen, so daß der nordrhein-westfälische Haushalt erhebliche Einbußen erlitten hätte.
Diese Tatsache hatte im Ergebnis wohl auch dazu geführt, daß der Finanzminister Nordrhein-Westfalens den damaligen Aufsichtsratsvorsitzenden der Thyssen AG, Dr. Heinz Kriwet, vorzeitig von den Übernahmeplänen informiert hat. Durch die vorzeitige Bekanntmachung wurde die Durchführung des ursprünglichen Plans verhindert und die Thyssen AG hatte ihrerseits Zeit, eine geeignete Abwehrstrategie zu entwickeln.
Die aufgrund des erhöhten Arbeitsplatzabbaus ansteigende Arbeitslosigkeit als auch die Mindereinnahmen im öffentlichen Haushalt hätten Unmut bei den Wählern ausgelöst und hätte daher dem Prinzip der Stimmenmaximierung nicht entsprochen. An dieser Stelle kommt allerdings auch die Informationsasymmetrie zuungunsten der Wähler zum Tragen, die über zu wenige Informationen verfügten, als daß sie die Sinnhaftigkeit einer Übernahme der Thyssen AG durch Krupp-Hoesch sachgerecht hätten beurteilen können. Hinzu kam, daß aus den gleichen Gründen auch Verbände und Gewerkschaften im Eigeninteresse Druck auf die politischen Entscheidungszentren ausübten. Die Einflußformen derartiger Interessenverbände ist nicht zu unterschätzen. Sie umfassen Informationsselektion und -manipulation, Geldspenden, Wahlaufrufe, Ämterpatronage sowie den Einsatz öffentlicher Kommunikationsmedien. Deren Einsatz wurde auch von Dr. Vogel forciert, dem es durch eine geschickte Informationstaktik gelang, die Organe mit wirtschaftspolitischem Einfluß, als auch - mittels Nutzung der Medien -, die Öffentlichkeit von den negativen Auswirkungen eines Übernahmeangebots zu überzeugen. Die Anteilseigner der Thyssen AG, die von dem Übernahmeangebot in Höhe von DM 435,- hätten profitieren können, wurden zudem dadurch verunsichert, daß Dr. Vogel den Preis aufgrund des erheblich höheren inneren Wertes des Unternehmens als für zu niedrig angesetzt darstellte. Dr. Vogel nutzte daher insgesamt, mittelbar und unmittelbar, den wirtschaftspolitischen Einfluß von Politikern, Verbänden und Gewerkschaften aus, um auf die Verwaltung der Krupp-Hoesch AG einen erheblichen Druck auszuüben, der sie zum Einlenken zwingen sollte. Zu erwähnen ist hier nur die Inszenierung der Arbeitnehmerproteste vor den am Übernahmeangebot beteiligten Banken im März 1997.

Die Nutzung der wirtschaftspolitischen Organe im Interesse der Thyssen AG war Teil seiner Abwehrstrategie und damit Verteidigungsinstrument gegen die drohende feindliche Übernahme. Dieser Verteidigungsstrategie kam zugute, daß feindliche Übernahmen in Deutschland bisher als Kontrollerlangungsmöglichkeit kaum genutzt wurden und häufig generell als negative Ausprägung des Kapitalismus angesehen wurden.
Diese Haltung hat im Ausland, insbesondere im anglo-amerikanischen Bereich, Enttäuschung ausgelöst. Die Tatsache, daß feindliche Übernahmen in Deutschland selbst mit Unterstützung der beiden größten Banken nicht realisierbar seien, verdeutliche die Schwierigkeiten bei der nötigen Neuordnung deutscher Unternehmen und schade der gesamten Volkswirtschaft, so lautete die überwiegende ausländische Reaktion auf das Scheitern der Übernahmepläne.[886]

[886] Financial Times, 25.03.1997, S. 1 u. 16.

KAPITEL 3

Zusammenfassung der Ergebnisse der Arbeit

Die Krupp-Hoesch AG erhoffte sich als umsatz- und arbeitnehmerschwächeres Unternehmen durch die versuchte feindliche Übernahme der Thyssen AG erhebliche Synergieeffekte durch die dem Übernahmeangebot nachfolgende Fusion. Die sich überschneidenden Geschäftsfelder, die ähnlichen konzerninternen Führungsstrukturen und die parallelen regionalen Schwerpunkte sprachen aus Sicht der Krupp-Hoesch AG für eine Zusammenführung der Unternehmen. Die zunehmende Globalisierung und der damit verbundene internationale Wettbewerb machte zudem einen Ausbau der Geschäftsfelder und eine Kostendegression notwendig; dies zeigte sich auch an dem schlechten Geschäftsergebnis des Jahres 1996. Die Übernahmepläne der Krupp-Hoesch AG wurden zudem begünstigt durch die Aktionärsstruktur bei der Thyssen AG sowie durch deren niedrigen Börsenkurs.[887]

Nachdem der Vorstand der Krupp-Hoesch AG sich entschieden hatte, eine Fusion mit der Thyssen AG anzustreben, stellte sich die Frage nach der sichersten und finanziell realisierbaren Vorgehensweise.[888] Da sowohl eine frei vereinbarte Verschmelzung als auch eine Verschmelzung auf Betreiben der Krupp-Hoesch AG als Minderheitsaktionärin in der Praxis nicht durchführbar war, beabsichtigte die Verwaltung der Krupp-Hoesch AG die Kontrolle über das Unternehmen durch den Erwerb der Aktienmehrheit an der Thyssen AG mittels eines öffentlichen Übernahmeangebotes zu erlangen, um schließlich auf diesem Weg den Zusammenschluß beider Unternehmen zu realisieren und notfalls auch den Widerstand des Managements in der Thyssen AG zu brechen.[889]

Zu Beginn der rechtlichen Analyse, die aus der Sicht der Krupp-Hoesch AG als Bietergesellschaft erfolgt, stand die Frage nach den möglichen Strategien, die mittels eines öffentlichen Übernahmeangebotes zu einer Verschmelzung mit der Thyssen AG hätten führen können.[890]
Nach einer Abwägung der Vor- und Nachteile der in Betracht kommenden Strategien entschied sich die Krupp-Hoesch AG für ein direktes Kaufangebot an die Thyssen-Aktionäre. Die mittelbare Abgabe des Übernahmeangebots durch die Großaktionäre der Krupp-Hoesch AG kam nicht in Betracht, da neben der Frage, ob genügend Aktienkapital für das Angebot generiert hätte werden können, die Geheimhaltung durch die einzuschaltende Stiftungsaufsichtsbehörde gefährdet worden wäre.[891]

---

[887] Vgl. S. 10 ff..
[888] Dazu S. 33 ff..
[889] Vgl. S. 39 ff.
[890] Vgl. S. 39ff..
[891] Vgl. S. 53 ff..

Mit einem direkten Kaufangebot hingegen konnte die größtmögliche Akzeptanz bei den Aktionären erzielt und zugleich die bei einem kombinierten Kauf- und Tauschangebot bestehenden Anfechtungsrisiken gem. §§ 243 I, 255 AktG vermieden werden.
Die Planung der Krupp-Hoesch AG sah vor, daß mit dem Erwerb der Mehrheitsbeteiligung einschließlich der Stimmrechte die Thyssen AG zunächst ein von der Krupp-Hoesch AG abhängiges Unternehmen im Sinne des § 17 AktG geworden wäre. Die Thyssen AG und die von ihr abhängigen Unternehmen wären zunächst unter die einheitliche Leitung von Krupp-Hoesch gestellt worden. Anschließend hätte über eine Tochtergesellschaft die Verschmelzung der beiden Unternehmen zu einer börsennotierten Gesellschaft erfolgen können, um das mit der Höhe des Umtauschverhältnisses verbundene Risiko der Anfechtung des Verschmelzungsbeschlusses der Krupp-Hoesch AG zu vermeiden und so die Verschmelzung zügig durchzuführen. Diese Vorgehensart stellt als unternehmerische Entscheidung keinen Gestaltungsmißbrauch dar.[892]

Nach der Anerkennung des zu diesem Zeitpunkt geltenden freiwilligen Übernahmekodex und zur Vorbereitung des Übernahmeangebots lag für den Krupp-Hoesch-Vorstand die Überlegung nah, bereits vor Angebotsabgabe eine spürbare Beteiligung an der Thyssen AG zu erwerben.
Neben einem Aktienkauf vor Angebotsabgabe durch einen Dritten unter Beachtung des § 21 WpHG wäre auch ein von der Krupp-Hoesch AG am Tag vor der Veröffentlichung des Übernahmeangebots durchgeführtes „Dawn Raid“ auf Aktien der Thyssen AG nach deutschem Recht mangels Verstoßes gegen das WpHG oder den Übernahmekodex zulässig gewesen.[893]

Bei der rechtlichen Ausgestaltung des Übernahmeangebots an die Thyssen-Aktionäre bestanden verschiedene Möglichkeiten. Die mit einer invitatio ad offerendum verbundenen Nachteile - Möglichkeit rechtlicher Intervention und Problem der rechtlichen Einordnung durch den Empfänger - ließen dem Vorstand der Krupp-Hoesch AG ein direktes bindendes Angebot gem. § 145 BGB an die Thyssen-Aktionäre sicherer erscheinen.[894]

Im Hinblick auf den Angebotsinhalt spielten die Schwierigkeiten, den angemessenen Angebotspreis zu ermitteln, für die Krupp-Hoesch AG eine bedeutende Rolle, da der Preis eine wesentliche Entscheidungsgrundlage für die Aktionäre der Zielgesellschaft darstellt. Ebenso problematisch war die rechtliche Konstruktion des Angebots in bezug auf die Sicherung der Stimmenmehrheit, die Ausübung der Bezugsrechte der erworbenen Aktien und die Stimmrechtsausübungsermächtigung.[895]

Die Frage nach der Notwendigkeit der Zustimmung der eigenen Hauptversammlung zu dem mit der Abgabe des Übernahmeangebots an die Thyssen-Aktionäre untrennbar

[892] Dazu S. 51 ff..
[893] Vgl. S. 58 ff..
[894] Vgl. S. 65 ff..
[895] Vgl. S. 72 ff.

verbundenen Beteiligungserwerb in Anwendung der „Holzmüller"-Grundsätze bildete einen Schwerpunkt bei der Konstruktion der Übernahmepläne.[896]
Zu untersuchen war zunächst, ob eine Hauptversammlungszustimmung im konkreten Fall überhaupt notwendig war oder dem Krupp-Hoesch-Vorstand die Alleinentscheidungsfähigkeit zugesprochen werden konnte.
Aufgrund der hier aufgestellten Grundsätze mußte in Anwendung der „Holzmüller"-Grundsätze die Krupp-Hoesch-Hauptversammlung der Abgabe des öffentlichen Übernahmeangebots mit einer Dreiviertel-Mehrheit zustimmen. An dem Zustimmungserfordernis hätte sich auch bei Einschaltung einer Tochtergesellschaft der Krupp-Hoesch AG nichts geändert, da noch immer eine schwerwiegende Strukturänderung vorgelegen hätte, die in die Mitgliedschafts- und Vermögensrechte der Aktionäre eingegriffen hätte.
Das Zustimmungserfordernis ergibt sich entgegen der Ansicht des BGH jedoch nicht aus § 119 II AktG, sondern aus einer Gesamtanalogie zu den übrigen Konzernierungsvorschriften, die bei derartigen Strukturmaßnahmen eine Mitwirkung der Aktionäre vorsehen. Im Einklang mit dem Holzmüller-Urteil des BGH tritt eine derartige Konzernbildungskontrolle jedoch erst ab einem Beteiligungsumfang von über 50 % in Kraft, da im Hinblick auf die gesetzlich fixierte aktienrechtliche Zuständigkeitsordnung das Regel-Ausnahme-Verhältnis bei der Entscheidungskompetenz zwischen Vorstand und Hauptversammlung aufrecht erhalten werden soll. Wird der Schwellenwert von 50 % - wie im Krupp/Thyssen-Fall - überschritten, hängt das Erfordernis der ungeschriebenen Hauptversammlungszustimmung anschließend von weiteren Einzelfallfaktoren ab, anhand derer festzustellen ist, ob eine mit dem Holzmüller-Fall vergleichbare wirtschaftliche Umstrukturierung vorliegt. Diese Faktoren berücksichtigen insbesondere, inwieweit die Konzernbildung einen Einfluß auf die Rechtsstellung der Aktionäre hat.
Im Falle eines öffentlichen Übernahmeangebots sind dabei insbesondere die Größe der Zielgesellschaft, der Umfang der Fremdkapitalaufnahme sowie die Veränderung von Aktionärsstruktur und Konzernaufbau nach erfolgter Übernahme maßgeblich. Eine Mitwirkung der Krupp-Hoesch-Aktionäre an der Entscheidung über die Abgabe des Übernahmeangebots war im Hinblick auf die Übernahme des doppelt so großen Thyssen-Konzerns, die riskanten Finanzierungsmaßnahmen, die das Ausfallrisiko der Aktionäre erheblich erhöht hätten und die anschließend vorgesehene Verschmelzung unumgänglich.[897]
Das mit der Einberufung der Hauptversammlung vor Abgabe des öffentlichen Übernahmeangebots verbundene frühzeitige Bekanntwerden der Übernahmeabsichten steht bei einem hostile takeover jedoch dem Interesse der Bieter-AG an einer Geheimhaltung der Übernahmepläne entgegen. Dem Vorstand der Krupp-Hoesch AG verblieb daher nur die Möglichkeit, eine nachträgliche Zustimmung ihrer Hauptversammlung in Erwägung zu ziehen. Diese hätte allerdings den Nachteil gehabt, daß ihr gem. § 93 IV S. 1 AktG keine haftungsbefreiende Wirkung zugekommen wäre. Der Krupp-Hoesch-Vorstand hätte zugleich nur dann auch der Gefahr einer Schadensersatzhaftung entgehen können, wenn das Übernahmeangebot - wie geplant - unter dem Vorbehalt der

[896] Dazu S. 83 ff..
[897] Vgl. S. 102 ff..

Zustimmung der Hauptversammlung abgegeben worden wäre. In diesem Fall hätte die pflichtwidrige Handlung gem. § 93 IV S. 1 AktG noch immer auf einem gesetzmäßigen Hauptversammlungsbeschluß beruht, so daß diese Lösung bei der Durchführung von feindlichen Übernahmen generell zu favorisieren ist.[898]

Hinsichtlich der Finanzierung des Erwerbs der Thyssen-Aktien ergab sich ein zu finanzierender Maximalbetrag von 13,616 Mrd. DM. Dieser sollte aus Gründen der Verfahrensökonomie als Cash Offer über ein Konsortialkredit fremdfinanziert werden.[899]
Trotz den mit einer reinen Fremdfinanzierung eines Kaufangebots verbundenen Gefahren sollte die Möglichkeit der Cash und Paper Offer der reinen Cash-Offer nicht vorgezogen werden, da die dazu erforderliche Kapitalerhöhung - notwendig zur Schaffung der zum Tausch erforderlichen Aktien - mit erheblichen rechtlichen und tatsächlichen Problemen behaftet gewesen wäre.
Bei der ordentlichen Kapitalerhöhung ergaben sich die Probleme aus dem Erfordernis eines Bezugsrechtsausschlusses und der damit verbundenen Gefahr der Anfechtbarkeit des Kapitalerhöhungsbeschlusses bzw. aus der Unsicherheit über einen alternativen Bezugsrechtsverzicht der drei Großaktionäre von Krupp-Hoesch. Hinzu kam die Ungewißheit über die Zahl der benötigten jungen Aktien und der Wunsch nach Geheimhaltung der Pläne.[900]
Gegen die genehmigte Kapitalerhöhung sprach das Erfordernis der sachlichen Rechtfertigung des Bezugsrechtsausschlusses gegenüber der Hauptversammlung und der damit verbundenen Offenlegung der Transaktion, da die „Siemens/Nold"- Entscheidung, die zu einer Liberalisierung führte, erst später erging. Auch die bedingte Kapitalerhöhung scheiterte gem. § 192 II Nr. 2 AktG u. § 194 I S. 3 i. V. m. § 124 AktG wegen der bestehenden Rechtfertigungspflicht an dem Bekanntwerden der Übernahmepläne.[901]

Die Rolle der Banken war in dem untersuchten Übernahmefall insofern prekär, als aufgrund der Ausübung von Mehrfachmandaten Interessenkonflikte drohten.
Trotz der auch bei Übernahmefällen in Zukunft zu erwartenden Interessenkonflikte in Aufsichtsräten ist eine Einschränkung der geschäftlichen Tätigkeit der betroffenen Banken nur als ultima ratio zu befürworten. Können Mittel der Konfliktvermeidung nicht mehr greifen, ist auf solche der Konfliktbewältigung zurückzugreifen, wobei insbesondere eine Stimmenthaltung erwogen werden sollte. Dies gilt gerade auch in Fällen feindlicher Übernahmen, da eine Stimmenthaltung im Gegensatz zur freiwilligen Niederlegung des Mandats grundsätzlich nicht an die Öffentlichkeit gelangt. Im Corporate-Governance-Kodex ist ein derartiges Stimmenthaltungsgebot für Aufsichtsratsmitglieder im Falle von Interessenskonflikten ebenfalls vorgesehen.[902]
Aufgrund der vorliegenden milderen Mittel und der gesetzlichen Konzeption kommt eine Anerkennung ungeschriebener spezieller Inkompatibilitäten nicht in Betracht.[903]

[898] Vgl. S. 115 f..
[899] Vgl. S. 118 ff..
[900] Vgl. S. 122 ff..
[901] Vgl. S. 133 ff..
[902] Vgl. S. 139 ff..
[903] Dazu S. 143 ff..

Bereits während der Vorbereitung des Übernahmeangebots wurden Gespräche mit der Merger Task Force über eine Zusammenschlußkontrolle mit der Thyssen AG aufgenommen, die infolge gemeinschaftsweiter Bedeutung nach Maßgabe der FKVO erfolgen mußte.
Neben den organisatorischen Schwierigkeiten bei den einzuhaltenden Zeitvorgaben im Genehmigungsverfahren stellt sich bei feindlichen Übernahmen das Problem, ausreichende Informationen über die Zielgesellschaft zu erlangen, die für eine Anmeldung gem. Art. 4 I FKVO notwendig sind. Gegen den Widerstand des Management ist im Hinblick auf Art. 11 I FKVO eine Auskunft von der Zielgesellschaft nur schwerlich zu erlangen.
Kartellrechtlich erheblich ist insbesondere die Frage, unter welchen Voraussetzungen das der Prävention der Zusammenschlußkontrolle dienende Vollzugsverbot des Art. 7 I FKVO gem. Art. 7 III FKVO nicht eintritt.[904] Diesbezüglich sind die Vor- und Nachteile abzuwägen, die damit verbunden sind, daß der Erwerber das Angebot grundsätzlich nur dann frühzeitig verwirklichen kann, sofern er die mit den Anteilen erworbenen Stimmrechte nicht ausübt. Nur im selteneren Fall darf er die Stimmrechte einsetzen, um den vollen Wert seiner Investition zu erhalten.
Bei der Planung eines Übernahmeangebots muß bei Zweifeln an der Vereinbarkeit des Zusammenschlusses mit der FKVO auch die Zusagepraxis der EU-Kommission mit einbezogen werden, um etwa durch rechtzeitige Veräußerungszusagen eine feindliche Übernahme nicht an der fehlenden kartellrechtlichen Genehmigung scheitern zu lassen.[905]

Im Rahmen des Ablaufs feindlicher Übernahmen besteht aus der Sicht der Zielgesellschaft ein wesentliches und viel diskutiertes Problem darin, die Kompetenzen des Vorstands bei der Vornahme von Abwehrmaßnahmen abzustecken.[906]
Im Ergebnis ist dem Neutralitätsgebot im Rahmen von feindlichen Übernahmen Geltung zu verschaffen, wobei auch Ausnahmetatbestände nicht zu einer Aufweichung führen dürfen. Auch § 33 I S. 1 WpÜG sieht nunmehr grundsätzlich die Neutralitätspflicht des Vorstandes der Zielgesellschaft vor.
Für die Neutralitätspflicht sprechen die Gesichtspunkte des kapitalmarktrechtlichen Gleichbehandlungsgrundsatzes, die Funktion des Vorstandes als Interessenwahrer der Aktionäre, die Gefahr des Eingriffs in den Markt für Unternehmenskontrolle und die Treuepflicht des Vorstandes gegenüber den Aktionären.[907]
Auch die vorgetragenen Bedenken gegen das Neutralitätsgebot sind weitestgehend zu entkräften. Die Kritik, daß die Entscheidungskompetenz über Abwehrmaßnahmen entgegen der gesetzlichen Regelung praktisch nicht von der Hauptversammlung ausgeübt werden könne, war bis zum Zeitpunkt des Inkrafttreten des Übernahmegesetzes, also zum Zeitpunkt des Krupp-Thyssen-Falles, durchaus berechtigt, ist jedoch nunmehr entkräftet. Durch § 16 III WpÜG ist die Annahmefrist für das Übernahmeangebot auf

[904] Vgl. S. 148 ff..
[905] Vgl. S. 152 ff..
[906] Dazu S.158 ff..
[907] Vgl. S. 160 ff..

10 Wochen ab Veröffentlichung der Angebotsunterlage verlängert worden, wenn im Zusammenhang mit dem Angebot eine Hauptversammlung einberufen wird, so daß dieser die Wahrnehmung der Entscheidungsbefugnis über Abwehrmaßnahmen nun effektiv möglich gemacht wird.[908]

Kritisiert wird von den Gegnern des Übernahmeangebots des weiteren, daß Bieterauktionen zuungunsten der Aktionäre verhindert würden. Jedoch läßt sich der Effekt einer Bieterauktion, für die Aktionäre eine möglichst hohe Prämie zu erlangen, auch ohne Verzicht oder Beschränkung des Neutralitätsgebotes erreichen.[909] Eine strikte Neutralitätspflicht schließt die Befugnis des Vorstandes nicht aus, konkurrierende Übernahmeangebote sog. „White Knights" zu erlangen.[910]

Ebenso berechtigte Bedenken können dagegen geltend gemacht werden, das Neutralitätsgebot aufzuweichen. Eine erhebliche Gefahr eines Gesetzesverstoßes ist in Streitfällen ebenso verhältnismäßig einfach zu behaupten wie eine Gefahr für das Unternehmen am Markt. Auch die drohende Beeinträchtigung des Unternehmensinteresses rechtfertigt daher keine Ausnahme vom Neutralitätsgebot. Bei dem Begriff des Unternehmensinteresses handelt es sich um einen unbestimmten Rechtsbegriff, der gerichtlicher Nachprüfung nur schwer zugänglich ist. Würde man es dem Vorstand gestatten, sich zur Rechtfertigung seines Verhaltens in einem Übernahmekampf auf einen derart vagen Begriff zu stützen, wäre ein praktisch unkontrollierbarer Verhaltensspielraum die Folge. Die reale Gefahr einer Ausplünderung durch die Inanspruchnahme des Vermögens der Zielgesellschaft zur Übernahmefinanzierung kann schließlich mit den aktienrechtlichen Mitteln bekämpft werden, vgl. §§ 93 III, V S. 1, 116 i. V. m. 117 AktG und §§ 311, 317 AktG.[911]

Gegen die Anwendung einer das Ermessen eröffnenden Business Judgement Rule in Übernahmefällen sprechen wiederum die Unterschiede des deutschen zum US-amerikanischen Recht, in dem die Business Judgement Rule entwickelt wurde.

Die Anwendung der Business Judgement Rule bei der Abwehr feindlicher Übernahmeangebote wäre systemwidrig und unter den gegebenen Voraussetzungen nicht integrationsfähig. Die mangelnde Integrationsfähigkeit wird vor allem dadurch bestätigt, daß das deutsche Recht für diesen Fall eine Klagemöglichkeit für den Einzelaktionär nicht vorsieht, so daß der Vorstand nicht gehalten ist, sich nur auf zulässige Abwehrmaßnahmen zu beschränken. Aufgrund dessen besteht die Gefahr, daß der Vorstand bei der Abwehr eines Übernahmeversuchs lediglich vorgibt, im Unternehmensinteresse zu handeln, um die Verfolgung allein eigener Interessen zu legitimieren bzw. zu verschleiern.[912] Daher gelten die Privilegien des ARAG/Garmenbeck-Urteils bei der Anwendung des § 33 I WpÜG nicht.[913]

Eine weitere Lehre aus dem Fall Krupp/Thyssen ist die Vorverlagerung der zeitlichen Reichweite der Neutralitätspflicht. Die Thyssen AG hatte bereits ohne Verstoß gegen den Wortlaut des Art. 19 Übernahmekodex - letztlich erfolgreiche - Abwehrmaßnah-

---

908 Dazu Land, DB 2001, 1707, 1709.

909 Mülbert/Birke, WM 2001, 705, 712; Merkt, ZHR 165 (2001), 224, 238.

910 Vgl. § 16 I WpÜG, Mindestangebotsdauer von 4 – 10 Wochen gibt potentiellen weiteren Bietern ausreichend Überlegungsfrist.

911 Vgl. S. 166 ff.

912 Vgl. S. 167 ff..

913 Vgl. S. 168.

men auf den Weg gebracht, bevor das offizielle Übernahmeangebot überhaupt abgegeben worden war.[914]

Bei der Analyse der präventiven Abwehrmaßnahmen waren seitens der Thyssen AG wenig Vorkehrungen gegen einen feindlichen Übernahmeversuch getroffen worden. Diesbezüglich können angesichts ihres erheblichen Streubesitzes insbesondere die Geschäfts- und Dividendenpolitik sowie fehlende Maßnahmen zur Erschwerung der Besetzung von Vorstand und Aufsichtsrat kritisiert werden. Andere präventive Abwehrmaßnahmen versprachen dagegen zum damaligen Zeitpunkt keine Aussicht auf Erfolg, etwa der Erwerb eigener Aktien, die Ausgabe vinkulierter Namensaktien oder die Ausnutzung des Genehmigten Kapitals II.[915]
Der Einsatz aktueller Abwehrmaßnahmen war erheblich erfolgversprechender für die Thyssen AG.[916] Insbesondere die Stellungnahme des Vorstands in Verbindung mit dem angekündigten Gutachten über den inneren Wert der Thyssen-Aktie und die erfolgreiche Suche nach einem „White Knight" hätte der Krupp-Hoesch AG erhebliche Probleme im Übernahmekampf bereiten können. In Betracht gekommen wäre des weiteren der Verkauf der Crown Jewels, der Stahlsparte, und der Abschluß eines Standstill Agreement, das letztlich zu den einvernehmlichen Fusionsgesprächen zwischen beiden Parteien führte, nachdem die Thyssen AG Politik, Verbände und die Öffentlichkeit mobilisieren konnte. Diese Mobilisierung stellte im Ergebnis den effektivsten Teil der Abwehrstrategie der Thyssen AG und damit letztlich ein Verteidigungsinstrument gegen die drohende feindliche Übernahme dar. Der Verteidigungstrategie kam zugute, daß feindliche Übernahmen in Deutschland – im Gegensatz zum angelsächsischen Raum - bisher als Möglichkeit zur Kontrollerlangung kaum genutzt und häufig als negative Ausprägung des Kapitalismus angesehen wurden.
Insbesondere aus diesen Gründen fehlte es der Krupp-Hoesch AG an der Überzeugungskraft ihrer Argumente, und der Vorstand des Thyssen AG hat es darüber hinaus ausgezeichnet verstanden, Gewerkschaften, Betriebsräte, Verbände und vor allem Landes- und Bundespolitiker von den negativen Auswirkungen der Vollziehung der feindlichen Übernahme durch die Krupp-Hoesch AG zu überzeugen.
Letztlich scheiterte der Versuch der innerdeutschen Übernahme Krupp/Thyssen somit nicht an der fehlenden Überzeugungskraft der Übernahmepläne der Krupp-Hoesch AG, sondern an ihrem vorzeitigen Bekanntwerden und der im Ausland vielfach kritisierten Einmischung von Politik und Verbänden.

---

[914] Dazu S. 169.
[915] Vgl. S. 170 ff..
[916] Vgl. S. 194 ff..

Anhang:
Entstehung des Thyssen/Krupp-Konzerns nach dem Scheitern der feindlichen Übernahme

I. Rückwirkende Entstehung der Thyssen Krupp Stahl AG zum 1. April 1997

Das am 26. März von den Vorstandsvorsitzenden von Thyssen und Krupp-Hoesch beschlossene Gemeinschaftsunternehmen Thyssen Krupp Stahl sollte nach Abschluß von Detailverhandlungen rückwirkend zum 1. April 1997 gegründet werden. Die Thyssen AG übernahm kraft ihrer Beteiligung in Höhe von 60 % die industrielle Führung. Ekkehard Schulz, zuvor Vorstandsvorsitzender der Thyssen Stahl AG, sollte das neue Unternehmen leiten, das sich auf Qualitätsstahl-Flacherzeugnisse spezialisierte. Die - dem Montan-Mitbestimmungsgesetz unterworfene - Thyssen Krupp Stahl AG rangierte zu diesem Zeitpunkt mit 15 Mill. t. Rohstahl und 11 Mrd. DM Jahresumsatz auf Platz eins in Europa und Platz drei der Welt.[917]
Ausgehend von einem Personalstand zum 1. Januar 1997 von 23 600 Mitarbeitern im Flachbereich beider Gesellschaften (9 800 bei Krupp und 13 800 bei Thyssen) sollte bis zum Jahr 2001 ein Personalabbau um 6 600 auf dann 17 000 notwendig werden. Davon entfielen 4 600 Stellen auf die Alleingangskonzepte und 2 000 auf den Fusionseffekt. Die Hauptlast des Stellenabbaus sollte von der Krupp-Hoesch AG in Dortmund getragen werden.
In die neue Gesellschaft eingebracht wurden von der Krupp-Hoesch AG insbesondere die Beteiligung von 50 % an der Hüttenwerke Krupp Mannesmann GmbH und die Rohstoffgesellschaften. Nicht einbezogen wurden die Gemeinschaftsunternehmen für Edelstahl (Krupp Thyssen Nirosta GmbH mit 60 % Krupp-Anteil) und für Weißblech (Rasselstein Hoesch GmbH mit 74,5 % Thyssen-Anteil) sowie der Thyssen-Langstahlbereich und die Krupp Edelstahlprofile GmbH.
Grundmaximen der Vereinbarung zwischen den beiden Konzernen war die Finanzierung des notwendigen Restrukturierungsaufwandes nach der Fusion durch die neu entstehende Gesellschaft und die Vorgabe, daß die Thyssen AG im Vergleich zu einem Alleingangskonzept keine Nachteile erleiden sollte. Der Vertrag beinhaltete demnach, daß die Restrukturierungsaufwendungen, die zwischen 0,8 und 1,3 Mrd. DM lagen, durch Synergieeffekte abgedeckt werden sollten. Für die Restrukturierungsphase waren im zweiten Jahr der Fusion mit 270 Mill. DM schon die Hälfte des im Jahre 2001 zu erreichenden Endzieles von 550 Mill. DM jährlich anvisiert. Dafür sollte die Krupp-Hoesch AG die Vorfinanzierung mit Zinsbelastung sicherstellen. Zudem wurde eine von Krupp-Hoesch vorzufinanzierende Strukturbelastung für Sozialplanzahlungen, Teilwertabschreibungen und Altlasten festgehalten.
Die Verteilung eines fiktiven Ergebnisses eines Geschäftsjahres bis 2001 sollte wie folgt aussehen:
Bei 1,07 Mrd. DM für das zweite Jahr sollten zunächst 270 Mill. DM Synergieeffekte und dann 300 Mill. DM Vorabergebnis für die Thyssen AG abgezogen werden. Die 300 Mill. DM für die Thyssen AG stellten die durchschnittliche Ergebnisdifferenz der

[917] Vgl. Börsen-Zeitung, 28./29. 03.1997, S. 1; FAZ, 29.03.1997, S. 17; Handelsblatt, 01.04.1997, S. 13.

beiden Unternehmen in den letzten Jahren dar. Die verbleibenden 500 Mill. DM sollten geteilt werden, so daß der Thyssen AG insgesamt 550 Mill. DM und der Krupp-Hoesch AG 250 Mill. DM zuflossen.
Nach 2001 war geplant, das Ergebnis im Beteiligungsverhältnis 60:40 aufzusplitten.[918]

Auch nach Abschluß des Vertrages zur Gründung der Thyssen Krupp Stahl AG wurde deutlich, daß das zurückgezogene Übernahmeangebot von 435 DM je Aktie von den Vorstandsvorsitzenden beider Konzerne noch immer vollkommen konträr bewertet wurde. Während Dr. Vogel als Vorstandsvorsitzender der Thyssen AG keinen Beitrag zum Shareholder Value sah, weil es nur um die Sanierung von Teilen eines Unternehmens durch Zerschlagung eines gesunden Konzerns gegangen sei, konstatierte Dr. Cromme, daß der Finanzplatz Deutschland noch nicht reif für ein Übernahmeangebot gewesen sei. Er betonte, daß ein aus international führenden Banken bestehendes Konsortium keinen Kredit von 15 Mrd. DM vergebe, ohne von dem Erfolg des Konzeptes überzeugt gewesen zu sein. Die Aufwendungen für den Deal gab er ebenfalls mit 15 Mill. DM an und damit etwa so hoch wie ein durchschnittlicher Monatsverlust im Stahlbereich im Jahr 1996.[919]
Die Fusion war trotz dieser unterschiedlichen Bewertung des vorausgegangenen Geschehens am 26. März 1997 von den beiden Vorständen und am 27. März 1997 vom Thyssen-Aufsichtsrat einstimmig bestätigt worden. Auf der Aufsichtsratssitzung der Thyssen AG hatte Dr. Ulrich Cartellieri, der in den Tagen zuvor wegen seines Interessenkonflikts durch seine Funktion als Vorstandsmitglied der Deutschen Bank und als Aufsichtsratmitglied von Thyssen kritisiert worden war, erwartungsgemäß seinen Rücktritt im Thyssen-Aufsichtsrat angekündigt. Gleichzeitig mit seinem Ausscheiden aus der Deutschen Bank legte er das Mandat zum 20. Mai 1997 nieder. Der Aufsichtsrat der Krupp-Hoesch AG sollte Mitte April der Fusion zustimmen.
Bei der Thyssen AG beendeten die Stahlarbeiter ihren Streik am 27. März daraufhin, auch bei der Krupp-Hoesch AG wurde die Arbeit am 28. März wieder aufgenommen.[920]
Am 27. Juli 1997 genehmigte die EU-Kommission die nach der FKVO zu beurteilende Stahlfusion zur Thyssen Krupp Stahl AG.[921]

II. Entscheidung für die Gesamtfusion der Thyssen AG und der Krupp-Hoesch AG

Die zwischen den beiden Konzernen stattgefundenen Kooperationsgespräche beim Stahl waren mit der Prämisse erfolgreich abgeschlossen worden, zu gegebener Zeit auch weitergehende Felder der Zusammenarbeit überprüfen zu wollen.
Bereits seit Mitte Juni 1997 fanden Treffen zwischen dem Ehrenvorsitzenden des Thyssen-Aufsichtsrates, Günter Vogelsang, und Prof. Dr. Berthold Beitz unter Einbe-

[918] Börsen-Zeitung, 28./29. 03.1997, S. 1, Handelsblatt, 01.04.1997, S. 13.
[919] Vgl. Handelsblatt, 01.04.1997, S. 1 u. 13.
[920] Vgl. FAZ, 29.03.1997, S. 13.
[921] FAZ, 18.03.1998, S. 24.

ziehung des Thyssen-Aufsichtsratschefs Dr. Heinz Kriwet und den beiden Vorstandsvorsitzenden der Konzerne statt. Bereits am 17. Juli 1997 hatte Dr. Vogel als Vorstandsvorsitzender der Thyssen AG den Aufsichtsrat offiziell davon in Kenntnis gesetzt, daß die Vorstände von Krupp-Hoesch und Thyssen nun Gespräche aufnehmen würden, um weitere Fusionsmöglichkeiten zu prüfen.[922]

Der Thyssen-Aufsichtsratsvorsitzende Dr. Heinz Kriwet kündigte am 10. August 1997 offiziell Gespräche an, in denen Vorteile von Gemeinschaftsunternehmen auch in anderen Sparten oder sogar eine Gesamtfusion erörtert werden sollten. Nachdem die Verhandlungen über die Stahlfusion am 18. August 1997 erfolgreich beendet worden waren, erreichte der Kurs der Thyssen-Aktie am 21. August 1997 einen Höchststand von 448,50 DM (Kurs zu Jahresbeginn: 269, 80 DM).

Nachdem der Fusionsvertrag über die Thyssen Krupp Stahl AG unterzeichnet worden war,[923] die zum 1. September 1997 als nun größter europäischer Flachstahlkonzern starten sollte, fanden Ende August 1997 auf Spitzenebene erste Gespräche über die Zusammenführung weiterer Geschäftsfelder statt. Daraufhin verständigten sich die beiden Konzerne auf den Einsatz von 19 Arbeitsgruppen, die je nach Sparte die Vor- und Nachteile einer Fusion ausloten sollten. Die 19 Arbeitsgruppen waren von beiden Konzernen paritätisch mit jeweils zwei oder drei Führungskräften besetzt worden; ihre Ergebnisse sollten in der ersten Novemberwoche des Jahres ausgewertet werden.

Die Arbeitsgruppen waren beauftragt, sich vor allem mit den Zukunftspotentialen zu befassen, die jedem einzelnen Unternehmen im Alleingang nur schwer zugänglich gewesen wären. Das galt insbesondere für die aufstrebenden Märkte Süd- und Mittelamerikas und Südostasiens, wo die mit verwandten und sich teilweise überschneidenden Produktpaletten arbeitenden Konzerne mit ihren Industrieprodukten gute Absatzchancen hatten.[924] Anfang November wurde das Ergebnis der Untersuchungen der 19 Arbeitsgruppen bekanntgegeben. Vor Bekanntgabe des Ergebnisses hatten am 4.11.1997 bereits für die Thyssen AG der Vorstandsvorsitzende Dr. Vogel, Finanzvorstand Heinz-Gerd Stein und der Aufsichtsratsvorsitzende Dr. Heinz Kriwet sowie für die Krupp-Hoesch AG Dr. Cromme, Finanzvorstand Gerhard Joost und der Aufsichtsratsvorsitzende Manfred Lennings mit Prof. Dr. Berthold Beitz, dem Vorsitzenden des Kuratoriums der Krupp-Stiftung und Günter Vogelsang, dem Ehrenvorsitzenden im Thyssen-Aufsichtsrat, eine Fusion beider Konzerne besprochen. Die Untersuchungen der Arbeitsgruppen hatten zu dem Ergebnis geführt, daß beide Unternehmen mit ihren Schwerpunkten im Bereich Industriegüter und industrielle Dienstleistungen sowie Stahl vergleichbar strategisch ausgerichtet seien. Ein Zusammengehen von Thyssen und Krupp führe einvernehmlich zu einem größeren Potential, einer günstigeren strategischen Position in den Kerngeschäften und einer stärkeren Präsenz im Weltmarkt. Darüber hinaus würden signifikante Synergien in Höhe von mindestens 450 Mio. DM nutzbar, denen ein vertretbarer Einmalaufwand gegenüberstehe.[925] Jeweils die Hälfte dieses Gesamtbetrages hatten die Arbeitsgruppen jeweils in der Produktion und in der Verwaltung angesetzt. In der Verwaltung wurden die größten Spareffekte einerseits

922 Vgl. Der Spiegel 33/1997. S. 69.
923 Vgl. FAZ, 30.08.1997, S. 16.
924 Vgl. FAZ, 30.08.1997, S. 16.
925 Gemeinsame Presseerklärung der Thyssen AG und der Krupp Hoesch AG, 4.11.97, S. 1.

durch verbesserte Einkaufskonditionen und andererseits im Wegfall einer Hauptverwaltung ermittelt. In den betrieblichen Bereichen waren die größten Synergieeffekte noch einmal im Stahlbereich durch eine bessere Koordination von Flach- und Edelstahl, sowie im Handel zu erwarten.[926]
Aus diesen Gründen waren sich die Aufsichtsratsvorsitzenden und die Vorstandsvorsitzenden beider Unternehmen grundsätzlich darüber einig, ihren Eigentümern und zuständigen Gremien die Verschmelzung der Thyssen AG und der Krupp-Hoesch AG vorzuschlagen. Die endgültige Festlegung des Umtauschverhältnisses sollte dann im Rahmen des gesetzlich vorgeschriebenen Bewertungsverfahrens erfolgen.[927]

Aufgabe sollte es nun werden, für den Thyssen-Konzern mit annähernd 40 Mrd. DM Umsatz und 124 000 Beschäftigten sowie den Krupp-Hoesch-Konzern mit 24 Mrd. Umsatz und 58 000 Mitarbeitern das optimale gemeinsame Portfolio zu erarbeiten. Dazu war es notwendig, Kerngeschäftsfelder neu zu definieren und zur Disposition stehende Bereiche festzulegen. Als erste Maßnahme in diese Richtung konnte der Verkauf der Thyssener E-Plus-Beteiligung in Höhe von 30,125 % an das von Veba und RWE gegründete Gemeinschaftsunternehmen Otelo für 2,259 Mrd. DM gewertet werden.[928]
Zudem kündigte die Thyssen AG an, von der 1996 geschaffenen Möglichkeit Gebrauch machen zu wollen, das gezeichnete Kapital unter Ausschluß des Bezugsrechts um 150 Mill. DM auf 1715 Mill. DM zu erhöhen. Der Kurs versprach zu diesem Zeitpunkt einen Mittelzufluß von 1,2 Mrd. DM aus der Kapitalerhöhung. Das entsprach dem Kaufpreis, den die Thyssen AG für den Erwerb des amerikanischen Werkzeugmaschinenherstellers Giddings & Lewis zu bezahlen hatte.[929]
Die Ankündigung der beiden Konzerne, nach einem mehrmonatigen Analyseprozeß zügig eine Verschmelzung vorbereiten zu wollen, stieß überwiegend auf Zustimmung. Die nordrhein-westfälische Landesregierung sagte ihre Unterstützung zu. Für den Fusionsprozeß wurde eine Begleitkommission eingesetzt, der Vertreter der Konzernbetriebsräte und der IG Metall angehören sollten. Ferner wurde erklärt, daß eine einvernehmliche Regelung in der Frage der Montanmitbestimmung angestrebt werden sollte. Diese Frage stellte sich in dem neuen Konzern, weil der Aufsichtsrat der Obergesellschaft von Thyssen im Gegensatz zu dem Kontrollgremium der Krupp-Hoesch AG montanmitbestimmt war.[930]
Auch die Finanzanalysten beurteilten das Fusionsvorhaben der beiden Unternehmen positiv. Am 4. November lag die Krupp-Hoesch-Aktie noch bei 374 DM und die Thyssen-Aktie bei 411 DM.[931] Am 5. November 1997, dem Tag nach der Bekanntgabe der Gesamtfusionierung, notierte die Thyssen AG während des Präsenzhandels mit 431,50 DM um 5,2 % fester, und Krupp-Hoesch nahm um 4,2 % auf 389, 80 DM zu und damit deutlicher stärker als der damalige Aktienmarkt.[932] Die Analysten begrün-

[926] Vgl. FAZ, 06.11.1997, S. 25.
[927] Gemeinsame Presseerklärung der Thyssen AG und der Krupp Hoesch AG, 4.11.97, S. 2.
[928] Vgl. FAZ, 30.08.1997, S. 16.
[929] Vgl. Börsen-Zeitung, 26.08.1997, S. 6.
[930] FAZ, 06.11.1997, S. 25.
[931] Vgl. Handelsblatt, 05.11.1997, S. 1.
[932] Vgl. FAZ, 06.11.1997, S. 24.

deten das positive Urteil damit, daß durch den beschrittenen Fusionsweg die beiden Unternehmen die Kosten, die bei einer Übernahmefinanzierung angefallen wären (z. B. durch Zinsbelastung), nun eingespart werden könnten. Außerdem könnten beide Seiten im Gegensatz zu den anfänglichen Übernahmeplänen der Krupp-Hoesch AG nun gemeinsam mit der Fokussierung auf die Stärken und die Internationalisierung des Geschäfts beginnen.[933]
Am gleichen Tag veröffentlichte die Thyssen AG zudem schon vor der Aufsichtsratssitzung erste Zahlen zum Geschäftsjahr 1996/97, die ein außerordentlich gutes Ergebnis des Konzerns erwarten ließen.[934] Durch diese Veröffentlichung intensivierten sich die Fragen um die Bewertungsverhältnisse und die Leitungsfunktionen im gesamtfusionierten Konzern.

III. Planung der Gesamtfusion der Thyssen AG und der Krupp-Hoesch AG

1. Geschehen bis zum 22. Januar 1998 – Uneinigkeit über Führungspositionen

Am 6. November 1997 trat der Aufsichtsrat der Krupp Hoesch AG zu seiner routinemäßigen vierten Sitzung des Jahres 1997 zusammen. Anläßlich dieser Sitzung informierte der Vorstand den Aufsichtsrat auch über die Ergebnisse der 19 Arbeitsgruppen und den Stand der Gespräche mit der Thyssen AG. Zudem beauftragte der Krupp-Aufsichtsrat den Vorstand mit der Erarbeitung des Verschmelzungsmodells und der Bewertung.[935]
Mitte November verschärfte sich dann die Mißstimmung zwischen den Vorstandsvorsitzenden beider Unternehmen, da der Vorstand der Thyssen AG eine Übernahme der Krupp-Hoesch AG als günstigste Form des Zusammengehens favorisierte. Dr. Vogel bezeichnete zudem die Entscheidung über den zukünftigen Konzernchef als zentrale Frage der Fusion.[936]
Am 27. November 1997 billigte der Thyssen-Aufsichtsrat die Bilanz 1996/97 und schlug einen um 50 % auf 12 DM erhöhten Ausschüttungssatz vor, darunter 2 DM Bonus aus dem Verkauf der E-Plus-Beteiligung. Der Aufsichtsrat wertete diese Erhöhung als Ausdruck der Shareholder Value-Orientierung. Mit 14,2 % (Vj. 9 %) hatte Thyssen im Geschäftsjahr 199/97 das selbstgesetzte Ziel einer Rendite auf das verzinsliche Kapital von 15 % nahezu erreicht[937]. Der in der Unternehmensgeschichte höchste Gewinn vor Steuern von 3,34 Mrd. DM (Vj. 654 Mio. DM) bot zudem die Chance, einen hohen Milliardenbetrag für forciertes Wachstum in den Kerngeschäftsfeldern einzusetzen. Die Planungen sahen bis zum Jahr 2000 eine Umsatzausweitung der Kerngeschäftsfelder durch Akquisitionen und Fusionen um 15 Mrd. DM vor. Davon waren bis zu diesem Zeitpunkt bereits 50 % realisiert worden.

---

933 Vgl. Hermann Reith, Aktienexperte der BHF-Bank in: FAZ, 06.11.1997, S. 24.
934 Vgl. FAZ, 18.03.1998, S. 24.
935 Presse-Information der Krupp AG, 06.11.1997. „Aufsichtsrat über Gespräche mit Thyssen informiert".
936 Vgl. FAZ, 18.03.1997, S. 24.
937 Börsen-Zeitung, 27.01.1998, S. 7.

Der Thyssen-Aufsichtsrat forderte zudem die Klärung des Umtauschverhältnisses sowie des Konzeptes der Zusammenführung mit der Krupp Hoesch AG. Eine Entscheidung des Aufsichtsrates zur Fusion wurde damit bis zum Januar 1998 hinausgeschoben.[938]
In diesem Zeitraum reichte die Staatsanwaltschaft Berlin eine Klage gegen Dr. Vogel wegen des Verdachts der Untreue bei der Abwicklung einer ehemaligen DDR-Firma ein.[939] Trotz der Anklage befaßte sich das Aufsichtsratspräsidium am 19. Dezember 1997 mit der Führungsfrage für einen verschmolzenen Konzern, jedoch schienen bereits jetzt die Aussichten von Dr. Vogel auf den Führungsposten geschmälert.
Die Börse reagierte auf die Anklage von Dr. Vogel mit einem Abschlag der Thyssen-Aktie von 6 DM auf 384,50 DM. Die Aktie der Krupp-Hoesch AG wurde mit 327 DM um 5 DM niedriger bewertet.[940]
Am 9. Januar 1998 teilten die Aufsichtsrats- und Vorstandsvorsitzenden von Thyssen und Krupp mit, daß Dr. Cromme und der Vorstandsvorsitzende der Thyssen Krupp Stahl AG, Dr. Ekkehard Schulz, mit dem Entwurf eines industriellen Fusionskonzepts beauftragt seien, das in den jeweiligen Aufsichtsratssitzungen der Unternehmen vorgelegt werde. Gleichzeitig ließ die Thyssen AG mitteilen, daß Dr. Vogel nicht länger den Vorstandsvorsitz des fusionierten Konzerns beanspruche, um die Fusionsgespräche nicht durch eine Personaldebatte zu belasten. Seine Funktion als Vorstandsvorsitzender werde er jedoch bis zu Fusionshauptversammlung, die voraussichtlich im Herbst 1998 stattfinden könne, beibehalten.[941]

2. Das industrielle Konzept der Thyssen Krupp AG

a) Strategie und Ziel der Fusion Thyssen Krupp AG

Das ausgearbeitete industrielle Konzept für eine Thyssen Krupp AG sollte Ende Januar bzw. Anfang Februar 1998 von den Aufsichtsräten beider Konzerne gebilligt und am 06. Februar 1998 der Öffentlichkeit vorgestellt werden. Bis zu diesem Zeitpunkt lagen den Aufsichtsräten folgende Eckdaten als Entscheidungsgrundlage vor:
Hinsichtlich der Gründe und Vorteile einer Fusion der beiden Konzerne wurde auf die vergleichbare Ausgangslage und die Herausforderungen der Globalisierung hingewiesen.
Sowohl die Thyssen AG, als auch die Krupp Hoesch AG hatten ihre Schwerpunkte im Bereich Industrieprodukte und Industriedienstleistungen. Da die angestammten Märkte im In- und Ausland ohne größeres Wachstumspotential waren, mußten für beide Unternehmen neue Wachstumsstrategien als zentraler Hebel für den Erfolg wirken. Zudem waren beide Konzerne mit einer Konzernholding und marktnahen Sparten- und Konzernunternehmen ähnlich aufgebaut. Der regionale Schwerpunkt lag auf Europa, auf außereuropäische Märkte entfielen jeweils weniger als ein Drittel der Konzernum-

[938] Die Welt, 27.11.1997, S. 13 u. 28. 11.1997, S. 15.
[939] Handelsblatt, 17.12.1997, S. 13.
[940] Handelsblatt, 17.12.1997, S. 13.
[941] Gemeinsame Presseerklärung zur Fusion Thyssen Krupp, 9.01.1998; Börsen-Zeitung, 10.01.1998, S. 1.

sätze. Deshalb war vorgesehen, die Aktivitäten weiter zu internationalisieren und den Kunden an ihre Standorte weltweit zu folgen.
Diese Maßnahme deckte sich gleichzeitig mit den Herausforderungen der Globalisierung. Die Nachfrage nach Industrieprodukten und -dienstleistungen verlagerte sich zunehmend in Regionen außerhalb Europas. Dies galt auch für die industrielle Produktion, die in etwa zehn Jahren zu mehr als 50 % in Asien und Lateinamerika liegen sollte. Da diese Länder langfristig ein überdurchschnittliches Wachstum erzielen würden, mußte die globale Wettbewerbsposition deutlich ausgebaut werden.
Die Wettbewerbsposition sowohl von Thyssen als auch von Krupp-Hoesch sollte nach Ansicht von Dr. Cromme in Zukunft von drei Parametern bestimmt sein: Zunächst die Wettbewerbsposition der einzelnen Geschäftsfelder. In den Kerngeschäftsfeldern müßten die Unternehmen zu der Spitzengruppe des internationalen Wettbewerbs gehören, um langfristig eine nachhaltig hohe Ertragskraft zu erzielen. Desweiteren sei ein aktives Management des Unternehmensportfolios notwendig, um die Wettbewerbs- und Ertragskraft der einzelnen Geschäftsfelder weiter zu stärken. Letztlich sei auch die Wettbewerbsposition als Gesamtkonzern entscheidend, da größere Unternehmen besser ihre Produktions- und Kostenstrukturen optimieren könnten, sie profitierten zudem von Degressionsvorteilen und von Synergieeffekten in Querschnittsfunktionen, verfügten über eine höhere Visibilität an den Kapitalmärkten und würden in die Lage versetzt, kundengerechte Systemlösungen und geschäftsfeldübergreifende Angebote aus einer Hand anzubieten.
Um diesen Herausforderungen gerecht zu werden strebte das neue fusionierte Unternehmen nach Angabe des designierten Vorstandsvorsitzenden Dr. Cromme die Kosten-, Innovations- und Vertriebsführerschaft an. Deshalb müßten die Kerngeschäfte konsequent international ausgebaut, Verlustbringer und Randaktivitäten abgegeben werden. Erklärtes Ziel des fusionierten Unternehmens sei es, international zu den TOP 3 zu gehören.
Bereits zu diesem Zeitpunkt kamen aus Kerngeschäften in vorderen Marktpositionen rund 70 % des jeweiligen Konzernumsatzes, auf die Auslandsproduktion bei Krupp entfielen ein Drittel, bei Thyssen deutlich mehr als ein Viertel des Umsatzes.
Angesichts dieser Entwicklung hatte eine Fusion gegenüber einem Alleingang beider Unternehmen - verbunden mit Wachstum durch notwendige Einzelakquisitionen - erhebliche Vorteile. Eine Fusion war im Gegensatz zu Einzelakquisitionen liquiditätsneutral, deshalb standen zusätzliche Mittel für Investitionen in weiteres Wachstum zur Verfügung. Bei Einzelakquisitionen, die im übrigen hinsichtlich ihrer Rentabilität ein weit größeres potentielles Risiko beinhalten, fallen zudem in der Regel Preisprämien von bis zu 30 % an, die als Goodwill abgeschrieben werden müssen. Letztlich hätte eine Vielzahl von Einzelakquisitionen getätigt werden müssen, um ein mit der Fusion vergleichbares Ergebnis zu erreichen.
Durch eine Fusion der beiden Konzerne hingegen wurden beide Unternehmen eher in die Lage versetzt, am überproportionalen Wachstum neuer Märkte teilzuhaben, die Präsenz auf den Auslandsmärkten zu verbessern, kundengerechte Systemlösungen anzubieten und zusätzlich Mittel zur Finanzierung von Akquisitionen durch höhere Ertragskraft der Kerngeschäftsfelder und Ausschöpfung der Synergievorteile zu generieren. Die Fusion sollte ab dem Jahre 2002/2003 ein Synergievolumen von

450 Mio. DM jährlich generieren, aus den Geschäftsfeldern sollten rund 260 Mio. DM kommen, davon 120 Mio. DM aus dem Stahlbereich und 85 Mio. aus dem Handel. Auf Querschnittsfunktionen entfielen rund weitere 190 Mio. DM – im wesentlichen aus EDV, Einkauf und der Zusammenlegung der Verwaltungszentralen. Die Rationalisierung sollte nicht durch umfangreichen Arbeitsplatzabbau, sondern durch Verbesserung von Markt-, Strategie- und Technologiepositionen erzielt werden.[942] Von einer Fusion würden somit die Kunden durch eine gesteigerte globale Marktpräsenz, die Aktionäre durch ein höheres Kurspotential infolge Steigerung des Unternehmenswertes und die Mitarbeiter durch eine verbesserte Auftragslage und Schaffung neuer Arbeitsplätze profitieren.[943]

b) Konzernstruktur

Auf der Basis von Planzahlen für 1998 sollte durch die Fusion von Thyssen und Krupp ein finanzkräftiger und ertragsstarker Konzern mit rund 70 Mrd. DM Umsatz bei einer Bilanzsumme von rund 48 Mrd. DM entstehen. Die Mitarbeiterzahl sollte bei ca. 186 000 liegen, der Auslandsanteil an dem addierten Umsatz bei knapp 60 %. Etwa jeder dritte Mitarbeiter sei dann bei einem ausländischen Konzernunternehmen beschäftigt.

Der Konzern sollte insgesamt voraussichtlich Rang 5 unter den deutschen börsennotierten Industrieunternehmen einnehmen.[944]

Es war vorgesehen, daß die Obergesellschaft des fusionierten Konzerns unter Thyssen Krupp AG firmierte und einen juristischen Doppelsitz in Essen und Duisburg haben sollte. Der Schwerpunkt der Verwaltung sollte in Düsseldorf liegen.

Eine Analyse der Geschäftsaktivitäten beider Unternehmen hatte ergeben, daß bereits rund 75 % des gemeinsamen Umsatzes in insgesamt sechs Kerngeschäftsfeldern erwirtschaftet würden. Demnach sollten die sechs Kerngeschäftsfelder Automotive, Maschinenbau, Anlagenbau, Aufzüge, Werkstoffhandel und Flachstahl die Basis des fusionierten Unternehmens bilden. Organisatorisch wurden sie den fünf Unternehmensbereichen Thyssen Krupp Stahl, Automotive, Industries, Engineering und Handel zugeordnet. Unternehmen und Aktivitäten, die keinem der fünf Bereiche zugeordnet werden konnten, etwa die Bereiche Immobilien oder Telekom, wurden unter „Weitere Konzerngesellschaften" geführt.[945]

c) Die Unternehmensbereiche des Thyssen-Krupp-Konzerns

Im Unternehmensbereich Thyssen Krupp Stahl vereinigten Krupp und Thyssen ihre Stahlaktivitäten. Zusammengefaßt ergaben Qualitätsstahl und Edelstahl einen Umsatz von rund 22 Mrd. DM und etwa 59.000 Mitarbeiter. Die Thyssen Krupp Stahl AG um-

---

[942] Ausführungen von Dr. G. Cromme und Dr. E. Schulz anläßlich des Pressegesprächs am 6. Februar 1998 in Düsseldorf, Industrie-Club, S. 2 ff..

[943] Ausführungen von Dr. G. Cromme und Dr. E. Schulz anläßlich des Pressegesprächs am 6. Februar 1998 in Düsseldorf, Industrie-Club, S. 14 f..

[944] Die Thyssen AG belegte zuvor den 11., die Krupp-Hoesch AG den 16. Platz.

[945] Ausführungen von Dr. G. Cromme und Dr. E. Schulz anläßlich des Pressegesprächs am 6. Februar 1998 in Düsseldorf, Industrie-Club, S. 6.

faßte zu diesem Zeitpunkt den Flachstahlbereich für alle Grund- und Qualitätsgüter, Krupp Thyssen Stainless die Rostfrei-Flach-Aktivitäten. Organisatorisch wurden diese Gesellschaften durch die Führungsgesellschaft Thyssen Krupp Stahl geführt. Hoesch Hohenlimburg wurde als Beteiligung dem Unternehmensbereich zugeordnet, die Zuordnung anderer Beteiligungen zu Thyssen Krupp Stahl war zu diesem Zeitpunkt noch offen. Die Zielsetzung für den Unternehmensbereich Thyssen Krupp Stahl war dreigeteilt.
Zunächst sollte die Optimierung von Standorten und Produktionsabläufen durch Umsetzung des industriellen Konzepts Thyssen Krupp Stahl und die Einbeziehung von Krupp Thyssen Stainless vorangetrieben werden, um eine Qualitäts- und Kostenführerschaft zu erreichen. Darüber hinaus sollte ein Technologievorsprung durch endabmessungsnahes Gießen und weitere kontinuierliche Verfahrensprozesse erarbeitet und Systemlösungen mit Stahl gefunden werden.

Im Unternehmensbereich Thyssen Krupp Automotive wurden Krupp Hoesch Automotive mit den Gesellschaften Krupp Hoesch Federn, Krupp Bilstein, Walter Hundhausen, Krupp Drauz, Camford Engineering, Krupp Gerlach, Krupp Metalurgica Campi Limpo, Krupp Automotive Systems mit den Thyssen-Gesellschaften The Budd Company, Thyssen Umformtechnik + Guss zusammengefaßt. Der neue, von der Führungsgesellschaft Thyssen Krupp Automotive geführte Unternehmensbereich, gliederte sich in die Geschäftsfelder Body (Karosserie), Chassis (Fahrwerk), Powertrain (Antriebsstrang) und Systems mit einem Umsatz von rund 8,7 Mrd. DM und ca. 36 000 Mitarbeitern. Ziel der Thyssen Krupp Automotive war zunächst ein weltweiter Partner der Automobilindustrie durch Ausbau der Marktposition in Volumenmärkten zu werden. Zudem sollte das Modul- und Systemgeschäft ausgebaut und die Wertschöpfungskette erweitert werden. Durch zusätzliche Akquisitionen war ein mittelfristiges Umsatzvolumen von mehr als 10 Mrd. DM angestrebt.

Im Unternehmensbereich Thyssen Krupp Industries mit den Geschäftsfeldern Aufzüge, Komponente, Production Systems und Werften belief sich das addierte Umsatzvolumen auf rund 8 Mio. DM, die addierte Belegschaft auf etwa 39 000 Mitarbeiter. Hierin nicht enthalten war die von Thyssen neu erworbene Giddings & Lewis mit einem Umsatz von rund 1,2 Mrd. DM. In der Führungsgesellschaft Thyssen Krupp Industries waren somit die Unternehmen Thyssen Production Systems, Thyssen Aufzüge, Thyssen Werften, Thyssen Polymer, Krupp Kunststofftechnik, Werner & Pfleiderer, Hoesch Rothe Erde, Krupp Berco, Krupp Bautechnik und Novoferm zusammengefaßt. Ziele der Krupp Thyssen Industries waren der Ausbau der Kerngeschäfte durch internes Wachstum und die Festigung der Weltmarktposition 1-3 sowie eine mittelfristiges Umsatzvolumen von mehr als 12 Mrd. DM.

Der Unternehmensbereich Thyssen Krupp Engineering gliederte sich in die Geschäftsfelder Industrietechnik, Chemietechnik und Energietechnik. In der Führungsgesellschaft Thyssen Krupp Engineering waren die Unternehmen Krupp Fördertechnik, Krupp Polysius, Krupp Uhde, Krupp Indudstries India und Thyssen Still Otto zusammengefaßt. Der Umsatz addierte sich auf etwa 4, 2 Mrd. DM bei rund 11.000 Mitarbeitern. Ziel der Thyssen Krupp Engineering war, die führenden Weltmarktpositionen auf den Feldern Chemietechnik (Krupp Uhde), Kokereianlagen (Thyssen Still Otto und Krupp Uhde), Zementanlagen (Krupp Polysius) und Fördertechnik (Krupp Fördertechnik) zu halten und weiter auszubauen.

Im Unternehmensbereich Thyssen Krupp Handel addierten sich die Geschäftsfelder der Thyssen Handelsunion und der Sparte Trading von Krupp zu einem Bereich von knapp 26 Mrd. DM Umsatz und 37 000 Mitarbeitern. Die Führungsgesellschaft Thyssen Krupp Handel betreute die Geschäftsfelder Werkstoffe, Dienstleistungen, Projektmanagement und Beteiligungen. Die Bedeutung der Geschäftsfelder Bautechnik, Logistik, Recycling und Brennstoffe war zu diesem Zeitpunkt für den fusionierten Konzern noch nicht abschließend zu beurteilen.
Die Ziele von Thyssen Krupp Handel waren auf die Geschäftsfelder Werkstoffe und Dienstleistungen aufgeteilt. Im Geschäftsfeld Werkstoffe sollte die Marktführung in Europa, Nord- und Südamerika erreicht und die Marktpräsenz in Asien ausgebaut werden. Zudem war eine Entwicklung zum Komplettdienstleister („One-stop-shopping") mit regionalen Schwerpunkten geplant. Im Geschäftsfeld Dienstleistungen war eine Führungsposition im wachsenden Dienstleistungsmarkt in Europa und der Ausbau zum ganzheitlichen Dienstleistungsanbieter vorgesehen.[946]

d) Die Führungsstruktur des neuen Konzerns

Ein wesentlicher Schwerpunkt der gemeinsamen Beratungen der Vorstände beider Unternehmen war die Organisation und personelle Besetzung der Obergesellschaft und der Führungsgesellschaften der Unternehmensbereiche.
Mit Ausnahme von Thyssen Krupp Engineering sollten alle Unternehmensbereiche durch die Vorstandsvorsitzenden im Vorstand der Obergesellschaft vertreten sein. Eine Reihe von Funktionen gingen über die in der Thyssen Obergesellschaft zuvor vorhandenen Funktionen hinaus. Diese Funktionen wurden den einzelnen Vorstandsmitgliedern gemäß eines Geschäftsverteilungsplanes zugeordnet.
Ferner wurde vorgesehen, einzelnen Vorstandsmitgliedern eine regionale Betreuungsfunktion aufzuerlegen, da es angesichts zunehmender Globalisierung als sinnvoll angesehen wurde, den Konzern durch den Konzernvorstand auf den Weltmärkten zu repräsentieren. Die operative Verantwortung der Unternehmens- und Geschäftsbereiche sollte davon jedoch unberührt bleiben.[947]
Als Aufsichtsratsvorsitzender des neuen Aufsichtsrates des fusionierten Konzerns, der auch den Vorstand zu berufen hatte, sollte Dr. Heinz Kriwet vorgeschlagen werden. Dem Vorstand des neuen Konzerns sollten insgesamt neun Mitglieder angehören. Als gleichberechtigte Vorstandsvorsitzende der Thyssen Krupp AG waren Dr. Gerhard Cromme und Dr. Ekkehard Schulz vorgesehen. Dr. Cromme fungierte zugleich in Personalunion als Vorstandsvorsitzender des Unternehmensbereichs Automotive, Dr. Schulz als Vorstandsvorsitzender des Unternehmensbereichs Steel. Der frühere Vor-

[946] Ausführungen von Dr. G. Cromme und Dr. E. Schulz anläßlich des Pressegesprächs am 06. Februar 1998 in Düsseldorf, Industrie-Club, S. 7 ff..
[947] Mitarbeiterzeitschrift der Thyssen und der Krupp-Hoesch AG „Fusion aktuell", Nr. 1, März 1998, S. 6.

standsvorsitzende der Krupp AG übernahm zudem die Bereiche Unternehmensentwicklung/Wirtschaftspolitik sowie Kommunikation/Werbung und sollte darüber hinaus die Region Frankreich betreuen. Dr. Schulz war weiterhin verantwortlich für die Bereiche Vorstandsbüro, Führungskräfte, Technische Entwicklungen sowie Energie und Umwelt und darüber hinaus für die Regionen Osteuropa, GUS und Skandinavien. Als weitere Mitglieder des Vorstands waren eingesetzt:
Dr. Hans-Erich Forster (Vorstandsvorsitzender Unternehmensbereich Handel, Regionalbetreuung Philippinen, Taiwan, Indonesien, Korea, Vietnam, Turk-Republiken), Dieter Hennig (Arbeitsdirektor), Dr. Gerhard Jooss (Rechnungswesen, Steuern, Auslandsorganisation, Materialbeschaffung, Informationsverarbeitung, Regionalbetreuung Großbritannien, Iberische Halbinsel, Pakistan, Indien, Malaysia, Thailand, Birma, Singapur, Dr. Ulrich Middelmann (Controlling, Mergers & Acquisitions, Regionalbetreuung Italien, Lateinamerika), Prof. Dr. Eckhard Rohkamm (Vorstandsvorsitzender Unternehmensbereich Industries, Aufsichtsratsvorsitzender des Unternehmensbereichs Engineering, Regionalbetreuung Australien, Neuseeland, China, Japan, Türkei, Norwegen), Jürgen Rossberg (Recht, Konzernorganisation/Organisationsentwicklung, Revision, Immobilien, Regionalbetreuung Afrika, Nah- und Mittelost, Iran, Rumänien), Dr. Heinz-Gerd Stein (Finanzen, Investor Relations, Konzernbeteiligungen, Versicherungen, Regionalbetreuung Nordamerika).[948]

e) Weiteres Procedere

Zu dem Zeitpunkt der Vorstellung des industriellen Konzepts waren hinsichtlich des Fusionsvorhabens noch die Bewertung beider Unternehmen, die genaue Ausgestaltung des Fusionsmodells und die Frage der Mitbestimmung ungeklärt. Nach der Klärung der noch offenen Fragen sollte ein Fusionsvertrag erarbeitet werden, der von den Aufsichtsräten beider Unternehmen gebilligt werden mußte. In außerordentlichen Hauptversammlungen im Dezember 1998 war vorgesehen, die Genehmigung der Anteilseigner einzuholen.[949]

3. Billigung des industriellen Konzeptes durch die Aufsichtsräte

Am 22. Januar billigte dann der montanmitbestimmte Aufsichtsrat der Thyssen AG das industrielle Konzept der Fusion mit der Krupp-Hoesch AG gegen die Stimmen der Arbeitnehmer. Angeführt von Walter Riester (IG Metall) hatten alle zehn Gewerkschaftsrepräsentanten und Betriebsräte im einundzwanzigköpfigen Thyssen-Aufsichtsrat geschlossen gegen das Fusionskonzept gestimmt. Da die 10 Vertreter des Kapitals dieses geschlossen befürworteten, war die Stimme des neutralen 21. Mann, hier des Altbundespräsidenten Walter Scheel, ausschlaggebend für die Abwendung eines Votums gegen die Fusion.[950]

---

948 „Fusion aktuell", Nr. 1, März 1998, S. 6.

949 Ausführungen von Dr. G. Cromme und Dr. E. Schulz anläßlich des Pressegesprächs am 6. Februar 1998 in Düsseldorf, Industrie-Club, S. 13.

950 Presse-Information der Thyssen AG, 22.01.1998, „Aufsichtsrat der Thyssen AG stimmt industriellem Konzept für Fusion zu; Börsen-Zeitung, 31.01.1998, S. 1; Financial Times, 23.01.1998, S. 16.

Zwar standen Arbeitnehmer und die IG Metall-Gewerkschaft der Fusion der beiden Ruhrkonzerne im Grundsatz positiv gegenüber. Zur Begründung der Ablehnung des industriellen Konzeptes einer Fusion mit Krupp erklärten sie, daß der Arbeitnehmerseite in Bewertungsfragen, bei der Ausgestaltung der Mitbestimmung sowie zu Kostenumfang und Risiken des Weges der Fusion Informationen fehlten, die als Basis einer fundierten Entscheidung benötigt würden.[951]
Die Frage der Mitbestimmung bildete den konfliktreichsten Problemkreis. Die Arbeitnehmerseite der Thyssen AG trat für die Übernahme der Inhalte der Montanmitbestimmung ein, die zuvor nur bei Thyssen gegolten hatte, während sie bei Krupp nach der Übernahme von Hoesch 1991 abgeschafft worden war. Nach dem vorgelegten industriellen Konzept sollte rechtlich eine Orientierung an das Mitbestimmungsgesetz von 1976 erfolgen. Aufgrund der jedoch weiterreichenden Mitbestimmung nach dem Montanmitbestimmungsgesetz von 1952 gegenüber dem Mitbestimmungsgesetz von 1976 fürchteten die Arbeitnehmer um eine Beschneidung ihrer Mitspracherechte.[952]
Schließlich wurde der Vorstand der Thyssen AG vom Aufsichtsrat damit beauftragt, nach Klärung solcher noch offener Fragen die Verhandlung zu einem positiven Ende zu führen.
An diesem Tag der Aufsichtsratszustimmung zum Fusionskonzept legten die Thyssen-Aktien um 1,60 auf 351,60 DM zu, die der Krupp-Hoesch AG um 3,20 auf 303,70 DM.[953]
Am 26. Januar 1998 präsentierte die Thyssen AG auf einer Bilanzpressekonferenz in Duisburg die Daten für das Geschäftsjahr 1996/97. Insbesondere der Vorstandsvorsitzende Dr. Vogel nutzte die Gelegenheit, um den Thyssen-Konzern in exzellenter Form darzustellen, zu einem Zeitpunkt, da Fragen der Bewertung bei der Fusion mit Krupp noch gänzlich unbeantwortet waren.[954]
Am 5. Februar 1998 stimmte der mitbestimmte Aufsichtsrat der Krupp-Hoesch AG dem von Dr. Cromme und Dr. Schulz erarbeiteten industriellen Konzept für eine fusionierte Gesellschaft Thyssen Krupp zu. Ebenso wie bei der Aufsichtsratssitzung des Thyssen-Konzerns am 22. Januar hatten bei Krupp die Arbeitnehmervertreter dem Konzept nicht zugestimmt. In dem zwanzigköpfigen Gremium, das sich am 76´er Modell orientierte, stimmten alle neun Vertreter dagegen. Da der Vertreter der leitenden Angestellten und die zehn Anteilseigner-Vertreter dem bisher erarbeiteten Papier zustimmten, mußte der Vorsitzende Dr. Manfred Lennings seine für einen Patt vorgesehene Doppelstimme nicht einsetzen.[955]

---

951 Presseerklärung des 1. Stellvertretenden Vorsitzenden des Thyssen-Aufsichtsrates Walter Riester und des Vorsitzenden des Konzernbetriebsrates der Thyssen AG Dieter Kroll, 22.01.1998, „Arbeitnehmervertreter im Thyssen-Aufsichtsrat: Basis für die Entscheidung über industrielles Konzept der Fusion mit Krupp fehlt".
952 FAZ, 13.01.1998, S. 21; Handelsblatt, 23. 01.1998, S. 11.
953 Siehe Börsen-Zeitung, 23.01.1998, S. 2.
954 Börsen-Zeitung, 27.01.1998 S. 7; FAZ, 27.01.1998, S. 14.
955 Presse-Information der Krupp-AG, 5.02.1998, „Der Krupp-Aufsichtsrat stimmt dem industriellen Konzept für eine Fusion zu"; FAZ, 6.02.1998, S. 23; Financial Times, 6.02.1998, S. 14.

Am darauffolgendem Freitag, dem 06.02.1998, gab dann die neue doppelte Führungsspitze des fusionierten Konzerns, Dr. Cromme und Dr. Schulz, öffentlich Einzelheiten über das industrielle Konzept der künftigen Thyssen Krupp AG bekannt.[956]
Noch vor der Hauptversammlung der Thyssen-AG am 20. März 1998 einigten sich die Konzernspitzen von Thyssen und Krupp und die IG Metall-Gewerkschaft auch auf eine neue Mitbestimmungsregelung. Der Einigung zufolge sollte die bei der Thyssen AG praktizierte Mitbestimmung nach dem Montanmitbestimmungsgesetz zwar nicht auf den fusionierten Konzern übertragen werden. Jedoch sollte die restriktivere Mitbestimmungsregel nach dem 76` er Modell in einer erweiterten Fassung angewandt werden. Somit war zunächst vorgesehen, daß zehn Eigentümervertreter und zehn Arbeitnehmervertreter, einer davon leitender Angestellter, und ein Aufsichtsratsvorsitzender mit Doppelstimmrecht im Aufsichtsrat der neuen Obergesellschaft und den Führungsgesellschaften vertreten sein sollten.[957]
Die Mitbestimmung nach dem 76´ er Modell bildete demnach die Basis, zwei Besonderheiten erweiterten diese Mitbestimmungsregelung. Als bereits bei der Krupp-Hoesch AG praktizierte Besonderheit erhielt ein Präsidium im Aufsichtsrat mit jeweils zwei Vertretern der Anteilseigner und der Arbeitnehmer die Aufgabe, in zwischen den Parteien strittigen Fragen zunächst in einer angemessenen Frist den Versuch zu unternehmen, eine einvernehmliche Lösung zu finden. Dadurch sollte vermieden werden, Streitigkeiten durch die Doppelspitze entscheiden lassen zu müssen.
Als Neuregelung hingegen waren die Bestimmungen hinsichtlich des Arbeitsdirektors anzusehen. Es war vorgesehen, daß das Präsidium einvernehmlich den Arbeitsdirektor vorschlägt, wobei die Arbeitnehmer den ersten Vorschlag unterbreiten konnten. Ziel der Regelung sollte die Gewährleistung sein, daß der Arbeitsdirektor auch das Vertrauen der Arbeitnehmerseite erhält.
Der Mitbestimmungsvertrag klärte die Frage der Mitbestimmung nicht nur auf der Ebene der Obergesellschaft, sondern auch für die operativen Bereiche, wobei der Stahl naturgemäß weiterhin der Montanmitbestimmung unterlag.

---

956 Vgl. Gemeinsame Presse-Information zum industriellen Konzept der künftigen Thyssen Krupp AG anläßlich des Pressegesprächs mit Dr. Gerhard Cromme und Dr. Ekkehard Schulz am 6. Februar 1998, Industrie-Club, Düsseldorf; FAZ, 7.02.1998, S. 13 u. 16; Welt am Sonntag, 8.02.1998, S. 40.

957 Süddeutsche Zeitung, 19.03.1998, S. 30.

4. Hauptversammlung der Thyssen AG am 20. März 1998

Die Krupp-Hoesch AG veröffentlichte am Morgen des 20.03.1997 einen Zwischenbericht zum Geschäftsjahr 1997 und setzte hierdurch ein Signal für die Thyssen-Aktionäre, die sich am gleichen Tag in Duisburg zur 44. ordentlichen Hauptversammlung einfanden, um das Geschäftsjahr 1996/97 abzuschließen. Dem Zwischenbericht der Krupp-Hoesch AG zufolge stieg das Ergebnis der gewöhnlichen Geschäftstätigkeit auf 618 (Vj. 336) Mill. DM und stellte damit das zweitbeste Ergebnis der jüngeren Firmengeschichte dar. Das ermittelte Ergebnis je Aktie erreichte 26 DM nach 18 DM im Vorjahr. Der Netto-Cash-flow wurde mit unverändert 1,2 Milliarden DM benannt. Die Eigenkapitalquote wurde leicht auf 21 % verbessert.[958]

Am gleichen Tag hatten dann die Thyssen-Aktionäre Gelegenheit, auf der Hauptversammlung der Thyssen AG der Verwaltung öffentlich ihre Meinung zu den Ereignissen der letzten zwölf Monate kundzutun. Anwesend waren 58,74 % des Aktienkapitals in Höhe von 1,7 15 Milliarden DM und damit lediglich knapp 1 % mehr als auf der letzten Hauptversammlung.[959]

In der Aussprache hatten die meisten Aktionärsvertreter die Zweckmäßigkeit der Fusion mit der Krupp-Hoesch AG bestätigt. Vielfach wurde von ihrer Seite jedoch die Befürchtung geäußert, daß in der Bewertung der beiden Konzerne das exakte Werteverhältnis der beiden Konzerne nicht zum Ausdruck kommen könnte. Einige Kleinaktionäre kündigten an, die im Kern willkommene Fusion durch Klagen zu blockieren oder zu verzögern, wenn das Bewertungsverhältnis nicht die wahren Kräfte widerspiegele. Der Aufsichtsratsvorsitzende Heinz Kriwet bestätigte, daß der Aufsichtsrat im vergangenen Herbst beim damaligen Kentnisstand einen Anteil von Thyssen an einem fusionierten Konzern in der Bandbreite von 65 bis 68, 5 % als akzeptabel bezeichnet habe. Zugleich versuchte er Kritik an dem gewählten Fusionsmodell zu entkräften. Das Beitrittsmodell, bei dem der Thyssen-Konzern die Krupp-Hoesch AG übernommen hätte, sei zwar um einen mittleren zweistelligen Millionenbetrag günstiger als die zur Zeit in Vorbereitung befindliche Verschmelzung. Jedoch stünden diesem Betrag ein Synergiepotential von mindestens 450 Mill. DM gegenüber. Zudem müßten die Aktionäre der Krupp-Hoesch AG zwei Drittel der Summe tragen.[960]

Trotz dieser Kritik aus Reihen der Aktionäre und der Androhung einzelnen Aufsichtsratsmitgliedern die Entlastung zu verweigern,[961] lagen die schlechtesten Ergebnisse bei einer Einzelabstimmung zur Entlastung der Aufsichtsräte bei 97, 19 %. Die übrigen Tagesordnungspunkte wurden mit den üblichen Zustimmungsquoten gebilligt. So wurde der Vorstand mit 99 % entlastet und der Dividendenvorschlag mit 99, 7 % angenommen.[962]

Zum Fusionsvorhaben berichtete der Vorstandsvorsitzende Dr. Vogel, daß die Arbeiten zur Erstellung eines Verschmelzungsberichts eingeleitet worden seien. Nach der Klärung der Wertrelationen zwischen beiden Unternehmen und der Erarbeitung des

---

958 FAZ, 21.03.1998, S. 16.
959 Welt am Sonntag, 22.03.1998, S. 54.
960 FAZ, 21.03.1998, S. 24.
961 So u. a. Prof. Dr. Nico Stehr, Vorstandsmitglied der Vereinigung freier Thyssen Aktionäre, Handelsblatt, 17.02.1998, S. 14.
962 Handelsblatt, 23.03.1998, S. 16.

Verschmelzungsvertrages müßten Vorstand und Aufsichtsrat endgültige Beschlüsse zur Fusion treffen. In außerordentlichen Hauptversammlungen sollten dann die Aktionäre über den Zusammenschluß entscheiden. Einer der Bausteine der geplanten Fusion sei die angestrebte Eingliederung der Spartenführungsgesellschaft Thyssen Industrie gem. §§ 319 ff AktG, an der die Thyssen AG mit 90 % beteiligt sei. Es sollten weitere 5, 22 % in Form kleinerer Pakete übernommen und dann den außenstehenden Aktionären ein Abfindungsangebot unterbreitet werden.[963] Den Eingliederungsbeschluß sollte eine außerordentliche Hauptversammlung am 15. Dezember 1998 fassen. Der damalige Thyssen-Industrie Konzern mit 12,5 Mrd. DM Umsatz sollte zerlegt und auf die drei neuen Unternehmensbereiche Thyssen Krupp Automotive, Thyssen Krupp Industries sowie Thyssen Krupp Engineering aufgeteilt werden.[964]
Des weiteren erklärte Dr. Vogel, für ihn sei dies nach 12 Vorstandsjahren die letzte Hauptversammlung als Thyssen-Vorstandsvorsitzender.[965] Zu diesem Zeitpunkt blieb jedoch offiziell ungeklärt, ob er bis zum Herbst 1998 sein Amt weiterhin bekleiden oder schon demnächst ausscheiden würde. In der Aufsichtsratssitzung der Thyssen AG am Abend des 20.03.1998 kündigte Dr. Vogel jedoch seinen Vertrag bereits zum 30. April.[966] Wie erwartet wurde als sein Nachfolger bis zur Fusion mit der Krupp-Hoesch AG Dr. Ekkehard Schulz als Vorstandsvorsitzender designiert, der mit Dr. Gerhard Cromme auch die Doppelspitze im fusionierten Konzern bilden sollte.

Der von der Thyssen AG bereits 1997 eingeleitete Konzernumbau wurde 1998 fortgesetzt. Die Kerngeschäfte des Konzerns sollten ausgebaut, nicht zu den Kerngeschäftsfeldern gehörende Sparten verkauft und das Konzernportfolio gestrafft werden. Ein Schwerpunkt dieser Maßnahmen lag bei der Thyssen Handelsunion.
Einem Zwischenbericht über den Verlauf der ersten Hälfte des Geschäftsjahres 1997/98 zufolge, hatte der Ausbau der Kerngeschäfte und die Straffung des Konzernportfolios die Ertragslage bereits spürbar verbessert. Nach sechs Monaten lag das Konzernergebnis mit 863 Mill. DM um 37 % über dem Vorjahresniveau. Den größten Zuwachs und den größten Ergebnisbeitrag hatte der Unternehmensbereich Stahl geleistet. Neben der positiven Marktentwicklung schlugen sich auch die Synergieeffekte aus der bereits vollzogenen Stahlunion von Thyssen und Krupp nieder.[967] Die Thyssen Krupp Stahl AG (TKS) erstellte zudem ein industrielles und wirtschaftliches Konzept für eine Beteiligung am belgischen Stahlkonzern Cockerill Sambre S.A., Brüssel. Nach der 1997 erfolgten Zusammenführung der Flachstahlgeschäfte von Thyssen und Krupp-Hoesch zur TKS sollte dieses Kerngeschäftsfeld im neu entstehenden Thyssen-Krupp-Konzern international ausgebaut und dadurch die Weltmarktposition verbessert werden.[968]

---

[963] Vgl. hierzu FAZ, 11.03.1998, S. 24.
[964] Börsen-Zeitung, 07.07.1998, S. 7.
[965] FAZ, 21.03.1998, S. 24; Welt am Sonntag, 22.03.1998, S. 54.
[966] Handelsblatt, 23.03.1998, S. 16.
[967] FAZ, 27.05.1998, S. 25.
[968] FAZ, 10.06.1998, S. 23; FAZ, 30.06.1998, S. 25.

5. Abschluß der Fusionsvorbereitungen bis zum August 1998

Nachdem die Grundzüge des industriellen Konzepts erarbeitet, die Führungspositionen besetzt und die Fragen der Mitbestimmung und des Fusionsmodells geklärt waren, befanden sich die Vorbereitungen auf die Fusion beider Konzerne im letzten Stadium. Bevor die Fusion durch Eintragung der Verschmelzung am 1. März 1999 rückwirkend zum 30. September/1. Oktober 1998 realisiert werden konnte, mußte noch die Bewertungsfrage geklärt und die Fusion im Fusionskontrollverfahren von der EU-Kommission genehmigt werden.
Die Unternehmensbewertung war Voraussetzung für die Ermittlung des Umtauschverhältnisses der Aktien beider Unternehmen für die eine unmittelbare Verschmelzung vorgesehen war.
Die Bewertungsergebnisse flossen in den Verschmelzungsbericht ein, der die Fusion und den dazu erarbeiteten Vertragsentwurf rechtlich und wirtschaftlich erläuterte und begründete.
In kartellrechtlicher Hinsicht waren Fusionskontrollverfahren insbesondere auf der Ebene der Europäischen Union, der Vereinigten Staaten, Mexiko, Brasilien, Kanada und in der Schweiz abzuschließen. Am 1. April wurde die nach der FKVO notwendige Fusionskontrollanmeldung bei der EU-Kommission in Brüssel eingereicht. Am 03.06.1998 genehmigte die EU-Kommission den Zusammenschluß der beiden Konzerne nach nur kurzer Vorprüfungsphase von sechs Wochen. Die Krupp-Hoesch AG erhielt jedoch zur Auflage, die Verflechtung mit dem finnischen Aufzughersteller Kone zu lösen, an dem sie mit 10 % beteiligt war.[969] Neben der Sitzniederlegung im Aufsichtsrat mußte der Essener Konzern auch ein Vorverhandlungsrecht bei Kone aufgeben, das ihm für den Fall eingeräumt worden war, das weitere Kone-Anteile zum Verkauf stünden. Die Entflechtung zwischen Krupp-Hoesch und Kone gewährleiste den Fortbestand von vier Wettbewerbern auf dem Markt für Rolltreppen. Auf diesem hochkonzentrierten Markt waren neben Thyssen lediglich noch Kone, Otis und Schindler mit annähernd gleich hohen Marktanteilen vertreten. Die Krupp-Hoesch AG maß der Auflage in Anbetracht der erwarteten Fusionsvorteile kein erhebliches Gewicht bei.[970]
Am 19. Juni 1998 fand die letzte ordentliche Hauptversammlung der Krupp-Hoesch AG vor der Entscheidung über die Fusion mit Thyssen statt, in welcher der Vorstandsvorsitzende neben seinem Rechenschaftsbericht auch auf die Meilensteine des Konzernumbaus Bezug nahm. Das Grundkapital war in der Hauptversammlung mit 89,52 % und damit leicht über der Vorjahresquote von 89,47 % vertreten. Die Beschlußvorschläge fanden weitgehend einhellige Zustimmung bei einem Maximum von 737 Gegenstimmen hinsichtlich der Änderung des Geschäftsjahres.[971]
Nach Darstellung des Vorstandes habe Krupp-Hoesch in dem zur Anpassung an die Thyssen-Abrechnungsperiode nur bis zum 30.09.1998 laufenden neunmonatigen Geschäftsjahres die positive Geschäftsentwicklung von 1997 fortsetzen können. Allerdings habe es infolge der Asienkrise erste Anzeichen der Beunruhigung im Anlagen-

[969] EG-Kommission, Entscheidung v. 2.6.1998, IV/M.180 – Thyssen Krupp in: WuW 9/1998, S. 896 ff..
[970] FAZ, 04.06.1998, S. 23.
[971] Börsen-Zeitung, 19.06.1998, S. 8.

bau gegeben. Ende Juni sollte der Außenumsatz etwa auf Vorjahresniveau liegen. Damit wäre dann der auf das Flachstahl-Gemeinschaftsunternehmen mit der Thyssen AG übertragenen Umsatz von 1 Mrd. DM durch die Kerngeschäftsfelder ausgeglichen worden.

Da nach Ansicht des Vorstandsvorsitzenden Dr. Cromme gerade die Schlußphase der Fusionsverhandlungen und -vorbereitungen eine größtmögliche Kontinuität im Aufsichtsrat erforderte, wurden für die anstehende Neuwahl des Aufsichtsrates trotz des Gegenantrages des Dachverbandes Kritischer Aktionäre alle bisherigen Vertreter der Aktionäre zur Wiederwahl vorgeschlagen. Im Zuge der Fusionsvorbereitungen bestand zudem die Absicht, die Villa Hügel mit dem engeren Hügelpark sowie das Krauche Familienarchiv auf die Alfried von Bohlen und Halbach-Stiftung zurückzuübertragen. Damit sollte auf Dauer gewährleistet werden, daß die Villa Hügel als Identifikationszentrum für den Namen und die Tradition des Unternehmens Krupp und seiner früheren Inhaber erhalten bleibt.[972]

Darüber hinaus betonte der Vorstandsvorsitzende seine Zuversicht hinsichtlich der Einhaltung des Fusionsfahrplans[973] der vorsah, daß beide Aufsichtsräte Mitte Oktober 1998 in außerordentlichen Sitzungen die Verschmelzungshauptversammlungen Anfang Dezember vorbereiten sollten.

Den Vorwurf, die Wahl des Fusionsmodells Verschmelzung löse eine zu hohe Steuerbelastung aus, widersprach Dr. Cromme auf der ordentlichen Hauptversammlung. Nach verbindlicher Auskunft des Finanzamtes würde die fällige Grunderwerbssteuer unter 50 Mill. bleiben. Gegenüber anderen Modellen böte die Verschmelzung zudem eine höhere Rechtssicherheit und erlaube ein hohes Fusionstempo.[974]

IV. Unterzeichnung des Verschmelzungsvertrages und Bekanntgabe des Umtauschverhältnisses am 11. September 1998

Im September 1998 ging die Fusion zwischen der Krupp-Hoesch AG und der Thyssen AG in die Endphase. Nachdem die Vorstände der beiden Unternehmen ihre Verhandlungen zur Fusion mit der Paraphierung des Verschmelzungsvertrages abgeschlossen hatten, wurde am 11. September 1998 das Umtauschverhältnis der Aktien beider Gesellschaften in Aktien der neuen Thyssen Krupp AG bekanntgegeben.

Das dem Verschmelzungsvertrag zugrundeliegende Bewertungsgutachten hatte ergeben, daß zwischen Thyssen und Krupp ein Wertverhältnis von zwei Dritteln zu einem Drittel bestand. Diesem Verhältnis entsprechend sollten die heutigen Altaktionäre am neuen Unternehmen beteiligt werden. Das Umtauschverhältnis wurde auf der Basis einheitlicher Bewertungsmethoden für beide Unternehmen ermittelt.[975] Das gemeinsame Gutachten wurde von den beiden Abschlußprüfern KPMG und C&L Deutsche

---

972 Börsen-Zeitung, 19.06.1998, S. 8; FAZ, 19.06.1998, S. 21; Handelsblatt, 19./20.06.1998, S. 17.

973 Gemeinsame Presseerklärung der Krupp-Hoesch und der Thyssen-AG, 20.05.1998 - Information über den Zeitplan zur Fusion von Thyssen und Krupp.

974 Börsen-Zeitung, 19.06.1998, S. 8.

975 Verschmelzungsbericht der Thyssen AG und der Krupp AG zur Thyssen Krupp AG, S. 126 ff.; FAZ, 12.09.1998, S. 17; Handelsblatt, 14.09.1998, S. 14.

Revision erstellt und von der Treuhand- und Revisions-AG Niederrhein als unabhängigem Verschmelzungsprüfer geprüft.[976]
Für den Unternehmenswert der Thyssen AG wurde ein Betrag von 23,67 Mrd. DM festgelegt. Die Krupp-Hoesch AG wurde mit 11,835 Mrd. DM bewertet, woraus sich die Wertrelation zwei Drittel zu einem Drittel errechnete. Wegen der unterschiedlichen Höhe des Grundkapitals - 1,715 Mrd. DM bei der Thyssen AG und 1,088 Mrd. DM bei der Krupp-Hoesch AG – und damit auch der unterschiedlichen Anzahl der Aktien beider Gesellschaften, war es erforderlich, zur Ermittlung des Umtauschverhältnisses den Unternehmenswert je Aktie heranzuziehen. Dieser Unternehmenswert je Aktie ergibt sich durch Division des jeweiligen Grundkapitals mit der Anzahl der Aktien, welche bei der Thyssen AG mit 34,3 Mill. und bei der Krupp-Hoesch AG mit 21,8 Mill. zu beziffern ist. Dadurch errechnete sich ein Unternehmenswert je Aktie von 690,09 DM für Thyssen und von 543,82 DM für Krupp-Hoesch. Die Gegenüberstellung der beiden Unternehmenswerte je Aktie ergab ein Wertverhältnis von 1: 0,7880503.
Zur Vereinfachung der Abwicklung wurde im Hinblick auf den größeren Aktienbestand und den höheren Streubesitz der Thyssen AG festgelegt, daß das Kapital des Konzerns im Verhältnis 1:1 auf das neue Unternehmen übertragen werden sollte.[977]
Das Aktienkapital der Krupp-Hoesch AG wurde auf der Basis des Wertverhältnisses entsprechend mit 857 Mill. DM festgelegt. Das neu gezeichnete Kapital der Thyssen Krupp AG lag demnach bei 2,57 Mrd. DM, aufgeteilt in 514,489 Mill. nennwertlosen Stückaktien.[978]
Auf dieser Basis sollten die Thyssen-Aktionäre für eine 50 DM-Aktie 10 Stückaktien der neu gegründeten Thyssen Krupp AG erhalten. Die Krupp-Hoesch-Aktionäre tauschten eine 50-DM-Aktie in 7,88 Stückaktien des neuen Unternehmens ein. Um den Zu- und Verkauf von Teilrechten praktikabel zu gestalten, wurde die dritte Stelle nach dem Komma durch eine bare Zuzahlung von 0, 03 DM je Aktie ausgeglichen.[979]
Jede neue Stückaktie verkörperte einen rechnerischen Anteil von 5 DM am Grundkapital des fusionierten Konzerns.[980]
Trotz Vorliegen sog. Fairness Opinions, die die Angemessenheit des Umtauschverhältnisses bestätigten, waren die im Bewertungsgutachten festgestellten hohen inneren Werte beider Konzerne insofern interessant, als daß die Höchstkurse beider Aktien im Jahr 1998 erheblich von diesen Werten abwichen. Bei der Thyssen-Aktie lag er bei 493 DM und bei der Krupp-Hoesch-Aktie bei 373, 50 DM.[981] Die Bekanntgabe des Umtauschverhältnisses zeigte ebenfalls keine erheblichen Auswirkungen auf die Börsenkurse der beiden Aktien. Die Thyssen-Aktie notierte daher an diesem Tag nur mit 330 DM und die Krupp-Hoesch-Aktie mit 256 DM.[982]

[976] Verschmelzungsbericht der Thyssen AG und der Krupp AG zur Thyssen Krupp AG, Anhang.
[977] Handelsblatt, 14.09.1998, S. 14.
[978] Vgl. § 3 III Verschmelzungsvertrag abgedruckt in: Verschmelzungsbericht der Thyssen AG und der Krupp AG zur Thyssen Krupp AG, S. 112; s. auch Handelsblatt, 14.09.1998, S. 14; Börsen-Zeitung, 14.10.1998, S. 7.
[979] Vgl. § 2 I b) Verschmelzungsvertrag abgedruckt in: Verschmelzungsbericht der Thyssen AG und der Krupp AG zur Thyssen Krupp AG, S. 112.
[980] FAZ, 12.09.1998, S. 17; Handelsblatt, 14.09.1998, S. 14.
[981] FAZ, 12.09.1998, S. 17.
[982] Handelsblatt, 14.09.1998, S. 14.

Gem. §§ 305 ff. UmwG konnten Klagen gegen das Umtauschverhältnis lediglich in einem die Eintragung der Fusion nicht aufschiebenden Spruchstellenverfahren geklärt werden.
Der festgestellte innere Unternehmenswert der Thyssen AG von 690, 09 DM war für die Thyssen AG auch insofern bedeutsam, als daß er noch erheblich über dem von Dr. Vogel zur Abwehr des drohenden Übernahmeangebots im März 1997 genannten inneren Wertes von 550 DM pro Aktie abwich. Noch größer war allerdings die Kluft zu dem im geplanten Übernahmeangebot der Krupp-Hoesch AG festgesetzten Betrag von 435 DM je Thyssen-Aktie.

Auf der Basis der ermittelten Firmenwerte von zwei Dritteln zu einem Drittel ergab sich hinsichtlich der Beteiligungsverhältnisse der Großaktionäre der jeweiligen Konzerne an dem neuen Unternehmen eine erheblich veränderte Aktionärsstruktur. Der Anteil der Alfried Krupp von Bohlen und Halbach-Stiftung verminderte sich von 50,24 % am ehemaligen Krupp-Kapital auf 16,75 % am neuen Konzern. Der Anteil des Staates Iran ging von 22, 54 % auf 7,51 % zurück. Die wichtigsten Krupp-Aktionäre hielten daher 24,26 % an der Thyssen Krupp AG. Die Westdeutsche Landesbank war statt zu 5,08 % an der ehemaligen Krupp-Hoesch AG jetzt nur noch zu 1,69 % am neuen Unternehmen beteiligt.[983]
Die Thyssen Beteiligungsverwaltung mbH – als Bündelung der Anteile der Allianz AG und der Commerzbank – hielt statt 10,49 % an der ehemaligen Thyssen AG jetzt nur noch 6, 99 %. Der Anteil der Thyssen-Stiftung verminderte sich von 7,44 % auf 4,96 %. 62,08 % des Kapitals waren bei 180 000 Aktionären breit gestreut, wobei mit rund 140 000 Aktionären Thyssen den Hauptanteil stellte.[984]

V. Aufsichtsratssitzungen beider Konzerne zur Verschmelzung im Oktober 1998

In einer außerordentlichen Sitzung hatte der Aufsichtsrat der Krupp-Hoesch AG der Verschmelzungsurkunde zwischen Krupp und Thyssen zur Thyssen Krupp AG am 12. Oktober 1998 einmütig zugestimmt. Ebenso einstimmig wurde die Tagesordnung der auf zwei Tage am 30. November und 1. Dezember 1998 angesetzten Hauptversammlung verabschiedet, deren Gegenstand der Beschluß der Krupp-Aktionäre über die Verschmelzung war. Der montanmitbestimmte Aufsichtsrat der Thyssen-AG hatte am 15. Oktober 1998 entsprechende Beschlüsse gefaßt, wobei die Thyssen-Aktionäre für den 3. und 4. Dezember 1998 eingeladen wurden.[985]
Am 20. Oktober 1998 wurde von den beiden designierten Vorstandsvorsitzenden der neuen Gesellschaft, Dr. Gerhard Cromme und Dr. Ekkehard Schulz, sowie dem Krupp-Finanzchef Dr. Gerhard Joos und seinem Kollegen von der Thyssen AG, Dr. Heinz-Gerd Stein, in einer Pressekonferenz und einem Analystengespräch der Verschmelzungsbericht vorgestellt. Dort wurde nach Abgabe zuversichtlicher Ergebnis-

[983] FAZ, 12.09.1998, S. 17.
[984] FAZ, 12.09.1998, S. 17; Börsen-Zeitung, 14.10.1998, S. 7.
[985] Börsen-Zeitung, 14.10.1998, S. 7; Süddeutsche Zeitung, 13.10.1998, S. 17.

prognosen für die am 30. September 1998 beendeten Geschäftsjahre[986], insbesondere aufgrund der überraschend hohen Unternehmenswerte[987] ein näherer Einblick in die Berechnungsmethodik geboten. Bei der Bewertung beider Konzerne nach den Vorgaben des Hauptfachausschusses des Instituts für Wirtschaftsprüfer war der Ertragswert ausschlaggebend gewesen.
Der Unternehmenswert der Thyssen AG in Höhe von 23,670 Mrd. DM setzte sich zusammen aus einem Ertragswert von 23,826 Mrd. DM, dem Wert nicht betriebsnotwendiger Grundstücke von 834 Mio. DM, steuerlichen Sonderwerten von 263 Mio. DM, Altersversorgungslasten von minus 1,403 Mrd. DM und übrigen Sonderwerten von 150 Mill. DM. Der Unternehmenswert der Krupp-Hoesch AG in Höhe von 11,835 Mrd. DM setzte sich wiederum zusammen aus dem Ertragswert von 11,695 Mio. DM, dem Wert nicht betriebsnotwendigen Grundbesitzes von 967 Mio. DM und steuerlichen Sonderwerten von 117 Mio. DM, Altersversorgung von minus 944 Mio. DM und übrige Sonderwerte, die sich per Saldo auf 0 DM rechneten.[988] Durch Korrekturfaktoren sollte die unterschiedliche Kapitalausstattung und Verschuldung berücksichtigt und dadurch eine Benachteiligung der Thyssen-Aktionäre ausgeschlossen werden. Als wichtiges Element enthielt der Verschmelzungsbericht auch den Bestätigungsvermerk hinsichtlich der von Wirtschaftsprüfern erarbeiteten Bewertung.[989]

Der neue Konzern mit 173 000 Mitarbeitern und 68,8 Milliarden DM Umsatz sollte nun rückwirkend zum 1. Oktober 1998 durch Verschmelzung beider Unternehmen auf eine neue Obergesellschaft entstehen, d. h. mittels Verschmelzung durch Neugründung gem. § 2 Nr. 2 UmwG. Anläßlich der Veranstaltung erklärte Dr. Schulz, daß der Umsatz der Thyssen Krupp AG mittelfristig eine Größenordnung von 80-90 Milliarden DM erreichen sollte. Die zusätzlich zu den 550 Mio. DM aus dem Flachstahl-Gemeinschaftsunternehmen (Thyssen Krupp Stahl AG) erwarteten Synergieeffekte sollten bereits im kommenden Geschäftsjahr auf knapp 300 Mio. DM steigen und drei Jahre später 495 Mio. DM pro Jahr erreichen.[990] Die meisten Einsparungen brachte der Stahlbereich, da neben den genannten 550 Mio. DM weitere 114 Mio. DM Synergien erwirtschaftet werden sollten. Die vorgesehenen Synergieeffekte in den übrigen Geschäftsbereichen waren aufgeteilt in 43 Mio. DM bei Automotive, 20 Mill. DM bei Industries, 11 Mio. DM bei Engineering, 35 Mio. DM bei Materials & Services und 40 Mio. DM bei sonstigen Bereichen. Querschnittsfunktionen sollen noch einmal 232 Mio. DM erwirtschaften.[991]
Allerdings standen den Ersparnissen des ersten Geschäftsjahres Fusionskosten in Höhe von 140 Mio. DM gegenüber – darunter 64 Mio. DM Grunderwerbssteuer. Zudem waren Goodwill-Abschreibungen auf den Thyssen-Krupp-Stahl-Firmenwert von 250 Mill. DM jährlich fällig.[992]

[986] FAZ, 21.10.1998; Handelsblatt, 21.10.1998, S. 19; s. auch Handelsblatt, 16.11.1998, S. 18.
[987] So auch die Börsen-Zeitung, 14.10.1998, S. 7.
[988] Handelsblatt, 21.10.1998, S. 19.
[989] Vgl. Verschmelzungsbericht der Thyssen AG und der Krupp AG zur Thyssen Krupp AG, Anhang.
[990] Handelsblatt, 21.10.1998, S. 19. FAZ, 21.10.1998, S. 23.
[991] Handelsblatt, 21.10.1998, S. 19.
[992] Handelsblatt, 21.10.1998, S. 19; FAZ, 21.10.1998, S. 23.

Erwartetet wurde zu diesem Zeitpunkt, daß die Thyssen Krupp AG bei einer Bilanzsumme von 45,4 Milliarden DM über 23,8 Milliarden DM Anlagevermögen, 11,9 Mio. DM Eigenkapital und knapp 7 Milliarden DM Nettofinanzschulden ausweisen würde. Daraus ergab sich mit 26,2 % Eigenkapital und 17,6 % Bruttofinanzschuldenquote eine solide Bilanzstruktur.[993]
Im Mittelpunkt des fusionierten Konzerns sollten nach Angaben von Dr. Cromme und Dr. Schulz - den beiden Vorstandsvorsitzenden - die Konzentration auf Kerngeschäfte und die Internationalisierung stehen. Die Kerngeschäftsfelder, die etwa 80 % des Konzernumsatzes trügen, sollten durch eine interne und externe Expansion der 100 %-Marke angenähert werden.[994] Die Obergesellschaft sollte über die fünf Unternehmensbereiche Stahl, Automobilzulieferung, Industriegüter, Anlagenbau und Handel/Dienstleistungen den Unternehmenswert steigern. Als Eigenkapitalrendite wurden 15 % angestrebt.[995]
Entgegen früheren Ankündigungen sollte als Firmensitz der Thyssen Krupp AG als fünftgrößtem Industriekonzern Deutschlands vorläufig Düsseldorf fungieren, da sich die Eintragung des Doppelsitzes Essen/Düsseldorf als problematisch erwies.[996] Vorsitzender des Aufsichtsrats sollte Dr. Heinz Kriwet werden.

VI. Verschmelzungshauptversammlungen bei Krupp und Thyssen im Dezember 1998

Im Vorfeld der außerordentlichen Hauptversammlung der Krupp-Hoesch AG und der Thyssen AG Ende November/Anfang Dezember kündigte die Deutsche Schutzvereinigung für Wertpapierbesitz (DSW), Düsseldorf, bereits Bedenken im Hinblick auf die Unternehmensbewertung und die Einleitung von Spruchverfahren an,[997] die allerdings die zum 1. März 1999 geplante Eintragung ins Düsseldorfer Handelsregister nicht hätten verhindern können.
Schwerwiegendere Vorbehalte als der DSW hatten andere Aktionäre, die für jeweils beide Hauptversammlungen Gegenanträge einreichten. Abgesehen von dem Gegenantrag des Dachverbandes der Kritischen Aktionäre wurden von drei Anteilseignern (Bernd Günther, Otto Petersen und Prof. Nico Stehr) Gegenanträge mit dem Ziel eingereicht, den Verschmelzungsvertrag zu Fall zu bringen. Alle drei Anträge stützten sich dabei auf das Argument, daß zum Nachteil der Aktionäre auf Wunsch der Krupp-Stiftung statt des Einbringungsmodells das Neugründungsmodell als das teuerste aller Fusionsmodelle gewählt worden sei. Für die Thyssen-Aktionäre befürchteten sie Vermögensnachteile in Höhe von 1 Mrd. DM.[998]
Den Gegenanträgen wurden jedoch kaum Chancen zugesprochen, 25 % der Anteilseigner gegen die Fusion mobilisieren zu können, die notwendig gewesen wären, um die Fusion zu verhindern. Bei Krupp-Hoesch waren keine Zweifel am Vollzug der Fu-

---

[993] Diese Auffassung wurde auch von Analysten bestätigt, vgl. Handelsblatt, 10.11.1998, S. 29.
[994] FAZ, 21.10.1998, S. 23.
[995] FAZ, 21.10.1998, S. 23.
[996] FAZ, 21.10.1998, S. 23, vgl. zum Doppelsitz von Kapitalgesellschaften König, AG 2000, 18, 18 ff. m. w. N.
[997] Handelsblatt, 27./28.11.1998, S. 17.
[998] Handelsblatt, 27./28.11.1998, S. 17.

sion gehegt worden, weil die Großaktionäre (Krupp-Stiftung, der Staat Iran und die West LB) zusammen bereits über 78,47 % der Anteile verfügten. Bei der Thyssen AG wiederum, die mit einem Streubesitz von knapp über 80 % mit einem höheren Verweigerungspotential hätte rechnen können, hatte sich bereits auf der Hauptversammlung im März 1998 gezeigt, daß das Protestpotential als eher gering einzustufen war.

Auf der außerordentlichen Hauptversammlung der Krupp-Hoesch AG, die für den 30. November und 1. Dezember 1998 anberaumt war, waren 88,52 % des Grundkapitals präsent, so daß die drei Großaktionäre eine klare Mehrheit von 90 % des Grundkapitals repräsentierten. Die Aktionäre billigten mit 99,97 % die Fusion mit der Thyssen AG. Lediglich 5439 von insgesamt mehr als 19,7 Mio. Stimmen sprachen sich gegen die Großfusion aus.[999] Die hartnäckigen Opponenten konzentrierten sich neben der Kritik an der Fusion selbst, der Bewertung und dem Fusionsmodell auf die vermeintlich negativen finanziellen Folgen des Zusammenschlusses. Zweifel an der Rechtmäßigkeit kamen zudem an der Höhe der anfallenden Grunderwerbssteuer von 49 Mio. DM auf, die Kritiker als zu niedrig angesetzt einstuften.[1000] Dr. Cromme verteidigte das gewählte Fusionsmodell mit der höheren Rechtssicherheit gegenüber dem alternativen Beitrittsmodell, bei dem der Zusammenschluß durch Anfechtungsklagen jahrelang blockiert oder sogar vereitelt hätte werden können. Den Kostenvorteil der Fusion bezifferte Dr. Cromme - abgesehen von erheblichen strategischen Potentialen - auf der außerordentlichen Hauptversammlung mit mindestens 1 Mrd. DM jährlich, welche Fusionskosten in Höhe von einmalig 360 Mio. DM gegenüberstünden.[1001]

Auch auf der außerordentlichen Hauptversammlung der Thyssen AG am 03./04.12.1999, die als Tagesordnungspunkt 1 die Verschmelzung der Krupp-Hoesch AG und der Thyssen AG zur Thyssen Krupp AG vorsah, sah die klare Mehrheit der Aktionäre die Fusion als positiv an. Etwa 2880 Aktionäre vertraten hier 59,36 % des Grundkapitals.[1002] Mit der Äußerung von Dr. Schulz, die Thyssen AG gehe in die Fusion mit Krupp-Hoesch „aus einer Position der Stärke", lieferte er ungewollt den Oppositionsgruppen, die eine Stand-alone-Lösung von Thyssen bevorzugten, ein Gegenargument. Die Opponenten wandten sich zudem gegen das bereits in der Krupp-Hoesch-Hauptversammlung kritisierte Modell der Verschmelzung durch Neugründung und befürworteten das Eingliederungsmodell, das die Übernahme des Krupp-Konzerns mit anschließender Eingliederung vorsah. Dr. Schulz legte daraufhin dar, daß drei Kriterien für die Fusionsverhandlungen ausschlaggebend gewesen seien. Die volle Handlungs- und Gestaltungsfreiheit für das neue Unternehmen, die Gleichberechtigung beider Partner mit optimaler Akzeptanz bei den Aktionären und die größtmögliche rechtliche Umsetzungssicherheit, die zugleich die zeitnahe Realisierung der ermittelten Synergie ermögliche. Diese Vorteile rechtfertigten die Nachteile einer höheren Grunderwerbssteuer.[1003]

[999] Handelsblatt, 2.12.1998, S. 22.
[1000] Handelsblatt, 1.12.1998, S. 15; Die Welt, 1.12.1998, S. 21.
[1001] Börsen-Zeitung, 4. 12.1998, S. 5.
[1002] Börsen-Zeitung, 4.12.1998, S. 5; Die Welt, 4.12.1998, S. 20; Handelsblatt, 4./5.12.1998.
[1003] Börsen-Zeitung, 4.12.1998, S. 5.

Nach fast zweitägiger Debatte votierten 96, 77 % schließlich für die geplante Fusion mit dem Krupp-Konzern. Zu Tagesordnungspunkt 2, der Eingliederung der Thyssen Industrie in die Thyssen AG, lag der Verweigerungsanteil nur bei 0, 5 %.[1004] Die nach mehreren zu Protokoll gegebenen Widersprüche angekündigten Anfechtungsklagen mußten bis zum 4. Januar 1999 eingereicht werden.

VII. Rechtliche Wirksamkeit der Ruhrfusion ab 17. März 1999

Eine Gruppe von Aktionären, die in beiden über die Verschmelzung beschließenden außerordentlichen Hauptversammlungen von dem Aktionär Bernd Günther vertreten wurde, hatte die Anfechtungsklage gegen den Hauptversammlungsbeschluß der Krupp-Hoesch AG am 30. Dezember 1998 und gegen den Thyssen-Beschluß am 4. Januar 1998 eingereicht.[1005] Die Klagen stützten sich auf Formfehler sowie unvollständige und unrichtige Angaben über die Verhandlungen zum Bewertungsverhältnis und zum Verschmelzungsmodell im Verschmelzungsbericht, auf nicht genügende Auskünfte im Verlauf der Hauptversammlungen, aber auch auf die vermeintliche Gefährdung des neuen Unternehmens durch das Bewertungsrisiko, das grundsätzlich Gegenstand des vom DSW eingeleiteten Spruchstellenverfahrens gem. §§ 305 ff. UmwG war.[1006]
Solange die Klagen gegen den Verschmelzungsbeschluß nicht rechtskräftig abgewiesen oder von den Klägern zurückgenommen worden wären, konnte mit einer Eintragung der Fusionsbeschlüsse durch den Registerrichter nicht gerechnet werden. Die betroffenen Landgerichte Essen und Duisburg konnten jedoch aufgrund der Regelung des § 16 III S. 2 UmwG die Eintragung zulassen, wenn die Klage gegen die Wirksamkeit des Verschmelzungsbeschlusses unzulässig oder offensichtlich unbegründet war oder wenn eine Güterabwägung ergab, daß die mit der Nichteintragung verbundenen Nachteile für die zu verschmelzenden Unternehmen, ihren Mitarbeitern und Anteilseignern als vorrangig gegenüber der mit der Schwere der Anfechtungsklage geltend gemachten Rechtsverletzung angesehen werden mußte.

Das Landgericht Essen verhandelte über den Eilantrag der Krupp-Hoesch AG auf Eintragung der Verschmelzung ins Handelsregister am 20. Januar 1999 und entschied auf der Grundlage des § 16 III S. 2 UmwG zugunsten des Ruhrkonzerns.[1007] Die Kammer des Essener Landgerichts folgte dem Argument des Konzerns, daß durch ein verzögertes Wirksamwerden der Verschmelzung ein beachtlicher finanzieller Schaden entstehe. Als Zeuge hatte der Leiter der Krupp-Revision, Ulrich Dörnhaus, ausgesagt, daß durch eine Eintragungsverzögerung den beiden Unternehmen erhebliche Synergieeffekte verloren gingen. Sie wurden auf monatlich 40 Mill. DM beziffert und seien zu einem großen Teil nicht wieder aufzuholen. Die Antragsgegner konnten dagegen

[1004] Handelsblatt, 07.12.1998, S. 21; Börsen-Zeitung, 05.12.1998, S. 5; die Aktionäre der Thyssen Industrie AG stimmten der Eingliederung – von der bei der Bewertung des Thyssen-Konzerns ausgegangen worden war – am 15.12.1998 mit einer ebenso hohen Quote zu, Handelsblatt, 16.12.1998, S. 15; Börsen-Zeitung, 16.12.1998, S. 6.
[1005] Börsen-Zeitung, 05.01.1999, S. 9.
[1006] Börsen-Zeitung, 06.01.1999, S. 5; Börsen-Zeitung, 15.01.1999, S. 8.
[1007] Beschluß des Landgerichts Essen, Az. 44 O 3/99; Handelsblatt, 21.01.1999, S. 13.

nicht glaubhaft geltend machen, als Aktionäre der Krupp-Hoesch AG durch den Verschmelzungsbeschluß wirtschaftliche Nachteile zu erleiden. Vielmehr hätten sie nach Ansicht des Gerichts vorgetragen, den Aktionären würden durch die Verschmelzung zum Nachteil der Thyssen-Aktionäre unangemessene Vorteile in erheblicher Höhe verschafft.[1008] Rechtskräftig war dieser Beschluß jedoch nicht, da die Gegenseite von der Möglichkeit Gebrauch machte, die sofortige Beschwerde beim Oberlandesgericht Hamm zu erheben.

Das Landgericht Duisburg entschied am 4. Februar 1999 ebenfalls erstinstanzlich zugunsten des Thyssen-Konzerns.[1009] In der Begründung zur Billigung des Eilantrages wurde festgestellt, daß sich die Frage, ob das gewählte Verschmelzungsmodell und das vereinbarte Umtauschverhältnis nicht auf sachlichen Erwägungen beruhe, sondern „auf Druck der Großaktionäre" zustande gekommen sei, erst nach einer Beweisaufnahme beurteilen lasse. Vom Ausgang dieser Beweisaufnahme konnte es dann auch abhängen, ob die Fragen einiger Thyssen-Aktionäre in der Hauptversammlung am 3./4. Dezember 1998 vollständig und richtig beantwortet worden waren. Bei der Abwägung zwischen dem Interesse der Thyssen AG an einem baldigen Wirksamwerden der Verschmelzung und den rechtlichen Interessen der klagenden Thyssen-Aktionäre, die eine Fusion verhindern wollen, hat das Gericht zugunsten des Klägers berücksichtigt, daß die angeführten Anfechtungsgründe im Hauptsacheprozeß kaum nachzuweisen seien.[1010]

Im Hauptverfahren hatte das Landgericht Essen bereits in der ersten Verhandlung am 8. Februar 1999 vier Anfechtungsklagen gegen den Fusionsbeschluß der Hauptversammlung der Krupp-Hoesch AG zurückgewiesen. Der Zustimmungsbeschluß zur Verschmelzung mit der Thyssen AG sei rechtmäßig ergangen, da weder Bestimmungen des Umwandlungsgesetzes noch das Fragerecht der Aktionäre verletzt worden seien. Zur Begründung erklärte das Gericht, daß die Beschlüsse mit dem formellen und materiellen Recht in Einklang stünden und die Kritik am ermittelten Umtauschverhältnis nicht nachvollziehbar sei.[1011]
Die Kläger hatten beantragt, den Hauptversammlungsbeschluß der Krupp-Hoesch AG wegen Verletzung des Gesetzes sowie unzulässiger Erlangung von Sondervorteilen für nichtig zu erklären. Sie hatten sich in ihrer Klageschrift zunächst darauf gestützt, daß es eine besonders schwerwiegende Gesetzesverletzung darstelle, daß bei den Aktionären der Krupp-Hoesch AG im Verschmelzungsbericht der unzutreffende Eindruck erweckt werde, das Fusionsmodell und die Umtauschrelation beruhten auf sachlichen Erwägungen, obwohl es auf Druck der Krupp-Großaktionäre zustande gekommen sei. Da das falsche Verschmelzungsmodell gewählt worden wäre, würden die Krupp-Aktionäre aufgrund des für sie günstigen Umtauschverhältnisses zwar kurzfristig übervorteilt, auf lange Sicht würden jedoch die Nachteile überwiegen. Aus Sicht der

---

[1008] Beschluß des Landgerichts Essen, Az. 44 O 3/99, S. 27 ff. ; Handelsblatt, 21.01.1999, S. 13; Welt am Sonntag, 10.01.1999, S. 54; vgl. auch Spiegel, 01.02.1999, S. 94, 96.
[1009] Beschluß des Landgerichts Duisburg, Az. 44 O 3/99; Börsen-Zeitung, 09.02.1999, S. 8.
[1010] Börsen-Zeitung, 9.02.1999, S. 8.
[1011] Urteil des Landgerichts Essen, AG 1999, 329, 329 ff.; vgl. auch Börsen-Zeitung, 9.02.1999, S. 8; Handelsblatt, 9.02.1999, S. 17.

Kläger seien die hohen Kosten und Aufwendungen, die fehlende Realisierbarkeit der prognostizierten Synergien, die mit der Verschmelzung verbundenen rechtlichen und steuerlichen Risiken und die den Krupp-Großaktionären zukommenden Sondervorteile als langfristig schwer wiegende Nachteile einzustufen.[1012]
Diese Einlassungen waren insofern interessant, als daß dieselben Aktionäre - Bernd Günther, Otto Petersen, Nico Stehr und Idunahall Verwaltungs-GmbH - sowohl gegen den Hauptversammlungsbeschluß der Krupp-Hoesch AG, als auch gegen den der Thyssen AG geklagt und damit gewissermaßen gegen ihre eigenen Interessen agiert hatten. Die Kläger hatten jedoch nicht verkannt, daß sie als Krupp-Aktionäre durch eine unzutreffende Festlegung des Wert- und Umtauschverhältnisses gegenüber den Aktionären von Thyssen übervorteilt würden. Sie hatten sich trotzdem gegen den bei Krupp-Hoesch gefaßten Verschmelzungsbeschluß zur Wehr gesetzt, da sie die Fusion aus Gründen ablehnten, die durch das „vorteilhafte Umtauschverhältnis" nicht kompensiert würden.[1013]
Auch eine Klageschrift gegen die Thyssen AG, über die ursprünglich am 16. Februar 1999 erstmals verhandelt werden sollte, beschäftigte sich neben der Sperrwirkung des § 16 III S. 2 UmwG insbesondere mit der Behauptung, das Fusionsmodell und die vereinbarte Umtauschrelation von 1: 2 seien von Krupp-Hoesch „aufoktroyiert" worden. Der Thyssen AG seien die für eine ordnungsgemäße Unternehmensbewertung notwendigen Kennziffern bereits bei Aufnahme der Fusionsverhandlungen bekannt geworden. So hätten der Finanzchef Heinz-Gerd Stein und der damalige Vorstandsvorsitzende der Thyssen AG in einer Aufsichtsratssitzung am 27. November 1998 die Ansicht vertreten, die Verschmelzung sei aus steuerlichen und rechtlichen Gründen problematisch und aus finanzwirtschaftlicher Sicht nicht vertretbar. Zudem sei von dem Finanzchef selbst die Auffassung vertreten worden, die angemessene Bewertungsrelation liege bei 1 : 4.
Den Aktionären hätten nach Auffassung der Kläger die Gründe mitgeteilt werden müssen, die den Vorstand veranlaßt hätten, trotz der zuvor geäußerten Ablehnung den Verschmelzungsvertrag zu unterzeichnen. Unterbliebe diese Mitteilung, fehle den Aktionären die für die Abwägung des Für und Wider der Verschmelzung notwendige Entscheidungsgrundlage.[1014]

Die von vier Aktionären der Krupp-Hoesch AG angestrebten Anfechtungsklagen wurden am 16. Februar 1999 am Landgericht Duisburg nicht eingehend verhandelt, sondern die Entscheidung wurde aus formalen Gründen auf den 6. Mai vertagt. Der Vorsitzende Richter hatte jedoch bereits angekündigt, daß sich die Beweisaufnahme auf die Frage konzentrieren müsse, ob die Unternehmen Druck auf die externen Wirtschaftsprüfer ausgeübt hätten, damit diese zu einer Unternehmensbewertung im Verhältnis 2:1 gelangten oder ob der Auftrag ergebnisoffen und sachbezogen vergeben worden war.[1015]

[1012] Börsen-Zeitung, 09.02.1999, S. 8.
[1013] Börsen-Zeitung, 09.02.1999, S. 8.
[1014] Börsen-Zeitung, 9.02.1999, S. 8.
[1015] Handelsblatt, 17.02.1999, S. 14.

Nachdem die eingereichten Klagen auch auf den letzten getrennten Hauptversammlungen beider Unternehmen in der letzten Februarwoche für Gesprächsstoff gesorgt hatten,[1016] setzte die Krupp-Hoesch AG im Eilverfahren auch in zweiter Instanz durch, daß die geplante Fusion trotz der noch anhängigen Anfechtungsklagen ins Handelsregister eingetragen werden konnten. Nachdem das Landgericht Essen seine Entscheidung zugunsten der Unternehmen im Rahmen der Interessenabwägung gem. § 16 III S. 2 2. HS UmwG getroffen hatte, ging der 8. Zivilsenat des OLG Hamm am 04.03.1999 darüber hinaus und erklärte die Anfechtungsklage einschließlich der Einwände gegen das festgelegte Umtauschverhältnis im Sinne von § 16 III S. 2 1. HS UmwG für offensichtlich unbegründet.[1017]

Das OLG Düsseldorf wies am 15.03.1999 letztinstanzlich ebenfalls eine Beschwerde der vierköpfigen Aktionärsgruppe gegen den Beschluß des Landgerichts Duisburg, die Registersperre auf Antrag der Thyssen AG aufzuheben, zurück. Das Gericht wertete gem. § 16 III S. 2 2. HS UmwG eine weitere Verzögerung für die beiden Unternehmen höher, als die von den Klägern geltend gemachten Rechtsverletzungen.[1018] Im Gegensatz zum OLG Hamm hielt der 17. Zivilsenat des OLG Düsseldorf die Anfechtungsklage nicht für offensichtlich unbegründet, da bei der Darstellung der tabellarischen Planzahlen für Krupp-Hoesch leichte Mängel erkennbar gewesen sein könnten.[1019] Die klagende Aktionärsgruppe konnte keine weitere Verzögerung der Eintragung der Verschmelzung ins Handelsregister erreichen, sondern konnte sich nun lediglich noch auf das Hauptsacheverfahren konzentrieren. Bei einem Erfolg ihrer Anfechtungsklage hätte ihnen gem. § 16 III S. 6 UmwG Schadensersatz zugestanden.

Die Eintragung der Verschmelzung zwischen der Krupp-Hoesch AG und der Thyssen AG erfolgte - statt des anvisierten Termins zum 1.März 1999 - am 17. März beim Handelsregister in Düsseldorf und somit genau zwei Jahre nach dem Bekanntwerden des feindlichen Übernahmeversuchs durch die Krupp-Hoesch AG.

[1016] Vgl. Handelsblatt, 26./27.02.1999, S. 15; FAZ, 27.02.1999, S. 17; Börsen-Zeitung, 27.02.1999, S. 8.
[1017] Beschluß des OLG Hamm, AG 1999, 798, 798 ff.; Handelsblatt, 5./6.03.1999, S. 13; FAZ 5.03.1999, S. 17.
[1018] Beschluß des OLG Düsseldorf, AG 1999, 418, 418 ff.; Börsen-Zeitung, 16.03.1999, S. 7; Süddeutsche Zeitung, 16.03.1999, S. 21; Handelsblatt, 16.03.1999, S. 13.
[1019] Handelsblatt. 16.03.1999, S. 13.

Entscheidungsregister – Deutsche Urteile

Die rechte Spalte gibt die Fundstelle in der Arbeit an.

RGZ 100, 210	S. 51
RGZ 133, 90	S. 194
BVerfG DB 1979, 593	S. 167
BVerfG AG 1999, 566	S. 73
BVerfG NJW 2000, 129	S. 167
BGHZ 8, 360	S. 204
BGHZ 24, 279	S. 133
BGHZ 33, 175	S. 172
BGHZ 36, 296	S. 138
BGHZ 39, 116	S. 141
BGHZ 50, 112	S. 108
BGHZ 64, 325	S. 165
BGHZ 71, 40	S. 124, 180
BGHZ 76, 191	S. 193
BGHZ 82, 188	S. 105
BGHZ 83, 319	S. 123, 124, 131, 132, 180, 181, 183, 185
BGHZ 83, 122	S. 70, 82, 84, 86, 91, 102, 106, 107, 109, 110, 115, 117
BGHZ 99, 211	S. 190
BGHZ 112, 9	S. 47, 51
BGHZ 119, 305	S. 111
BGHZ 120, 141	S. 135
BGHZ 125, 239	S. 181, 183
BGHZ 127, 239	S. 108
BGH BB 1956, 1086	S. 126
BGH NJW 1957, 1278	S. 208
BGH AG 1960, 132	S. 192
BGH NJW 1966, 1911	S. 201
BGH AG 1975, 242	S. 192
BGH WM 1976, 474	S. 108
BGH AG 1980, 111	S. 140
BGH WM 1985, 757	S. 69
BGH NJW 1986, 1807	S. 69
BGH NJW 1988, 2241	S. 108
BGH WM 1995, 390	S. 183
BGH AG 1997, 465	S. 182
BGH WM 1997, 970	S. 184
BGH ZIP 1997, 883	S. 111, 112, 113, 165, 221

BGH ZIP 1997, 1499 ff.	S. 131, 132, 180, 183, 184, 185, 189
BGH ZIP 2001, 416	S. 105
BGH BB 2001, 1053	S. 73
BfH AG 1977, 230 f.	S. 172
OLG Hamburg, ZIP 1980, 1000	S. 81, 102
OLG Hamburg, WM 1990, 311	S. 142
OLG Koblenz, AG 1991, 363	S. 108
OLG Bremen, AG 1992, 268	S. 135
OLG Köln, ZIP 1993, 110	S. 92
OLG München, WM 1993, 840	S. 18
OLG München, AG 1995, 232	S. 92
OLG Frankfurt a. M., EWiR 1996, 187	S. 47
OLG München, NJW-RR 1997, 871	S. 181
OLG Stuttgart, ZIP 1997, 75	S. 47, 48
OLG Düsseldorf, AG 1999, 418	S. 242
OLG Frankfurt a. M., ZIP 1999, 842	S. 88, 105
OLG Hamm, AG 1999, 798	S. 242
LG Frankfurt a. M., NJW 1987, 5051	S. 141
LG München, WM 1992, 1151	S. 183
LG Frankfurt a. M., ZIP 1993, 830	S. 92
LG Hamburg, AG 1995, 92	S. 127
LG Hanau, ZIP 1995, 1820 ff.	S. 47, 48
LG München, AG 1996, 138	S. 181
LG Frankfurt a.M., AG 1997, 1698	S. 105
LG Hamburg, DB 1997, 516	S. 88
LG Hamburg, AG 1997, 238	S. 92
LG Karlsruhe, DB 1998, 20	S. 88
Beschluß LG Essen Az. 44 O 03/99	S. 239
Beschluß LG Duisburg Az. 44 O 03/99	S. 240
LG Essen, AG 1999, 329	S. 240
LG Düsseldorf, AG 1999, 94	S. 104
LG Düsseldorf, AG 2000, 233	S. 168
LG Frankfurt a. M., ZIP 2000, 117	S. 184
LG München, BB 2001, 748	S. 184
VG Frankfurt a. M., NJW-RR 1998, 625	S. 15
VGH Kassel, NJW-RR 1999, 120	S. 15

Literaturverzeichnis

Abeltshauser, Thomas E., Leitungshaftung in Kapitalgesellschaften, Köln u. a. 1998

Adams, Michael, Der Markt für Unternehmenskontrolle und sein Mißbrauch, AG 1989, 333 ff.

Adams, Michael, Höchststimmrechte, Mehrfachstimmrechte und sonstige wundersame Hindernisse auf dem Markt für Unternehmenskontrolle, AG 1990, 63 ff.

Adams, Michael, Was spricht gegen eine unbehinderte Übertragbarkeit der in Unternehmen gebundenen Ressourcen durch ihre Eigentümer ?, AG 1990, 243 ff.

Aha, Christian, Verbot des Erwerbs eigener Aktien nach den §§ 71 ff. AktG und eigener Genußscheine nach § 10 Abs. 5 S. 5 KWG, AG 1992, 218 ff.

Aha, Christian, Aktuelle Aspekte der Unternehmensbewertung im Spruchstellenverfahren, Zugleich Anmerkungen zu der Paulaner-Entscheidung des BayObIG, AG 1997, 26 ff.

Altmeppen, Holger, Ausgliederung zwecks Organschaftsbildung gegen die Sperrminorität ?, DB 1998, 49 ff.

Assmann, Heinz-Dieter / Basaldua, Nathalie / Bozenhardt, Friedrich / Peltzer, Martin, Übernahmeangebote, ZGR Sonderheft 9, Berlin/New York 1990

Assmann, Heinz-Dieter, Verhaltensregeln für freiwillige öffentliche Übernahmeangebote, AG 1995, 563 ff.

Assmann, Heinz-Dieter/ Schneider, Uwe H., Wertpapierhandelsgesetz, Kommentar, 2. Aufl., Köln 1999

Aubel, Thomas van, Vorstandspflichten bei Übernahmeangeboten, Diss., München 1996

Baron, Michael, Die neuen Bestimmungen der Europäischen Fusionskontrolle, WuW 1997, 579 ff.

Bär, Thomas, Firmenübernahmen – deren Finanzierung und finanzielle Abwehr, in: Siegwart, Hans/Mahari, Julian I./Caytas, Ivo G./Rumpf, Bernd-Michael, Meilensteine des Managements, Mergers & Acquisitions, Stuttgart 1990, 155 ff.

Bärmann, Johannes, Take-overs in „freiwilliger Selbstkontrolle“, Festschrift für Horst Bartholomeyczik, Berlin 1973, 1 ff.

Bästlein, Hanno M., Zur Feindlichkeit öffentlicher Übernahmeangebote, Eine ökonomische Betrachtung von Ursachen und Auswirkungen unter besonderer Berücksichtigung der deutschen Situation, Diss., Frankfurt am Main 1997

Bastuck, Burkhard, Enthaftung des Managements, Köln 1986, 70 ff.

Baumbach, Adolf/Duden, Konrad/ Hopt, Klaus J., Handelsgesetzbuch, 27. Aufl., München 1987

Baums, Theodor, Übernahmeregeln in der Europäischen Gemeinschaft, ZIP 1989, 1376 ff.

Baums, Theodor, Höchststimmrechte, AG 1990, 221 ff.

Baums, Theodor, Vorschlag eines Gesetzes zu öffentlichen Übernahmeangeboten, ZIP 1997, 1310 ff.

Baums, Theodor, Lehren aus dem Fall Krupp/Thyssen, Wirtschaftsdienst 1997/V, 259 ff.

Baums, Theodor, Verschmelzung mit Hilfe von Tochtergesellschaften, Festschrift für Wolfgang Zöllner, Band I, Köln u. a. 1998, 65 ff.

Baums, Theodor, Notwendigkeit und Grundzüge einer gesetzlichen Übernahmeregelung, in: Rosen, Rüdiger von/Seifert, Werner G., Die Übernahme börsennotierter Unternehmen, Frankfurt a. M. 1999, 165 ff.

Bayer, Walter, Vorsorge- und präventive Abwehrmaßnahmen gegen feindliche Übernahmen, ZGR 2002, 588 ff.

Bechtold, Rainer, Fusionskontrolle bei Übernahme von börsennotierten Unternehmen, in: Rosen, Rüdiger von/Seifert, Werner, G., Die Übernahme börsennotierter Unternehmen, Frankfurt a. M. 1999, 485 ff.

Becker, Dietrich, Verhaltenspflichten des Vorstands der Zielgesellschaft bei feindlichen Übernahmen, ZHR 165 (2001), 280 ff.

Becker, Hans Paul, Feindliche Übernahmen, Wesen, Ziele, Gefahren, WiSt 1990, 218 ff.

Becker, Ralph, Gesellschaftsrechtliche Probleme der Finanzierung von Leveragedbuy-Outs, DStR 1998, 1429 ff.

Beckmann, Ralph, Übernahmeangebote in Europa, Münster 1995

Behrens, Peter, Rechtspolitische Grundsatzfragen zu einer Europäischen Regelung für Übernahmeangebote, ZGR 1975, 433 ff.

Behrens, Peter, Die ökonomischen Grundlagen des Rechts, Politische Ökonomie als rationale Jurisprudenz, Tübingen 1986

Benner-Heinacher Jella S., Mindeststandards für Übernahmeregeln in Deutschland, DB 1997, 2521 ff.

Berger, Klaus Peter, Unternehmensübernahmen in Europa, Der geänderte Vorschlag für eine EG-Takeover-Richtlinie im Vergleich mit nationalen Übernahmeregeln, ZIP 1991, 1644 ff.

Berndt, Hans, Stiftung und Unternehmen: Rechtsvorschriften, Besteuerung, Zweckmäßigkeit, 6. Aufl., Herne/Berlin 1998

Bernholz, Peter/Breyer, Friedrich, Grundlagen der Politischen Ökonomie, Bd. 2: Ökonomische Theorie der Politik, 3. Aufl., Tübingen 1994

Bess, Jürgen, Eine europäische Regelung für Übernahmeangebote, Kritische Bemerkungen zum Entwurf eines Richtlinienvorschlags über „Übernahmeangebote und andere Angebote“, AG 1976, 169 ff.

Bess, Jürgen, Eine europäische Regelung für Übernahmeangebote (Teil II und Schluß), Kritische Bemerkungen zum Entwurf eines Richtlinienvorschlags über „Übernahmeangebote und andere Angebote“, AG 1976, 206 ff.

Bestmann, Uwe, Kompendium der BWL, 5. Aufl., München 1990

Beusch, Karl, Die AG – Eine Kommanditgesellschaft in der Gestalt einer juristischen Person, Festschrift für Winfried Werner, 14 ff.

Binz, Mark/Sorg, Martin, Das neue Übernahmegesetz: Enteignung der Aktionäre ? BB 2002, 1

Bird, Ronald J./Camman, Walter E., Shark Repellent – Unerwünschte Übernahme- und Beteiligungsversuche, Eine Gefahr auch in der Bundesrepublik Deutschland ?!, Entwicklung einer Strategie zur Abwehr, in: Siegwart, Hans/Mahari, Julian L./Caytas Ivo G./Rumpf, Bernd-Michael, Meilensteine des Managements, Mergers & Acquisitions, Stuttgart 1990, 321 ff.

Bittner, Claudia, Die EG-Übernahmerichtlinie aus englischer Sicht, RIW 1992, 182 ff.

Böhm, Jürgen, Der Einfluß der Banken auf Großunternehmen, Diss., Hamburg 1992

Böhm, Klaus Jürgen, Der Rückkauf eigener Aktien und Übernahmetransaktionen, in: Rosen, Rüdiger von/Seifert, Werner, G., Die Übernahme börsennotierter Unternehmen, Frankfurt a. M. 1999, 327 ff.

Bokelmann, Gunther, Eintragung eines Beschlusses: Prüfungskompetenz des Registergerichts bei Nichtanfechtung, rechtsmißbräuchlicher Anfechtungsklage und bei Verschmelzung, DB 1994, 1341 ff.

Bork, Reinhard, Beschlußverfahren und Beschlußkontrolle nach dem Referentenentwurf eines Gesetzes zur Bereinigung des Umwandlungsrechts, ZGR 1993, 343 ff.

Börsensachverständigenkommission beim Bundesministerium der Finanzen, Übernahmekodex vom 14.7.1995, geändert durch Bekanntmachung vom 28.11.1997 mit Wirkung ab 1.1.1998, Juli 1996/Januar 1998

Börsensachverständigenkommission beim Bundesministerium der Finanzen, Anmerkungen zum Übernahmekodex, Juli 1996

Börsensachverständigenkommission beim Bundesministerium der Finanzen, Standpunkte der Börsensachverständigenkommission zur künftigen Regelung von Unternehmensübernahmen, Februar 1999

Börsenzulassungsprospekt der Thyssen Krupp AG, 1999

Bosse, Christian, Informationspflichten des Vorstands beim Bezugsrechtsausschluß im Rahmen des Beschlusses und der Ausnutzung eines genehmigten Kapitals, ZIP 2001, 104 ff.

Boujong, Karlheinz, Rechtsmißbräuchliche Anfechtungsklagen vor dem Bundesgerichtshof, Festschrift für Alfred Kellermann, Berlin/New York 1991, 1 ff.

Bozenhardt, Friedrich, Freiwillige Übernahmeangebote im deutschen Recht, Diss., Tübingen 1990

Brandner, Hans-Erich, Verdeckte Sacheinlage: eine Aufgabe für den Gesetzgeber ?, Festschrift für Karlheinz Boujong, München 1996, S. 36

Buddenbrock, Andreas von, Abwehrstrategien gegen feindliche Übernahme, in: Rosen, Rüdiger von/Seifert, Werner G., Die Übernahme börsennotierter Unternehmen, Frankfurt a. M. 1999, 277 ff.

Bühner, Rolf, Unternehmenszusammenschlüsse, Stuttgart 1990

Bühner, Rolf/Spindler, Hans-Joachim, Synergieerwartungen bei Unternehmenszusammenschlüssen, DB 1986, 601 ff.

Bungert, Hartwin, Pflichten des Managements bei der Abwehr von Übernahmeangeboten nach US-amerikanischem Gesellschaftsrecht, AG 1994, 297 ff.

Bungert, Hartwin, Rezensionsabhandlung, ZHR 159 (1995), 261 ff.

Bungert, Hartwin, Die Liberalisierung des Bezugsrechtsausschlusses im Aktienrecht, NJW 1998, 488 ff.

Bungert, Hartwin, Vorstandsbericht bei Bezugsrechtsausschluß bei Genehmigtem Kapital – Siemens/Nold in der Praxis, BB 2001, 742 ff.

Burgard, Ulrich, Kapitalmarktrechtliche Lehren aus der Übernahme Vodafone-Mannesmann, WM 2000, 611 ff.

Busch, Torsten, Bezugsrecht und Bezugsrechtsausschluß bei Wandel- und Optionsanleihen, AG 1999, 58 ff.

Cahn, Andreas, Pflichten des Vorstands beim genehmigten Kapital mit Bezugsrechtsausschluß, ZHR 163 (1999), 554 ff.

Canaris, Claus-Wilhelm, Hauptversammlungsbeschlüsse und Haftung der Verwaltungsmitglieder im Vertragskonzern, ZGR 1978, 207 ff.

Claussen, Carsten P., Wie ändert das KonTraG das Aktiengesetz ?, DB 1998, 177 ff.

Commerzbank AG, Unternehmensstudie Thyssen, Frankfurt a. M. 1997

Corporate Governance Kodex – Endfassung, NZG 2002, 273 ff.

Daum, Thomas, Die unkoordinierte Übernahme einer AG nach deutschem Recht, Frankfurt a. M. 1993

Hopt, Klaus, J./Wymeersch, Eddy, The Takeover-Bidder Exemption and the Policy of Disclosure, eds., European Insider Dealing - Law and Practice -, London 1991, 243 ff.

Decher, Christian E., Loyalitätskonflikte des Repräsentanten der öffentlichen Hand im Aufsichtsrat, ZIP 1990, 277 ff.

Deckert, Martina R., Inkompatibilitäten und Interessenkonflikte, DZWiR 1996, 406 ff.

Diekmann, Hans, Hinweise zur Anwendung des Übernahmekodex der Börsensachverständigenkommission, WM 1997, 897 ff.

Diemer, Frank/Hasselbach, Kai, Öffentliche Übernahmeangebote in Italien, NZG 2000, 824 ff.

Dimke, Andreas/Heiser, Kristian J., Neutralitätspflicht, Übernahmegesetz und Richtlinienvorschlag 2000, NZG 2001, 241 ff.

Drauz, Götz/Schroeder, Dirk, Praxis der europäischen Fusionskontrolle, 3. Aufl., Köln 1995

Dreher, Meinrad, Interessenkonflikte bei Aufsichtsratsmitgliedern von Aktiengesellschaften, JZ 1990, 896 ff.

Dresdener Kleinwort Benson Research, Stahlindustrie, Aussicht für die europäische Branche, Februar 1997

Easterbrook, Frank H./Fishel, Daniel R., The proper role of a target´s management in responding to a tender offer, Harv. L. Rev. 94 (1981), 1161 ff.

Ebenroth, Carsten, Konzernbildungs- und Konzernleitungskontrolle - ein Beitrag zu den Kompetenzen von Vorstand und Hauptversammlung, Konstanz 1994

Ebenroth, Carsten, Die Kompetenzen des Vorstands und der Aktionärsschutz in der Konzernobergesellschaft, AG 1988, 1 ff.

Ebenroth, Carsten Thomas/Eyles, Uwe, Die Beschränkungen von Hostile Takeover in Delaware, RIW 1988, 413 ff.

Ebenroth, Carsten / Daum, Thomas, Die Kompetenzen des Vorstands einer Aktiengesellschaft bei der Durchführung und Abwehr unkoordinierter Übernahmen (Teil I), DB 1991, 1105 ff.

Ebenroth, Carsten / Daum, Thomas, Die Kompetenzen des Vorstands einer Aktiengesellschaft bei der Durchführung und Abwehr unkoordinierter Übernahmen (Teil II), DB 1991, 1157 ff.

Ebenroth, Carsten Thomas/Rapp, Angela, Abwehr von Unternehmensübernahmen, DWiR 1991, 2 ff.

Ebersbach, Harry, Handbuch des Stiftungsrechts, Göttingen 1972

Ekkenga, Jens, Die Ad hoc-Publizität im System der Marktordnungen, Plädoyer für eine kapitalmarktrechtliche statt gesellschaftsrechtliche Interpretation des § 15 WpHG, ZGR 1999, 165 ff.

Emmerich, Volker/Sonnenschein, Jürgen, Konzernrecht, Das Recht der verbundenen Unternehmen bei Aktiengesellschaft, GmbH, Personengesellschaften, Genossenschaft, Verein und Stiftung, 6. Aufl., München 1997

Escher-Weingart, Christina/Kübler, Friedrich, Erwerb eigener Aktien, Deutsche Reformbedürfnisse und europäische Fesseln ?, ZHR 162 (1998), 537 ff.

Fahrholz, Bernd, Neue Formen der Unternehmensfinanzierung, München 1997

Falkenhausen, Bernhard Freiherr von, Das „Takeover-Game" - Unternehmenskäufe in den USA, Festschrift für Ernst C. Stiefel, München 1987, 163 ff.

Fleischer, Holger, Finanzielle Unterstützung des Aktienerwerbs und Leveraged Buyouts, AG 1996, 494 ff.

Fleischer, Holger/Körber, Thorsten, Der Rückerwerb eigener Aktien und das Wertpapiererwerbs- und Übernahmegesetz, BB 2001, 2589 ff.

Flume, Werner, Allgemeiner Teil des Bürgerlichen Rechts, Bd. 1, Zweiter Teil, Die juristische Person, Berlin u. a. 1983

Flume, Werner, Allgemeiner Teil des Bürgerlichen Rechts, Bd. 2, Das Rechtsgeschäft, 3. Aufl. Berlin u. a. 1979

Frank, William P./Moreland, Allen, Unternehmerisches Ermessen des Vorstands bei feindlichen Übernahmeversuchen in den USA: die Time-Entscheidung, RIW 1989, 764 ff.

Franks, Julian/Mayer, Colin, Hostile takeovers and the correction of managerial failure, Journal of Financial Economics, 40 (1996), 163 ff.

Frey, Bruno, S., Moderne politische Ökonomie, München 1977

Fritsch, Michael/Wein, Thomas/ Ewers, Hans-Jürgen, Marktversagen und Wirtschaftspolitik, Mikroökonomische Grundlagen staatlichen Handelns, München 1993

Fuchs, Andreas, Zusagen, Auflagen und Bedingungen in der europäischen Fusionskontrolle, WuW 1996, 269 ff.

Gamerdinger, Dieter/Saupe, Gerd, Kontrolle ausländischer Direktinvestitionen in der Bundesrepublik, AG 1976, 1 ff.

Geschäftsbericht der Fried. Krupp AG Hoesch Krupp 1996

Geschäftsbericht der Fried. Krupp AG Hoesch Krupp 1997

Geschäftsbericht der Thyssen AG 1995/1996

Geschäftsbericht der Thyssen AG 1996/1997

Gessler, Ernst, Zum Mißbrauch organschaftlicher Vertretungsmacht, Festschrift für Ernst von Caemmerer, Tübingen 1978, 531 ff.

Gessler, Ernst, Einberufung und ungeschriebene Hauptversammlungszuständigkeiten, in: Festschrift für Walter Stimpel, Berlin/New York 1985, 771 ff.

Gessler, Ernst/Hefermehl, Wolfgang/Eckardt, Ulrich/Kropff, Bruno, Aktiengesetz, Kommentar, Bd. II, München 1973, 1974, Bd. IV München 1994

Gessler, Jörg H., Aktiengesetz, Kommentar, Bd. 1, Neuwied u. a. 2001

Godin, Freiherr von/Wilhelmi, Hans, Aktiengesetz, Bd. I und II, 4. Aufl., Berlin/New York 1971

Goette, Wulf, Anmerkung zu BGH, Urteil v. 23.6.1997, II ZR 132/93, DStR 1997, 1460 ff.

Golling, Hans J., Sorgfaltspflicht und Verantwortlichkeit der Vorstandsmitglieder für ihre Geschäftsführung innerhalb der nicht konzerngebundenen Aktiengesellschaft, Tübingen 1969

Götz, Heinrich, Die Sicherung der Rechte der Aktionäre der Konzernobergesellschaft bei Konzernbildung und Konzernleitung - zugleich auch eine Besprechung der „Holzmüller"-Entscheidung des Bundesgerichtshofs, AG 1984, 85 ff.

Goutier, Klaus / Knopff, Rüdiger / Tulloch, Anthony, Umwandlungsrecht, Heidelberg 1995

Grabitz, Eberhard/Hilf, Meinhard, Kommentar zur EU-Verordnung Nr. 4064/89, München 1997

Graebner, Ulrich A. C., Die Auseinandersetzung um Leveraged Buyouts, Frankfurt a. M. 1991

Gröner, Helmut, Der Markt für Unternehmenskontrolle, Berlin 1992

Groß, Wolfgang, Die Lehre von der verdeckten Sacheinlage, AG 1991, 217 ff.

Groß, Wolfgang, Zuständigkeit der Hauptversammlung bei Erwerb und Veräußerung von Unternehmensbeteiligungen, AG 1994, 266 ff.

Groß, Wolfgang, Vorbereitung und Durchführung von Hauptversammlungsbeschlüssen zu Erwerb oder Veräußerung von Unternehmensbeteiligungen, AG 1996, 111

Groß, Wolfgang, Übernahmekodex für öffentliche Übernahmeangebote: Anerkennung und Rolle des begleitenden Wertpapierdienstleistungsunternehmens, DB 1996, 1909 ff.

Großfeld, Bernhard, Anmerkung zu OLG Hamburg, Urteil vom 05.09.1980 – 11 U1/80, JZ 1981, 234 ff.

Großfeld, Bernhard/Brondics, Klaus, Die Aktionärsklage – nun auch im deutschen Recht, JZ 1982, 589 ff.

Großkommentar zum Aktiengesetz, 3. Aufl., Bd. 1/1, Berlin 1973; 4. Aufl., Einleitung, Berlin 1992; §§ 23 – 40, Berlin 1997, §§ 121-130, Berlin 1993; §§ 179-191 Berlin 1995; 241-255 Berlin 1996; Mitbestimmungsgesetz, Berlin 1999

Grooterhorst, Johannes, Die ARAG/Garmenbeck-Prozesse – eine Gesamtschau im Rückblick, ZIP 1999, 1117 ff.

Grunewald, Barbara, Was bringt der Vorschlag einer 13. EG-Richtlinie über Übernahmeangebote für das deutsche Recht ?, WM 1989, 1233 ff..

Grunewald, Barbara, Gesellschaftsrecht, 4. Aufl., Tübingen 2000

Haberlandt, Helmut, Aktienrechtlichen Maßnahmen zur Abwehr unerwünschter Beteiligungen, BB 1975, 353 ff.

Habersack, Mathias/Meyer, Christian, Der neue Vorschlag 1997 einer Takeover-Richtlinie – Überlegungen zur Umsetzung in das nationale Recht, ZIP 1997, 2141 ff.

Habersack, Mathias, Ein Seehafenbetrieb und die Folgen – 20 Jahre Holzmüller, BB 2002, 1

Habersack, Mathias, Der Finanzplatz Deutschland und die Rechte der Aktionäre, ZIP 2001, 1230 ff.

Hahn, Dieter, Die feindliche Übernahme von Aktiengesellschaften, Eine juristisch-ökonomische Analyse, Diss., München 1992

Halm, Dirk, „Squeeze-Out“ heute und morgen: Eine Bestandsaufnahme nach dem künftigen Übernahmerecht, NZG 2000, 1162 ff.

Hammsen, Horst, Beschränkung von Beteiligungen der Kreditinstitute an Nichtbankunternehmen, ZHR 160 (1996), 133 ff.

Happe, Claus-Michael, Die Fristen im EG-Fusionskontrollverfahren, EuZW 1995, 303 ff.

Hauschka, Christoph E./Roth, Thomas, Übernahmeangebote und deren Abwehr im deutschen Recht, AG 1988, 181 ff.

Harrer, Herbert, Anmerkung zu OLG München, Beschluß vom 24.7.1996 - 7 U 6319/95, DStR 1997, 254 f.

Häuser, Helmut, Interessenkollision durch Wahrnehmung des Aufsichtsratsmandats in der unabhängigen Aktiengesellschaft, Diss., Frankfurt a. M. 1985

Hawk, Barry E./Huser, Henry L., European Community Merger Control: A Practioner's Guide, The Hague/London/Boston, 1996

Heckschen, Heribert, Verschmelzung von Kapitalgesellschaften, Stuttgart 1989

Heermann, Peter W., Interessenkonflikte von Bankenvertretern in Aufsichtsräten bei (geplanten) Unternehmensübernahmen, WM 1997, 1689 ff.

Heidenhain, Martin, Zusagenpraxis in der EG-Fusionskontrolle, EuZW 1994, 135 ff.

Heinsius, Theodor, Rechtsfolgen einer Verletzung der Mitteilungspflichten nach § 20 AktG, Festschrift für Robert Fischer, Berlin u.a. 1979, 215 ff.

Heinisus, Theodor, Organzuständigkeit bei Bildung, Erweiterung und Umorganisation des Konzerns, ZGR 1984, 387 ff.

Heinsius, Theodor, Bezugsrechtsausschluß bei der Schaffung genehmigten Kapitals, Genehmigtes Kapital II, Festschrift für Alfred Kellermann, New York 1991, 115 ff.

Henn, Günther, Handbuch des Aktienrechts, 6. Aufl., Heidelberg 1998

Henze, Hartwig, Prüfungs- und Kontrollaufgaben des Aufsichtsrates in der Aktiengesellschaft, NJW 1998, 3309 ff.

Henze, Hartwig, Entscheidungen und Kompetenzen der Organe in der AG: Vorgaben der höchstrichterlichen Rechtsprechung, BB 2001, 53 ff.

Herkenroth, Klaus E., Konzernierungsprozesse im Schnittfeld von Konzernrecht und Übernahmerecht, Rechtsvergleichende Untersuchungen der Allokationseffizienz unterschiedlicher Spielregeln von Unternehmensübernahmen, Diss., Berlin 1994

Herkenroth, Klaus E., Bankenvertreter als Aufsichtsratsmitglieder von Zielgesellschaften: zur beschränkten Leistungsfähigkeit des Rechts bei der Lösung von Interessenkonflikten anläßlich der Finanzierung von Übernahmen, AG 2001, 33 ff.

Herrmann, Marcus, Zivilrechtliche Abwehrmaßnahmen gegen unfreundliche Übernahmeversuche in Deutschland und Großbritannien, Heidelberg 1992

Hettlage, Manfred C., Die AG als Aktionär, AG 1981, S. 92 ff.

Hirsbrunner, Simon, Die revidierte EG-Fusionskontroll-Verordnung, EuZW 1998, 69 ff.

Hirsbrunner, Simon, Neue Durchführungsbestimmungen und Mitteilungen zur EG-Fusionskontrolle, EuZW 1998, 613 ff.

Hirte, Heribert, Bezugsrechtsausschluß und Konzernbildung: Minderheitenschutz bei Eingriffen in die Beteiligungsstruktur des Aktiengesetzes, Köln u. a. 1986

Hirte, Heribert, Genußscheine mit Eigenkapitalcharakter in der Aktiengesellschaft, ZIP 1988, 477 ff.

Hirte, Heribert, Vereinbarkeit der Inhaltskontrolle des Bezugsrechtsausschlusses bei Sacheinlagen mit europäischem Recht ?, DB 1995, 1113 ff.

Hirte, Heribert, Kurzkommentar zur „Siemens/Nold“-Entscheidung, EWiR § 203 AktG 1/97, 1013f.

Hirte, Heribert/Schander, Albert A., Organpflichten bei Unternehmensübernahmen in: Rosen, Rüdiger von/Seifert, Werner G., Die Übernahme börsennotierter Unternehmen, Frankfurt a. M. 1999, 341 ff.

Hirte, Heribert, Verteidigung gegen Übernahmeangebote und Rechtsschutz des Aktionärs gegen die Verteidigung, ZGR 2002, 623 ff.

Hitschler, Werner, Leveraged (Management-)Buyouts, BB 1990, 1877 ff.

Hoffman-Becking, Michael, Der materielle Gesellschafterschutz: Abfindung und Spruchverfahren, ZGR 1990, 482 ff.

Hoffmann/Becking, Michael, Gesetz zur „kleinen AG“ – unwesentliche Randkorrekturen oder grundlegende Reform ?, ZIP 1995, 1 ff.

Hommelhoff, Peter, Die Konzernleitungspflicht, Köln u. a. 1982

Hommelhoff, Peter/Kleindiek, Detlef, Takeover-Richtlinie und europäisches Konzernrecht, AG 1990, 106 ff.

Hommelhoff, Peter, Minderheitenschutz bei Umstrukturierungen, ZGR 1993, 452 ff.

Hommelhoff, Peter/Witt, Carl-Heinz, Bemerkungen zum deutschen Übernahmegesetz nach dem Scheitern der Richtlinie, RIW 2001, 561 ff.

Hopt, Klaus J., Präventivmaßnahmen zur Abwehr von Übernahme- und Beteiligungsversuchen, WM-Festgabe für Theodor Heinsius, WM 1991, Sonderdruck, 22 ff.

Hopt, Klaus J., Übernahmeangebote im europäischen Recht, Festschrift für Fritz Rittner, München 1991, 187 ff.

Hopt, Klaus J., Insiderwissen und Interessenkonflikte im europäischen und deutschen Bankrecht, Festschrift für Theodor Heinisus, Berlin u.a. 1991, 289 ff.

Hopt, Klaus J., Aktionärskreis und Vorstandsneutralität, ZGR 1993, 534 ff.

Hopt, Klaus J., Die Haftung von Vorstand und Aufsichtsrat - Zugleich ein Beitrag zur corporate covernance-Debatte -, Festschrift für Ernst-Joachim Mestmäcker, Baden-Baden 1996, 909 ff.

Hopt, Klaus J., Auf dem Weg zum deutschen Übernahmegesetz, Festschrift für Wolfgang Zöllner, Band I, Köln u. a. 1998, 253 ff.

Hopt, Klaus J., Verhaltenspflichten des Vorstands der Zielgesellschaft bei feindlichen Übernahmen, Festschrift für Marcus Lutter, Köln 2000, 1361 ff.

Horbach, Matthias, Verfahrensfragen bei Holzmüller-Beschlüssen der Hauptversammlung, BB 2001, 893 ff.

Horn, Norbert, Internationale Unternehmenszusammenschlüsse, ZIP 2000, 473 ff.

Hübner, Ulrich, Die Ausgliederung von Unternehmensteilen in aktienrechtlicher- und aufsichtsrechtlicher Sicht, Festschrift für Walter Stimpel, Berlin/New York 1985, 791 ff.

Hügel, Hanns F., Verschmelzung und Einbringung, Köln/Wien 1993, 511 ff.

Hüffer, Uwe, Aktiengesetz, 4. Aufl., München 1999

Immenga, Ulrich, Öffentliche Übernahmeangebote, (Takeover bids), SAG 1975, 89

Immenga, Ulrich/Noll, Bernd, Feindliche Übernahmeangebote aus wettbewerbspolitischer Sicht, EG-Kommission, Luxemburg 1990

Immenga, Ulrich/Mestmäcker, Ernst-Joachim, Kommentar zum EG-Wettbewerbsrecht, Bd. 1, München 1997

Jander, Klaus H./Mc Dermott, Richard, Neue Methoden bei Unternehmenskäufen in den USA, RIW 1990, 957 ff.

John, Uwe, Der Mißbrauch organschaftlicher Vertretungsmacht, Festschrift für Otto Mühl, Stuttgart/Berlin u. a.1981, 349 ff.

Joost, Detlev, „Holzmüller 2000“ vor dem Hintergrund des Umwandlungsgesetzes, ZHR 163 (1999), 164 ff.

Joussen, Edgar, Die Treuepflicht des Aktionärs bei feindlichen Übernahmen, BB 1992, 1075 ff.

Kallmeyer, Harald, Das neue Umwandlungsgesetz, ZIP 1994, 1746 ff.

Kallmeyer, Harald, Umwandlungsgesetz, Kommentar, Köln 1997

Kallmeyer, Harald, Die Mängel des Übernahmekodex der Börsensachverständigenkommission, ZHR 161 (1997), 435 ff.

Kalss, Susanne, Konkurrenzangebot und Rücktritt bei der Unternehmensübernahme, RdW 1999, 269 ff.

Kaufer, Erich, Konzentration und Fusionskontrolle, Tübingen 1977

Kessler, Manfred H., Die Leitungsmacht des Vorstands der Aktiengesellschaft (II), AG 1995, 120 ff.

Kiem, Roger/Kotthoff, Jost, Ad-hoc-Publizität bei mehrstufigen Entscheidungsprozessen, DB 1995, 1999 ff.

Kindl, Johann, Der Erwerb eigener Aktien nach dem KonTraG, DStR 1999, 1276 ff.

Kindler, Peter, Die sachliche Rechtfertigung des aktienrechtlichen Bezugsrechtsausschlusses im Lichte der Zweiten Gesellschaftsrechtlichen Richtlinie der Europäischen Gemeinschaft, ZHR 158 (1994), 339 ff.

Kindler, Peter, Anmerkung zu OLG München, Beschluß vom 25.7.1996 – 7 U 6319/95, DZWiR 1997, 26 ff.

Kindler, Peter, Bezugsrechtsausschluß und unternehmerisches Ermessen nach deutschem und europäischem Recht, ZGR 1998, 35 ff.

Kirchner, Christian/Ehricke, Ulrich, Funktionsdefizite des Übernahmekodex der Börsensachverständigenkommission, AG 1998, 105 ff.

Kirchner, Christian, Neutralitäts- und Stillhaltepflicht des Vorstands der Zielgesellschaft im Übernahmerecht, AG 1999, 481 ff.

Kirchner, Christian, Managementpflichten bei „feindlichen“ Übernahmeangeboten, WM 2000, 1821 ff.

Kirsch, Guy, Neue Politische Ökonomie, 3. Aufl., Düsseldorf 1993

Klein, Albrecht, Abwehrmöglichkeiten gegen feindliche Übernahmen in Deutschland, NJW 1997, 2085 ff.

Klein, Christian/Stucki, Dominique, Öffentliche Übernahmeangebote (OPA/OPE) in Frankreich, RIW 2001, 488 ff.

Knobbe-Keuk, Brigitte, Das Klagerecht des Gesellschafters einer Kapitalgesellschaft wegen gesetz- und satzungswidriger Maßnahmen der Geschäftsführung, Festschrift für Kurt Ballerstedt, Berlin 1975, 239 ff.

Knoll, Heinz-Christian, Die Übernahme von Kapitalgesellschaften - unter besonderer Berücksichtigung des Schutzes von Minderheitsaktionären nach amerikanischem, englischem und deutschem Recht, 1. Aufl., Baden-Baden 1992

Kölner Kommentar zum Aktiengesetz, 2. Aufl., Bd. 1, Köln u. a. 1988; Bd. 2, Köln u. a. 1996; Bd. 3, Köln u.a. 1995

König, Jochen, Doppelsitz einer Kapitalgesellschaft – Gesetzliches Verbot oder zulässiges Mittel der Gestaltung einer Fusion ?, AG 2000, 18 ff.

Körner, Marita, Die Neuregelung der Übernahmekontrolle nach deutschem und europäischem Recht – insbesondere zur Neutralitätspflicht des Vorstands, DB 2001, 367 ff.

Kort, Michael, Rechte und Pflichten der Zielgesellschaft bei Übernahmeversuchen, Festschrift für Marcus Lutter, Köln 2000, 1421 ff.

Kramm, Lothar, Politische Ökonomie, München 1979

Kranke, Georg, Stiftungstypus und Unternehmensträgerstiftung, Tübingen 1988

Krause, Hartmut, Das obligatorische Übernahmeangebot, Eine juristische und ökonomische Analyse, Baden-Baden 1996

Krause, Hartmut, Der revidierte Vorschlag einer Takeover-Richtlinie (1996), AG 1996, 209 ff.

Krause, Hartmut, Zur „Pool- und Frontenbildung“ im Übernahmekampf und zur Organzuständigkeit für Abwehrmaßnahmen gegen „feindliche“ Übernahmeangebote, NZG 2000, 217 ff.

Krause, Hartmut, Das neue Übernahmerecht, NJW 2002, 705 ff.

Krause, Hartmut, Die Abwehr feindlicher Übernahmeangebote auf der Grundlage von Ermächtigungsbeschlüssen der Hauptversammlung, BB 2002, 1053 ff.

Krieger, Gerd, Personalentscheidungen des Aufsichtsrats, Köln u. a. 1981

Krieger, Gerd, Aktionärsklage zur Kontrolle des Vorstands- und Aufsichtsratshandelns, ZHR 163 (1999), 343 ff.

Krieger, Gerd, Squeeze-Out nach neuem Recht: Überblick und Zweifelsfragen, BB 2002, 53 ff.

Kropff, Bruno, Aktiengesetz vom 06.09.1965, Düsseldorf 1965

Kropff, Bruno, Zur Konzernleitungspflicht, ZGR 1984, 112 ff.

Kropff, Bruno, Über die „Ausgliederung“, Festschrift für Ernst Gessler, München 1971, 111 ff.

Kübler, Friedrich/Schmidt, Reinhard H., Gesellschaftsrecht und Unternehmenskonzentration, Berlin 1988

Kübler, Friedrich, Gesellschaftsrecht, 5. Aufl., Heidelberg 1999

Kurth, Thomas, Aktionärsschutz und öffentliche Kaufangebote: neuere Entwicklungen im Recht der USA, Köln u. a. 1987

Küting, Karlheinz, Das Übernahmeangebot als alternative Form des Beteiligungserwerbs, BB 1978, 1751 ff.

Lammers, Brigitte, Verhaltenspflichten von Verwaltungsorganen in Übernahmeauseinandersetzungen, Eine rechtsvergleichende Untersuchung des US-amerikanischen, deutschen und europäischen Rechts, Diss., Frankfurt a. M. 1994

Land, Volker/Hasselbach, Kai, Das neue deutsche Übernahmegesetz, DB 2000, 1747 ff.

Land, Volker, Das neue deutsche Wertpapiererwerbs- und Übernahmegesetz, DB 2001, 1707 ff.

Langen, Eugen/Bunte, Hermann-Josef, Kommentar zum deutschen und europäischen Kartellrecht, 8. Aufl., Neuwied u.a. 1998

Lehmann, Jürgen, Die gesetzlichen Minderheitenrechte in Aktiengesellschaften, AG 1983, 113 ff.

Lehner, Franz, Einführung in die Neue Politische Ökonomie, Königstein/Ts. 1981

Leibner, Wolfgang, Möglichkeiten der „feindlichen Übernahme" von Aktiengesellschaften durch öffentliche Angebote und Maßnahmen der Zielgesellschaft im Rahmen des geänderten EG-Richtlinienentwurfs, Diss., Rostock 1994

Lerbinger, Paul, Unternehmensakquisition durch Leveraged Buy Out, Die Bank 1986, 133 ff.

Leipold, Helmut, Wirtschafts- und Gesellschaftssysteme im Vergleich, Grundzüge einer Theorie der Wirtschaftssysteme, 5. Aufl., Stuttgart 1988

Liebscher, Thomas, Konzernbildungskontrolle, Rechtsformspezifische und rechtsformunabhängige Aspekte der Problematik eines konzernrechtlichen Präventivschutzes im Rahmen des Konzernierungsprozesses, Diss., Berlin 1995

Liebscher, Thomas, Das Übernahmeverfahren nach dem neuen Übernahmegesetz, ZIP 2001, 853 ff.

Lindacher, Walter F., Die Bedeutung der Klausel „Angebot freibleibend", DB 1992, 1813 ff.

Lingemann, Stefan/Wasmann, Dirk, Mehr Kontrolle und Transparenz im Aktienrecht: Das KonTraG tritt in Kraft, BB 1998, 853 ff.

Lutter, Marcus, Teilfusionen im Gesellschaftsrecht, Festschrift für Carl Heinz Barz, Berlin/New York 1974, 199 ff.

Lutter, Markus, Zur Binnenstruktur des Konzerns, Festschrift für Harry Westermann, Karlsruhe 1974, 347 ff.

Lutter, Marcus/Schneider, Uwe H., Die Beteiligung von Ausländern an inländischen Aktiengesellschaften - Möglichkeiten der Beschränkung nach geltendem Recht und Vorschläge de lege ferenda, ZGR 1975, 182 ff.

Lutter Marcus, Theorie der Mitgliedschaft, AcP 1980, 84 ff.

Lutter Marcus, Bankenvertreter im Aufsichtsrat, ZHR 145 (1981), 224 ff.

Lutter, Marcus, Organzuständigkeiten im Konzern, Festschrift für Walter Stimpel, Berlin/New York 1985, 825 ff.

Lutter, Marcus, Interessenkonflikte durch Bankenvertreter im Aufsichtsrat, RdW 1987, 314 ff.

Lutter, Marcus, Zur Vorbereitung und Durchführung von Grundlagenbeschlüssen in Aktiengesellschaften, Festschrift für Hans-Joachim Fleck, Berlin/New York 1988, 169 ff.

Lutter, Markus/Wahlers, Henning W., Der Buyout: Amerikanische Fälle und die Regeln des deutschen Rechts, AG 1989, 1 ff.

Lutter, Markus, Die Fortentwicklung des Aktienrechts durch die Rechtsprechung, in: 25 Jahre Aktiengesetz, Ein Symposium der Deutschen Schutzvereinigung für Wertpapierbesitz e.V. (DSW) am 30. Oktober 1990 in Bonn, Düsseldorf 1991

Lutter, Markus / Krieger, Gerd, Rechte und Pflichten des Aufsichtsrats, 3. Aufl., Freiburg i. Br. 1993

Lutter, Marcus, Defizite für eine effiziente Aufsichtsratstätigkeit und gesetzliche Möglichkeiten der Verbesserung, ZHR 159 (1995), 287 ff.

Lutter, Markus, Anmerkung zu BGH, Urteil v. 23.6. 1997 – II ZR 132/93 „Siemens-Nold“, JZ 1998, 50 ff.

Lutter, Markus/Leinekugel, Rolf, Der Ermächtigungsbeschluß der Hauptversammlung zu grundlegenden Strukturmaßnahmen - zulässige Kompetenzübertragung oder unzulässige Selbstentmachtung ?, ZIP 1998, 805 ff.

Lutter, Marcus, Umwandlungsgesetz, Kommentar, Bd. I, 2. Aufl., Köln 2000

Lüttmann, Ruth, Kontrollwechsel in Kapitalgesellschaften, Eine vergleichende Untersuchung des englischen, US-amerikanischen und deutschen Rechts, Diss., 1. Aufl., Baden-Baden 1992

Marquardt, Michael, Gesellschafts- und steuerrechtliche Instrumente zur Abwehr feindlicher Übernahmen von Aktiengesellschaften, WIB 1994, 537 ff.

Martens, Klaus-Peter, Die Entscheidungsautonomie des Vorstands und die „Basisdemokratie" in der Aktiengesellschaft, Anmerkungen zu BGHZ 83, S. 122 („Holzmüller"), ZHR 147 (1983), 377 ff.

Martens, Klaus-Peter, Der Einfluß von Vorstand und Aufsichtsrat auf Kompetenzen und Struktur der Aktionäre - Unternehmensverantwortung contra Neutralitätspflicht, Festschrift für Karl Beusch, 1993, 529 ff.

Maier-Reimer, Georg, Verhaltenspflichten des Vorstands der Zielgesellschaft bei feindlichen Übernahmen, ZHR 165 (2001), 258 ff.

Matthiesen, Volker, Stimmrecht und Interessenkollision im Aufsichtsrat, Köln u. a. 1989

Meilicke, Wienand, Vereinbarkeit der Inhaltskontrolle des Bezugsrechtsausschlusses mit europäischem Recht, DB 1996, 513 ff.

Merkt, Hanno, Verhaltenspflichten des Vorstands der Zielgesellschaft bei feindlichen Übernahmen, ZHR (2001), 224 ff.

Mertens, Hans-Joachim, Zur Berichtspflicht des Vorstands gegenüber dem Aufsichtsrat, AG 1980, 67 ff.

Mertens, Hans-Joachim, Zur Auslegung und zum Verhältnis von § 76 I und § 58 AktG im Hinblick auf uneigennützige soziale Aktivitäten der Aktiengesellschaft, Festschrift für Reinhard Goerdeler, Düsseldorf 1987, 349 ff.

Mertens, Hans-Joachim, Förderung von, Schutz vor, Zwang zu Übernahmeangeboten ?, AG 1990, 252 ff.

Mecke, Thomas, Konzernstruktur und Aktionärsentscheid, Baden-Baden 1992

Meier-Schatz, Christian J., Managermacht und Marktkontrolle, Bemerkungen zur amerikanischen Debatte um Übernahmeangebote und Markt für Unternehmenskontrolle, ZHR 149 (1985), 76 ff.

Meier-Schatz, Christian J., Unternehmenszusammenschlüsse durch Übernahmeangebote, WuR 1987, 16 ff.

Meier-Schatz, Christian J., Aktienrechtliche Verteidigungsvorkehrungen gegen unerwünschte Unternehmensübernahmen, SAG 1988, 106 ff.

Menichetti, Marco J., Verteidigungsstrategien des Managements bei Unternehmensübernahmen in den USA, WiSt 1990, 521 ff.

Mestmäcker, Ernst-Joachim, Verwaltung, Konzerngewalt und Rechte der Aktionäre: eine rechtsvergleichende Untersuchung nach deutschem Aktienrecht und dem Recht der Corporations in den Vereinigten Staaten, Karlsruhe 1958

Michalski, Lutz, Abwehrmechanismen gegen unfreundliche Übernahmeangebote („unfriendly takeovers") nach deutschem Aktienrecht, AG 1997, 152 ff.

Mülbert, Peter O., Zusagen im deutschen und europäischen Fusionskontrollrecht, ZIP 1995, 699 ff.

Mülbert, Peter O., Aktiengesellschaft, Unternehmensgruppe und Kapitalmarkt, Die Aktionärsrechte bei Bildung und Umbildung einer Unternehmensgruppe zwischen Verbands- und Anlegerschutzrecht, 2. Aufl., München 1996

Mülbert, Peter O., Empfehlen sich gesetzliche Regelungen zur Einschränkung des Einflusses der Kreditinstitute auf Aktiengesellschaften ?, Gutachten E zum 61. Deutschen Juristentag, München 1996

Mülbert, Peter O., Die Zielgesellschaft im Vorschlag 1997 einer Takeover-Richtlinie - zwei folgenreiche Eingriffe ins deutsche Aktienrecht, IStR 1999, 83 ff.

Mülbert, Peter O./Birke, Max, Das übernahmerechtliche Behinderungsverbot, WM 2001, 705 ff.

Müller, Welf, Die Entscheidungsspielräume der Verwaltung einer Aktiengesellschaft im Verhältnis zu ihren Aktionären, Festschrift für Johannes Semler, Berlin u. a. 1993, 195 ff.

Münchener Handbuch des Gesellschaftrechts, Bd. 4, Aktiengesellschaft, 2. Aufl. München 1999

Münchener Kommentar zum Aktiengesetz, 2. Aufl., Bd. 1, München 2000

Münchener Kommentar zum BGB, Bd. 1, 4. Aufl., München 2000

Neye, Hans-Werner, Der neue Vorschlag der Kommission für eine dreizehnte Richtlinie über Übernahmeangebote, DB 1996, 1121 ff.

Nirk, Rudolf / Reuter, Hans-Peter / Bächle, Hans-Ulrich, Handbuch der Aktiengesellschaft, 3. Aufl., Köln 1999

Nottmeier, Horst/Schäfer, Holger, Praktische Fragen im Zusammenhang mit §§ 21, 22 WpHG, AG 1997, 87 ff.

Nowak, Eric, Ad hoc-Publizität bei M&A-Transaktionen, Finanz Betrieb 0/99, 33 ff.

Oechsler, Jürgen, Der ReE zum Wertpapiererwerbs- und Übernahmegesetz – Regelungsbedarf auf der Zielgeraden!, NZG 2001, 817 ff.

Ossadnik, Wolfgang/Maus, Stefan, Die Verschmelzung im neuen Umwandlungsrecht aus betriebswirtschaftlicher Sicht, DB 1995, 105 ff.

Otto, Hans-Jochen, Übernahmeversuche bei Aktiengesellschaften und Strategien der Abwehr, DB-Beilage Nr. 12/1988, 2 ff.

Paefgen, Thomas Christian, Kein Gift ohne Gegengift: Sortimentserweiterung in der Bereitschaftsapotheke gegen idiosynkratische Unternehmenskontrollwechsel, AG 1991, 189 ff.

Palandt, BGB, Kommentar, 61. Aufl., München 2002

Pavel, Uwe, Eignet sich die Stiftung für den Betrieb erwerbswirtschaftlicher Unternehmen ?, Bad Homburg 1967

Peltzer, Martin, Prophylaktische Verteidigungsstrategien gegen unerwünschte Übernahmeversuche, ZKW 1988, 577 ff.

Peltzer, Martin, Hostile Takeovers in der Bundesrepublik Deutschland ?, ZIP 1989, 69 ff.

Peltzer, Martin, Die Rolle der Banken bei Unternehmensveräußerungen, Rechtsprobleme und Interessenkonflikte, ZIP 1991, 485 ff.

Peltzer, Martin, Der Kommissionsentwurf für eine 13. Richtlinie über Übernahmeangebote vom 7.2.1996, AG 1997, 145 ff.

Peltzer, Martin/Werder, Axel von, Der „German Code of Corporate Governance (GCCG) des Berliner Initiativkreises, AG 2001, 1 ff.

Peters, Hans Peter, Die Rolle der Investmentbank bei Übernahmen, in: Rosen, Rüdiger, von/Seifert, Werner, G., Die Übernahme börsennotierter Unternehmen, Frankfurt a. M. 1999

Pfannschmidt, Arno, Personelle Verflechtungen über Aufsichtsräte: Mehrfachmandate in deutschen Unternehmen, Diss., Wiesbaden 1993

Piepenburg, Manfred, Sind die Vorschriften zum Rückkauf eigener Aktien noch zeitgemäß ?, BB 1996, 2582 ff.

Pluskat, Sorika, Das Scheitern der europäischen Übernahmerichtlinie, WM 2001, 1937 ff.

Pötzsch, Thorsten/Möller, Andreas, Das künftige Übernahmerecht, Der Diskussionsentwurf des Bundesministeriums der Finanzen zu einem Gesetz zur Regelung von Unternehmensübernahmen und der gemeinsame Standpunkt des Rates zur europäischen Übernahmerichtlinie, WM 2000, Beil. 2, 3 ff.

Prantl, Johannes, Konzernbildung, Konzernrecht und Minderheitenschutz in Deutschland – Eine ökonomische Analyse, Diss., Frankfurt am Main 1994

Priester, Hans-Joachim, Die klassische Ausgliederung - ein Opfer des Umwandlungsgesetzes 1994 ?, ZHR 163 (1999), 187 ff.

Quack, Karlheinz, Die Schaffung genehmigten Kapitals unter Ausschluß des Bezugsrechts der Aktionäre - Besprechung der Entscheidung BGHZ 83, 319 ff., ZGR 1983, 257 ff.

Raiser, Thomas, Weisungen an Aufsichtsratsmitglieder ?, ZGR 1978, 391 ff.

Raiser, Thomas, Recht der Kapitalgesellschaften, 2. Aufl., München 1992

Raiser, Thomas, Empfehlen sich gesetzliche Regelungen zur Einschränkung des Einflusses der Kreditinstitute auf Aktiengesellschaften ?, NJW 1996, 2257

Rechenberg, Wolf-Georg Freiherr von, Die Hauptversammlung als oberstes Organ der Aktiengesellschaft, Heidelberg 1986

Redding, Gunter, Aufsichtsrat und Interessenkollision, NJW 1956, 48 ff.

Rehbinder, Eckard, Ausgründung und Erwerb von Tochtergesellschaften und Rechte der Aktionäre, Festschrift für Helmut Coing, Band II, München 1982

Rehbinder Eckard, Zum konzernrechtlichen Schutz der Aktionäre einer Obergesellschaft – Besprechung der Entscheidung BGHZ 1983, 122 „Holzmüller“, ZGR 1983, 92 ff.

Reichert, Jochen/Schlitt, Michael, Konkurrenzverbote für Aufsichtsratsmitglieder, AG 1995, 241 ff.

Reul, Jürgen, Die Pflicht zur Gleichbehandlung der Aktionäre bei privaten Kontrolltransaktionen, Diss., Tübingen 1991

Riegger, Bodo/Schockenhoff, Martin, Das Unbedenklichkeitsverfahren zur Eintragung der Umwandlung ins Handelsregister, ZIP 1997, 2105 ff.

Riemer, Klaus/Schröder, Oliver, Der Entwurf des Übernahmegesetzes im Lichte von Vodafone/Mannesmann, NZG 2000, 820 ff.

Röhrich, Martina, Feindliche Übernahmeangebote, Eine wettbewerbspolitische Beurteilung anhand von Fallstudien aus den USA, Diss., Baden-Baden 1992

Roos, Michael, Der neue Vorschlag für eine EG-Übernahme-Richtlinie, WM 1996, 2177 ff.

Rosen, Rüdiger von/Helm, Leonhard, Der Erwerb eigener Aktien durch die Gesellschaft, Plädoyer für ein neues Instrument der Unternehmensfinanzierung in Deutschland und einen wichtigen Impuls für den deutschen Kapitalmarkt, AG 1996, 434 ff.

Roth, Marianne/Zinser, Alexander, Österreichisches Übernahmegesetz vom 1.1.1999: Musterregelung für das deutsche Recht ?, EWS 2000, 233 ff.

Rümker, Dietrich, Übernahmeangebote - Verhaltenspflichten des Vorstands der Zielgesellschaft und Abwehrmöglichkeiten, Festschrift für Theodor Heinsius, Berlin/New York 1991, 683 ff.

Säcker, Franz-Jürgen, Rechtsprobleme beim Widerruf der Bestellung von Organmitgliedern und Ansprüche aus fehlerhaften Anstellungsverträgen, Festschrift für Gerhard Müller, Berlin 1981, 745 ff.

Säcker, Franz-Jürgen, Behördenvertreter im Aufsichtsrat, Festschrift für Kurt Rebmann, München 1989, 781 ff.

Salecker, Jürgen, Der Kommunikationsauftrag von Unternehmen bei Mergers & Acquisitions, Problemdimensionen und Gestaltungsoptionen der Kommunikation bei Unternehmensübernahmen, Stuttgart/Wien 1994

Salje, Peter, „Feindliche Übernahmen" - Gegenstrategien und Regulierung im zukünftigen europäischen Binnenmarkt, JA 1990, 321 ff.

Schaaf, Petra, Möglichkeiten der Abwehr von Takeover Bids in Großbritannien und USA, RIW 1985, 273 ff.

Schaefer, Hans/Missling Patrick J., Haftung von Vorstand und Aufsichtsrat, NZG 1998, 441 ff.

Schander, Albert A. / Lucas, Johannes H., Die Ad-hoc-Publizität im Rahmen von Übernahmevorhaben, DB 1997, 2109 ff.

Schander, Albert A./Posten Olaf H., Zu den Organpflichten bei Unternehmensübernahmen, ZIP 1997, 1534 ff.

Schander, Albert A., Abwehrstrategien gegen feindliche Übernahmen und ihre Zulässigkeit im Lichte der Aktienrechtsreform, BB 1997, 1801 ff.

Schander, Albert A., Der Rückkauf eigener Aktien nach KonTraG und Einsatzpotentiale bei Übernahmetransaktionen, ZIP 1998, 2087 ff.

Schanz, Kay-Michael, Feindliche Übernahmen und Strategien der Verteidigung, NZG 2000, 337 ff.

Scheffler, Eberhard, Die Überwachungsaufgabe des Aufsichtsrats im Konzern, DB 1994, 739 ff,

Scherer, Mirko, Interne Leveraged-Buyouts, Strategien zur Verbesserung des Shareholder Value, Diss., München 1998

Scheule, Harald, Analyse des Übernahmeversuchs der Thyssen AG durch die Krupp-Hoesch AG, Wirtschaftswissenschaftliche Diplomarbeit, Universität Regensburg, Januar 1998

Schierenbeck, Henner, Grundzüge der Betriebswirtschaftslehre, 15. Aufl., München u. a. 2000

Schilling, Wolf Ulrich, Takeover, Treupflicht & Shareholder Value, Einige Anmerkungen zu dem Übernahmeversuch Krupp-Hoesch/Thyssen, BB 1997, 1909 ff.

Schluep, Walter R., Lauterkeitsrechtliche Aspekte des „Unfriendly Takeover", SAG 1988, 89 ff.

Schmid, Tobias, Öffentliche Übernahmeangebote in Italien, AG 1999, 402 ff.

Schmidt, Karsten, Gesellschaftsrecht, 3. Aufl., Köln u. a. 1997

Schmidt, Karsten, Wider eine „lex Holzmüller", Festschrift Heinisus, Berlin u. a. 1991, 719 ff.

Schmitz, Ronaldo, Abschied von der Deutschland AG ? – Zur Rolle der Banken bei feindlichen Übernahmen, Wirtschaftsdienst 1997/V, 251 ff.

Schneider Uwe H., Zur Wahrnehmung von Mitgliedschaftsrechten an Tochtergesellschaften einer Personengesellschaft, Festschrift für Johannes Bärmann, München 1975, 873 ff.

Schneider, Uwe H., Wettbewerbsverbot für Aufsichtsratsmitglieder einer Aktiengesellschaft ?, BB 1995, 365 ff.

Schnorbus, York, Analogieverbot und Rechtsfortbildung im Umwandlungsrecht, DB 2001, 1654 ff.

Scholz, Franz, GmbHG, Kommentar, I. Band, 9. Aufl., 2000

Schönwitz, Dietrich/Weber, Hans-Jürgen, Wirtschaftsordnung, Eine Einführung in Theorie und Politik, München/Wien 1983

Schuster, Leo, Die Beratung und Durchführung von M&A im Rahmen des Firmenkundengeschäfts der Banken, in: Siegwart, Hans /Mahari, Julian I./Caytas, Ivo G./Rumpf, Bernd-Michael, Meilensteine im Management, Mergers & Acquisitions, Stuttgart 1990, 409 ff.

Schuster, Gunnar, Der neue Vorschlag für eine EG-Takeover-Richtlinie und seine Auswirkungen auf den Übernahmekodex, EuZW 1997, 237 ff.

Schuster, Stephan/Rudolf, Stefan, in: Rosen, Rüdiger von/Seifert, Werner G., Die Übernahme börsennotierter Unternehmen, Frankfurt a. M. 1999, 41 ff.

Schuster, Stephan/Zschocke, Christian, Übernahmerecht/Takeover Law, Texte und Erläuterungen zum deutschen Übernahmekodex sowie zum Übernahmerecht der Europäischen Union, der Schweiz und des Vereinigten Königreiches, Deutsch-englische Ausgabe, Frankfurt a. M. 1996

Schwark, Eberhard, Der vereinfachte Bezugsrechtsausschluß – zur Auslegung des § 186 Abs. 3 Satz 4 AktG, Festschrift für Carsten Peter Claussen, Köln u. a. 1997, 357 ff.

Schwintowski, Hans-Peter, Ökonomische Theorie des Rechts, JZ 1998, 581 ff.

Seibert, Ulrich, Kontrolle und Transparenz im Unternehmensbereich (KonTraG), WM 1997, 1 ff.

Seifart, Werner/Campenhausen, Axel Freiherr von, Handbuch des Stiftungsrechts, 2. Aufl., München 1999

Semler, Johannes, Die Überwachungsaufgabe des Aufsichtsrates, Köln u. a.1980

Semler, Johannes, Leitung und Überwachung eine Aktiengesellschaft, 2. Aufl., Köln u. a. 1996

Semler, Johannes, Einschränkung der Verwaltungsbefugnisse in einer Aktiengesellschaft, BB 1983, 1566 ff.

Seydel, Eberhard, Konzernbildungskontrolle bei der Aktiengesellschaft, Diss., Baden-Baden 1995

Soergel, BGB, Kommentar, 12. Aufl., Bd. 1, Stuttgart u. a. 1987; Bd. 2 Stuttgart u. a. 1990

Sonnenberger, Hans J., Gesellschaftsrechtliche Verantwortlichkeit geschäftsführender Organe von Kapitalgesellschaften, GmbH-Rundschau 1973, 25 ff.

Sonntag, Bernd, Konzernbildungs- und leitungskontrolle bei der GmbH, Frankfurt a. M. 1990

Staudinger, J. v., BGB, Kommentar, 13. Aufl., 1. und 2. Buch, Berlin 1995

Steinhauer, Carsten, Der Börsenpreis als Bewertungsgrundlage für den Abfindungsanspruch von Aktionären, AG 1999, 299 ff.

Stockenhuber, Peter, Take-overs nach österreichischem Übernahmerecht, RIW 1999, 752 ff.

Stoll, Jutta, Rechtliche Aspekte von „feindlichen" Übernahmen von Aktiengesellschaften, BB 1989, 301 ff.

Süchting, Joachim, Theorie und Politik der Unternehmensfinanzierung, 6. Aufl. Wiesbaden 1995

Sünner, Eckart, Zur Abwehr feindlicher Unternehmensübernahmen in Deutschland, Festschrift für Karlheinz Quack, 457 ff.

Sünner, Eckart, Aktionärsschutz und Aktienrecht, Anmerkungen zur Seehafenbetriebe-Entscheidung des BGH, AG 1983, 169 ff.

Sünner, Eckart, Takeovers, made in USA, AG 1987, 276 ff.

Sünner, Eckart, Aktionärsklage zur Kontrolle des Vorstands- und Aufsichtsratshandelns, auch vor dem Hintergrund der US-Erfahrungen mit dem Shareholder Derivative Suit, ZHR 169 (1999), 364 ff.

Thaeter, Ralf/Barth, Daniel, RefE eines Wertpapiererwerbs- und Übernahmegesetzes, NZG 2001, 545 ff.

Thoma, Georg F., Der neue Übernahmekodex der Börsensachverständigenkommission, ZIP 1996, 1725 ff.

Thoma, Georg F./Reuter, Till, „Shrinking the Atlantic – Der Zusammenschluß von Daimler-Benz und Chrysler, M & A Review 7-8 1999, 314 ff.

Thümmel, Roderich C., Haftungsrisiken von Vorständen und Aufsichtsräten bei der Abwehr von Übernahmeversuchen, DB 2000, 461 ff.

Timm, Wolfram, Die Aktiengesellschaft als Konzernspitze – Die Zuständigkeitsordnung bei der Konzernbildung und Konzernumbildung -, Köln u. a. 1980

Timm, Wolfram, Hauptversammlungskompetenzen und Aktionärsrechte in der Konzernspitze, AG 1980, 172 ff.

Timm, Wolfram, Minderheitenschutz im GmbH-Verschmelzungsrecht, AG 1982, 93 ff.

Timm, Wolfram, Minderheitenschutz und unternehmerische Entscheidungsfreiheit im Mutterunternehmen, ZHR 153 (1989), 60 ff.

Timm, Wolfram, Zur Bedeutung des „Hoesch"-Urteils für die Fortentwicklung des Konzern- und Verschmelzungsrechts, JZ 1982, 403 ff.

Tippach, Stefan, Das Insider-Handelsverbot und die besonderen Rechtspflichten der Banken, Diss., Köln 1995

Trockels, Friedrich, Verteidigungsmaßnahmen gegen „Corporate Takeovers" in den USA, ZVglRWiss 89 (1990), 56 ff.

Tröger, Tobias, Vorbereitung von Zustimmungsbeschlüssen bei Strukturmaßnahmen, ZIP 2001, 2029 ff.

Ulmer, Peter, Aufsichtsratsmandat und Interessenkollision, NJW 1980, 1603 ff.

Ulmer, Peter, Verdeckte Sacheinlagen im Aktien- und GmbH-Recht, ZHR 154 (1990), 145 ff.

Ulmer, Peter/Brandner, Hans Erich/Hensen, Horst-Diether, AGBG, Kommentar, 8. Aufl., Köln 1997

Ulmer, Peter, Die Aktionärsklage als Instrument zur Kontrolle des Vorstands- und Aufsichtsratshandelns, Vor dem Hintergrund der US-Erfahrungen mit der sharholders´derivative action, ZHR 163 (1999), 290 ff.

Veil, Rüdiger, Aktuelle Probleme im Ausgliederungsrecht, ZIP 1998, 361 ff.

Verschmelzungsbericht der Hoesch AG und der Fried.Krupp AG, Juni 1992

Verschmelzungsbericht der Fried. Krupp AG Hoesch-Krupp und der Thyssen AG zur Thyssen Krupp AG, Oktober 1998

Volhard, Rüdiger, „Siemens/Nold": Die Quittung, AG 1998, 397 ff.

Vollmer, Lothar, Die Mitwirkungsrechte der Aktionäre beim Abschluß fusionsähnlicher Unternehmensverbindungen, BB, Beilage zu Heft 28/1977, 1 ff.

Vollmer Lothar, Die Verteilung der Finanzierungskompetenzen bei der Aktiengesellschaft, AG 1991, 94 ff.

Wank, Rolf, Richterliche Rechtsfortbildung und Verfassungsrecht, ZGR 1988, 314 ff.

Watter, Rolf, Unternehmensübernahmen, Kontrollwechsel in der Aktiengesellschaft mittels Aktienkauf, Übernahmeangebot, Fusion und verwandte Tatbestände, Zürich 1990

Wahlers, Henning W., Konzernbildungskontrolle durch die Hauptversammlung der Obergesellschaft, Diss., Köln u. a.1995

Wagner, Oliver, Standstill Agreements bei feindlichen Übernahmen nach US-amerikanischem und deutschem Recht, Diss., Frankfurt a. M. 2000

Warschkow, Kirsten, Schutz der Aktionäre der Konzernobergesellschaft, Diss., München 1991

Weber, Martin, Der Geänderte Vorschlag der Kommission für eine Takeover-Richtlinie vom 10.11.1997, EuZW 1998, 464 ff.

Weber, Martin, Vormitgliedschaftliche Treubindungen: Begründung, Reichweite und Vorauswirkung gesellschaftsrechtlicher Treuepflichten, München 1999

Weimann, Stephan, Insiderrechtliche Aspekte des Anteilserwerbs, DStR 1998, 1556 ff.

Weimar, Robert/Breuer, Jürgen H., International verwendete Strategien der Abwehr feindlicher Übernahmeversuche im Spiegel des deutschen Aktienrechts, BB 1991, 309 ff.

Welfens, Paul J.J., Grundlagen der Wirtschaftspolitik, Berlin/Heidelberg 1995

Weisgerber, Thomas, Der Übernahmekodex in der Praxis, ZHR 161 (1997), 421 ff.

Weißhaupt, Frank, Der „eigentliche" Holzmüller-Beschluß, NZG 1999, 804 ff.

Weisser, Ralf D., Feindliche Übernahmeangebote und Verhaltenspflichten der Leitungsorgane, Diss., Konstanz 1994

Wenger, Ekkehard, Abschied von der Deutschland AG ? - Im Selbstbedienungsladen des Konzernmanagements wird der Privatanleger noch immer verhöhnt, Wirtschaftsdienst 1997/V, 254 ff.

Werner, Winfried, Aufsichtsratstätigkeit von Bankenvertretern, ZHR 145 (1981), 252 ff.

Werner, Winfried, Zuständigkeitsverlagerungen in der Aktiengesellschaft durch Richterrecht ?, Besprechung der Entscheidung BGHZ 83, S. 122 ff., ZHR 147 (1983), 429 ff.

Werner, Winfried, Probleme „feindlicher" Übernahmeangebote im Aktienrecht, Vortrag gehalten vor der Juristischen Gesellschaft zu Berlin am 26. April 1989, Berlin/New York 1989

Westermann, Harm Peter, Organzuständigkeit bei Bildung, Erweiterung und Umorganisation des Konzerns, ZGR 1984, 352 ff.

Widmann, Siegfried/Mayer, Dieter, Umwandlungsrecht, Bd. 2-4, 3. Aufl., Berlin 1998

Wiedemann, Herbert, Grundfragen der Unternehmensverfassung, ZGR 1975, 385 ff.

Wiedemann, Herbert, Das Abfindungsrecht – ein gesellschaftsrechtlicher Interessenausgleich, ZGR 1978, 477 ff.

Wiedemann, Herbert, Die Unternehmensgruppe im Privatrecht, Methodische und sachliche Probleme des deutschen Konzernrechts, Tübingen 1988

Wiedemann, Herbert, Organverantwortung und Gesellschafterklagen in der Aktiengesellschaft, Opladen 1989

Wiedemann, Herbert, Anmerkung zu „ Deutsche Bank“, BGH, Urteil vom 7. 3. 1994 - II ZR 52/93, EWiR § 186 AktG 1/94, 425

Wiesen, Heinrich, Der materielle Gesellschafterschutz: Abfindung und Spruchverfahren, ZGR 1990, 503 ff.

Wiese, Götz Tobias/Demisch, Dominik, Unternehmensführung bei feindlichen Übernahmeangeboten, DB 2001, 849 ff.

Windbichler, Christine, Die Rechte der Hauptversammlung bei Unternehmenszusammenschlüssen durch Vermögensübertragung - Anmerkung zum Urteil des OLG Hamm vom 9.6.1980, AG 1981, 169 ff.

Winter, Martin/Harbath, Stephan, Verhaltenspflichten von Vorstand und Aufsichtsrat der Zielgesellschaft bei feindlichen Übernahmeangeboten nach dem WpÜG, ZIP 2002, 1 ff.

Wirth, Gerhard/Weiler, Lothar, Änderung des Übernahmekodex ab 1.1.1998, DB 1998, 117 ff.

Witt, Carl-Heinz, Die Änderungen der Mitteilungs- und Veröffentlichungspflichten nach §§ 21 ff. WpHG und §§ 20 f. AktG durch das Dritte Finanzmarktförderungsgesetz und das „KonTraG“, WM 1998, 1153 ff.

Witt, Carl-Heinz, Übernahmen von Aktiengesellschaften und Transparenz der Beteiligungsverhältnisse, Diss., Köln u. a. 1998

Witt, Carl-Heinz, Regelmäßige „Wasserstandsmeldungen“ – unverzichtbarer Bestandteil eines künftigen Übernahmegesetzes, NZG 2000, 809 ff.

Witte, Jürgen, Diskussionsentwurf zur Regelung von Unternehmensübernahmen: Abwehrmöglichkeiten des Vorstands der Zielgesellschaft, BB 2000, 2161 ff.

Wolf, Martin, Konzerneingangsschutz bei Übernahmeangeboten, Neue Entwicklungen zu Verteidigungsmaßnahmen im Spannungsfeld zum EU-Richtlinienvorschlag, AG 1998, 212 ff.

Wolf, Martin, Diskussionsbericht zu den Referaten Joost und Priester, ZHR 193 (1999), 203 ff.

Wolf, Manfred/Horn, Norbert/Lindacher, Walter F., AGB-Gesetz, Kommentar, 3. Aufl., München 1994

Wollburg, Ralph/Gehling, Christian, Umgestaltung des Konzerns – Wer entscheidet über die Veräußerung von Beteiligungen einer Aktiengesellschaft ? Festschrift für Otfried Lieberknecht, München 1997, 133 ff.

Würdinger, Hans, Aktienrecht und das Recht der verbundenen Unternehmen, Eine systematische Darstellung, 4. Aufl., Heidelberg/Karlsruhe 1981

Zempelin, Hans Günther, Fragen der Aufsichtsratshaftung, AcP 155, Tübingen 1956, 209 ff.

Ziebe, Jürgen, Die Regelung des Erwerbs eigener Aktien in den Mitgliedstaaten der Europäischen Gemeinschaft, AG 1982, 175 ff.

Zinser, Alexander, Der britische City Code on Takeovers and Mergers in der Fassung vom 09.03.2001, RIW 2001, 481 ff.

Zinser, Alexander, Der RefE eines „Gesetzes zur Regelung von öffentlichen Angeboten zum Erwerb von Wertpapieren und von Unternehmensübernahmen" vom 12.3.2001, NZG 2001, 391 ff.

Zöllner, Wolfgang, Die sogenannten Gesellschafterklagen im Kapitalgesellschaftsrecht, ZGR 1988, 392 ff.

Zöllner, Wolfgang/Noack, Ulrich, One share – One vote ?, AG 1991, 117 ff.

Zschocke, Christian, Europapolitische Mission: Das neue Wertpapiererwerbs- und Übernahmegesetz, DB 2002, 79 ff.

Zwissler, Thomas, Übernahmerecht in Österreich, AG 1999, 411 ff.

Frankfurter wirtschaftsrechtliche Studien

Herausgegeben von
Theodor Baums, Andreas Cahn, Friedrich Kübler, Hans-Joachim Mertens,
Eckard Rehbinder, Gunther Teubner

Band 1 Tomas Brinkmann: Unternehmensinteresse und Unternehmensrechtsstruktur. Aufgaben und Grenzen eines normativen Regulativs unternehmenspolitischer Prozesse. 1983.

Band 2 Rüdiger Hahn: Behinderungsmißbräuche marktbeherrschender Unternehmen. Eine Untersuchung der Beeinträchtigung von Wettbewerb und Marktstruktur durch horizontalen Nichtleistungswettbewerb als Gegenstand der Mißbrauchaufsicht nach § 22 Abs. 4 S. 2 Nr. 1 GWB. 1984.

Band 3 Peter Buchmann: Registerpublizität und Gläubigerschutz bei der Einmann-Gesellschaft. 1984.

Band 4 Christian Joerges/Eugen Hiller/Knut Holzscheck/Hans-W. Micklitz: Vertriebspraktiken im Automobilersatzteilsektor. Ihre Auswirkungen auf die Interessen der Verbraucher. 1985.

Band 5 Annette Boerner: Die Haftung des herrschenden Kommanditisten. 1985.

Band 6 Dirk H. Mahler: Rechtsmißbrauch und einstweiliger Rechtsschutz bei Dokumentenakkreditiven und "Akkreditiven auf erstes Anfordern": Eine rechtsvergleichende Untersuchung. 1986.

Band 7 Brigitte Kratz: Ausländische Eingriffsnorm und inländischer Privatrechtsvertrag. 1986.

Band 8 Dimitris Tsibanoulis: Die genossenschaftliche Gründungsprüfung. 1987.

Band 9 Jürgen Braun: Rechtsfragen des Transport-Unfall-Informations- und Hilfeleistungs-Systems der deutschen chemischen Industrie. 1987.

Band 10 Thomas Pfeiffer: Die Bedeutung des privatrechtlichen Immissionsschutzes. Eine Untersuchung zu §§ 1004, 906 BGB. 1987.

Band 11 Michael Bothe/Josef Brink/Christian Kirchner/Albrecht Stockmayer: Rechtsfragen der internationalen Verschuldungskrise. Voraussetzungen, Formen und Verfahren internationaler Umschuldungsmaßnahmen und Umschuldungsvereinbarungen. 1988.

Band 12 Felix Dörr: Die fehlerhafte GmbH. 1989.

Band 13 Rolf Trittmann: Anwendungsprobleme des Haager Beweisübereinkommens im Rechtshilfeverkehr zwischen der Bundesrepublik und den Vereinigten Staaten von Amerika. Exklusive Regelung zur Überbrückung der Unterschiede zwischen dem kontinental-europäischen und anglo-amerikanischen Zivilprozeßrechtssystem? 1989.

Band 14 Margaretha Sudhof: Dreieckige Rechtsverhältnisse im Wirtschaftsverwaltungsrecht - Am Beispiel von Konkurrentenklagen. 1989.

Band 15 Michael Weigel: Schriftformklauseln in Allgemeinen Geschäftsbedingungen. 1989.

Band 16 Hans-Peter Schröder: Der sichere Weg bei der Vertragsgestaltung. 1990.

Band 17 Matthias Haas: Haftungsfreizeichnungsklauseln in Allgemeinen Geschäftsbedingungen. Eine rechtsdogmatische und ökonomische Analyse. 1991.

Band 18 Andreas Hahn: Instandhaltungsverträge. Begriffe, Einordnung, Rechtsfolgenbestimmung, Auswirkung auf die Kautelarpraxis. 1991.

Band 19 Jürgen Götz: Der Entherrschungsvertrag im Aktienrecht. 1991.

Band 20 Friedrich Wächtershäuser: Das Gesellschaftsrecht des internationalen Joint Ventures. 1992.

Band 21 Christina Escher-Weingart: Nutzungsausfall als Schaden und sein Ersatz. 1993.

Band 22 Jean-Claude Zerey: Rechtliche Probleme der Finanzierung von *Leveraged Buyouts* und *Tender Offers* durch Banken in den USA und in der Bundesrepublik Deutschland. Eine rechtsvergleichende Studie über die Rolle der Banken bei Unternehmenskontrolltransaktionen in den USA und in der Bundesrepublik Deutschland. 1994.

Band 23 Markus Bauer: Gläubigerschutz durch eine formelle Nennkapitalziffer - Kapitalgesellschaftsrechtliche Notwendigkeit oder überholtes Konzept? Eine rechtsvergleichende Untersuchung der Gläubigerschutzkonzepte des amerikanischen und deutschen Kapitalgesellschaftsrechts. 1995.

Band 24 Marion Vollmann: Minderheitenschutz im aktienrechtlichen Beschlußmängelrecht. Eine Bestandsaufnahme und Vorschläge zu einer rechtspolitischen Reform. 1997.

Band 25 Lydia Klose-Mokroß: Gläubigerschutz im Kapitalgesellschaftsrecht am Beispiel der Lehre von der verdeckten Sacheinlage. 1997.

Band 26 Stephan Aubel: Der vereinfachte Bezugsrechtsausschluß. Aktionärs- und Gesellschaftsinteressen beim vereinfachten Bezugsrechtsausschluß nach Maßgabe des § 186 Absatz 3 Satz 4 AktG. 1998.

Band 27 Kurt Peter Dittrich: Die Privatplazierung im deutschen Kapitalmarktrecht. Eine Untersuchung der Vorschriften des Auslandinvestmentgesetzes, des Wertpapier-Verkaufsprospektgesetzes und des Gesetzes über Kapitalanlage-Gesellschaften unter Berücksichtigung des Rechts der Vereinigten Staaten von Amerika und des Vereinigten Königreichs. 1998.

Band 28 Viola Sailer: Aktienrechtliche Minderheitskompetenzen zwischen Mißbrauch und unternehmerischer Entscheidungsfreiheit. 1999.

Band 29 Marc Zimmerling: Kapitalerhaltung und Konzernfinanzierung. Eine Untersuchung der kapitalerhaltungsrechtlichen Problematik aufsteigender Sicherheiten im Konzern. 1998.

Band 30 Joachim Wichert: Die Finanzen der Kommanditgesellschaft auf Aktien. 1999.

Band 31 Kerstin Andrea Müller: Produktverantwortung und ihre Durchsetzung. Eine kartellrechtliche Beurteilung von Selbstverpflichtungen im Umweltrecht aus deutscher und europäischer Sicht unter besonderer Berücksichtigung der Altautoentsorgung. 1999.

Band 32 Bettina Friedrich: Konvergenzen im Gesellschaftsrecht. Recht-Fertigung durch Status- und Befundsicherung. 2000.

Band 33 Rudolf Lemke: Haftungsrechtliche Fragen des Ratingwesens – ein Regelungsproblem? 2000.

Band 34 Klaus R. Roller: Die Vergütung des Aufsichtsrats in Abhängigkeit vom Aktienkurs. 2000.

Band 35 Bettina Bokelmann: Personelle Verflechtungen über Aufsichtsräte. Aufsichtsratsmitglieder mit hauptberuflicher Vorstandsfunktion. 2000.

Band 36 Kai-Uwe Steck: Regulierung von US-amerikanischen Investmentgesellschaften (Investment Companies). Unter besonderer Berücksichtigung des National Securities

Markets Improvement Act of 1996 (NSMIA) und anderer aktueller Rechtsanpassungen. 2000.

Band 37 Kristofer Bott: Wissenszurechnung bei Organisationen. 2000.

Band 38 Ursula Lenzen: Unerlaubte Eingriffe in die Börsenkursbildung. 2000.

Band 39 Martin Schulz: Verfassungsrechtliche Vorgaben für das Kollisionsrecht in einem Gemeinsamen Markt. Eine rechtsvergleichende Untersuchung zu den Grenzen einzelstaatlicher Anknüpfungsmethoden im internationalen Vertrags-, Delikts- und Gesellschaftsrecht am Beispiel der Vereinigten Staaten von Amerika. 2000.

Band 40 Maximilian Koch: Diversifizierung und Vorstandskompetenzen. 2001.

Band 41 Corrado Wohlwend: Die Hauptversammlung im Wandel der Kommunikationsformen. 2001.

Band 42 Michael Rozijn: Der Unternehmensmaklervertrag. Zur Anwendung des allgemeinen Maklervertragsrechts auf Mergers & Acquisitions-Dienstleistungen. 2001.

Band 43 Konstantinos N. Kyriakakis: Die Überwachung einer US-amerikanischen Aktiengesellschaft durch institutionelle Anleger. 2002.

Band 44 Uta Fredebeil: Aktienemissionen. Das underwriting agreement (der Übernahmevertrag) und seine spezifischen Klauseln. 2002.

Band 45 Michaela G. Döbler: Die Einführung des WTO-weiten Erschöpfungsgrundsatzes in das Markenrecht der EU und der USA. 2002.

Band 46 Jan Liersch: Regulierung des Blockhandels an den organisierten Aktienmärkten der Vereinigten Staaten, Großbritanniens und Deutschlands. 2002.

Band 47 Sascha Lotze: US-amerikanisches Kapitalmarktrecht und Internet. Aufsichts- und haftungsrechtliche Fragen des Internet-Einsatzes bei Wertpapieremissionen und im Wertpapierhandel. 2002.

Band 48 Boris Trautmann: Die Konkurrenz von Haftpflicht- und Versicherungsanspruch. Ein Beitrag zur ökonomischen Analyse des Rechts unter Berücksichtigung von Unsicherheit und Verhaltensanomalien. 2002.

Band 49 Matthias Möller: Rechtsformen der Wagnisfinanzierung. Eine rechtsvergleichende Studie zu den USA und zu Deutschland. 2003.

Band 50 Heiner Feldhaus: Die Eignung zur erheblichen Kursbeeinflussung bei der Ad-hoc-Publizität. Eine rechtsvergleichende und interdisziplinäre Untersuchung unter Berücksichtigung der europarechtlichen Vorgaben. 2003.

Band 51 Matthias Janke: Gesellschaftsrechtliche Treuepflicht. Neubewertung der richterrechtlichen Generalklausel im Rahmen einer rechtsvergleichenden und ökonomischen Analyse. 2003.

Band 52 Katrin Thoma: Eigengeschäfte des Vorstands mit der Aktiengesellschaft. Eine vergleichende Untersuchung zum englischen, U.S.-amerikanischen und deutschen Recht. 2003.

Band 53 Mathias Stöcker: Rechtsfragen grenzüberschreitender Unternehmenszusammenschlüsse - unter besonderer Berücksichtigung des Falles Daimler/Chrysler - 2003.

Band 54 Otto Korte: Zur mißbräuchlichen Wahrnehmung der aktienrechtlichen Anfechtungsbefugnis. 2003.

Band 55 Wilhelm Wilderink: Die Auflösung und die Verschmelzung von Investmentfonds. 2003.

Band 56 Anja Birkenkämper: Rechtsfragen feindlicher Übernahmen. Jurisitische Nachlese zum Fall Krupp/Thyssen. 2003.

Kolibri 360 GmbH
Ferdinand-Jühlke-Straße 7
99095 Erfurt, Deutschland
produktsicherheit@kolibri360.de

Druck:
CPI Druckdienstleistungen GmbH
im Auftrag der
Kolibri 360 GmbH
Ferdinand-Jühlke-Str. 7
99095 Erfurt